U0165063

楊樹達著

詞詮

中華書局

圖書在版編目(CIP)數據

詞詮/楊樹達著. —北京:中華書局,2004. 7
(2024. 11 重印)
ISBN 978-7-101-00742-8

Ⅰ. 詞…　Ⅱ. 楊…　Ⅲ. 古漢語虚詞　Ⅳ. H141

中國版本圖書館 CIP 數據核字(2004)第 062103 號

初版編輯: 黄　克
本版責編: 舒　琴
封面題簽: 啓　功
封面設計: 劉　瑩
責任印製: 韓馨雨

詞　　詮

楊樹達 著

*

中 華 書 局 出 版 發 行
(北京市豐臺區太平橋西里 38 號　100073)
http://www.zhbc.com.cn
E-mail:zhbc@zhbc.com.cn
大廠回族自治縣彩虹印刷有限公司印刷

*

850×1168 毫米 1/32 · 16 印張 · 2 插頁 · 299 千字
1954 年 11 月第 1 版　1978 年 9 月第 2 版
2004 年 7 月第 3 版　2024 年 11 月第 19 次印刷
印數:263401-264200 册　定價:68.00 元

ISBN 978-7-101-00742-8

重印說明

要讀懂古書，首先要能正確地理解詞義。詞有虛有實。辨别實詞的意義，前人叫作「明訓詁」；了解虛詞的作用，前人叫作「審辭氣」。當然，研究虛詞，前人也有包括在訓詁範圍内的，但仍以分别看待爲好。

西漢以至唐、宋人注解古書，在實詞方面用功多，在虛詞方面用功少，以致常常誤解文意。所以，研究古書的虛詞，分析其異同，歸納其條理，明辨其發展，著成專書，對讀古書自有幫助。

我國最早講解漢語虛詞的專著要算元人盧以緯的《語助》。這本書寫於元泰定元年（一三二四）以前。可惜它和後來清人袁仁林《虛字説》之類的書差不多，冬烘氣重，科學性弱，學術價值低。

清朝康熙年間，劉淇著有《助字辨略》；嘉慶初年，王引之著有《經傳釋詞》，這是兩部值得稱道的古漢語虛詞專著。拿這兩部書加以比較，王引之着眼在「經傳」，援引僅僅截至西漢文爲止；劉淇的視野則下逮唐、宋，而且把詩詞和所謂「經傳」「史漢」同等看待，這是劉比王高明的地方。但總的説來，劉還是不及王。王引之著書年代比劉淇遲了一個世紀左右，在王引之所處的所謂「乾嘉時代」裏，研究古書的方法和成果都和以前不同。本來，「明訓詁」和「審辭氣」是互相關連、互爲影響的兩個方面。王引之既能「明訓詁」，又能「審辭氣」；而且他的研究方法是比合許多同類型的句子而又貫串上下文義來推敲，已經具有某些語法觀念，比劉淇孤立地從一個句子出發來研究，結論自然要可信些，成就也自然要大，因此，也更能得到後人的重視。像孫經世的《經傳釋詞補》，便是專爲增補王書而作，只是可貴的創造性意見不多罷了。

一八九八年出版的馬建忠的《馬氏文通》，是接受了歐洲語法學觀點而寫出的第一部較有系統的古漢語語法書。就其語法體系而論，只是「形式主義地吸收外國的東西」；就其講解虛詞的部分而論，却不乏可取的議論。以有體系的語法觀點來研究古漢語虛詞，自然又比王引之進了一大步。

楊樹達（一八八五——一九五六）的《詞詮》，便是在劉淇、王引之以及馬建忠諸人研究成果的基礎上寫成的。他對劉淇有批評，見於《助字辨略跋》；對馬建忠有批評，見於《馬氏文通刊誤》；對王引之的批評雖然沒有專文，却反映在《詞詮》對《經傳釋詞》某些論點的不採錄上。楊氏自己對古書虛詞的研究心得也不少，全都反映在《詞詮》中。可以說，在當時，《詞詮》不失爲一種解釋周、秦、兩漢古書虛詞的水平較高的工具書。

然而，楊氏的觀點和方法，根本上並沒有越出王引之等人的樊籬。在本書的《序例》中，他對「清儒」的成就作了過高的估計，對王氏父子更流露出太多的傾倒，就足以說明這個問題。和這一根本問題密切相關，表現在本書的具體論述中有兩個明顯的缺點。一是只注重單音詞，忽略了複音詞。又一是缺乏歷史觀念和地區方言觀念。這不但是《詞詮》的缺點，也是自劉淇、王引之以來諸書的共同缺點。劉淇的書，在例證和說明中，雖也常涉及複音詞，但仍然完全以單音詞爲綱。王引之的書和《詞詮》，即使在說明中，也很少涉及複音詞。其實，古書中複音虛詞很多，很値得研究，應該和單音詞同等重視，兼收並蓄。盧以緯的《語助》，雖然水平不高，却收了些複音詞。但是盧氏這部書流傳不廣，又不大爲學人所重視，王引之以至楊樹達或者沒有看到它，或者看到了並不注意，以至沒有繼承這一優點，是很可惜的。自《助字辨略》以來，講虛詞的書都把一個虛詞的各種用法平排並列，對於某種用法最初出現和消亡的時代，以及某些虛詞用法的地區特點，都毫無說明。譬如「若」字，《詞詮》平列用法二十種，其實有幾種是戰國以後便廢棄了的。又如「案」字當「則」字用，只限於某一方言區。初學者一翻《詞詮》之類的書，有些虛詞，尤其是一些常用的虛詞，用法之紛歧繁雜，幾乎使人目迷神眩。如果能把虛詞的用法作歷史的以至地區的研究而加以說明，使讀者在複雜多歧的用法中能找出規律，便於理解，便於掌握，對讀者的幫助豈不是更大嗎？至於書中有些論點値得商量，有些用法還待補充，固然是瑕疵，但比起上面的一些問題來，就只是次要的缺點了。爲了避免繁瑣，不再舉證。

今天的語法學，從句法方面看，已經達到比楊樹達高得多的水平。從詞法方面看，也有豐碩的成果。總結這些成果，糾正楊氏的錯誤，彌補楊氏的缺陷，寫出一部新的古漢語虛詞詞典，是有可能而必要的了。在這樣一部新的工具書出現以前，《詞詮》仍然是有一定參考價值的著作，我們把它重印出版，原因就在於此。

《經傳釋詞》的排列虛詞，用唐守溫三十六字母爲次序。楊氏作《詞詮》，仿效這一辦法，改用當時的「國音字母」爲排列次序。不過每個字的讀音仍依照舊日的反切，所以和今天的普通話語音有些分歧。譬如，普通話尖音團音不分，楊氏却分尖團；普通話語音體系沒有「兀」「广」兩母，楊氏却有。書中在例句的引文上也有些疏失。但是作者已經去世，我們不便作太大的更動。這次重印，除糾正一些例句引文中明顯的錯誤和排校上的誤字外，又按一九五八年第一屆全國人民代表大會第五次會議所通過的《漢語拼音方案》的音序另編一個索引附在正文後，以補缺失而便檢查。

于文祖　一九六五年九月

序例

凡讀書者有二事焉：一曰明訓詁，二曰通文法。訓詁治其實，文法求其虚。清儒善説經者，首推高郵王氏。其所著書，如《廣雅疏證》，徵實之事也；《經傳釋詞》，搗虚之事也。其《讀書雜志》《經義述聞》，則交會虚實而成者也。嗚乎！虚實交會，此王氏之所以卓絶一時，而獨開百年來治學之風氣者也！訓詁之學，自《爾雅》《説文》以下，更清儒之疏通證明，美矣，備矣，蔑以加矣！文法之學，篳路藍縷於劉淇，王氏繼之，大備於丹徒馬氏。余生顓魯，少讀王氏書而好之。弱冠遊日。喜治歐西文字；於其文法，頗究心焉。歸國後，乃得讀馬氏書，未能盡慊。既頗刊其誤，復爲《文法》一書以正之。顧文法自有界域，不能盡暢其意，因倣《經傳釋詞》之體，輯爲是書。上采劉王，下及孫經世馬建忠童斐之書。凡諸詞義，緦理務密，暢言無隱。學者取是及鄙所爲《文法》參互治之，於文法之事，庶過半矣。編纂大例，具於左方，可覽觀焉。

一　是書取古書中恆用之介詞、連詞、助詞、歎詞及一部分之代名詞、内動詞、副詞之用法，加以説明，首别其詞類，次説明其義訓，終舉例以明之。

一　王氏《經傳釋詞》於詞之通常用法略而不説。此編意在便於初學，不問用法爲常爲偶，一一詳説。

一　習用之詞，亦偶及其實義：如則訓法，乃名詞；如訓往，乃動詞。本書以治虚爲主，而復及此類實義者，蓋欲示學者以詞無定義，虚實隨其所用，不可執著耳。此類意之所至，偶示一二；不能求備，自不待言。

一　字以引申而義變，義變而用法歧。本書爲欲便於初學，於詞之用法之異者，固不惜詳爲分析。然江流萬派，同出岷山。學者既知其所以分，又能知其所以合，則可謂心知其意者矣。

一　《經傳釋詞》用唐釋守溫三十六字母爲次，今用注音字母爲次，師王氏之意也。慮有不習字母者，別編部首目録，詳載卷數葉數，以便尋檢。

一　本書例句多爲著者讀書時隨手采輯，亦間有展轉迻録者。因出版倉卒，未獲一一檢核原書。如有差失，深冀讀者是正。

一　本書原與著者所編《高等國文法》相輔而行，彼書以文法系統爲主，此編則以詞爲綱。讀者讀此編後，更讀彼書，則於我國古代文法可得會通，於讀古書或有事半功倍之效矣。

一九二八年五月二十日，遇夫記於北京六鋪炕寓之積微居。

目錄

卷一

卷二

卷三

卷四

卷五

卷六

卷七

卷八

部首目錄

戈部

戶部

手部

攴部

斤部

方部

无部

日部

詞詮

卷一

長沙 楊樹達 撰集

薄(ㄅㄛˊ)

（一）表態副詞　厚之反。◎子曰：躬自厚而**薄**責於人，則遠怨矣。《論語·衛靈公》　◎及解年長，更折節爲儉，以德報怨，厚施而**薄**望。《史記·郭解傳》

（二）語首助詞　無義。《後漢書·李固傳注》引《韓詩·薛君傳》曰：薄，辭也。◎**薄**汙我私，**薄**澣我衣。《詩·周南·葛覃》　◎采采芣苢，**薄**言采之。又《芣苢》　◎**薄**言采芑，于彼新田。又《小雅·采芑》　◎**薄**伐玁狁，至於太原。又《六月》　◎**薄**言震之，莫不震疊。又《周頌·時邁》　◎**薄**言追之，左右綏之。又《有客》

備(ㄅㄟˋ)

（一）表態副詞　具也，皆也。◎晉侯在外十九年矣；而果得晉國。險阻艱難，**備**嘗之矣。《左傳》僖二十八年　◎不穀惡其無成德，是用宣之以懲不壹；諸侯**備**聞此言。又成十三年　◎農事**備**收。《禮記·月令》　◎孝文皇帝**備**行此道，海內蒙恩，爲漢太宗。《漢書·王嘉傳》　◎臣前與官屬三十六人奉使絕域，**備**遭艱戹。《後漢書·班超傳》　◎奉少聰明，爲郡決曹史，行部四十二縣，錄囚徒數百千人。及還，太守**備**問之，奉口說罪繫姓名坐狀輕重，無所遺脫。又《應奉傳》

暴(ㄅㄠ)

(一)時間副詞　猝也。與今口語「陡然」同。◎陳嬰母謂嬰曰：自我爲汝家婦，未嘗聞汝先古之有貴者。今**暴**得大名，不祥；不如有所屬。《史記·項羽紀》　◎第中鼠**暴**多，與人相觸，以尾畫地。《漢書·霍光傳》　◎自古無道之國，水猶不冒城郭。今政治和平，世無兵革，上下相安，何因當有大水一日**暴**至？又《王商傳》　◎長葛縣在潁川，其社有樹**暴**長。王隱《地道記》

本(ㄅㄣ)

(一)副詞　原始之辭。義與今語「本來」同。◎灌嬰在滎陽，聞魏勃**本**教齊王反，使使召責問魏勃。《史記·齊悼惠王世家》◎竟不易太子者，留侯**本**招此四人之力也。又《留侯世家》◎陳丞相少時**本**好黃帝老子之術。又《陳平世家》◎彭越**本**定梁地，功多。又《彭越傳》◎尉佗之王，**本**由任囂。又《南越傳》◎雖萬全無患，然**本**非天子之所宜近也。又《司馬相如傳》◎張蒼爲計相，時緒正律曆，以高祖十月始至霸上，因故秦時**本**以十月爲歲首，弗革。又《張丞相傳》◎蒼**本**好書，無所不觀。又 ◎於是上曰：「**本**言都秦地者婁敬。『婁』者，乃『劉』也。」賜姓劉氏。又《婁敬傳》◎哀帝崩，莽秉政，使大司徒孔光奏：「隆前爲冀州牧，治中山馮太后獄，冤陷無辜，不宜處位在中土。」**本**中謁者令史立侍御史丁玄自典考之，但與隆連名奏事。《漢書·毋將隆傳》◎式客罷，讓諸生曰：我**本**不欲來，諸生彊勸我，竟爲豎子所辱。又《王式傳》◎莽妻，宜春王氏女，立爲皇后。**本**生四男；宇獲安臨。二子前誅死，安頗荒忽，迺以臨爲皇太子。又《王莽傳》◎然君初入關，**本**得百姓心十餘年矣；皆附君。又《蕭何傳》

旁(ㄆㄤ)

(一)方所介詞　傍也。按此字《說文》作徬。二篇下彳部云：徬，附行也。《周禮·牛人鄭注》云：居其旁曰徬。◎齊人東郭先生遮衛將軍車拜謁曰：願白事。將軍止車前，東郭先生**旁**車言。《史記·滑稽傳補》◎其明年，單于將十餘萬騎**旁**塞獵。《漢書·匈奴傳》◎匈奴三千餘騎入五原，略殺數千人。後數萬騎南**旁**塞獵。又 ◎左大且渠迺自請與呼盧訾王各將萬騎南**旁**塞獵。又 ◎匈奴大發十餘萬騎，南**旁**塞至符奚盧山，欲入爲寇。又《趙充國傳》 ◎始皇遂**旁**海西至平原津而病，到沙丘而崩。《論衡·紀妖》

彼（ㄅ·一）

（一）不完全內動詞　假作「匪」字用，非也。◎**彼**交匪敖，萬福來求。《詩·小雅·桑扈》 按《左傳》襄二十七年說此詩云：「匪交匪敖，福將焉往？」◎**彼**交匪紓，天子所予。又《采菽》 按《荀子·勸學》篇引作「匪交匪舒」。◎**彼**交匪傲。《左傳》成十四年引《詩》 按《漢書·五行志》重引作「匪儌匪傲」。

（二）人稱代名詞　與今語「他」字相當。◎君退臣犯，曲在**彼**矣。《左傳》僖二十八年 ◎**彼**，丈夫也；我，丈夫也。吾何畏**彼**哉？《孟子·滕文公上》 ◎御者且羞與射者比，比而得禽獸，雖若丘陵，弗爲也。如枉道而從**彼**，何也？又《滕文公下》 ◎**彼**必自負其材，故受辱而不羞。《史記·季布傳》 ◎及燕，置酒，太子侍，四人者從太子；年皆八十有餘，鬚眉皓白，衣冠甚偉。上怪之，問曰：**彼**何爲者？又《留侯世家》 ◎蘇代曰：王不若重其贄厚其祿以迎之。使**彼**來，則置之鬼谷，終身勿出。又《甘茂傳》 ◎魏豹彭越懷畔逆之意，及敗，不死而虜囚，身被刑戮，何哉？**彼**無異故，智略絕人，獨患無身耳。又《魏豹傳》◎**彼**顯有所出事，迺以自爲他故；說者與知焉，則身危。又《韓非傳》

(三)指示代名詞　此指物而言，與前條指人者異，故別爲指示代名詞。◎息壤在**彼**。《秦策》◎以德若**彼**，用力如此，蓋一統若斯之難也！《史記·秦楚月表序》◎陛下患使者有司之若**彼**，悼不肖愚民之如此。又《司馬相如傳》◎由是觀之，在**彼**不在此。又《酷吏傳序》

(四)指示形容詞　此用在名詞之上，故與前條異。◎嘒**彼**小星，三五在東。《詩·召南·小星》◎有鳥高飛，亦傅于天。**彼**人之心，于何其臻？又《小雅·菀柳》◎**彼**王不能用君之言任臣，安能用君之言殺臣乎？《史記·商君傳》◎高祖召戚夫人，指示四人者曰：我欲易之，**彼**四人輔之；羽翼已成，難動矣。又《留侯世家》◎廣身自射**彼**三人者。又《李廣傳》

(五)句中助詞　無義。外動詞賓語倒裝時用之，與倒裝用之「是」字同。◎昧雉**彼**視。《公羊傳》襄二十七年　按此猶云昧雉是視。

俾(ㄅ·一)

(一)不完全外動詞　《爾雅·釋詁》云：俾，使也。◎王**俾**榮伯作《賄肅愼之命》。《書序》◎勸之以九歌，**俾**勿壞。《書·大禹謨》◎**俾**予靖之。《詩·小雅·菀柳》◎**俾**爾彌爾性。又《大雅·卷阿》 ◎無**俾**民憂。又《民勞》 ◎無**俾**城壞。又《板》 ◎**俾**爾熾而昌，**俾**爾壽而臧。又《魯頌·閟宮》 ◎有渝此盟，明神殛之，**俾**隊其師，無克祚國。《左傳》成十二年 ◎敢盡布之執事，**俾**執事實圖利之。又成十三年 ◎穆公不忘舊德，**俾**我惠公用能奉祀於晉。又 ◎天降禍於周，**俾**我兄弟並有亂心以爲伯父憂。又昭三十二年

比(ㄅㄧ)

(一)形容詞　每也，頻也。 ◎諸侯之於天子也，**比**年一小聘，三年一大聘。《禮記·王制》 按《鄭注》云：比年，每歲也。 ◎**比**年入學，中年考校。又《學記》 ◎永始二年，梁國平原郡**比**年傷水災。《漢書·食貨志》 ◎梁王十四年入朝，十七年十八年**比**年入朝。《史記·梁孝王世家》 ◎丁令**比**三歲入盜匈奴。又《匈奴傳》 按《顏注》均訓比爲頻。

(二)表數副詞　皆也。 ◎耳目之官不思而蔽於物；物交物，則引之而已矣。心之官則思，思則得之，不思則不得也。**比**天之所與我者；先立乎其大者，則其小者不能奪也。《孟子·告子上》 按比字或改爲此，非也。 ◎於是**比**選天下端士。《大戴禮·保傅》 按《漢書·賈誼傳》比作皆。 ◎頓足徒裼，犯白刃，蹈煨炭，斷死於前者**比**是也。《秦策》 按《韓子·初見秦》篇比作皆。 ◎中山再戰，**比**勝。《齊策》

(三)表數副詞　頻也,連也。◎**比**投不釋。《禮記·投壺》 ◎閒者數年**比**不登。《漢書·文帝紀》 ◎閒者歲比不登。又《景帝紀》 ◎自趙廣漢誅後,**比**更守尹。又《張敞傳》 ◎以樂成**比**廢絶,故改國曰安平。《後漢書·樂成靖王傳》

(四)時間副詞　近也。◎**比**陰陽錯謬,日月薄蝕。《後漢書·光武紀》

(五)時間介詞　讀去聲。及也,至也。與口語「到」同。◎**比**時,具物。《禮記·祭義》 ◎王之臣有託其妻子於其友而之楚遊者。**比**其反也,則凍餒其妻子。《孟子·梁惠王下》 ◎高祖以亭長爲縣送徒驪山,徒多道亡。自度:**比**至皆亡之。《史記·高祖紀》 ◎武子不聽,卒立之。**比**及葬,三易衰。又《魯世家》 ◎周丘一夜得三萬人,遂將其兵北略城陽。**比**至城陽,兵十餘萬。又《吳王濞傳》 ◎宣教授諸生滿堂。有狗從外入,齧其中庭羣雁數十。**比**驚救之,已皆斷頭。《漢書·翟義傳》 ◎太后下詔曰:皇帝幼年,朕且統政,**比**加元服。又《王莽傳》 按此謂至平帝加元服時止,太后且統政也。◎宜權停留,須來秋冬。**比**爾,吳亦足平。《魏志·鄧艾傳》

(六)介詞　亦讀去聲。義同「爲」。(爲去聲。) ◎寡人恥之,願**比**死者一洒之。《孟子·梁惠王上》 ◎且**比**化者,無使土親膚,於人心獨無恔乎? 又《公孫丑下》

必（ㄅㄧˋ）

（一）動詞　決也。內外動兩用。◎足下所以得須臾至今者，以項王在。項王卽亡，次取足下。何不與楚連和。三分天下而王齊？今釋此時，自**必**於漢王以擊楚，且爲智者固若此邪？《漢書·韓信傳》　按此例爲內動用法。◎中國有禮義之敎，刑罰之誅，愚民猶尙犯禁；又況單于能**必**其衆不犯約哉？又《匈奴傳》　按此例爲外動詞用法，可以今語「保證」意譯之。

（二）表態副詞　決也。今言「必定」。◎如有復我者，則吾**必**在汶上矣。《論語·雍也》　◎今之成人者何**必**然。又《憲問》　◎子張曰：《書》云：高宗諒陰三年不言，何謂也？子曰：何**必**高宗！古之人皆然。又　◎君子疾夫舍曰欲之而**必**爲之辭。又《季氏》　◎**必**樹吾墓上以梓，令可以爲器。《史記·伍子胥傳》　◎布數爲項羽窘上，上怨之，故**必**欲得之。又《季布傳》　◎彼**必**自負其材，故受辱而不羞。又　◎誠得樊將軍首與燕督亢之地圖奉獻秦王，秦王**必**說，見臣。又《荆軻傳》　◎願得王一漢節，**必**有以報王。又《吳王濞傳》　◎子孫爲小吏，來歸謁，萬石君**必**朝服見之，不名。又《萬石君傳》　◎王計**必**欲東，能用信，信卽留。又《淮陰侯傳》　◎王**必**欲長王漢中，無所事信。又　◎子能**必**使來年秦之不復攻我乎！又《平原君傳》　◎儀貧，無行，**必**此盜相君之璧。又《張儀傳》　◎王卽不聽用鞅，**必**殺之，無令出境！又《商君傳》

畢(ㄅㄧˋ)

(一)動詞　內外動兩用。終也。今言「完了」。◎吏民嘗有事學意方，及**畢**，盡得意方不？《史記·倉公傳》　按此作內動詞用。◎不多具牛酒，卽不能**畢**會。又《孟嘗君傳》　按此例作外動詞用。

(二)表數副詞　皆也。◎羣后以師**畢**會。《書·泰誓》◎寢廟**畢**備。《禮記·月令》◎諸將效首虜休，**畢**賀。《史記·淮陰侯傳》◎列侯**畢**已受封。又《蕭何世家》◎招延四方豪傑；自山以東，游說之士莫不**畢**至。又《梁孝王世家》◎戰勝暴子，割八縣，地未**畢**入。又《穰侯傳》◎明道德之廣崇，治亂之條貫，靡不**畢**見。又《屈原傳》◎天下遺文古事，靡不**畢**集。又《自序》◎至高闕，獲首虜二千三百級，車輜畜**畢**收爲鹵。又《衞將軍傳》◎割地定制，令齊趙楚各爲若干國，使悼惠王幽王元王之子孫**畢**以次各受祖之分地。《漢書·賈誼傳》

別(ㄅㄧㄝˊ)

(一)表態副詞　與今言「另」同。◎使沛公項羽**別**攻城陽。《史記·高祖紀》◎父恭弟寬信與家屬徙合浦，母**別**歸故郡鉅鹿。《漢書·董賢傳》◎良帶徑至單于庭，人衆**別**置零吾水上田居。

又《匈奴傳》

（二）表數副詞　各也。◎卦氣起中孚，故離坎震兌各主一方。其餘六十卦，卦有六爻，爻**別**主一日，凡主三百六十日。《易緯·稽覽圖》

便（ㄅ·ㄧㄢ）

（一）副詞　本爲「就便」之義，引申用之，則與「卽」字義同。◎善游者數能。若夫沒人，則未嘗見舟而**便**操之者也。《莊子·達生》◎郡不出鐵者，置小鐵官，**便**屬在所縣。《史記·平準書》◎今六國復自立，秦地益小，乃以空名爲帝，不可。宜爲王如故。**便**立二世之兄子公子嬰爲秦王。又《秦始皇紀》◎少年欲立嬰**便**爲王。又《項羽紀》◎楊樸使使上書，願**便**引兵擊東越。又《東越傳》◎馳義侯遣兵未及下，上**便**令征西南夷平之。《漢書·武帝紀》◎涉遣奴至市買肉。奴乘涉氣，與屠爭言，斫傷屠者，亡。茂陵守令尹公聞之，大怒。知涉名豪，欲以示衆厲俗，遣兩吏脅守涉。至日中，奴不出，吏欲**便**殺涉去。涉迫窘，不知所爲。又《原涉傳》◎臣超區區特蒙神靈，竊冀未**便**僵仆，目見西域平定。《後漢書·班超傳》◎或謂超：可**便**殺之。超曰：非汝所及。又 ◎如有卒暴，超之氣力不能從心，**便**爲上損國家累世之功，下棄忠臣竭力之用，誠可痛也。又 ◎至，**便**問徐孺子所在。《世說》◎預此宗流，**便**稱才

子。鍾嶸《詩品》

徧(ㄅ一ㄢˋ)

(一)表數副詞　皆也。表數之全。◎羣黎百姓，**徧**爲爾德。《詩·小雅·天保》　◎**徧**賜大夫。《左傳》昭三十二年　◎彼自丞尉以上，**徧**置私人。《漢書·賈誼傳》　◎若其它背理而傷道者，難**徧**以疏舉。又　◎范蠡**徧**遊天下。又《李陵傳》　◎孝元之後，**徧**有天下。然而世絕於孫，豈非天哉！又《宣元六王傳贊》

並(ㄅ一ㄥˋ)　竝　併　幷

(一)表數副詞　劉淇曰：同時相比之辭。◎諸侯**並**起。《漢書·高帝紀》　◎少以父任兄弟**竝**爲郎。又《蘇武傳》　◎高皇帝與諸公併起。又《賈誼傳》　◎哀帝之末，俱著名字，爲後進冠，**並**入公府。又《陳遵傳》　◎昭儀及賢與妻旦夕上下，**並**侍左右。又《董賢傳》　◎兄弟**並**寵。又　◎父子**並**爲公卿。又

(二)表數副詞　皆也。朕卜，**幷**吉。《書·大誥》　◎余**並**論次，擇其言尤雅者，故著爲本紀書首。《史記·五帝紀》

(三)表態副詞　兼也。◎代孝王參初立爲太原王。四年，代王武徙爲淮陽王，而參徙爲代王，復**並**得太原，都晉陽如故。《漢書·文三王傳》

(四)介詞　合也。◎孫堅說愼曰：「賊城中無穀，當外轉糧食。堅願得萬人斷其運道，將軍以大兵繼後，賊必困乏而不敢戰。若走入羌中，**幷**力討之，則涼州可定也。」《後漢書·董卓傳》◎餘羌招同種千餘落**幷**兵晨奔熲軍。又《段熲傳》

(五)介詞　與今語「連」「合」義同。◎元鼎中，徙代王於淸河，是爲剛王。**並**前在代凡立四十年薨。《漢書·文三王傳》

(六)方所介詞　音傍。與「旁(ㄅㄤ)」字用法同。參閱「旁」字條。◎文帝從霸陵上，欲西馳下峻阪。袁盎騎，**並**車擥轡。上曰：「將軍怯邪？」《史記·袁盎傳》◎自代**並**陰山下至高闕爲塞。《漢書·匈奴傳》◎騫**並**南山欲從羌中歸，爲匈奴所得。又《張騫傳》

(七)連詞　且也。◎殷叛楚，以舒屠六，舉九江兵迎黥布，**並**行屠城父。《漢書·高帝紀》◎見者呼之曰：「薊先生！小住！」**並**行應之。《後漢書·薊子訓傳》

不(ㄅㄨˋ)

(一)不完全內動詞　非也。◎苟**不**至德，至道不凝焉。《禮記·中庸》　按《正義》云：不，非也。

言苟非至德也。◎苟**不**固聰明聖知達天德者，其孰能知之？又◎女何擇否人？何敬**不**刑？何度**不**及？《墨子·尚賢》　按此引《書·呂刑》篇文。今《呂刑》否字不字皆作非。◎今有飢色，君過而遺先生食，先生不受，豈**不**命耶？《莊子·讓王》◎田成子有乎盜賊之名，而身處堯舜之安，小國不敢非，大國不敢誅，十二世有齊國，則是**不**乃竊齊國并與其聖知之法以守其盜賊之身乎？又《胠篋》◎人主欲得善射射遠中微者，縣貴爵重賞以招致之，內不可以阿子弟，外不可以隱遠人，能中是者取之，是豈**不**必得之之道也哉！《荀子·君道》◎畢弋田獵之得，**不**以盈宮室也；徵斂於百姓，非以充府庫也。《大戴禮·王言》◎上之所賞，命固且賞，非賢固賞也；上之所罰，命固且罰，**不**暴故罰也。《墨子·非命》　按右二例不與非互用。不非古音同母，故可通用。◎虧損聖德，誠**不**小愆。《漢書·孔光傳》◎煒曰：夫人小而聰了，大未必奇。融應聲曰：觀君所言，將**不**蚤惠乎？《後漢書·孔融傳》

（二）同動詞　無也。◎若師**不**功，則厭而奉主車。《周禮·大司馬》　按與上文若師有功相對為文。◎**不**本而犯，怨之所聚也。《晉語五》

（三）否定副詞　◎人**不**知，而**不**慍，**不**亦君子乎？《論語·學而》◎夫一旦有急叩門，**不**以親為解，**不**以存亡為辭，天下所望者，獨季心劇孟耳。《史記·袁盎傳》◎以項羽之氣而季布以勇顯於楚，身典軍搴旗者數矣；可謂壯士！然被刑戮，為人奴而**不**死，何其下也！又《季布傳》

◎窮困不能辱身下志，非人也；富貴不能快意，非賢也。又 ◎仁爲人陰重不泄；常衣敝補衣，溺袴，期爲不絜清。以是得幸景帝。又《周文傳》 ◎天子曰：非此母不能生此子。又《張湯傳》 ◎溫舒至惡，其所爲，不先言縱，縱必以氣凌之，敗壞其功。又《義縱傳》 ◎上幸鼎湖，病久，已而卒起幸甘泉，道多不治。上怒曰：縱以我爲不復行此道乎？又 ◎所藏活豪士以百數，其餘庸人不可勝言。然終不伐其能，歆其德。又《朱家傳》 ◎布之初反，謂其將曰：上老矣，厭兵，必不能來。又《黥布傳》 ◎天子以太后故，不忍致法於王。又《韓長孺傳》 ◎意忽忽不樂。又 ◎留侯性多病，卽道引，不食穀。又《留侯世家》

(四)禁止副詞 勿也。 ◎我且往見，夷子不來。《孟子·滕文公上》

(五)否定副詞 作「否」字用。 ◎公卿有可以防其未然救其已然者不？各以誠對！《漢書·于定國傳》 ◎今世以侈靡相競，而上亡制度，棄禮誼，捐廉恥日甚，可謂月異而歲不同矣。逐利不耳！慮非顧行也。又《賈誼傳》 ◎人主之行異布衣。布衣者，飾小行競小廉以自託於鄉黨；人主唯天下安社稷固不耳。又 ◎司監若此，可謂稱不？又《王莽傳》

(六)語首助詞 無義。與丕第二條同。 ◎戎有良翰，不顯申伯。《詩·大雅·崧高》 ◎不顯不承，無射於人斯。又《周頌·清廟》 ◎不顯成康，上帝是皇。又《執競》

(七)語中助詞 無義。 按古「不」「丕」通用。「丕」爲無義之助詞者甚多，故「不」亦有爲助詞而無義者。惟王氏《釋詞》於此例所收太廣。如《書·西伯戡黎》「我生不有命在天」，明是反詰語氣省去「乎」字者。《史記》有「乎」字，是其明證；而王氏必謂《史記》爲誤。《逸周書·芮良夫》篇云：「不其亂而。」《左傳》宣四年云：「若敖氏之鬼，不其餒而。」此皆爲反詰語氣。「不其亂而」，猶云「不將亂乎」也。而王氏亦認不爲發聲無義，皆不免違失。故今約舉數例，讀者於此當審辨之。◎爾尚**不**忌凶德。《書·多方》◎播刑之**不**迪。《禮記·緇衣》引《書·甫刑》◎幼壯孝弟，耆耋好禮，不從流俗，修身以俟死者，**不**在此位也。又《射義》◎我**不**則寅哉寅哉。《逸周書·皇門》

叵（ㄆ·ㄛ）

(一)複合詞　不可之合音。《說文》云：叵，不可也。按不，副詞；可，助動詞。◎布目備曰：大耳兒最**叵**信。《後漢書·呂布傳》

(二)副詞　遂也。◎帝知其終不爲用，**叵**欲討之。《後漢書·隗囂傳》◎超欲因此**叵**平諸國，乃上疏請兵。又《班超傳》

頗（ㄆ·ㄛ）

(一)表態副詞　略也，少也。◎魯周霸孔安國雒陽賈嘉**頗**能言《尚書》事。《史記·儒林傳》◎

襄，其天姿善爲容，不能通《禮經》；延**頗**能，未善也。又 ◎梁使韓安國及楚死事相弟張羽爲將軍，乃得**頗**敗吳兵。又《吳王濞傳》 ◎及絳侯免相之國，國人上書告以爲反，徵繫請室。宗室諸公莫敢爲言，唯袁盎明絳侯無罪。絳侯得釋，盎**頗**有力。又《袁盎傳》 ◎臣願**頗**采古禮與秦儀雜就之。又《叔孫通傳》 ◎孝景時，鼂錯以刻深**頗**用術輔其資。又《酷吏傳序》 ◎然戰國之權變，亦有可**頗**采者，何必上古。又《六國表序》 ◎人有告鄧通盜出徼外鑄錢。下吏問，**頗**有之。又《鄧通傳》 ◎樗里子以骨肉重，固其理；而秦人稱其智，故**頗**采焉。又《樗里疾傳》 ◎且縱單于不可得，恢所部擊其輜重，猶**頗**可得以慰士大夫心。又《韓長孺傳》 ◎自殷以前諸侯，不可得而譜；周以來，乃**頗**可著。又《三代世表序》

丕（ㄆㄧ）

（一）連詞　王引之云：丕，承上之詞。「丕」猶言「乃」，「丕乃」猶言「於是」。◎三危既宅，三苗**丕**敍。《書·禹貢》 ◎女克黜乃心，施實德于民，至于婚友，**丕**乃敢大言女有積德。又《盤庚》 ◎女萬民乃不生生，暨予一人猷同心，先后**丕**降與女罪疾。又 ◎茲予有亂政同位，具乃貝玉，乃祖乃父**丕**乃告我高后。又 ◎迪高后**丕**乃崇降弗祥。又 ◎至於旬時，**丕**蔽要囚。又《康誥》 ◎后式典集，庶邦**丕**享。又《梓材》 ◎厥既命殷庶，庶殷**丕**作。又《召誥》

(二)語首助詞　無義。◎丕惟曰，爾克永觀省。《書·酒誥》◎丕若有夏歷年。又 ◎丕靈承帝事。又《多士》◎丕單稱德。又《君奭》◎丕承無疆之恤。又 ◎丕顯文武。又《文侯之命》◎丕承萬子孫。《逸周書·皇門》◎丕顯哉！文王謨；丕承哉！武王烈。《孟子·滕文公》引《書》

(三)語中助詞　無義。◎惟乃丕顯考文王克明德慎罰。《書·康誥》◎女丕遠惟商耇成人，宅心知訓。又《酒誥》◎其丕能諴于小民。又《召誥》◎公稱丕顯德。又《洛誥》◎罔丕惟進之恭。又《多方》◎公稱丕顯之德。《逸周書·祭公》◎奉揚天子之丕顯休命。《左傳》僖二十八年 ◎昧旦丕顯。又昭三年

披(ㄆㄧ)　陂　波

(一)表地介詞　傍也。◎披山通道，未嘗寧居。《史記·五帝紀》　按徐廣注云：披他本作陂，旁其邊之謂也。◎自玉門陽關出西域有兩道：從鄯善傍南山北波河西行至莎車爲南道；自車師前王庭隨北山波河西行至疏勒爲北道。《漢書·西域傳》◎波漢之陽亙九嶷爲長沙。又《諸侯王表序》◎陂山谷而閒處兮，守寂寞而存神。馮衍《顯志賦》　按《後漢書·馮衍傳注》云：陂，謂傍其邊側也。

偏（ㄆㄧㄢ）

（一）副詞　◎朕聞天不頗覆，地不偏載。《漢書·匈奴傳》　◎嘗晝寢，**偏**藉上袖。上欲起，賢未覺；不欲動賢，乃斷袖而起。其恩愛至此。又《董賢傳》　按兩袖而藉其一，故云偏藉。◎謝公因子弟集聚，問：《毛詩》何句最佳？遏稱曰：「昔我往矣，楊柳依依；今我來思，雨雪霏霏。」公曰：「訏謨定命，遠猶辰告。」謂此句**偏**有雅人深致。《世說》

頻（ㄆㄧㄣ）

（一）數量形容詞　屢也，連也。　◎加以北征匈奴，西開三十六國，**頻**年服役，轉輸煩費。《後漢書·楊終傳》

（二）副詞　屢也，連也。　◎**頻**歷二司，舉動得禮。《後漢書·劉愷傳》　◎和帝初，拜謁者，除任城長，遷陽夏重合令。**頻**歷三城，皆有惠政。又《周磐傳》　◎自帝即位以後，**頻**遭元二之戹，百姓流亡，盜賊竝起。又《陳忠傳》　◎是時，地數震裂，衆災**頻**降。又《李雲傳》

莫（ㄇㄛˋ）

（一）無指代名詞　爲「無人」「無地」「無物」之義。　◎子曰：**莫**我知也夫！《論語·憲問》　◎非是，**莫**喪羊舌氏矣！《左傳》昭二十八年　◎君仁**莫**不仁，君義**莫**不義。《孟子·離婁上》　◎魯人從君戰，三戰三北。仲尼問其故，對曰：吾有老父，身死，**莫**之養也。《韓非子·五蠹》　◎狂者傷人，**莫**之怨也；嬰兒詈老，**莫**之疾也。《淮南子·說林訓》　◎代王曰：宗室將相王侯以爲**莫**宜寡人，寡人不敢辭。《史記·文帝紀》　◎與匈奴間中有棄地，**莫**居，千餘里。各居其邊，爲甌脫。又《匈奴傳》　◎此其君臣百姓必皆戴陛下之德，**莫**不鄉風慕義，願爲臣妾。又《留侯世家》　◎今諸將皆陛下故等夷，乃令太子將此屬，無異使羊將狼，**莫**肯爲用。又　◎平曰：陛下將用兵有能過韓信者乎？上曰：**莫**及也。又　◎諸將皆慴服，**莫**敢枝梧。又《項羽紀》　◎吾視沛公大度，此眞吾所願從游，**莫**爲我先。又《酈生傳》　◎見而民**莫**不敬。《禮記·中庸》　◎孟嘗君將入秦，賓客**莫**欲其行，諫，不聽。《史記·孟嘗君傳》　◎諸公**莫**敢復明言於上。又《魏其侯傳》　◎蓋聞王者**莫**高於周文，伯者**莫**高於齊桓。《漢書·高帝紀》　按上例皆指人。　◎晉國，天下**莫**強焉。《孟子·梁惠王上》　按謂天下無國強於晉國也。◎東西南北，**莫**可奔走。《鹽鐵論·非鞅》　按上例指地。　◎**莫**非命也，順受其正。《孟子·盡心上》　◎故詬**莫**大於卑賤，而悲**莫**甚於窮困。《史記·李斯傳》　按上例指事。

(二)同動詞　無也。　◎及平長，可娶妻，富人**莫**肯與者，貧者，平亦恥之。《史記·陳平世家》　◎京師親戚冠蓋相望，亦古今常道，**莫**足言者。《漢書·游俠傳序》　◎爲京兆尹門下督，從至殿

中，侍中諸侯貴人爭欲揖章，**莫**與京兆尹言者。又《萬章傳》

(三)否定副詞　不也。　◎其計祕，世**莫**得聞。《史記·陳平世家》　◎爲君計，**莫**若遣君子孫昆弟能勝兵者悉詣軍所。又《蕭相國世家》　◎已而冒頓以鳴鏑自射善馬，左右或**莫**敢射；冒頓立斬之。《漢書·匈奴傳》

(四)禁戒副詞　勿也。　◎囚慶封，以封徇曰：無效齊慶封弒其君而弱其孤，以盟諸大夫。封反曰：**莫**如楚共王庶子圍弒其君——兄之子——員而代之立！《史記·楚世家》　◎秦王車裂商君以徇，曰：**莫**如商鞅反者！又《商君傳》　◎其去剛卯，**莫**以爲佩；除刀錢，勿以爲利！《漢書·王莽傳中》

末(ㄇㄛˋ)

(一)形容詞　◎秦**末**世，遷不軌之民於南陽。《史記·貨殖傳》　◎吾子曾不是睹，顧燿後嗣之**末**造，不亦闇乎！《後漢書·班彪傳下》　◎唯子頗識舊典，又徒馳騁乎**末**流。又

(二)無指指示代名詞　◎說而不繹，從而不改，吾**末**如之何也已矣！《論語·子罕》　◎不曰如之何如之何者，吾**末**如之何也已矣！又《衞靈公》　按此二例「末」字訓「無」，實爲「無道」之義，故爲代名詞。(無字爲代名詞例參閱。)「蓋末如之何」，今語當云「沒法拿他怎樣」也。

(三)同動詞　無也。◎如有所立，卓爾。雖欲從之，**末**由也已。《論語·子罕》

(四)時間副詞　晚也。◎武王**末**受命。《禮記·中庸》　按《鄭注》云：末猶老也。《正義》云：謂武王年老而受命平定天下也。◎孝成皇帝自知繼嗣不以時立，念雖**末**有皇子萬歲之後，未能持國；權柄之重，制於女主。《漢書·孝成趙后傳》　按師古曰：**末**，晚暮也。◎**末**所憤憤者，徒以亡親墳壟未成，所好羣書率皆腐敝，不得於禮堂寫定，傳與其人。日西方暮，其可圖乎！《後漢書·鄭玄傳》

(五)否定副詞　與「未」義同。◎魯莊公及宋人戰於乘邱，縣賁父御，卜國爲右。馬驚，敗績，公隊。佐車授綏。公曰：**末**之卜也。《禮記·檀弓》　◎不忍一日**末**有所歸也。又　◎吾與鄭人**末**有成也。《公羊傳》隱六年　◎**末**言爾。又成十六年

(六)禁戒副詞　勿也。◎命膳宰曰：**末**有原！《禮記·文王世子》　按《鄭注》云：末，猶勿也。勿事有所再進。

(七)語首助詞　無義。◎其諸君子樂道堯舜之道與？**末**不亦樂乎堯舜之知君子也？《公羊傳》哀十四年

每(ㄇㄟˇ)

(一)外動詞　貪也。讀平聲。◎貪夫徇財，烈士徇名，夸者死權，品庶**每**生。賈誼《服鳥賦》

(二)逐指指示代名詞　每事也。◎妾伏自念：入椒房以來，遺賜外家，未嘗踰故事。**每**輒決上，可覆問也。《漢書·孝成許后傳》　按師古云：每事皆奏決於天子，乃敢行也。◎或問：小**每**知之，可謂師乎？曰：是何師與？是何師與？天下小事爲不少矣。**每**知之，是謂師乎？《法言·問明》　按小每知之，謂小事每事知之也。

(三)逐指指示形容詞　用於名詞之上，故與前條異。◎子入太廟，**每**事問。《論語·八佾》　◎故爲政者，**每**人而悅之，日亦不足矣。《孟子·離婁下》

(四)副詞　每次也。◎初，伯宗**每**朝，其妻必戒之。《左傳》成十五年　◎**每**詔令議下，諸老先生未能言，誼盡爲之對，人人各如其意所出。《漢書·賈誼傳》　◎**每**賜洗沐，不肯出，常留中視醫藥。又《董賢傳》　◎**每**至直更，數過，吏弗求。怪之，問其故，解使脫之。又《郭解傳》　◎**每**漢使入匈奴，匈奴必報償。又《匈奴傳》　按「每漢使入匈奴」，猶言「漢使每次入匈奴」，此「每」字非「漢使」之形容詞，故不入前條，而列於此。◎**每**一念至，何時可忘！魏文帝《與吳質書》　◎諸將咸欲攻圍。抗**每**不許。《吳志·陸抗傳》　◎豐爲中書二歲，帝比**每**獨召與語，不

知所說。《魏志·夏侯玄傳注》

（五）推拓連詞　雖也。◎每有良朋，況也永歎。《詩·小雅·常棣》　按《鄭箋》云：雖有善同門來茲，對之長歎而已。◎駪駪征夫，每懷靡及。又《皇皇者華》　◎不見其誠，已而發，每發而不當。《莊子·庚桑楚》

某（ㄇㄡ）

（一）虛指指示代名詞　◎師冕見。及階，曰：階也。及席，子告之曰，某在斯，某在斯。《論語·衛靈公》　◎筮某之某爲尸。《儀禮·特牲饋食禮》　◎哀子某爲其父某甫筮宅。又《士喪禮》　◎哀子某來日某卜葬其父某甫。又　◎從某至某廣從六里。《秦策二》　◎臣非知爲此奏，乃正監掾史某爲之。《史記·張湯傳》　◎此某之龜也。又《龜策傳》　◎太山琅琊賊勞丙等復叛，遣御史中丞趙某持節督州郡討之。《後漢書·桓帝紀》　按李賢注云：史失名。◎章德竇皇后諱某，扶風平陵人。又《皇后紀》　◎荊州牧某發奔命二萬人攻之。又《劉玄傳》　按《漢書·高帝紀》云：「始大人常以臣亡賴，不能治產業，不如仲力。今某之業所就，孰與仲多？」《楚元王傳》云：「高祖曰：某非敢忘封之也，爲其母不長者。」又《王莽傳》云：「其一署曰：赤帝行璽某傳予黃帝金策書。」此三「某」字乃史家避高帝之諱改稱，非人可自稱曰「某」也。

後世如《朱子語類》常自稱某，此亦朱子言時自稱其名，而弟子記語者諱之曰某。後人竟誤以某爲自稱，乃是自諱其名矣。抑何可笑也！

（二）虛指指示形容詞　用在名詞之前，故與前條異。◎反命曰：以君命聘於**某**君，**某**君受幣於**某**宮，**某**君再拜以享**某**君，**某**君再拜。《儀禮·聘禮》◎**某**所有公田，願得假倩之。《史記·滑稽傳補》◎**某**所有公田魚池蒲葦數頃，陛下以賜臣，臣朔乃言。又◎**某**日可取婦乎？又《日者傳》◎**某**時**某**喪，使公主**某**事，不能辦，以此不任用公。《漢書·項籍傳》◎設妾欲作**某**屏風張于**某**所，曰：故事無有，或不能得。又《孝成許后傳》◎鰥寡孤獨有死無以葬者，鄉部書言，霸具爲區處：**某**所大木可以爲棺，**某**亭猪子可以祭。又《黃霸傳》

曼（ㄇㄢ）

（一）同動詞　《小爾雅·廣詁》云：曼，無也。◎空柯無刃，公輸不能以斲；但懸**曼**矰，蒲苴不能以射。《文選》王褒《四子講德論》◎行有之也，病**曼**之也。《法言·五百》

（二）否定副詞　義同前。◎神怪茫茫，若存若亡，聖人**曼**云。《法言·重黎》

（三）禁戒副詞　毋也。◎或曰：譊譊者天下皆說也，奚其存？曰：**曼**是爲也。《法言·寡見》

彌（ㄇㄧˊ）

（一）表數形容詞　連也。屢也。◎永和中，荆州盜賊起，彌年不定，乃以固爲荆州刺史。《後漢書·李固傳》◎詣黄叔度，乃彌日信宿。《世説》

（二）表態副詞　益也，愈也。◎舜居嬀汭，行彌謹。《史記·五帝紀》◎自此之後，方士言神祠者彌衆。又《封禪書》◎退而修《詩》《書》《禮》《樂》，弟子彌衆。又《孔子世家》◎孔子循道，彌久，温温無所試，莫能已用。又

靡（ㄇㄧˇ）

（一）形容詞　無也，用於名詞之上。◎靡神不舉。《詩·大雅·雲漢》◎或湛樂飲酒，或慘慘畏咎，或出入風議，或靡事不爲。又《小雅·北山》

（二）否定代名詞　「無物」「無人」之義。◎物靡不得其所。《史記·司馬相如傳》◎四海之内，靡不受獲。又

（三）否定副詞　不也。◎古布衣之俠，靡得而聞已。《史記·游俠傳序》◎秦以前尚略矣！其詳靡得而記焉。又《外戚世家》

蔑（ㄇㄧㄝ）

（一）同動詞　無也。◎臣出晉君，君納重耳，**蔑**不濟矣。《左傳》僖十年　◎雖我小國，則**蔑**以過之矣。又文十七年　◎夫狡焉思啓封疆以利社稷者，何國**蔑**有？唯然，故多大國矣。又成十年　◎雖甚盛德，其**蔑**以加於此矣！又襄二十九年

（二）否定副詞　不也。◎寧事齊楚，有亡而已，**蔑**從晉矣。《左傳》成十六年　◎吾有死而已，吾**蔑**從之矣！《晉語二》

謬（ㄇㄧㄡ）　繆

（一）表態副詞　《漢書·司馬相如傳注》云：繆，詐也。◎蔡澤曰：若夫秦之商君，楚之吳起，越之大夫種，其卒然，亦可願與？應侯知蔡澤之欲困己以說，復**謬**曰：何爲不可？《史記·蔡澤傳》　◎於是相如往舍都亭，臨邛令**繆**爲恭敬，日往朝相如。《漢書·司馬相如傳》　◎是時，卓王孫有女文君新寡，故相如**繆**與令相重而以琴心挑之。又

非（ㄈㄟ）

(一)不完全內動詞　《玉篇》云：非，不是也。　◎此莫**非**王事，我獨賢勞也。《孟子·萬章上》　◎城**非**不高也，池**非**不深也，兵革**非**不堅利也。委而去之，是地利不如人和也。又《公孫丑下》　◎莊子與惠子遊於濠梁之上。莊子曰：儵魚出遊從容，是魚之樂也！惠子曰：子**非**魚，安知魚之樂？莊子曰：子**非**我，安知我不知魚之樂？《莊子·秋水》　◎吾所謂時者，**非**時日也。《史記·韓世家》　◎自吾先王受封，望不過江漢，而河**非**所獲罪也。又《楚世家》　◎爲畔逆以憂太后，**非**長策也。又《吳王濞傳》　◎今者所養**非**所用，所用**非**所養。又《韓非傳》　◎窮山通谷，豪士並起，不可勝載也；然皆**非**公侯之後，**非**長官之吏也。又《平津侯傳》　◎若伯夷叔齊，可謂善人者**非**邪？又《伯夷傳》　◎**非**附青雲之士，惡能施於後世哉？又　◎昆弟諸子欲厚葬湯，湯母曰：湯爲天子大臣，被汙惡言而死，何厚葬乎！載以牛車，有棺無槨。天子聞之，曰：**非**此母不能生此子。又《張湯傳》

(二)同動詞　無也。　◎衆**非**元后，何戴？后**非**衆，罔與守邦。《書·大禹謨》　◎死而**非**補。《賈子·耳痺》　◎夫子則**非**罪。《史記·孔子世家》

(三)否定副詞　不也。　◎肆予沖人**非**廢厥謀。《書·盤庚》　◎各**非**敢違卜。又　◎芷蘭生於深林，**非**以無人而不芳。《荀子·宥坐》　按《家語·在厄》篇「非」作「不」。　◎今夫惑者**非**知反性命之情，其次**非**知觀於五帝三王之所以成也。《呂氏春秋·謹聽》　◎寡人金錢在天下者往往

而有，**非**必取於吳。《史記・吳王濞傳》　◎先人有則而我弗虧，行有枉徑而我**非**隨。《後漢書・崔駰傳》

(四)否定副詞　不也。與前條異者，以用於句末，故別出之。◎偃矯制而鼓鑄者，欲及春耕種贍民器也。今魯國之鼓，當先具其備，至秋乃能舉火。此言與實反者**非**？《漢書・終軍傳》　◎初，天子出到宣平門，當度橋，汜兵數百人遮橋曰：是天子**非**？車不得前。《後漢書・董卓傳注》引《獻帝起居注》

匪(ㄈㄟˇ)

(一)不完全內動詞　非也。◎**匪**寇婚媾。《易・屯》　◎**匪**來貿絲，來即我謀。《詩・衞風・氓》　◎**匪**適株林。又《陳風・株林》

(二)指示代名詞　與「彼」同。《廣雅・釋言》云：匪，彼也。◎如**匪**行邁謀，是用不得于道。《詩・小雅・小旻》　按王念孫云：襄八年《左傳》引此詩，《杜注》曰：匪，彼也。此猶下文言「如彼築室於道謀，是用不潰於成」。亦猶《雨無正》篇云：「如彼行邁」也。

(三)指示形容詞　亦與「彼」同。惟用在名詞之上，故與前條異。◎**匪**直也人，秉心塞淵。《詩・鄘風・定之方中》　按王念孫云：言彼正直之人秉心塞淵也。◎**匪**風發兮，**匪**車偈兮。又《檜風·匪風》按王氏云：言彼風之動發發然，彼車之驅偈偈然也。◎心之憂矣，如匪澣衣。又《邶風·柏舟》◎匪鶉匪鳶，翰飛戾天；匪鱣匪鮪，潛逃於淵。又《小雅·四月》◎匪兕匪虎，率彼曠野；哀我征夫，朝夕不暇。又《何草不黄》◎鳳鳥蹌蹌，匪堯之廷。《法言·問明》

（四）否定副詞　不也。◎夙夜匪解。《詩·大雅·烝民》◎稼穡匪懈。又《商頌·殷武》◎使我兩君匪以玉帛相見而以興戎。《左傳》僖十五年◎朕祗懼潛思，匪遑啓處。《後漢書·順帝紀》

否（ㄈㄡ）

（一）不完全內動詞　與「非」同。◎先王之書相年之道曰：「夫建國設都，乃作后王君公，否用泰也；卿大夫師長，否用佚也；維辯治使天均則。」此語古者上帝鬼神之建設國都立正長也，非高其爵厚其祿富貴游佚而錯之也；將以爲萬民興利除害，富貴貧寡，安危治亂也。《墨子·尚同》

（二）否定副詞　不也。◎某則否能。《大戴禮》◎赴以名，則亦書之；不然，則否。《左傳》僖二十三年◎晉人侵鄭，以觀其可攻與否。又僖三十年◎吾得見與否，在此歲也。又襄三十年◎二三子用我今日，否亦今日。又成十八年◎義則進，否則奉身而退。又襄二十六年◎儒林之官，四海淵原，宜皆明於古今，溫故知新，通達國體，故謂之博士。否則學者無述焉。

《漢書·成帝紀》

(三)應對副詞 不然也。◎公子翬諂乎隱公，謂隱公曰：百姓安子，諸侯説子，子盍終爲君矣？隱公曰：否。《公羊傳》隱四年 ◎萬章問曰：人有言：「至於禹而德衰，不傳於賢而傳於子。」有諸？孟子曰：否，不然也。《孟子·萬章上》 ◎萬章問曰：人有言：「伊尹以割烹要湯，」有諸？孟子曰：否，不然。又 ◎萬章問曰：或曰：「孔子於衛主癰疽，於齊主侍人瘠環，」有諸乎？孟子曰：否，不然也。又

凡（ㄈㄢˊ）

(一)表態形容詞 平凡也，普通也。◎自凡人猶繫於習俗，而況哀公之倫乎？《漢書·景十三王傳贊》 ◎賞所置皆其魁宿，欲貰其罪，詭令立功以自贖。盡力有效者，因親用之爲爪牙，追捕甚精，甘耆姦惡，甚於凡吏。又《尹賞傳》

(二)指示形容詞 一切也。總指時用之。◎每事凡議，必與及之。《漢書·杜鄴傳》 ◎是時，繼嗣不明，凡事多晻。又 ◎凡今之人，莫如兄弟。《詩·小雅·常棣》 ◎凡人之思，故在其病也。《史記·張儀傳》 ◎凡吾所以來，爲父老除害，非有所侵暴也。毋恐！又《高帝紀》 ◎故凡同類者，舉相似也。《孟子·告子上》 ◎凡賢主者，必將能拂世摩俗而廢其所惡，立其所欲。《史記·李

斯傳》

(二)副詞　總共也。《說文》云：**凡**，最括也。《漢書注》云：最計也。按多與數字有關。◎其後，常以護軍中尉從攻陳豨及黥布，**凡**六出奇計。《史記·陳平世家》 ◎五年一朝，**凡**三朝，十七年薨。《漢書·文三王傳》 ◎元鼎中，徙代王於清河，是爲剛王。並前在代**凡**立四十年薨。又 ◎元延中，立復以公事怨相掾及睢陽丞，使奴殺之，殺奴以滅口。**凡**殺三人，傷五人。又 ◎陳勝王**凡**六月。《史記·陳涉世家》 ◎高祖十一年十月，淮南王黥布反，立子長爲淮南王，王黥布故地，**凡**四郡。又《淮南王傳》 ◎奮長子建，次甲，次乙，次慶，皆以馴行孝謹官至二千石。於是景帝曰：「石君及四子皆二千石。人臣尊寵，乃舉集其門。」**凡**號奮爲萬石君。《漢書·石奮傳》 按以上七例皆與數目有關。◎寡人節衣食之用，積金錢修兵革，聚穀食，夜以繼日，三十餘年矣。**凡**爲此。又《吳王濞傳》 按此例不關數。

反(ㄈㄢ)

(一)表態副詞　顧也。與今語義同。◎天與弗取，**反**受其咎。《史記·趙世家》 ◎悔失番禺，乃**反**見疑。又《朝鮮傳》 ◎自以爲故人，求益，**反**見辱。又《張儀傳》 ◎攻之，不如割地**反**以賂秦。又 ◎黯曰：夫以大將軍有揖客，**反**不重邪！又《汲黯傳》 ◎以求賢任人，**反**舉浮淫之

蠹而加之於功實之上。又《韓非傳》　◎未至，望之如雲。及到，三神山**反**居水下。又《封禪書》　◎因問信曰：兵法：右倍山陵，前左水澤。今者將軍令臣等**反**背水陳，何也？又《淮陰侯傳》　◎足**反**居上，首顧居下。《漢書·賈誼傳》　◎審食其從太公呂后閒行，**反**遇楚軍。又《高帝紀》　◎石君家破，不能有以安也，而受其財物，此爲石氏之禍，萬氏**反**當以爲福邪？　又《萬章傳》

泛（ㄈㄢˋ）

（一）表態副詞　今言「泛泛地」。◎王莽居攝，誅鉏豪俠，名捕漕中叔，不能得。素善強弩將軍孫建，莽疑建藏匿，**泛**以問建。《漢書·原涉傳》　按師古《注》云：泛者，以常語問之。

方（ㄈㄤ）

（一）表態副詞　並也。按：《說文》云：方，併船也。引申爲並義。又按：方與並古音同。◎**方**告無辜於上。《書·呂刑》　◎小民**方**興，相爲敵讎。又《微子》　按《史記·宋世家》方作並。◎不**方**足。《儀禮·鄉射禮》　◎故象刑殆非生於治古，**方**起於亂今也。《漢書·刑法志》　按《荀子·正論》篇方作並。　◎夫漢并二十四郡十七諸侯，**方**輸錯出，運行數千里，不絕於道。又

《枚乘傳》 ◎文武**方**作，是庸四克。 又《敍傳》

(二)表態副詞 徧也。按：方與旁古音同。旁《說文》訓溥，今言普，正普徧之義也。 ◎**方**命厥后，奄有九有。《詩·商頌·玄鳥》 按《鄭箋》云：謂徧告諸侯。是方爲徧也。 ◎湯湯洪水**方**割。《書·堯典》 ◎**方**行天下，至於海表。 又《立政》

(三)時間副詞 正也，適也。表現在。 ◎定之**方**中，作于楚宮。《詩·鄘風·定之方中》 ◎陳鮑**方**睦。《左傳》昭十年 ◎國家**方**危。 又定四年 ◎上**方**踞牀洗，召布入見。《史記·黥布傳》 ◎秦王**方**環柱走，卒惶急，不知所爲。 又《荆軻傳》 ◎是時上**方**鄉文學。 又《張湯傳》 ◎平原君家未有以發喪，**方**假貸服具。 又《陸賈傳》 ◎趙**方**西憂秦，南憂楚，其力不能禁我。 又《陳涉世家》 ◎漢王**方**蒙矢石爭天下，諸生寧能鬬乎？《漢書·叔孫通傳》 ◎陳桓公**方**有寵於王。《左傳》隱四年 ◎是時項羽**方**與漢王相距滎陽。《史記·外戚世家》 ◎行酒次至臨汝侯，臨汝侯**方**與程不識耳語。 又《魏其侯傳》 ◎上**方**與晁錯調兵算軍食。 又《吳王濞傳》 ◎張儀曰：賴子得顯，**方**且報德，何故去也？ 又《張儀傳》 ◎**方**將約車趨行，適聞使者之明詔。 又

(四)時間副詞 將也。 表未來。 ◎隨何曰：陛下使何與二十人使淮南，至，如陛下之意，是何之功賢於步卒五萬人騎五千也。 然而陛下謂何腐儒，爲天下安用腐儒，何也？ 上曰：吾**方**圖子之功。 迺以隨何爲護軍中尉。《史記·黥布傳》 ◎東海君有罪，吾前繫於葛陂。 今**方**

出之，使作雨也。《後漢書・費長房傳》◎會諸將曰：孤已得冀州，諸君知之乎？皆曰：不知。公曰：諸君**方**見不久也。《魏志・太祖紀注》◎小人則將及水火，君子則**方**成猿鶴。庾信《哀江南賦》

（五）時間介詞　當也。◎**方**其盛時必毀。《素問・瘧論》◎**方**今唯秦雄天下。《史記・魯仲連傳》◎惲家**方**隆盛時，乘朱輪者十人。《漢書・楊惲傳》

夫（ㄈㄨ）

（一）人稱代名詞　彼也。◎子木曰：**夫**獨無族姻乎？《左傳》襄二十六年　按《楚語》作「彼有公族甥舅」。◎我皆有禮，**夫**猶鄙我。又昭十六年　◎彼好專利而妄。**夫**見君之入也，必先道焉。又哀二十五年　◎**夫**何敢是將爲亂乎？**夫**何敢！《公羊傳》莊三十二年　◎獨貴獨富，君子恥之，**夫**也中之矣。《大戴禮・衞將軍文子》　◎**夫**由賜也見我。《禮記・檀弓》　◎**夫**焉能相與羣居而不亂乎？又《三年問》　按《荀子・禮論》篇「夫」作「彼」。◎**夫**爲其君勤也。《齊語》　按《管子・小匡》篇「夫」作「彼」。◎今**夫**以君爲紂。《晉語》　◎**夫**有所受之也。《孟子・盡心上》　◎彼且爲我死，故吾得與之俱生；彼且爲我亡，故吾得與之俱存；**夫**將爲我危，故吾得與之皆安。《漢書・賈誼傳》　按此例夫與彼互用。◎使**夫**往而學焉，**夫**亦愈知治矣！《左傳》襄三十年

(二)指示形容詞　此也。　◎**夫**人不言，言必有中。《論語·先進》　◎鼃於何有，而使**夫**人怒也！《魯語》　◎微**夫**人之力，不及此。《左傳》僖三十年　◎**夫**二人者，魯國社稷之臣也。又成十六年　◎從母之夫，舅之妻，**夫**二人相爲服。《禮記·檀弓》　按《鄭注》云：「夫二人」猶言「此二人」也。　◎曾子襲裘而弔，子游裼裘而弔，曾子指子游而示人曰：**夫**夫也，爲習於禮者。如之何其裼裘而弔也？又　按《鄭注》云：「夫夫」猶言「此丈夫」也。　◎有仕於此，而子悅之，不告於王，而私與之吾子之祿爵；**夫**士也，亦無王命，而私受之於子，則可乎？《孟子·公孫丑下》　◎且**夫**戰也，微郤至，王必不免。《晉語》　◎禮曰：「父召無諾；君命召，不俟駕。」固將朝也，聞王命而遂不果，宜與**夫**禮若不相似然。《孟子·公孫丑下》　◎忌日不用，非不祥也；言**夫**日志有所至而不敢盡其私也。《禮記·祭義》　按《鄭注》云：親以此日亡。

(三)指示形容詞　彼也。　用在名詞之上，故與第一條異。　◎日君以**夫**公孫段爲能任其事而賜之州田。《左傳》昭七年　◎此**夫**老子所謂上德不德，是以有德。《史記·日者傳》　◎**夫**袪猶在，汝其行乎！《左傳》僖二十四年　◎予惡**夫**涕之無從也。《禮記·檀弓》　◎此一是非，隅曲也；**夫**一是非，宇宙也。《淮南子·齊俗訓》　◎請東人之能與**夫**二三有司言者。《左傳》文十三年　◎不以**夫**一害此一。《荀子·解蔽》　◎君獨不見**夫**朝趨市者乎？《史記·孟嘗君傳》

(四)指示形容詞　《孝經疏》引劉瓛曰：夫，猶凡也。　◎思**夫**人自亂於威儀。《書·顧命》　◎**夫**

人愁痛，不知所庇。《左傳》襄八年　按《杜注》云：夫人猶人人也。◎**夫**人而能爲鏄也。《周禮·考工記》◎上有大澤，則民**夫**人待於下流。《禮記·祭統》◎**夫**人奉利而歸諸上。《周語》　按《韋注》云：夫人，猶人人也。◎**夫**人作享，家爲巫史。《楚語》

（五）提起連詞　《孝經疏》云：夫，發言之端。◎**夫**國君好仁，天下無敵。《孟子·離婁上》◎**夫**人必自侮，然後人侮之。又　◎項羽曰：吾聞秦軍圍趙王鉅鹿，疾引兵渡河，楚擊其外，趙應其內，破秦軍必矣。宋義曰：不然。**夫**搏牛之蝱，不可以破蟣蝨。今秦攻趙，戰勝則兵罷，我乘其敝；不勝，則我引兵鼓行而西，必舉秦矣。故不如先鬭秦趙。**夫**被堅執鋭，義不如公；坐而論策，公不如義。《史記·項羽紀》◎孫子曰：**夫**解雜亂紛糾者不控捲。又《孫子傳》◎**夫**免身立功以明先王之迹，臣之上計也。又《樂毅傳》◎**夫**學者載籍極博，猶考信於六藝。又《伯夷傳》◎**夫**斯乃上蔡布衣，閭巷之黔首。又《李斯傳》◎**夫**以秦王之威，而相如廷叱之，辱其羣臣，相如雖駑，獨畏廉將軍哉！又《藺相如傳》◎**夫**千乘之王，萬乘之侯，百室之君，尚猶患貧，而況匹夫編戶之民乎！又《貨殖傳》

（六）語中助詞　無義。◎掌以**夫**遂取明火於日。《周禮·司烜》　按鄭司農曰：夫，發聲。◎加**夫**橈與劍焉。《禮記·少儀》　按《鄭注》云：夫，發聲。

（七）語末助詞　表感歎。　按據錢氏大昕及近人汪榮寶之考證，「夫」古音當如「巴」，即今語之

「罷」字。◎古之聰明睿智神武而不殺者**夫**！《易·繫辭》◎爾責於人，終無已**夫**！三年之喪，亦已久矣**夫**！《禮記·檀弓》◎用之則行，舍之則藏，惟我與爾有是**夫**！《論語·述而》◎逝者如斯**夫**！不舍晝夜。又《子罕》◎率天下之人而禍仁義者，必子之言**夫**！《孟子·告子上》◎余嘗讀商君《開塞耕戰書》，與其人行事相類；卒受惡名於秦；有以也**夫**！《史記·商君傳》◎高帝曰：嗟乎！有以也**夫**！又《田儋傳》◎南人有言曰：「人而無恆，不可以作巫醫。」善**夫**！《論語·子路》◎翟公大署其門曰：一死一生，乃知交情；一貧一富，乃知交態；一貴一賤，交情乃見。汲鄭亦云：悲**夫**！《史記·汲鄭傳》◎仁**夫**！公子重耳！《禮記·檀弓》◎桓公視管仲云：樂**夫**仲父！《管子》◎微**夫**斯之爲符也！《漢書·司馬相如傳》

(八)語末助詞　表疑問。◎路說應之曰：然則公欲秦之利**夫**？周頗曰：欲之。《呂氏春秋·應言》◎是以侯王稱孤寡不穀，是其賤之本與！非**夫**！《齊策四》◎吾歌，可**夫**？《史記·孔子世家》

甫(ㄈ·ㄨ)

(一)時間副詞　始也。於一事之方始時用之。與口語「剛」同。◎今歌吟之聲未絕，傷痍者**甫**起，而噲欲搖動天下，妄言以十萬衆橫行，是面謾也。《漢書·匈奴傳》◎今吏**甫**受詔讀記，直豫言：「使后知之！非可復若私府有所取也。」又《孝成許后傳》◎甫欲鑿石索玉，剖蚌求珠，今乃隋和炳然，有如皎日。《蜀志·秦宓傳》

復（ㄈㄨ）

（一）副詞　又也，更也，再也。◎言偃**復**問曰：如此乎禮之急也？《禮記·禮運》◎遷爲中尉，其治**復**放河內。《史記·王溫舒傳》◎使使至漢，漢王爲太牢具，舉進。見楚使，卽詳驚曰：「吾以爲亞父使，乃項王使！」**復**持去。更以惡草具進楚使。又《陳丞相世家》◎遂入關，收散兵**復**東。又　◎平曰：非魏無知，臣安得進。上曰：君可謂不背本矣。乃**復**賞魏無知。又　◎陳平曰：我多陰謀，是道家之所禁，吾世卽廢，亦已矣！終不能**復**起。又　◎李廣上馬，與十餘騎奔，射殺胡白馬將，而**復**還至其騎中。又《李將軍傳》◎十一年，齊秦各自稱爲帝。月餘，**復**歸爲王。又《楚世家》◎孝文時，人有言其賢者，孝文召，欲以爲御史大夫。**復**有言其勇，使酒難近。至，留邸一月，見罷。又《季布傳》◎范雎得出，後魏齊悔，**復**召求之。又《范雎傳》◎雖舜禹**復**生，弗能改已。又　◎秦王跽而請曰：先生何以幸敎寡人？范雎曰：唯，唯。有間，秦王**復**跽而請曰：先生何以幸敎寡人？又　◎賈不意君能自致於青雲之上。賈不敢**復**讀天下之書，不敢**復**與天下之事。又　◎應侯知蔡澤之欲困己以說，**復**謬曰：何爲不可？又《蔡澤傳》◎於是遂誅高漸離，終身不**復**近諸侯之人。又《荆軻傳》◎因問陸生曰：我孰與蕭何曹參韓信賢？陸生曰：王似賢。**復**曰：我孰與皇帝賢？又《陸賈傳》

弗（ㄈㄨˊ）

（一）否定副詞　不也。◎子謂子貢曰：女與回也孰愈？對曰：賜也何敢望回！回也聞一以知十，賜也聞一以知二。子曰：**弗**如也！吾與女，**弗**如也！《論語·公冶長》◎盎曰：陛下居代時，太后嘗病三年，陛下不交睫，不解衣，湯藥非陛下口所嘗，**弗**進。《史記·袁盎傳》◎司馬夜引袁盎起，曰：君可以去矣！吳王期旦日斬君。盎**弗**信，曰：公何爲者？又◎王公由之，所以一天下臣諸侯也；**弗**由之，所以捐社稷也。又《禮書》◎買臣守長史，見湯，湯坐牀上，丞史遇買臣，**弗**爲禮。又《張湯傳》◎因故秦時本以六月爲歲首，**弗**革。又《張蒼傳》◎漢兵追至塞，度**弗**及，卽罷。又《韓長孺傳》◎陛下雖得廉頗李牧，**弗**能用也。又《馮唐傳》◎寡人金錢在天下者往往而有，非必取於吳，諸王日夜用之**弗**能盡。又《吳王濞傳》◎智誠知之，決**弗**敢行者，百事之禍也。又《淮陰侯傳》◎上召甯成爲都尉；其治效郅都，其廉**弗**如。又《甯成傳》◎主見所侍美人，上**弗**說。又《外戚世家》◎長安諸公莫**弗**稱之。又《灌夫傳》

伏(ㄈㄨˊ)

(一)表敬副詞 劉淇云:伏者,以卑承尊之辭。按古人俯伏所以爲敬,此其本義也。◎**伏**聞康叔親屬有十。《史記·三王世家》 ◎臣青翟臣湯等竊**伏**孰計之:皆以爲尊卑失序,使天下失望,不可。又 ◎臣**伏**計之:大王奉高祖宗廟最宜稱。《漢書·文帝紀》 ◎謹以實對,**伏**須重誅。又《文三王傳》 ◎**伏**惟聖主之恩,不可勝量。又《楊惲傳》 ◎大用民力,功不可必立,臣**伏**憂之。又《匈奴傳》 ◎**伏**見先帝武臣宿兵,年耆卽世者有聞矣。曹植《求自試表》 ◎**伏**惟陛下咨帝堯欽明之德。又《求通親親表》

卷二

大（ㄉㄚˋ）

（一）表態副詞　◎周陽侯始爲諸卿時，嘗繫長安，湯傾身爲之；及出爲侯，**大**與湯交。《史記·張湯傳》　◎通，小臣，戲殿上，**大**不敬。又《申屠嘉傳》　◎於是天子察其行敦厚，辯論有餘，習文法吏事，而又緣飾以儒術，上**大**說之。又《公孫弘傳》　◎其治**大**放張湯而善候伺。又《杜周傳》　◎劇孟行**大**類朱家而好博。又《劇孟傳》　◎其明年，貧民**大**徙，皆仰給縣官。又《平準書》　◎其明年，大將軍驃騎**大**出擊胡。又　◎及羣臣有言老父，則**大**以爲仙人也。又《封禪書》　◎時已昏，漢匈奴相紛拏，殺傷**大**當。又《衛將軍傳》　◎甘茂曰：息壤在此。王曰：有之。因**大**悉起兵。又《甘茂傳》　◎呂產王也，諸大臣未**大**服。又《荊燕吳傳》　◎魯王以故不**大**出游。又《田叔傳》　◎後遂封爲定陵侯，**大**見信用。《漢書·淳于長傳》

多（ㄉㄛ）

（一）外動詞　與「賢」字義同。　◎諸公皆**多**季布能摧剛爲柔。《史記·季布傳》　◎於是天子**多**

南越義，守職約，爲興師遣兩將軍往討閩越。又《南越傳》　◎諸公聞之，皆多解之義，益附焉。《漢書·郭解傳》

(二)數量形容詞　◎上將大誇胡人以多禽獸。揚雄《長楊賦》　按此例以多字置名詞之前。◎諸侯多謀伐寡人者。《孟子·梁惠王下》　◎趙人多爲張耳陳餘耳目者，以故得脱出。《史記·張耳傳》　按此言「諸侯中謀伐寡人者多」，「趙人中爲張耳陳餘耳目者多」也。故多字爲形容詞而非副詞。◎珠玉寶器多於京師。《漢書·文三王傳》

(三)表數副詞　此種多字，皆係於動詞，故爲副詞。◎護假貸，多持幣帛過齊。《漢書·樓護傳》　按此文譯今語當云「多多地持著」。◎多作兵弩弓數十萬。又《文三王傳》　◎多畜妻妾，淫於聲色。又《淳于長傳》　◎父子專朝，兄弟並寵，多受賞賜。又《董賢傳》

(四)表態副詞　與「祇」同，適也。見《論語正義》。◎荀偃曰：吾令實過，悔之，何及？多遺秦禽。《左傳》襄十四年　◎欲之而言叛，多見疏也。又襄二十九年　按《疏》云：服虔本「多」作「祇」。◎存亡有命，事楚何爲？多取費焉。又定十五年　◎不足以害吳，而多殺國士，不如已也。又哀八年　◎人雖欲自絶，其何傷於日月乎？多見其不知量也。《論語·子張》

(五)代名副詞　此種多字，係表名詞之數，故與第三條異。◎佐舜調馴鳥獸，鳥獸多馴服。《史記·秦本紀》　按此謂鳥獸之多數馴服。不能如前條譯爲「多多地」也。◎觀古今文人，多不全了此處。《後漢書·自叙》 按此謂文人之多數不全了此處也。

得（ㄉㄜˊ）

（一）外動詞　獲也。◎子游爲武城宰。子曰：女得人焉爾乎？《論語·雍也》

（二）外動詞　此爲「被捕得」之義，乃外動詞之被動用法。因在文中往往以一字爲句，而校書家有誤解者，故特出之。◎渭水虒上小女陳持弓年九歲，走入横城門，入未央宫尚方掖門，門衞户者莫見；至句盾禁中而覺，得。《漢書·五行志》 按王念孫不知得字一字爲句，因校改此文爲「覺而得」，非也。說詳余著《漢書補注補正》。◎其後人有盜高廟座前玉環，得。文帝怒，下廷尉治。又《張釋之傳》 ◎今大司馬博陸侯禹與母宣城侯夫人顯及從昆弟子冠陽侯雲樂平侯山諸姊妹壻謀爲大逆，欲詿誤百姓。賴祖宗神靈，先發，得，咸伏其辜。又《霍光傳》 按《顔注》云：事發而捕得。◎聖子賓客爲羣盜，得，繫廬江。又《何武傳》 ◎太子兵敗，亡，不得。上怒甚，羣下憂懼，不知所出。又《戾太子傳》 按此爲未捕得者，故云「不得」。下條同。◎太子疑齊以己陰私告王，與齊忤，使吏逐捕齊，不得。收繫其父兄。又《江充傳》 ◎鍾子期夜聞擊磬聲者而悲。且，召問之，曰：何哉？子之擊磬若此之悲也！對曰：臣之父殺人而不得，臣之母得而爲公家隸，臣得而爲公家擊磬。臣不睹臣之母，三年於此

矣；昨日爲舍市而睹之。意欲贖之，無財；身又公家之有也：是以悲也。《新序·雜事四》

(三)助動詞　◎先爲之極，又焉**得**立？《左傳》閔二年　◎**得**侍同朝，甚喜。《孟子·公孫丑下》　◎王之所大欲，可**得**聞與？又《梁惠王上》　◎是時王氏方盛，賓客滿門。五侯兄弟爭名，其客各有所厚，不**得**左右。《漢書·樓護傳》　◎聖自以子必死，武平心決之，卒**得**不死。又《何武傳》　◎今壹受詔如此，且使妾搖手不**得**。又《外戚·許后傳》　按此文乃「不得搖手」之倒文。　◎田爲王田，賣買不**得**。《後漢書·隗囂傳》

殆（ㄉㄞ）

(一)形容詞　《禮記·檀弓注》云：殆，幾也。《詩》：無小人殆。《箋》云：殆，近也。◎寇退，曾子反。左右曰：待先生如此其忠且敬也！寇至，則先去以爲民望；寇退則反：**殆**於不可。《孟子·離婁下》　◎孔子謂爲芻靈者善，謂爲俑者不仁，**殆**於用人乎哉！《禮記·檀弓下》　◎皇子曰：委蛇，其大如轂，其長如轅，紫衣而朱冠。見之者**殆**乎霸。《莊子·達生》

(二)副詞　近也，幾也。或然之詞。◎顏氏之子，其**殆**庶幾乎！《易·繫辭》　◎國人皆以夫子將復爲發棠，**殆**不可復？《孟子·盡心下》　◎良曰：沛公**殆**天授。《史記·留侯世家》　◎乃悉取其禁方書盡與扁鵲，忽然不見：**殆**非人也。又《扁鵲傳》　◎蘇秦已而告其人曰：張儀，天下賢士；

吾**殆**弗如也。又《張儀傳》◎吾聞聖人不相，**殆**先生乎！又《范睢傳》◎上問曰：言變事蹤跡安起？湯詳驚曰：此**殆**文故人怨之。又《張湯傳》◎勝好勇而陰求死士，**殆**有私乎！又《伍子胥傳》◎申屠嘉可謂剛毅守節矣；然無術學，**殆**與蕭曹陳平異矣。又《張丞相傳》◎吾嘗見一子於路，**殆**君之子也。又《趙世家》◎願上所居宮毋令人知，然後不死之藥**殆**可得也。又《始皇紀》◎名譽雖高，賓客雖盛，所由**殆**與太伯延陵季子異矣。又《張耳傳》◎古人所以重施刑於大夫者，**殆**爲此也。《漢書·司馬遷傳》◎登與縣長王雋帥吏兵七十二人直往赴救，與賊交戰吏兵散走，雋**殆**見害，登手格一賊以全雋命。《魏志·王朗傳注》

迨（ㄉㄞ）

（一）時間介詞　表「乘趁」之義，與「及」第三條用法同。《爾雅·釋言》云：迨，及也。◎**迨**天之未陰雨，徹彼桑土，綢繆牖戶。《詩·豳風·鴟鴞》◎宋公與楚人期戰於泓之陽，楚人濟泓而來。有司復曰：請**迨**其未畢濟而擊之！宋公曰：不可。既濟，未畢陳，有司復曰：請**迨**其未畢陳而擊之！宋公曰：不可。《公羊傳》僖二十二年

逮（ㄉㄞ）

（一）動詞　及也。◎**逮**事父母，則諱王父母；不**逮**事父母，則不諱王父母。《禮記·曲禮上》

(二)時間介詞　及至也。◎闕止知之，先待諸外。公子曰：事未可知，反與壬也處！戒之，遂行。**逮**夜至於齊。《左傳》哀六年

(三)時間介詞　與「迨」同，趁也。凡於一事未始之前先爲一事時用之。◎夷德無厭，若鄰於君，疆埸之患也。**逮**吳之未定，君其取分焉！《左傳》定四年　◎願君**逮**楚趙之兵未至於梁，亟以少割收魏。《史記·穰侯傳》

代（ㄉㄞ）

(一)介詞　替代也。◎吾聞：致師者左射以菆，**代**御執轡。《左傳》宣十二年　◎元爲王，專**代**吏治事。《史記·五宗世家》　◎虎圈嗇夫從旁**代**尉對上所問禽獸簿甚悉。又《張釋之傳》　◎王者**代**天爵人，尤宜愼之。《漢書·王嘉傳》

道（ㄉㄠ）

(一)介詞　由也，從也。表動作之起點。◎故凡治亂之情，皆**道**上始。《管子·禁藏》　◎師曠不得已，援琴而鼓。一奏之，有玄鶴六**道**南來，集於郎門之垝。《韓非子·十過》　◎上問曰：**道**軍所來，聞鼂錯死，吳楚罷不？《史記·鼂錯傳》　◎南越食蒙蜀枸醬。蒙問所從來，曰：**道**西

北牂柯。又《西南夷傳》◎諸使者**道**長安來，爲妄妖言，言上無男，漢不治，卽喜。《漢書·淮南王安傳》◎風**道**北來。《山海經》

（二）介詞　由也。表經由，故與前義異。字或作「導」。◎楚巫微**導**裔款以見景公。《晏子春秋·諫上》◎孔子**道**彌子瑕見釐夫人，因也。《呂氏春秋·貴因》

（三）介詞　由也，主表事之原由，故與前二條異。◎治者，所**道**富也；富者，所**道**強也；強者，所**道**制也。《管子·制分》◎君何年之少而棄國之蚤？奚**道**至於此乎？《晏子春秋·雜篇》◎若雖知之，奚**道**知其不爲私？《呂氏春秋·有度》◎平公曰：此奚**道**乎？師曠曰：此師延所作與紂，爲靡靡之樂也。《韓非子·十過》◎簡子曰：此其母賤，翟婢也。奚**道**貴哉？《史記·趙世家》

到（ㄉㄠ）

（一）時間介詞　至也，及也。◎漢家常以正月上辛祠太一甘泉，以昏時夜祠，**到**明而終。《史記·樂書》◎如因丙子之孟夏，順太陰以東行，**到**後七年之明歲，必有五年之餘蓄，然後大行考室之禮。《漢書·翼奉傳》

（二）介詞　至也。◎孝文曰：朕能任衣冠，念不**到**此。《史記·律書》

但(ㄉㄢˋ)　亶

(一)表態副詞　僅也，止也。◎匈奴匿其壯士肥牛馬，**但**見老弱及羸畜。《史記·劉敬傳》◎太子起坐，更適陰陽，**但**服湯二旬而復故。又《扁鵲傳》◎天子所以貴者，**但**以聞聲，羣臣莫得見其面。又《李斯傳》◎**但**聞悲風蕭條之聲。李陵《答蘇武書》◎雖不能盡誅，**亶**奪其畜產，虜其妻子，復引兵還，冬復擊之。《漢書·趙充國傳》◎蘇武使匈奴二十年，不降。還，**亶**爲典屬國。又《燕剌王傳》◎非**亶**倒懸而已。又《賈誼傳》◎莽憂懣不能食，**亶**飲酒啗鰒魚。又《王莽傳》◎及事迫急，**亶**爲厭勝。又

(二)表態副詞　空也，徒也。◎民欲祭祀喪紀而無用者，錢府以所入工商之貢**但**賒之。《漢書·食貨志》　按師古注曰：但，空也，徒也。言但賒與之，不取息也。◎審如御史章，尊乃當伏觀闕之誅，放於無人之域，不得苟免；及任舉尊者，當獲選舉之辜，不可**但**已。又《王尊傳》　按師古注曰：但，徒也，空也。但已，謂就此而止，一無所問。◎縱不伏誅，必蒙遷削貶黜之罪，未有**但**已者也。又《淮陽憲王傳》◎**但**居者不知負載之勞也。《鹽鐵論》◎**亶**費精神於此。《漢書·揚雄傳》

(三)命令副詞　第也。◎涉因入弔，問以喪事，家無所有。涉曰：**但**絜埽除沐浴待！《漢書·原

涉傳》

(四)轉接連詞　第也，特也。與口語「不過」同。◎安與任隗舉奏諸二千石又它所連及貶秩免官者四十餘人，竇氏大恨。但安隗素行高，亦未有以害之。《後漢書·袁安傳》　◎初不中風，但失愛於叔父，故見罔耳。《魏志·太祖紀注》　◎公幹有逸氣，但未遒耳。又《吳質傳》

誕(ㄉㄢˋ)

(一)語首助詞　無義。◎殷小腆，誕敢紀其敍。《書·大誥》　◎誕鄰胥伐于厥室。又　◎誕無我責。又《君奭》　◎誕先登於岸。《詩·大雅·皇矣》　◎誕彌厥月。先生如達。又《生民》　◎誕寘之隘巷，牛羊腓字之；誕寘之平林，會伐平林；誕寘之寒冰，鳥復翼之。鳥乃去矣，后稷呱矣。又　◎誕實匍匐，克岐克嶷，以就口食。又　◎誕后稷之穡，有相之道。又　◎誕降嘉種，維秬維秠。又　◎誕我祀如何？或舂或揄，或簸或蹂。又

(二)語中助詞　無義。◎肆朕誕以爾東征。《書·大誥》　◎須暇之子孫誕作民主。又《多方》

當(ㄉㄤ)

(一)內動詞　與今口語「相當」同。◎燕之有祖，當齊有社稷，宋之有桑林，楚之有雲夢也。

《墨子·明鬼》　按《左傳》僖三十三年云：「鄭之有原圃，猶秦之有具囿也。」句例同。

(二)外動詞　抵**當**也。　◎匈奴復益遣騎來，漢因卒少，不能**當**，保車師城中。《漢書·西域傳下》

(三)外動詞　《漢書·賈誼傳注》引如淳曰：決罪曰**當**。　◎夫望夷之事，二世見**當**以重法者，投鼠而不忌器之習也。《漢書·賈誼傳》

(四)助動詞　宜也，應也。今言「該當」「應當」。　◎仲父不**當**盡語我昔者有道之君乎？《管子》　◎文帝曰：吏不**當**若是邪？《史記·張釋之傳》　◎黥布，秦時爲布衣，少年有客相之曰：**當**刑而王。又《黥布傳》　◎五日，良夜未半往。有頃，父亦來，喜曰：**當**如是。又《留侯世家》　◎天下事非若所**當**言也。又《曹相國世家》　◎湯念：丞相以四時行園，**當**謝；湯無與也。不謝。又《張湯傳》　◎平身閒行杖劍亡。渡河，船人見其美丈夫，獨行，疑其亡將，要中**當**有金玉寶器，目之。又《陳平世家》　◎向使嬰有庸主之才，僅得中佐，山東雖亂，秦之地可全而有，宗廟之祀，未**當**絕也。又《秦始皇紀》　◎今上禱祠備謹，而有此惡神，**當**除去，而善神可致。又　◎斯曰：安得亡國之言！此非人臣所**當**議也！又《李斯傳》　◎卽宮車一日晏駕，非大王**當**誰立者？又《淮南王傳》　◎項王見人恭敬慈愛，言語嘔嘔；人有疾病，涕泣分食飲。至使人有功**當**封爵者，印刓弊，忍不能予。又《淮陰侯傳》　◎今政治和平，世無兵革，上下相安，何因**當**有大水一日暴至？《漢書·王商傳》　◎曉人不**當**如此邪？又《薛廣德傳》　◎謂盆子曰：自知**當**

死不？對曰：罪**當**應死。《後漢書·劉盆子傳》

(五)時間介詞　方也。◎**當**在宋也，予將有遠行。《孟子·公孫丑下》 ◎**當**是時，楚兵冠諸侯。《史記·項羽傳》

(六)方所介詞　◎延壽嘗出，臨上車，騎吏一人後至，敕功曹議罰白。還至府門，門卒**當**車，願有所言。延壽止車問之。《漢書·韓延壽傳》 ◎其秋，上酎祭宗廟，出便門，欲御樓船，廣德**當**乘輿車免冠頓首曰：宜從橋。又《薛廣德傳》

(七)假設連詞　若也，如也。與「儻」音近字通，故用法同。◎然則奚以爲治法而可？**當**皆法其父母，奚若？《墨子·法儀》 ◎**當**使若二士者言必信，行必果，言行之合猶合符節也，無言而不行也。又《兼愛下》 ◎然卽**當**爲之撞巨鐘，擊鳴鼓，彈琴瑟，吹竽笙而揚干戚，民衣食之財將安可得乎？又《非樂》 ◎先祖**當**賢，後子孫必顯行。《荀子·君子》 ◎虎豹之所以能勝人執百獸者，以其爪牙也。**當**使虎豹失其爪牙，則人必制之矣。《韓非子·人主》

登(ㄉㄥ)

(一)形容詞　當也。「登」與「當」一聲之轉。◎輅以爲注《易》之急，急於水火。水火之難，**登**時之驗。《魏志·管輅傳》

(二)時間副詞　亦當也。◎牧遣使慰譬，**登**皆首服。《吳志・鍾離牧傳注》

等（ㄉ·ㄥ）

(一)副詞　均也，同也。◎陳勝吳廣乃謀曰：今亡亦死，舉大計亦死。**等**死，死國可乎？《史記・陳涉世家》　按「等死」猶言「等是死」，故「等」爲副詞。

(二)附加詞　附加於名詞代名詞之下，表多數之義。◎單于無言章尼**等**。《漢書・文帝紀》◎上於是出龔**等**補吏。又《房鳳傳》◎亡一姬復一姬進，天下所少，寧姬**等**邪？又《郅都傳》　按以上諸例附於名詞。◎公**等**皆去！吾亦從此逝矣。《史記・高祖紀》◎公**等**碌碌，所謂因人成事者也。又《平原君傳》◎《春秋》二百四十二年，變異爲衆，莫若日蝕大。自漢興，日食亦爲呂霍之屬見。以今揆之，豈有此**等**之效與？《漢書・外戚・許后傳》　按以上諸例附於代名詞。

底（ㄉ一）　抵

(一)介詞　至也。◎林類**底**春被裘。《列子・天瑞》　按此例用於時間。◎項梁嘗有櫟陽逮，乃請蘄獄掾曹咎書**抵**櫟陽獄掾司馬欣，以故事得已。《史記・項羽紀》◎秦昭王囚孟嘗君，謀欲殺之。孟嘗君使人**抵**昭王幸姬求解。又《孟嘗君傳》◎外黃富人女甚美，嫁庸奴，亡其夫去**抵**父客。又《張耳傳》　按以上諸例用於方所。

遞（ㄉ一ˋ）

（一）表態副詞　《爾雅·釋言》云：遞，迭也。《小爾雅·廣詁》云：遞，更也。按今語言「更遞」。◎四與**遞**代八風生。《漢書·郊祀志》　◎肱與二弟仲海季江友愛天至，常共臥起。及各娶妻，兄弟相戀，不能別寢。以係嗣當立，乃**遞**往就室。《後漢書·姜肱傳》　◎於是合場**遞**進。傅毅《舞賦》　◎與七盤其**遞**奏。卞蘭《許昌宮賦》

第（ㄉ一ˋ）

（一）命令副詞　但也，第但一聲之轉。◎君**第**重射！臣能令君勝。《史記·孫子吳起傳》　◎君**第**去！臣亦且亡避吾親。又《袁盎傳》　◎文帝曰：汝**第**往！吾今使人召若。又《申屠嘉傳》　◎陰使人至豨所，曰：**第**舉兵！又《淮陰侯傳》　◎陛下**第**出僞遊雲夢。又《陳平世家》　◎與人言，常大罵，未可以儒説也。酈生曰：**第**言之！又《酈生傳》　◎文君久之不樂，曰：長卿！**第**俱如臨邛，從昆弟假貸，猶足爲生，何至自苦如此！又《司馬相如傳》　◎宰孔曰：齊桓公益驕，不務德而務遠略，諸侯弗平。君**第**毋會，毋如晉何。又《晉世家》

(二)假設連詞　《漢書·陳勝傳注》引服虔曰：第，使也。◎今大王與吳西鄉，**第**令事成，兩主分爭，患乃始結。又《吳王濞傳》　◎公等遇雨，皆已失期；失期當斬。藉**第**令毋斬，而戍死者固十六七。又《陳涉世家》

地（ㄉ一ˋ）

(一)副詞　假爲「第」。◎西曹**地**忍之！《漢書·丙吉傳》　按李奇云：地猶第也。師古曰：地亦但也，語聲之急耳。

迪（ㄉ一ˊ）

(一)語首助詞　無義。◎**迪**高后丕乃崇降弗祥。《書·盤庚》　◎**迪**惟前人光，施於我沖子。又《君奭》

(二)語中助詞　無義。◎古之人**迪**惟有夏。《書·立政》　◎又惟殷之**迪**諸臣惟工。又《酒誥》　◎在昔殷先哲王**迪**畏天顯小民。又　◎咸建五長，各**迪**有功。又《皋陶謨》　◎亦惟十人**迪**知上帝命。又《大誥》　◎今惟民不靜，未戾厥心，**迪**屢未同。又《康誥》　◎爾乃**迪**屢不靜。又《多方》

迭（ㄉ一ㄝˊ）

（一）副詞　更也，互也。《説文》云：迭，更迭也。◎**迭**用剛柔。《易·説卦》◎師夜從之，三呼，皆**迭**對。《左傳》昭十七年　◎弟兄**迭**爲君。《公羊傳》襄二十九年　◎五行之動，**迭**相竭也。《禮記·禮運》◎**迭**爲賓主。《孟子·萬章下》◎北方有比肩民焉，**迭**食而**迭**望。《爾雅·釋地》◎**迭**興**迭**衰。《漢書·郊祀志》

鼎（ㄉ一ㄥ）

（一）時間副詞　方也，正也。按鼎與正古音同。◎毋説《詩》！匡**鼎**來！《漢書·匡衡傳》◎天子春秋**鼎**盛。又《賈誼傳》◎顯**鼎**貴，上信用之。又《賈捐之傳》

定（ㄉ一ㄥ）

（一）表態副詞　劉淇云：的辭也。達按猶今語云「的確」。◎聞陳王**定**死，因立楚後懷王孫心爲楚王。《史記·高祖紀》◎**定**聞陸抗表至，成都不守。《吴志·華覈傳》

都（ㄉㄨ）

（一）表態副詞　《廣韻》云：都猶總也。◎置平準於京師，**都**受天下委輸。《漢書·食貨志》◎是時宿儒有清河胡常與方進同經；常爲先進，名譽出方進下，心害其能，論議不右方進。方進知之，候伺常大**都**授時，遣門下諸生至常所問大義疑難，因記其說。如是者久之，常知方進之宗讓己，內不自得。其後居士大夫之間，未嘗不稱述方進。又《翟方進傳》 ◎西極大楊川，望黃沙，猶若人委干櫑於地，**都**不生草木。《水經注》 ◎於時，天月明淨，**都**無纖翳。《世說》

（二）介詞　《爾雅·釋詁》云：都，於也。王念孫云：「都」「諸」聲近，故「諸」訓爲「於」，「都」亦訓爲「於」也。 ◎謨蓋**都**君咸我績。《孟子·萬章》 ◎揆厥所元，終**都**攸卒。《史記·司馬相如傳》

按《趙注》及《史記集解》引《漢書音義》並云：都，於也。

（三）嘆詞　◎帝曰：疇咨若予采？驩兜曰：都！共工方鳩僝功。《書·堯典》 ◎皋陶曰：都！在知人，在安民。又《皋陶謨》 按《史記·夏本紀》「都」作「於」。 ◎帝曰：來！禹亦昌言！禹拜曰：都！帝！予何言？予思日孜孜。又 ◎禹曰：都！帝！愼乃在位！又

獨（ㄉㄨˊ）

（一）副詞　一人也。 ◎大夫不均，我從事**獨**賢。《詩·小雅·北山》 ◎爾有母遺，繄我**獨**無。《左傳》隱元年 ◎今民各有心，而鬼神乏主；君雖**獨**豐，其何福之有？又桓六年 ◎諸侯縣公皆慶寡人，女**獨**不慶寡人，何故？又宣十一年 ◎四國皆有分，我**獨**無有。又昭十二年 ◎得之爲

有財，古之人皆用之，吾何爲**獨**不然？《孟子·公孫丑下》 ◎諸君子皆與驩言。孟子**獨**不與驩言，是簡驩也。又《離婁下》 ◎魏勃少時，欲求見齊相曹參。家貧，無以自通，乃常**獨**早夜掃齊相舍人門外。《史記·齊悼惠世家》 ◎進言者皆曰：天下已安已治矣。臣**獨**以爲未也。《漢書·賈誼傳》

（二）副詞 一人知之而他人不與知時，亦用獨字。與今語「暗自」義同。 ◎立濞於沛爲吳王。已拜，受印，高帝召濞相之，謂曰：「若狀有反相」。心**獨**悔，業已拜。《史記·吳王濞傳》

（三）表態副詞 唯也，僅也，但也。 ◎今營陵侯澤，諸劉爲大將軍，**獨**此尚觖望。《史記·荆燕世家》 ◎自古受命帝王，及繼體守文之君，非**獨**內德茂也，蓋亦有外戚之助焉。又《外戚世家》 ◎齊城之不下者，**獨**唯聊莒卽墨；其餘皆屬燕。又《燕世家》 ◎且陛下病甚，大臣震恐，不見臣等計事，顧**獨**與一宦者絕乎？又《樊噲傳》 ◎主父方貴幸時，賓客以千數；及其族死，無一人收者。唯**獨**洨孔車收葬之。又《主父偃傳》 ◎及高祖崩，呂后夷戚氏，誅趙王，而高祖後宮唯**獨**無寵疏遠者得無恙。又《外戚世家》 ◎老子曰：子所言者，其人與骨皆已朽矣，**獨**其言在耳。又《老子傳》 ◎堯曰：陛下**獨**宜爲趙王置貴彊相，及呂后大臣素所敬憚，乃可。又《張丞相傳》 ◎人或毀曰：不疑狀貌甚美，然**獨**無奈其善盜嫂何也！不疑聞，曰：我乃無兄。又《直不疑傳》 ◎秦將果欲連和，沛公欲許之。張良曰：此**獨**其將欲叛，恐其士卒不

從；不如因其怠懈擊之。《漢書·高帝紀》

（四）反詰副詞　反問時用之。王引之訓爲「寧」。按之《左傳》宣四年襄二十八年二例，不可通也。◎棄君之命，**獨**誰受之？《左傳》宣四年　◎子木曰：夫**獨**無族姻乎？又襄二十六年　◎宗不余辟，余**獨**焉辟之？又襄二十八年　◎且女**獨**未聞牧野之語乎？《禮記·樂記》　◎今聞荆兵日進而西，將軍雖病，**獨**忍棄寡人乎？《史記·王翦傳》　◎君**獨**不見夫朝趨市者乎？又《孟嘗君傳》　◎**獨**不聞天子之上林乎？又《司馬相如傳》　◎上曰：劍，人之所施易，**獨**至今乎？又《萬石君傳》　◎公奈何衆辱我？**獨**無閒處乎？又《馮唐傳》

對（ㄉㄨㄟˋ）

（一）方所介詞　與今語義同。◎涉還至主人，**對**賓客歎息曰：人親臥地不收，涉何心鄉此？願徹去酒食。《漢書·原涉傳》　◎莽侍曲陽侯疾，因言：長見將軍久病，意喜；自以當代輔政，至**對**衣冠議語署置。又《淳于長傳》　◎莽求見太后，具言：長驕佚欲代曲陽侯，**對**莽母上車，私與長定貴人姊通，受取其衣物。太后亦怒。又

端（ㄉㄨㄢ）

(一)副詞　正也。◎妾薄命，**端**遇竟寧前。《漢書·外戚·許后傳》

斷(ㄉㄨㄢ)

(一)表態副詞　決也。◎介如石，寧用終日，**斷**可識矣。《易·繫辭》

頓(ㄉㄨㄣ)

(一)表態副詞　遽也，急也。◎夫天子之所嘗敬，衆庶之所嘗寵，死而死耳！賤人安宜得如此而**頓**辱之哉？《漢書·賈誼傳》◎庾風姿神貌，陶一見便改觀，設宴竟日，愛重**頓**至。《世說》◎性高簡，不學晉語。諸公與之言，皆因傳譯。然神領意得，**頓**在言前。又注引《高坐别傳》

動(ㄉㄨㄥ)

(一)表態副詞　動輒也。劉淇云：凡云「動」者，卽兼「動輒」之義，乃省文也。◎且兵，凶器，雖克所願，**動**亦耗病。《史記·律書》◎又**動**欲慕古，不合時宜。《漢書·食貨志》◎老弱相隨，**動**有萬計。《後漢書·陳忠傳》◎故膠東相董仲舒老病致仕，朝廷每有政議，數遣廷尉張湯親至陋巷問其得失，於是作《春秋決獄》二百三十二事，**動**以經對，言之詳矣。又《應劭傳》◎帝

數問政事，篤詭辭密對，**動**依典義。又《延篤傳》　◎簡文爲相，事**動**經年，然後得過。《世說》

他（ㄊㄚ）　它　佗

（一）旁指指示代名詞　◎遭夫人世子之喪，君不受，使大夫受於廟。其**他**如遭君喪。《儀禮·聘禮》　◎且夫兄弟之怨，不徵於**它**。徵於**它**，利乃外矣。《國語·周語中》　◎王顧左右而言**他**。《孟子·梁惠王下》　◎高明光大，不在乎**他**，在乎加之意而已。《漢書·董仲舒傳》　◎昔詩人所刺，《春秋》所譏，指象如此，殆不在**它**。又《杜鄴傳》　◎爲人少文，居**它**，惽惽不辨；至於中尉，則心開。又《王溫舒傳》　按《後漢書·方術傳》云：長房曾與人共行，見一書生黃巾被裘，無鞍騎馬，下而叩頭。長房曰：「還**他**馬，赦汝罪。」人問其故，長房曰：此狸也，「盜社公馬耳」！

按此例似以「他」字作人稱代名詞「彼」字用，與今口語同。以他書罕見，故附記於此。

（二）旁指指示形容詞　用於名詞之前，故與前條異。◎子不我思，豈無**他**人？《詩·鄭風·褰裳》　◎于是沛公乃夜引兵從**他**道還。《史記·高祖紀》　◎欲赴**佗**國奔亡，痛吾兩主使不通，故來服過。又《滑稽傳補》　◎此無**佗**故，其祟在龜。又《龜策傳》　◎割地定制，令齊趙楚各爲若干國，使悼惠王幽王元王之子孫畢以次各受祖之分地，地盡而止；及燕梁**佗**國皆然。《漢書·賈誼傳》　◎意者有**它**繆巧可以禽之，則臣不知也。又《韓安國傳》　◎雖其前辭嘗曰：「得亡效五年？」宜無**它**心，不足以故出兵。又《趙充國傳》 ◎縣有劇賊及**它**非常，博輒移書以詭責之。又《朱博傳》 ◎鄭令蘇建得顯私書，奏之；後以**它**事論死。又《石顯傳》

特（ㄊㄜˋ）

(一)名詞　匹也。◎實維我**特**。《詩・鄘風・柏舟》

(二)表態副詞　但也，直也。與今語「不過」同。◎臣之所見，蓋**特**其小小者耳。《史記・司馬相如傳》 ◎設帝百歲後，是屬寧有可信者乎？此**特**帝在，卽錄錄。又《魏其侯傳》 ◎丞相**特**前戲許灌夫，殊無意往。又 ◎漢大臣皆故高帝時大將，習兵，多謀詐。此其屬意非止此也，**特**畏高帝呂太后威耳。又《孝文紀》 ◎諸所言者，單于**特**空紿王烏，殊無意入漢。又《匈奴傳》 ◎此**特**羣盜鼠竊狗偷耳。又《叔孫通傳》 ◎曹參雖有野戰略地之功，此**特**一時之事。又《蕭相國世家》 ◎豐者，吾所生長，極不忘耳！吾**特**爲其以雍齒故，反我爲魏。又《高祖紀》 ◎高帝曰：公罷矣！吾**特**戲耳。又《叔孫通傳》 ◎今臣之賢，不若曾參；王之信臣，又不如曾參之母信曾參也。疑臣者非**特**三人，臣恐大王之投杼也。又《甘茂傳》 ◎其樂非**特**朝夕之樂也。又《楚世家》 ◎今郡主之權，非**特**六卿之重也；地幾千里，非**特**閭巷之資也。又《主父偃傳》 ◎羽季父左尹項伯，素善張良，夜馳見張良，具告其實，欲與俱去，毋**特**俱死。《漢書・高帝紀》 ◎今天下賢者智能，豈**特**古之人乎！又 ◎而世又不能與死節者比，**特**以爲智窮罪極，不能自免，卒就死耳。又《司馬遷傳》

（三）表態副詞 今言「特地」。◎河東，吾股肱郡，故**特**召君耳。《史記·季布傳》

（四）表態副詞 與今言「特别」同。◎若有道之士對問高者，宜垂省覽，**特**遷一等以廣直言之路。《後漢書·陳忠傳》 ◎勇至樓蘭，以鄯善歸附，**特**加三綬。又《班勇傳》 ◎汝南西平縣有龍淵水，可用淬刀劍，**特**堅利。《水經注》引《晉太康地記》

投（ㄊㄡˊ）

（一）時間介詞 《後漢書·任光傳注》云：投，至也。◎涉單車驅上茂陵，**投**暮入其里宅。《漢書·原涉傳》 ◎顯嘗使至諸官有所徵發。顯先自白：恐後漏盡宫門閉，請使詔吏開門。顯故**投**夜還，稱詔開門入。又《石顯傳》 ◎式便服朋友之服，**投**其葬日馳往赴之。《後漢書·范式傳》 ◎世祖遂與光等**投**暮入堂陽界。又《任光傳》

泰（ㄊㄞˋ） 太

（一）表態副詞 過也，甚也。◎昊天**泰**憮。《詩·小雅·巧言》 ◎今子既上無君侯有司之勢，而下無大臣職事之臣，而擅飾禮樂選人倫以化齊民，不泰多事乎？《莊子·漁父》◎吾聞之荀卿曰：物禁太盛。《史記·李斯傳》◎臣愚以爲陛下法太明，賞太輕，罰太重。又《主父偃傳》◎大臣皆畏其口，賂遺累千金。人或說偃曰：太橫矣。又◎世言荆軻，其稱太子丹之命，天雨粟，馬生角也，太過。又《荆軻傳》

儻（ㄊㄤ）黨

（一）表態副詞　或也。◎物之儻來，寄也。《莊子·繕性》◎日月之有蝕，風雨之不時，怪星之黨見。《荀子·天論》◎今漢兵至，衆彊，計殺餘善自歸諸將，儻幸得脫。《史記·東越傳》◎如此則民怨，諸侯懼，即使辯武隨而說之，儻可徼幸什得一乎！又《淮南王傳》◎騶衍，其言雖不軌，儻亦有牛鼎之意乎！又《孟子荀卿傳》◎舍人弟上變，告信欲反狀於呂后。呂后欲召，恐其黨不就，乃與蕭相國謀。又《淮陰侯傳》◎試迹之古，返之於天，黨可得見乎？《漢書·董仲舒傳》◎郡中枯旱三年。後太守至，卜筮其故。于公曰：孝婦不當死，前太守彊斷之，咎黨在是乎？又《于定國傳》

（二）假設連詞　若也，如也。今用「儻」。◎黨皆法其君，奚若？《墨子·法儀》◎誠知言必見識，然猶未能無望。何者？朽骨無益於人，而文王葬之；死馬無所復用，而燕昭寶之。黨

同文昭之德，豈不大哉！《後漢書·張奐傳》

忝（ㄊ一ㄢ）

（一）表敬副詞　辱也。◎弼大怒曰：太守**忝**荷重任，當選士報國，爾何人而僞詐無狀！《後漢書·史弼傳》

徒（ㄊㄨˊ）

（一）副詞　乃也。◎吾聞之夫子：事求可，功求成，用力少見功多者，聖人之道。今**徒**不然。《莊子·天地》◎子路謂子貢曰：吾以夫子爲無所不知，夫子**徒**有所不知。《荀子·子道》◎子貢謂子路曰：女謂夫子爲有所不知乎？夫子**徒**無所不知。又◎田子方望翟黃乘軒騎駕，方以爲文侯也。移車而避之，則**徒**翟黃也。《韓非子·外儲說》

（二）副詞　但也。◎**徒**善不足以爲政，**徒**法不能以自行。《孟子·離婁上》◎王如用予，則豈**徒**齊民安！天下之民舉安。又《公孫丑下》◎孔子曰：異哉！**徒**使我不誠於伯高。《禮記·檀弓》◎平原君之游，**徒**豪舉耳！不求士也。《史記·信陵君傳》◎相如乃與馳歸，家居**徒**四壁立。又《司馬相如傳》◎孫子曰：王**徒**好其言，不能用其實。又《孫子吳起傳》◎且擅兵而別，多他利害，未可知也；**徒**自損耳。又《吳王濞傳》 ◎兩人非有材能，**徒**以婉佞貴幸與上臥起。又《佞幸傳》 ◎陳餘曰：吾度前終不能救趙，**徒**盡亡軍。又《陳餘傳》 ◎今蕭何未嘗有汗馬之勞，**徒**守文墨。又《蕭相國世家》 ◎諸君**徒**能得走獸耳，功狗也。又 ◎天下匈匈數歲者，**徒**以吾兩人耳。又《項羽紀》 ◎**徒**見畜牧於野，不見一人。又《韓長孺傳》 ◎兩國相擊，此宜夸矜見所長，今臣往，**徒**見羸弱。又《劉敬傳》 ◎上曰：君薄淮陽邪？吾今召君矣。顧淮陽吏民不相得，吾**徒**得君之重，臥而治之。又《汲黯傳》 ◎天下遊士離其親戚，棄墳墓，去故舊，從陛下游者，**徒**欲日夜望咫尺之地。又《留侯世家》 ◎夫不能修申韓之明術，行督責之道，專以天下自適也，而**徒**務苦形勞神以身徇百姓，則是黔首之役。又《李斯傳》 ◎時鮮有所獲，**徒**奮揚威武，明漢兵若雷風耳。《漢書·匈奴傳》

(三)表態副詞　空也。◎齊師**徒**歸。《左傳》襄二十五年 ◎以吾從大夫之後，不可**徒**行也。《論語·先進》 ◎**徒**歌謂之謠。《爾雅·釋樂》

突(ㄊㄨˋ)

(一)表態副詞　今言「突然」。◎嘗有部刺史奏事過遵，值其方飲，刺史大窘。候遵霑醉時，**突**入見遵母，叩頭自白當對尚書有期會狀。母乃令從後閤出去。《漢書·陳遵傳》 ◎時王莽貴人魏氏賓客放從，延率吏卒**突**入其家捕之。《後漢書·虞延傳》◎蕃時年七十餘，聞難作，將官屬諸生八十餘人並拔刃**突**入承明門。又《陳蕃傳》

脫（ㄊㄨㄛ）

（一）副詞　或也。◎今關門禁嚴，君狀貌非凡，將以此安之，不如詣闕自歸。事既未然，**脫**可免禍。《後漢書·李通傳》◎袁史則故御史珍之孫，何爲苛罰？**脫**有奄忽，如何？《北堂書鈔》七十三引謝承《後漢書》◎王汝南既除所生服，遂停墓所。兄子濟每來拜墓，略不過叔，叔不候濟。**脫**時過，止寒溫而已。《世說》

通（ㄊㄨㄥ）

（一）形容詞　◎匡章，**通**國皆稱不孝焉。《孟子·離婁下》◎弈秋，**通**國之善弈者也。又《告子上》

（二）副詞　皆也，共也。◎是以富商大賈，周流天下；交易之物，莫不**通**得其所欲。《史記·貨殖傳》◎故吏皆**通**令伐棘上林。又《平準書》◎大郡二千石死，官賦斂送葬皆千萬以上；妻子**通**共受之以定產業。《漢書·原涉傳》◎上以賢難歸，詔令賢妻得**通**引籍殿中，止賢廬。又《董賢傳》◎歷怫然廷詰皓曰：屬**通**諫何言？而今復背之！大臣乘朝車，處國事，固復輒轉若此乎？《後漢書·來歷傳》 按李賢注云：**通**，猶共也。◎今濟北東阿四十里有故淸亭，卽《春秋》所謂淸者也；是濟水**通**得淸之目焉。《水經注》

痛（ㄊㄨㄥˋ）

（一）表態副詞　甚也。◎姦臣**痛**言人情以驚主。《管子·七臣七主》 ◎畜積餘贏以稽市物，**痛**騰躍。《漢書·食貨志》 ◎蚡爲人貌侵，生貴甚，又以爲諸侯王多長，上初卽位，富於春秋，蚡以肺腑爲相，非**痛**折節以禮屈之，天下不肅。又《田蚡傳》

那（ㄋㄛˊ）

（一）不完全外動詞　奈也，如也。讀去聲。◎所向全勝，要**那**後無繼何？《魏志·毋丘儉傳注》 ◎牢之曰：平玄之後，令我**那**驃騎何？《宋書·劉敬宣傳》 按玄者，桓玄；驃騎謂元顯。

（二）複合詞　疑問代名詞「奈何」之合音。讀平聲。◎牛則有皮，犀兕尙多，棄甲則**那**？《左傳》宣二年 按《杜注》云：那，猶何也。顧氏《日知錄》卷三十二云：直言之曰「那」，長言之曰「奈何」，一也。

（三）疑問副詞　何也。◎曄年十三，謂兄渙曰：亡母之言，可以行矣！渙曰：**那**可爾？《魏志·劉曄傳》　◎魯國孔氏好讀經，兄弟講論皆可聽。學士來者有聲名，不聽孔氏**那**得成！《連叢子》　◎謝夫人問太傅：**那**得初不見君敎兒？《世說》

（四）介詞　《爾雅·釋詁》云：那，於也。讀平聲。　◎吳人之**那**不穀，亦又甚焉。《越語》

（五）語末助詞　表驚怪之意，讀去聲。　◎韓康，字伯休，常採藥名山，賣於長安市，口不二價三十餘年。時有女子從康買藥，康守價不移。女子怒曰：公是韓伯休**那**！乃不二價乎？《後漢書·逸民傳》

諾（ㄋㄛˋ）

（一）應對副詞　唯也。　◎冉有曰：夫子爲衛君乎？子貢曰：**諾**，吾將問之。《論語·述而》　◎陽貨曰：懷其寶而迷其邦，可謂仁乎？曰：不可。好從事而亟失時，可謂知乎？曰：不可。日月逝矣！歲不我與。孔子曰：**諾**，吾將仕矣。又《陽貨》

乃（ㄋㄞˇ）　迺

（一）不完全內動詞　是也，爲也。　◎臣竊矯君命以責賜諸民，民稱萬歲：**乃**臣所以爲君市義也。《齊策》　◎呂公女，**乃**呂后也。《史記·高祖紀》　◎樊噲，帝之故人也，功多；且又**乃**呂后弟呂須之夫。又《陳丞相世家》　◎臣非知君，知君**乃**蘇君。又《張儀傳》　◎嬴**乃**夷門抱關者也。又《信陵君傳》　◎臨大澤，無崖，蓋**乃**北海云。又《大宛傳》　◎此蓋**乃**昔所謂西戎，在于街冀獂道者也。《魏志·東夷傳注》

(二)對稱人稱代名詞　爾也，汝也。◎今欲發之，**乃**能從我乎？《漢書·翟義傳》　按此例用於主位。◎余嘉**乃**勳。《左傳》僖十二年　◎古我先王暨**乃**祖**乃**父，胥及逸勤。《書·盤庚》　◎必欲烹**乃**翁，幸分我一杯羹！《漢書·項羽傳》　◎且所給備善，則已；不備善而苦惡，則候秋熟，以馬馳蹂**迺**稼穡也。又《匈奴傳》　按以上諸例皆用於領位。當今語之「你的」。

(三)指示代名詞　如此也。◎孟孫氏特覺人哭亦哭，是自其所以**乃**。《莊子·大宗師》　◎子產蹵然改容更貌曰：子無**乃**稱！又《德充符》　按王引之云：此猶云：「子無稱是言」，以「乃」爲代名詞。劉淇云：「此乃字合訓如此，言無爲如此稱說也。」則認「乃」爲代名詞作副詞用者。二說劉氏較長。今以「乃」原是代名詞，故附於此，非主王氏之說也。

(四)指示代名詞　用義與「其」同，用於領位。◎既備**乃**事。《詩·小雅·大田》　◎各修**乃**職，考**乃**法，待**乃**事。《周禮·天官·小宰》　◎使**乃**好惡喜怒未嘗差。《春秋繁露·王道通三》　◎太中大夫宋漢清修雪白，正直無邪。予錄**乃**勳，引登九列。《後漢書·宋弘傳》

(五)指示形容詞　是也，此也。◎公曰：吾聞之：五子不滿隅，一子可滿朝：非**迺**子耶？《晏

子春秋·外篇》

(六)副詞　顧也，却也。王引之云：異之之詞。◎女不憂朕心之攸困，**乃**咸大不宣乃心。《書·盤庚》◎不見子都，**乃**見狂且。《詩·鄭風·山有扶蘇》◎然則鬬與不鬬，亡於辱之與不辱也，**乃**在於惡之與不惡也。《荀子·正論》◎夫敖倉，天下轉輸久矣；臣聞其下**迺**有藏粟甚多。《史記·酈食其傳》◎當改過自新，**乃**益驕溢，卽山鑄錢。又《吳王濞傳》◎朕日一食者累月，**迺**何樂之聽？《漢書·車千秋傳》◎鄉者，僕亦嘗廁下大夫之列，陪外廷末議，不以此時引綱維，盡思慮，今已虧形爲掃除之隸，在闒茸之中，**迺**欲卬首信眉，論列是非，不亦輕朝廷，羞當世之士邪？又《司馬遷傳》

(七)副詞　但也，僅**也**。◎天下勝者衆矣！而霸者**乃**五。《呂氏春秋·孝行覽·義賞》◎長沙**乃**纔二萬五千戶。《賈子·藩彊》◎至東城，**乃**有二十八騎。《史記·項羽紀》◎且秦舉咸陽而棄之，何**乃**越也！又《東越傳》◎儒者所謂中國者，於天下**乃**八十一分居其一分耳。又《孟子荀卿傳》◎且酈生一士，伏軾掉三寸舌，下齊七十餘城。將軍將數萬之衆，**迺**下趙五十餘城。爲將數月，反不如一豎儒之功乎？《漢書·蒯通傳》◎諸公幸者**迺**爲中涓，其次廑得舍人。又《賈誼傳》◎匈奴大入上谷漁陽，安國壁**迺**有七百餘人。又《韓安國傳》◎蘇武使匈奴，二十年不降，還，**迺**爲典屬國。大將軍長史無功勞，爲搜粟都尉。又《蘇武傳》◎自古有戰，非

乃今也。《潛夫論·邊議篇》

(八)時間副詞　始也，初也。◎乃深其怨於齊，又退侵宋以衆其敵。《穀梁傳》莊十年　◎先生所爲文市義者，乃今日見之。《齊策》　按本當云：「乃於今日見之，」於字省去。◎古之王者，太子乃生，固舉之禮。《大戴禮·保傅》　按《漢書·賈誼傳》「乃」作「迺」，《賈子》作「初」。◎故迺孩提有識，三公三少固明孝仁禮義以道習之。《漢書·賈誼傳》◎故太子迺生而見正事，聞正言，行正道。又　◎方今布衣迺窺國家之隙，見閒而起者，蜀郡是也。又《梅福傳》

(九)反詰副詞　寧也，豈也。◎人謂子產：「就直助彊。」子產曰：豈爲我徒！國之禍難，誰知所儆？或主彊直，難乃不生？姑成吾所。《左傳》襄三十年

(一〇)副詞　於是也，然後也，始也。今語言「這纔」。訓始與第八條同。惟此用於承接，故異耳。◎見乃謂之象，形乃爲之器。《易·繫辭》　◎作十有三載，乃同。又《禹貢》　◎九月丁巳，葬我君定公。雨，不克葬。戊午日下昃，乃克葬。《春秋》定十五年　◎文王九十七乃終。《禮記·文王世子》　◎終不得入中城，乃罷而引歸。《史記·大宛傳》　◎侯生視公子色終不變，乃謝客就車。又《魏公子傳》　◎以爲諸侯莫足遊者，乃西入關，見衞將軍。又《主父偃傳》

(一一)轉接連詞　若也，若夫也。◎皆古聖人也，吾未能有行焉；乃所願，則學孔子也。《孟子·公孫丑上》　◎或曰：有性善，有性不善。是故以堯爲君而有象；以瞽瞍爲父而有舜；以紂

爲兄之子，且以爲君，而有微子啓王子比干。今曰性善，然則彼皆非與？孟子曰：**乃**若其情，則可以爲善矣。又《告子上》 ◎是故君子有終身之憂，無一朝之患也。**乃**若所憂，則有之。《孟子·離婁下》 ◎小人殉財，君子殉名，其所以變其情易其性則異矣！**乃**至於棄其所爲而殉其所不爲，則一也。《莊子·盜跖》 ◎非獨政能也，**乃**其姊亦烈女也！《史記·聶政傳》

（二）假設連詞　若也。◎**乃**有不吉不迪，顚越不恭，暫遇姦宄，我乃劓殄滅之無遺育。《書·盤庚》 ◎女萬民**乃**不生生暨予一人猷同心，先后丕降與女罪疾。又 ◎女**乃**是不蘉，乃時惟不永哉。又《洛誥》 ◎**乃**有不用我降爾命。又《多方》 ◎**乃**越逐不復，汝則有常刑。又《費誓》

（三）語首助詞　無義。◎**乃**聖**乃**神，**乃**武**乃**文。《書·大禹謨》

奈（ㄋ·ㄞ）

（一）外動詞　如也，若也。恆與疑問副詞「何」字連用。按是今語「處置」「對付」「安頓」之義。「奈何」卽今語之「怎樣對付」，「奈之何」卽今語之「怎樣對付他」。故此「何」字爲疑問副詞。◎吾君老矣，國家多難。伯氏不出，**奈**吾君何？《晉語二》 ◎於是項羽乃悲歌慷慨自爲詩曰：「力拔山兮氣蓋世，時不利兮騅不逝！騅不逝兮可**奈**何？虞兮！虞兮！**奈**若何？」《史記·項羽紀》 按「奈若何」謂「奈汝何」。◎邊人奴婢愁苦欲亡者多，曰：聞匈奴中樂，無

奈侯望急何。又《匈奴傳》◎夫唐堯有丹朱，周文王有管蔡：此皆上聖，無**奈**下愚子何。《漢書·王莽傳》按「無奈侯望急何」者，言「無法怎樣對付侯望急」；「無奈下愚子何」者，言「無法怎樣對付下愚子」也。故此種「無」字實爲無指指示代名詞。宜注意！◎諸侯不從，**奈**何？《史記·高帝紀》按「奈何」爲「奈之何」之省略，「之」字卽指上文之諸侯。◎沛公大驚曰：爲將**奈**何？又《留侯世家》◎太史伯陽曰：禍成矣！無可**奈**何。又《周本紀》按「無可奈何」，謂「無法可怎樣對付」也。「無」字乃無指指示代名詞。◎昔伯姬燔而諸侯憚。**奈**何乎？陛下！《漢書·東方朔傳》◎君不知兮可**奈**何？《楚辭·九辨》按「可奈何」謂「可怎樣對付」。◎唯無形者無可**奈**也。《淮南子·兵略訓》◎惟虐惟殺，人莫予**奈**。揚雄《廷尉箴》按此二例，皆無「何」字相連。「無可奈」者，謂「無法可對付」；「人莫予奈」者，謂「人無法對付我」也。故此二例中「無」字「莫」字亦是無指指示代名詞。

耐（ㄋㄞ）

（一）可能助動詞，與能同。按能與耐古音同。◎故聖人**耐**以天下爲一家，中國爲一人者，非意之也。《禮記·禮運》《鄭注》云：耐，古能字。◎故人不**耐**無樂。又《樂記》◎聾盲喑啞跛躄偏枯握遞不**耐**自生者，上收而養之疾。《管子·入國》

難（ㄋㄢ˙）

（一）外動詞　《廣韻》云：難，患也。奴案切。按讀去聲。◎宋衞實**難**，鄭何能爲？《左傳》隱六年　◎求而無之實**難**，過求何害？又文六年　◎人生實**難**，其有不獲死乎？又成二年　◎吾不能是**難**，楚不爲患。又昭元年　◎僑聞君子非無賄之**難**，立而無令名之患。又昭十六年　◎僑聞爲國非不能事大字小之**難**，無禮以定其位之患。又　◎人犧實**難**，己犧何害？又昭二十二年　◎夫戮出於身實**難**，自他及之，何害？《晉語》　◎愛糞土以毀三常，失位而闕聚，是之不**難**，無乃不可乎？又　按以上諸例「實難」「之難」之「實」「之」二字，皆助詞表倒裝者，與「唯利是趨」之是字同。　◎吾欲作大事，而**難**三公子之徒，如何？又　◎君既許我殺太子而立奚齊矣。吾**難**里克，奈何？又

（二）表態形容詞　易之反。◎文王帥殷之叛國以事紂，唯知時也。今我易之，**難**哉！《左傳》襄四年　◎今吾子相鄭國，作封洫，立謗政，制參辟，鑄刑書，將以靖民，不亦**難**乎？又昭六年　◎才**難**，不其然乎！《論語·泰伯》　按以上諸例難字單用。　◎衆叛親離，**難**以濟矣！《左傳》隱四年　◎今縱無法以遺後嗣，又收其良以死，**難**以在上矣！又文六年　◎已則反天，而又以討人，**難**以免矣。又文十五年　◎隳黨崇讎而懼諸侯，或者**難**以霸乎！又哀十二年　按以上四例，

「難」字與介詞「以」字連用。「難以」猶言「難於」。◎子產曰：衆怒**難**犯，專欲**難**成。又襄十年 按「難犯」謂「難於見犯」，「難成」謂「難於成」。前例云「難以」，此省去「以」字耳。學者往往以其形似而誤認「難」爲副詞，宜注意！

(三)複合詞 奈何之合聲 ◎忠爲令德，其子弗能任，罪猶及之，**難**不慎也！《左傳》昭十年 按顧氏炎武云：「言不可不慎，」非是。今定此字讀如《左傳》「棄甲則那」之「那」，奈何也。

能（ㄋㄥˊ）

(一)外動詞 與「耐」同。按能字古音同耐。《禮記·禮運鄭注》云：耐，古能字，故二字用同。◎比盛暑，隴盡平而根深，**能**風與旱。《漢書·食貨志》 ◎夫胡貉之地，其人密理，鳥獸毳毛，其性**能**寒；楊粵之地，其人疏理，鳥獸希毛，其性**能**暑。又《鼂錯傳》 ◎漢馬不**能**冬。又《趙充國傳》 ◎且越人緜力薄材，不能陸戰，又無車騎弓弩之用；然而不可入者，以保地險，而中國之人不**能**其水土也。又《嚴助傳》 ◎不**能**飢渴。又《西域傳》 ◎豕之性**能**水。《詩·小雅·漸漸之石箋》

(二)可能助動詞 ◎且人之欲善，誰不如我？我欲無貳，而**能**謂人已乎？《左傳》僖九年 ◎法語之言，**能**無從乎？巽與之言，**能**無說乎？《論語·子罕》 ◎今之事君者皆曰：我**能**爲君辟土地，充府庫。《孟子·告子下》◎持方枘欲內圜鑿，其**能**入乎？《史記·孟子荀卿傳》◎當是時，諸公皆多季布**能**摧剛爲柔。又《季布傳》◎上欲廢太子；大臣多諫爭，未**能**得堅決者也。又《留侯世家》◎富貴不**能**快意，非賢也。又《欒布傳》◎天子曰：非此母不**能**生此子。又《張湯傳》◎且帝寧**能**爲石人邪？又《魏其侯傳》◎布之初反，謂其將曰：上老矣，厭兵，必不**能**來。又《黥布傳》◎今大臣雖欲爲變，百姓弗爲使。其黨甯**能**專一邪？又《孝文紀》◎寡人已知將軍**能**用兵矣。又《孫子吳起傳》◎夫習與正人居之不**能**毋正，猶生長于齊不**能**不齊言也。《漢書·賈誼傳》

(三)助動詞　《淮南·修務訓注》云：能猶及也。與不字連用，表「不及」「不到」之義；恆與數字或時間有關。其下省去動字，故亦定爲助動詞。◎散不**能**三千金。《秦策》◎韓與秦接境壤界，其地不**能**千里。《趙策一》◎於是不**能**朞年，千里之馬至者三。《燕策》◎不**能**五十里者，不合於天子；附於諸侯，曰附庸。《禮記·王制》◎行令未**能**一歲，五衢之民皆多衣帛完屨。《管子·輕重丁》◎其死未**能**半日也。《史記·扁鵲傳》◎方今大王之兵衆，不**能**十分吳楚之一。又《淮南王安傳》◎用賢未**能**三旬而退。《漢書·劉向傳》◎調校尉以來，未**能**十日以上。又《霍光傳》◎夫子孫雖衆，不**能**千億。《論衡·藝增》

(四)形容詞　得也。◎蘇氏卽狄，又不**能**於狄而奔衛。《左傳》成十一年　◎不**能**其大夫至於君祖母，以及國人，諸侯誰納我？又文十六年 ◎王者無外，此其言出何？不**能**乎母也。《公羊傳》僖二十四年 按「不能」猶今言「不相得」，或言「不相能」，義同。

（五）副詞 與「乃」同。顧也，卻也。◎奉陽君約魏，魏王將封其子。謂魏王曰：王嘗身濟漳，朝邯鄲抱葛薛陰成以爲趙養邑，而趙無爲王有也。王**能**又封其子河陽姑密乎？臣爲王不取也。《魏策》 ◎今韓信兵號數萬，其實不過數千。**能**千里而襲我，亦以罷極。《史記·淮陰侯傳》 ◎非獨色愛，**能**亦各有所長。又《佞幸傳》

（六）承接連詞 與「而」同。◎建信君入言於王，厚任葺以事**能**重責之。《趙策》 ◎是貴**能**威之，富**能**祿之，賤**能**事之，近**能**親之，美**能**淫之也。《管子·任法》 按《管子》下文五能字皆作而。 ◎不欲強**能**不服，智而不牧。又《侈靡》 ◎入則求君之嗜欲**能**順之；君怨良臣，則具其往失而益之。《晏子春秋·外篇》 ◎少而示之黑，謂黑；多示之黑，謂白。少**能**嘗之甘，謂甘；多嘗之甘，謂苦。《墨子·天志》 ◎貴而下賤，則衆弗惡也；富**能**分貧，則窮士弗惡也；智而教愚，則童蒙者弗惡也。《韓詩外傳》 ◎或有忠**能**被害，或有孝而見殘。崔駰《大理箴》

按諸例皆「能」與「而」互用。

（七）承接連詞 亦與「乃」同。王念孫云：「能」字古讀若「耐」，聲與「乃」相近，故義亦同。◎中美**能**黃，上美爲元，下美則裳。《左傳》昭十二年 ◎二者不失，則民**能**可得而官也。《管子·修權》◎故用兵之法：十則圍之，五則攻之，倍則分之，敵則**能**戰，少則**能**守，不若則**能**避之。《孫子·謀攻》◎先生以不斜之故，**能**至於此。《列女傳·賢明》◎鳥則雄者鳴鴝，雌**能**順服；獸則牡者唱導，牝乃相從。《後漢書·荀爽傳》

來（ㄌㄞˊ）

（一）語中助詞　賓語倒置時用之。與是字第五條用法同。◎不念昔者，伊予**來**塈。《詩·邶風·谷風》　按王引之云：此言君子不念昔日之情而惟我是怒也。◎是用作歌，將母**來**諗。又《小雅·四牡》◎顯允方叔，征伐玁狁，荊蠻**來**威。又《采芑》◎既之陰女，反予**來**赫。又《大雅·桑柔》◎匪安匪遊，淮夷**來**求。又《江漢》◎匪安匪舒，淮夷**來**鋪。又　◎匪疚匪棘，王國**來**極。又

（二）語末助詞　無義。按今語之「咧」，疑由此字變來。◎盍歸乎**來**！《孟子·離婁上》◎子桑戶死，孟子反子琴張相和而歌，曰：嗟**來**！桑戶乎！嗟**來**！桑戶乎！《莊子·大宗師》◎雖然，若必有以也。嘗以語我**來**！又《人間世》◎子其有以語我**來**！又

賴（ㄌㄞˋ）

(二)介詞　恃也。◎周**賴**大國之義得君臣父子相保也。《東周策》◎張儀曰：**賴**子得顯，方且報德，何故去也？《史記·張儀傳》◎曾孫**賴**，吉得全。《漢書·宣帝紀》◎羽意既解，范增欲害沛公，**賴**張良樊噲得免。又《項籍傳》◎且先王亡國，**賴**皇帝得復國。又《張耳傳》◎吾馬**賴**柔和！令他馬，固不敗傷我乎！《史記·張釋之傳》此賴字倒置。

濫(ㄌㄢˋ)

(一)副詞　◎自此諸爲怨隙者因相陷害，睚眦之忿，**濫**入黨中。《後漢書·黨錮傳序》

犂(ㄌㄧˊ)　棃　黎

(一)時間介詞　及也，比也，至也。徐廣注《史記·呂后紀》以犂明爲比明。與「遲」通用。參閱「遲」上。◎重耳謂其妻曰：待我二十五年不來，乃嫁。其妻笑曰：**犂**二十五年，吾冢上柏大矣。《史記·晉世家》◎帝晨出射，太后使人持酖飲趙王。**犂**孝惠還，趙王已死。又《呂后紀》◎其頗不得，失之旁郡國。**黎**來，會春，溫舒頓足歎。又《王溫舒傳》◎沛公乃夜引兵還。**黎**明，圍宛城三匝。又《高祖紀》

立（ㄌㄧˋ）

（一）時間副詞 即也。今言「立刻」。《管子·小稱篇注》云：立猶速也。◎故我有善則**立**譽我；我有過，則**立**毁我。《管子·小稱》 ◎於是呂澤**立**夜見呂后。《史記·留侯世家》 ◎於是公子**立**自責，似若無所容者。又《信陵君傳》 ◎劍堅，故不可**立**拔。又《荆軻傳》 ◎此皆可使還至而**立**有效者也。《漢書·董仲舒傳》 ◎已而冒頓以鳴鏑自射善馬，左右或莫敢射；冒頓**立**斬之。又《匈奴傳》 ◎大神石人談曰：趣新皇帝之高廟受命！毋留！於是新皇帝**立**登車之漢氏高廟受命。又《王莽傳中》 ◎至如近世外戚宦竪，請託不行，意氣不滿，**立**能陷人於不測之禍。《後漢書·仲長統傳》 ◎劉子駿聞吾言，乃**立**稱善焉。桓譚《新論》

歷（ㄌㄧ）

（一）形容詞 本經歷之義，乃動詞，變爲此及下條二種用法。◎人君莫不好忠正而惡讒諛，然而**歷**世之患，莫不以忠正得罪讒諛蒙倖者，蓋聽忠難，從諛易也。《後漢書·左雄傳》 ◎先零東羌，**歷**載爲患。又《段熲傳》 ◎李固被誅，陟以故吏禁錮**歷**年。又《羊陟傳》

（二）副詞 ◎虞舜側微，堯聞之聰明，**歷**試諸難。《書序》 ◎故太尉段熲武勇冠世，習於邊事，歷事二主，勳烈獨昭。《後漢書·段熲傳》 ◎建武二年，騎都尉弓里戍將兵平定北州，到太原，歷訪英俊大人，問以策謀。又《獨行·溫序傳》

略(ㄌㄩㄝ)

(一)表態副詞 大略也。 ◎略聞夏殷欲卜者乃取蓍龜，已則棄去之。《史記·龜策傳》 ◎太史公推古天變，未有可考于今者。蓋略以《春秋》二百四十二年之間，日蝕三十六。又《天官書》 ◎齊王曰：雖然，略以子之所聞見而言之！又《司馬相如傳》 ◎至乎孝武，元功宿將略盡。《漢書·外戚恩澤侯表》 ◎略涉傳記，贍於文辭。又《陳遵傳》 ◎至如滎陽左右，周數百里，歲略不收。《魏志·高柔傳》

聊(ㄌㄧㄠ)

(一)表態副詞 《詩·泉水·鄭箋》云：聊，且略之辭。 ◎孌彼諸姬，聊與之謀。《詩·邶風·泉水》 ◎和調度以自娛兮，聊浮游而求女。《離騷》 ◎老臣妄竊帝號，聊以自娛。《史記·南越傳》 ◎王生曰：吾老且賤，自度終無益於張廷尉。張廷尉，方今天下名臣；吾故聊辱廷尉，使跪結韈，欲以重之。又《張釋之傳》 ◎邯鄲將帥數言我發漁陽上谷兵！吾聊應言然；何意二郡良

爲吾來！《後漢書·景丹傳》

連（ㄌㄧㄢˊ）

（一）表數形容詞　◎廣利與單于戰余吾水上**連**日。《漢書·武帝紀》　◎上重違大臣正議，又內迫傅太后，猗違者**連**歲。又《孔光傳》　◎初，太尉張禹司徒防欲與忠父寵共奏追封和熹皇后父護羌校尉鄧訓，寵以先世無奏請故事，爭之，**連**日不能奪。《後漢書·陳忠傳》　◎光之所坐，情既可原；而守闕**連**年，終不見理。又《霍諝傳》

（二）表數副詞　頻也，繼續也。　◎元帝令充宗與諸《易》家論，充宗乘貴辨口，諸儒莫能與抗。有薦雲者，召入，攝齋登堂；抗首而請，音動左右。既論難，**連**拄五鹿君。《漢書·朱雲傳》　◎後數復毆傷郎，夜私出宮。傅相**連**奏，坐削或千戶或五百戶。又《文三王傳》　◎王背策戒，誖暴妄行，**連**犯大辟。又　◎羽因留，**連**戰未能下。又《項籍傳》　◎貳師解而引歸，與單于**連**鬬十餘日。《又匈奴傳》　◎宣帝卽位，烏孫昆彌復上書言：**連**爲匈奴所侵削。又　◎後**連**有災異，詔舉有道，公卿百寮各上封事。《後漢書·陳忠傳》　◎臣竊見：元年以來，盜賊**連**發；攻亭劫掠，多所傷殺。又　◎黃巾三十萬衆入郡界，劭糾率文武，**連**與賊戰。又《應劭傳》

臨（ㄌㄧㄣ）

（一）時間介詞　於事之未發而卽將發時用之。　◎忌數與齊諸公子馳逐重射。孫子見其馬足不甚相遠，馬有上中下輩，於是孫子謂田忌曰：君第重射！臣能令君勝。及**臨**質，孫子曰：「今以君之下駟與彼上駟，取君上駟與彼中駟，取君中駟與彼下駟。」既馳三輩畢，而田忌一不勝而再勝。《史記·孫武傳》　◎太子早死。**臨**死，謂其父昆莫曰：必以岑娶爲太子！又《大宛傳》　◎方進素與司直師丹相善。**臨**御史大夫缺，使丹奏咸爲姦利，請案驗，卒不能有所得；而方進果自得御史大夫。《漢書·杜欽傳》　◎今歲不登，穀暴騰踊。**臨**秋收斂，猶有乏者。又《魏相傳》　◎上大賢之，制詔丞相：其封吉爲博陽侯。**臨**當封，吉疾病。又《丙吉傳》　◎延壽嘗出，**臨**上車。騎吏一人後至。又《韓延壽傳》　◎衡又使官大奴入殿中問行起居，還言漏上十四刻行。**臨**到，衡安坐，不變色改容，無怵惕肅敬之心。又《王尊傳》　◎上以皇后父孔鄉侯傅晏爲大司馬衞將軍，而帝舅安陽侯丁明爲大司馬票騎將軍。**臨**拜，日食。又《杜鄴傳》

良（ㄌㄧㄤ）

（一）表態副詞　信也，果也。《文選·古詩十九首注》云：良，信也。　◎諸將皆以爲趙氏孤兒**良**

已死。《史記·趙世家》　◎太史公曰：吾如淮陰，淮陰人爲余言：韓信雖爲布衣時，其志與衆異。其母死，貧，無以葬；然乃行營高敞地，令其旁可置萬家。余視其母冢，**良**然。又《淮陰侯傳》　◎武帝病，神君言曰：與我會甘泉！於是病愈，遂幸甘泉，病**良**已。又《孝武紀》　◎鄉亡桓公，星遂至地，中國其**良**絕矣。《漢書·五行志》　◎**良**有不得已，可賜以貨財，不可私以官位。又《李尋傳》　◎世祖引見丹等，笑曰：邯鄲將帥數言我：發漁陽上谷兵，吾聊應言然。何意二郡**良**爲吾來！《後漢書·景丹傳》　◎古人思秉燭夜遊，**良**有以也。魏文帝《與吳質書》

(二)表態副詞　甚也。◎季布因進曰：夫陛下以一人之譽而召臣，一人之毀而去臣，臣恐天下有識聞之，有以闚陛下也。上默然慚，**良**久曰：河東，吾股肱郡，故特召君耳。《史記·季布傳》　◎盎對曰：方今計獨斬鼂錯，發使赦吳楚七國，復其故削地，則兵可無血刃而俱罷。於是上嘿然，**良**久，曰：顧誠何如？吾不愛一人以謝天下。又《吳王濞傳》　◎上既聞廉頗李牧爲人，**良**說。《漢書·馮唐傳》

令(ㄌ·一ㄥ)

(一)不完全外動詞　使也。◎令者，所以**令**人知罪也。《管子·七臣七主》　◎太子早死。臨死，謂其父昆莫曰：必以岑娶爲太子，無**令**他人代之。《史記·大宛傳》　◎平明，**令**門下候伺，至日中，丞相不來。又《魏其侯傳》 ◎武安遂怒，乃令騎留灌夫。灌夫欲出，不得。籍福起爲謝，案灌夫項令謝。夫愈怒，不肯謝。又 ◎君第重射！臣能令君勝。又《孫武傳》 ◎燕王昏亂，其太子丹乃陰令荆軻爲賊。又《秦始皇紀》 ◎大將軍陰受上誡，以爲李將軍老，數奇，毋令當單于。又《李將軍傳》 ◎青捕虜，知單于所居，乃自以精兵走之，而令廣并於右將軍，出東道。又 ◎釋之既朝畢，因前言便宜事。文帝曰：卑之！毋甚高論！令今可施行也。又《張釋之傳》 ◎及竇嬰袁盎進說，上令鼂錯衣朝衣，斬東市。又《鼂錯傳》 ◎天子置公卿輔弼之臣，寧令從諛承意陷主於不義乎？又《汲黯傳》

(二)假設連詞　若也，如也。 ◎太后怒，不食。曰：今我在也，而人皆藉吾弟！令我百歲後，皆魚肉之矣！《史記·田蚡傳》 ◎文帝怒，曰：此人親驚吾馬！吾馬賴柔和！令他馬，固不敗傷我乎！又《張釋之傳》 ◎今大王與吳西鄉。弟令事成，兩主分爭，患乃始結。又《吳王濞傳》 ◎嗟乎！令冬月益展一月，足吾事矣！又《王溫舒傳》 ◎令此六七公者皆亡恙，當是時而陛下卽天子位，能自安乎？《漢書·賈誼傳》

累(ㄌㄨㄟ)

(一)表數形容詞　屢也。 ◎太傅陳蕃輔弼先帝，出納累年。《後漢書·陳蕃傳》

(二)表數副詞 屢也。◎東種所餘三萬餘落,久亂并涼,累侵三輔。《後漢書·段熲傳》

類(ㄌㄨㄟˋ)

(一)外動詞 似也,若也。◎王**類**欲令若爲之。《國策》 ◎上問湯曰:吾所爲,賈人輒先知之,是**類**有以吾謀告之者。《史記·張湯傳》

(二)副詞 大率也。◎大抵吏之治**類**多成由等矣。《史記·周陽由傳》 ◎夫移風易俗,使天下回心而鄉道,**類**非俗吏之所能爲也。《漢書·賈誼傳》 ◎冀部屬郡,多封諸王。賓客放縱,**類**不檢節。《後漢書·郅壽傳》

屢(ㄌㄩˇ) 婁

(一)表數副詞 《廣韻》云:數也。◎**屢**顧爾僕。《詩·小雅·正月》 ◎**婁**蒙嘉瑞,獲茲祇福。《漢書·宣帝紀》 ◎**婁**敕公卿,日望有效。又《元帝紀》

慮(ㄌㄩˋ)

(一)副詞 《漢書·賈誼傳注》云:慮,大計也。劉淇云:大計猶云大率。◎其所以接下之百姓者，無禮義忠信焉，**慮**率用賞慶刑罰勢詐，除阸其下，獲其功用而已矣。《荀子·議兵》◎若此諸王，雖名爲臣，實皆有布衣昆弟之心；**慮**亡不帝制而天子自爲者。《漢書·賈誼傳》◎一二指搐，身**慮**無聊。又 ◎逐利不耳！**慮**非顧行也。又 ◎借父耰鉏，**慮**有德色。又 ◎至於俗流失，世壞敗，因恬而不知怪，**慮**不動於耳目，以是爲適然耳。又 ◎夫萬乘至重，而壯者**慮**輕。《後漢書·明帝紀》 按李賢注云「思慮輕淺」，釋慮爲名詞，誤。此以「慮輕」與「至重」相對爲文，「至」「慮」皆副詞也。

劣（ㄌㄩㄝˋ）

（一）表態副詞 僅也。◎子德願善御車。常立兩柱，使其中**劣**通車軸，驅牛奔從柱間直過。《宋書·劉懷眞傳》 ◎江津岸峭壁立，藩以刀頭穿岸**劣**容指，于是徑上。又《胡藩傳》

卷三

各(ㄍㄜˋ)

(一)代名副詞　◎顔淵季路侍，子曰：盍**各**言爾志！《論語·公冶長》　◎長老皆**各**往往稱堯舜之處。《史記·五帝紀》　◎最從高帝得相國一人，丞相二人，將軍二千石**各**三人。又《周勃世家》　◎令外國客偏觀**各**倉庫府藏之積。又《大宛傳》　◎且賢君者，**各**及其身顯名天下。又《商君傳》　◎諸侯王或欲推私恩分子弟邑者，令**各**條上。又《王子侯表》　◎賜聞：聲歌**各**有宜也。如賜者，宜何歌也？又《樂書》　◎夫忠臣不避死而庶幾，孝子不勤勞而見危；人臣**各**守其職而已矣。又《李斯傳》　◎於是上曰：陳豨將誰？曰：王黄曼丘臣，皆故賈人。上曰：知之矣。迺**各**以千金購黄臣等。又《陳豨傳》　◎梁王曰：若寡人，國小也，尚有徑寸之珠照車前後**各**十二乘者十枚。又《田敬仲世家》　◎始皇聞此議**各**乖異，難施用。又《封禪書》　◎長安熾盛，街閭**各**有豪俠。《漢書·萬章傳》　◎每詔令議下，諸老先生未能言，誼盡爲之對，人人**各**如其意所出。又《賈誼傳》　◎是時王氏方盛，賓客滿門，五侯兄弟爭名，其客**各**有所厚，不得左

右。又《樓護傳》

蓋(ㄍㄞ)

(一)傳疑副詞　於所言之事無確信時用之。《禮記·檀弓正義》云：蓋是疑辭。◎有子蓋既祥而絲屨組纓。《禮記·檀弓》◎舜葬於蒼梧之野，蓋三妃未之從也。又◎蓋上世嘗有不葬其親者。《孟子·滕文公上》◎西伯蓋卽位五十年。其囚羑里，蓋益《易》之八卦爲六十四卦。詩人道西伯蓋受命之年稱王而斷虞芮之訟，後十年而崩，謚爲文王。《史記·周本紀》◎太史公曰：吾聞之周生曰：舜目蓋重瞳子。又《項羽傳》◎上有所幸王夫人。夫人卒，少翁以方蓋夜致王夫人及竈鬼之貌云。又《封禪書》◎古者帝堯之治天下也，蓋殺一人刑二人而天下治。又《禮書》◎然劇孟母死，自遠方送喪蓋千乘。又《劇孟傳》◎蓋墨翟，宋大夫，善守禦，爲節用。又《孟子荀卿傳》◎臨大澤，無崖，蓋乃北海云。又《大宛傳》◎太史公曰：余登箕山，其上蓋有許由冢云。又《伯夷傳》◎諸子中，勝最喜賓客；賓客蓋至者數千人。又《平原君傳》◎衞皇后，字子夫，生微矣。蓋其家號曰衞氏。又《外戚世家》◎用法益刻，蓋自此始。又《趙禹傳》◎大直若詘，道固委蛇，蓋謂是乎？又《叔孫通傳》

(二)疑問副詞　何也。◎勢位富貴，蓋可忽乎哉？《秦策》

(三)反詰副詞　音義與訓「何不」之「盍」同。◎子**蓋**言子之志於公乎？《禮記·檀弓》◎子**蓋**慎諸？又　◎**蓋**亦反其本矣？《孟子·梁惠王上》◎夫子**蓋**少貶焉？《史記·孔子世家》

(四)提起連詞　◎朕聞：**蓋**天下萬物之萌生，靡不有死。《史記·文帝紀》◎**蓋**聞：有虞氏之時，畫衣冠異章服以爲僇。又　◎高曰：**蓋**聞：聖人遷徙無常。又《李斯傳》◎**蓋**聞：王者莫高於周文，霸者莫高於齊桓。《漢書·高帝紀》

(五)承接連詞　承上文而推原其故時用之。◎丘也聞：有國有家者，不患寡而患不均，不患貧而患不安。**蓋**均無貧，和無寡，安無傾。《論語·季氏》◎孔子罕稱命，**蓋**難言之也。《史記·外戚世家》◎屈平之作《離騷》，**蓋**自怨生也。又《屈原傳》◎夏正以正月，殷正以十二月，周正以十一月。**蓋**三王之正若循環。又《曆書》◎匈奴明以戰攻爲事，其老弱不能鬬，故以其肥美飲食壯健者；**蓋**以自爲守衛。如此，父子各得久相保。何以言匈奴輕老也？又《匈奴傳》

臯(ㄍㄠ)

(一)語首助詞　無義。◎及其死也，升屋而號，曰：**臯**某復！《禮記·禮運》按《鄭注》云：**臯**者，引聲之言。

苟（ㄍㄡˇ）

（一）表態副詞　《詩·君子于役鄭箋》云：苟，且也。按苟之訓且，今有二義，一爲「苟且」，一爲「姑且」。◎「苟且」義重，「姑且」義輕，古義無別耳。◎子謂衞公子荆善居室。始有，曰：苟合矣。少有，曰：苟完矣。富有，曰：苟美矣。《論語·子路》◎苟錯諸地而可矣。《易·繫辭》◎小適大，苟舍而已，焉用壇？《左傳》襄二十八年　◎小國之事大國也，苟免於討，不敢求貺。又昭五年　◎臨財毋苟得，臨難毋苟免。《禮記·曲禮》　按《孔疏》以苟且釋苟字。◎不苟訾，不苟笑。又　◎季孟生平自言：所以擁兵衆者，欲以保全父母之國而完墳墓也。又言：苟厚士大夫而已。《後漢書·馬援傳》◎鮮卑天性貪暴，不拘信義，故數犯障塞，且無寧歲。唯至互市，乃來靡服。苟欲中國珍貨，非爲畏威懷德。又《應劭傳》

（二）命令副詞　尙也。多於禱神陳述希望時用之。◎晉侯伐齊，將濟河，中行獻子禱曰：苟捷有功！毋作神羞！《左傳》襄十八年　◎季孫紹與孟伯常治魯國之政，不能相信，而祝於叢社曰：「苟使我和！」是猶弇其目而祝於叢社曰：「苟使我皆視！」豈不繆哉！《墨子·耕柱》

（三）假設連詞　若也，如也。舊訓爲誠。◎苟非其人，道不虛行。《易·繫辭》◎苟有其備，何故不可？《左傳》昭五年　◎苟志於仁矣，無惡也。《論語·里仁》◎苟無其德，不敢作禮樂焉。

《禮記·中庸》　◎今之欲王者，猶七年之病求三年之艾也。**苟**爲不蓄，終身不得。**苟**不志於仁，終身憂辱以陷於死亡。《孟子·離婁上》　◎**苟**得其養，無物不長。又《告子上》　◎王曰：**苟**如公言，不可徼幸邪？《史記·淮南王傳》　◎**苟**與吾地，絕齊未晚也。又《張儀傳》　◎**苟**必信，胡不赴秦軍俱死？又《陳餘傳》　◎上曰：**苟**各有主者，而君所主者何事也？又《陳平傳》　◎秦兵**苟**退，請必言子於衞君，使子爲南面。又《樗里疾傳》　◎今諸王**苟**能存亡繼絕，振弱伐暴，以安劉氏，社稷之所願也。又《吳王濞傳》

敢（ㄍ·ㄢ）

（一）表意志之助動詞　凡實有「敢」字之義者屬此。◎緜蠻黃鳥，止于丘隅。豈**敢**憚行！畏不能趨。《詩·小雅·緜蠻》　◎王非若主耶？何自**敢**言若主？《史記·田叔傳》　◎上下明詔：趙有**敢**隨趙王，罪三族。又　◎於是下董仲舒吏，當死，詔赦之。於是董仲舒竟不**敢**復言災異。又《董仲舒傳》　◎至《禹本紀·山海經》所有怪物，余不**敢**言之也。又《大宛傳》　◎爲人請求事，事可出，出之；不可者，各厭其意，然後乃**敢**嘗酒食。又《郭解傳》　◎公子爲人仁而下士。士無賢不肖，皆讓而禮交之，不**敢**以其富貴驕士。又《信陵君傳》　◎秦王使使者告魏王曰：吾攻趙，旦暮且下。而諸侯**敢**救者，已拔趙，必移兵先擊之。又　◎是後，魏王畏公子之賢能，不**敢**任公子以國政。又 ◎然鄭莊在朝，常趨和承意，不**敢**甚引當否。又《鄭當時傳》 ◎書到，明以誼曉王！**敢**復懷詐，罪過益深。《漢書·文三王傳》

(二)表敬助動詞　惟存形式而實已無「敢」字之意義者屬此。《儀禮·士虞禮鄭注》云：敢，冒昧之辭。《疏》云：凡言敢者，皆是以卑觸尊，不自明之意。◎**敢**昭告於皇皇后帝。《書·湯誓》 ◎**敢**布腹心，君實圖之！《左傳》宣十二年 ◎賓曰：**敢**固辭。主人曰：**敢**固以請。《禮記·投壺》 ◎赤也惑，**敢**問！《論語·先進》 ◎**敢**問何謂浩然之氣？《孟子·公孫丑上》 ◎**敢**問夫子惡乎長？又 ◎**敢**問其所不敢，何也？又

更(ㄍㄥ)

(一)外動詞　改也。◎莊王以爲幣輕，**更**以小爲大。《史記·孫叔敖傳》 ◎超遂叱吏士收廣汛等，於陳睦故城斬之，**更**立元孟爲焉耆王。《後漢書·班超傳》　按此義讀平聲。

(二)副詞　復也，再也。◎虞不臘矣，在此行也，晉不**更**舉矣。《左傳》僖五年 ◎秦昭王囚孟嘗君，謀欲殺之。孟嘗君使人抵昭王幸姬求解。幸姬曰：妾願得君狐白裘。此時孟嘗君有一狐白裘，直千金，天下無雙。入秦，獻之昭王，**更**無他裘。《史記·孟嘗君傳》 ◎季孟嘗折愧子陽；今**更**共陸陸，欲往附之，殆難爲懷乎！《後漢書·馬援傳》 ◎於邱明之傳有所不通，皆

沒而不說，而**更**膚引《公羊·穀梁》，適足自亂。杜預《左傳注序》

(三)表態副詞 互也，遞也，讀平聲。◎太后長公主**更**賜安國，可直千餘金。《史記·韓長孺傳》◎九卿**更**進用事。《漢書·石奮傳》◎外國使**更**來**更**去。又《張騫傳》◎讒臣在其間左右弄口，積使上下不和，**更**相眄伺。又《文三王傳》

(四)表度副詞 愈也，益也。◎又城處水之陽，而以陰爲稱，**更**用惑焉。《水經注》

姑(ㄍㄨ)

(一)副詞 且也。與今語「暫且」同。◎我**姑**酌彼金罍。《詩·周南·卷耳》◎多行不義，必自斃。子**姑**待之！《左傳》隱元年◎或主彊直，難乃不生？**姑**成吾所。又襄三十年◎無道立矣，子懼不免。**姑**已，若何？又昭二十八年

固(ㄍㄨˋ)

(一)表態副詞 固有堅義，故表堅確之意。古書或訓爲必。◎禹拜稽首**固**辭。《書·大禹謨》◎女能**固**納公乎？《公羊傳》襄二十七年◎毋**固**獲。《禮記·曲禮》◎主人曰：枉矢哨壺，不足辭也。敢**固**以請。又《投壺》◎聞始見君子者曰：某**固**願聞名於將命者。又《少儀》◎朱公

乃裝黄金千溢置褐器中，載以一牛車，且遣其少子。朱公長男固請欲行。《史記·越世家》◎吾固欲煩公，公彊爲相趙。《漢書·周昌傳》◎莽色厲而言方；欲有所爲，微見風采，黨與承其旨意而顯奏之。莽稽首涕泣，固推讓焉。又《王莽傳》

(二)表態副詞　本然之詞。本也。按猶今言「原來」，實「故」之借字也。◎愎諫違卜，固敗是求，又何逃焉？《左傳》僖十五年◎季孫謀去中軍，豎牛曰：夫子固欲去之。又昭四年◎臣固知王之不忍也。《孟子·梁惠王上》◎象至不仁，封之有庳，有庳之人奚罪焉？仁人固如是乎？又《萬章上》◎非好學深思，心知其意，固難爲淺見寡聞者道也。《史記·五帝紀》◎知己而無禮，固不如在縲紲之中。又《晏子傳》◎丹書帛曰：「陳勝王」，置人所罾魚腹中。卒買魚烹食，得魚腹中書，固以怪之矣！又《陳涉世家》◎今秦與楚接境壤界，固形親之國也。又《張儀傳》◎若斯之爲臣者，罪足以死固久矣！又《李斯傳》◎臨菑之中七萬戶。臣竊度之：不下戶三男子。三七二十一萬，不待發於遠縣，而臨菑之卒固已二十一萬矣！又《蘇秦傳》◎已倍親而仕，身固當奉職死節官下。又《郅都傳》◎夫魏齊者，勝之友也。在，固不出也；今又不在臣所。又《范雎傳》◎良曰：沛公自度能卻項羽乎？沛公默然，良久，曰：固不能也。又《留侯世家》◎文帝怒曰：此人親驚吾馬！吾馬賴柔和；令他馬，固不敗傷我乎？又《張釋之傳》◎横始與漢王俱南面稱孤。今漢王爲天子，而横迺爲亡虜，而北面事之，其恥

固已甚矣！又《田儋傳》　◎今日之事，臣**固**伏誅。又《豫讓傳》　按「固伏誅」本當言「固當伏誅」，省「當」字。　◎諺曰：「力田不如逢年，善仕不如遇合」，**固**無虛言。又《佞幸傳》　◎楚兵且破，未有分地，其不至**固**宜。《漢書·高帝紀》　◎陳勝敗，**固**當。又《項羽傳》

(三)表態副詞　假借作「姑」字用。且也。　◎將欲翕之，必**固**張之；將欲廢之，必**固**興之。《老子》　按《韓非子·說林》篇云：「將欲敗之，必姑負之；將欲取之，必姑與之。」句例正同，字即作「姑」。　◎居一年，牛又復生白犢，其父又復使其子以問先生。其子曰：前聽先生言而失明；今又復問之，奈何？其父曰：聖人之言先忤而後合。其事未究，**固**試往復問之！《淮南子·人閒訓》

(四)應對副詞　與「也」字連用。猶今言「本如此」「原來如此」。義與前第二條同，但用法少異耳。　◎新垣衍怏然不悅，曰：噫嘻！亦太甚矣！先生之言也。先生又惡能使秦王烹醢梁王！魯仲連曰：**固**也！吾將言之。《史記·魯仲連傳》　◎高聞李斯以爲言，乃見於丞相曰：關東羣盜多；今上急發繇治阿房宮，聚狗馬無用之物。臣欲諫，爲位賤，此眞君侯之事！君何不諫？李斯曰：**固**也！吾欲言之久矣！又《李斯傳》　◎錯父聞之，自潁川來，謂錯曰：上初卽位，公爲政用事，侵削諸侯，別疏人骨肉，人口議多怨公者，何也？鼂錯曰：**固**也！不如此，天子不尊，宗廟不安。又《鼂錯傳》　按諸例《李斯傳》《鼂錯傳》語意較實，《魯仲連傳》則爲姑應人之辭耳。

故（ㄍㄨˋ）

（一）名詞 《周語》韋《注》云：故，事也。◎故舊無大故。則不棄也。《論語·微子》

（二）名詞 《墨子·經上》篇云：故，所得而後成也。今言「原由」。◎秋七月，有神降于莘。惠王問諸內史過曰：是何**故**也？《左傳》莊三十二年 ◎夏六月，葬莊公。亂**故**，是以緩。又閔元年 ◎不協之**故**，用昭乞盟於爾大神以誘天衷。又僖二十八年

（三）形容詞 舊也。《淮南子·說林訓》云：「故」之與「先」，「也」之與「矣」，相去千里。◎項王身亦被十餘創。顧見漢騎司馬呂馬童曰：若非吾**故**人乎？《史記·項羽紀》 ◎其有**故**爵者，更益，勿因！又《吳王濞傳》 ◎單于復以車師王昆弟兜莫爲車師王，收其餘民東徙，不敢居**故**地。《漢書·匈奴傳》 ◎嘗夜從一騎出從人田閒飲，還至亭，霸陵尉醉，呵止廣。廣騎曰：「**故**李將軍。」尉曰：「今將軍尚不得夜行，何故也！」又《李廣傳》 ◎時連有災異，帝感震之枉，乃下詔策曰：「**故**太尉震正直是與，俾匡時政，而青蠅點紫，同茲在藩。今使太守丞以中牢具祠。魂而有靈，儻其歆享。」《後漢書·楊震傳》 ◎永平元年，詔曰：**故**侍中衞尉關內侯興典領禁兵，從平天下。不幸早卒，朕甚傷之。又《陰興傳》 ◎臣湯承制以郊事問**故**膠東相

董仲舒。《春秋繁露·郊事對》 ◎**故**長陵令張楷行慕原憲，操擬夷齊。《後漢書·張楷傳》 ◎竊見**故**司空掾桓梁宿儒盛名，冠德州里。又《班固傳》 ◎臣詩竊見**故**大司徒陽都侯伏湛自行束脩，訖無毁玷。又《伏湛傳》 ◎**故**蜀郡太守廉叔度好周人窮急。又《廉范傳》 ◎應劭因自贊曰：**故**太山太守應仲遠。又《鄭玄傳》　按古稱人前官曰「故」，生死皆稱之。如右所舉《楊震陰興傳》皆稱已死之人，《李廣傳》及《春秋繁露》以下諸例，則皆稱生存之人也。

（四）副詞　舊也。義與前條同，惟前條用於名詞之前，此用於動詞或形容詞之前，爲異耳。◎長史欣者，**故**爲櫟陽獄掾。《史記·項羽紀》 ◎燕太子丹，**故**嘗質於趙。又《荆軻傳》 ◎魏豹彭越雖**故**賤，然已席卷千里，南面稱孤。又《魏豹傳》 ◎司馬夜引袁盎起，曰：君可以去矣！吳王期旦日斬君。盎弗信，曰：公何爲者？司馬曰：臣**故**爲從史盜君侍兒者。又《袁盎傳》 ◎程不識**故**與李廣俱以邊太守將軍屯。又《李將軍傳》 ◎豐**故**梁徙也。《漢書·高帝紀》 ◎趙廣漢，字子都，涿郡蠡吾人也。**故**屬河間。又《趙廣漢傳》

（五）表態副詞　與口語「原來」同義。王引之云：「本然之詞也。」　按此義乃「舊」之引申義。◎文之美而以身剝，自謂智者**故**不足。《逸周書·周祝篇》 ◎石有玉而傷其山，萬民之患**故**在言。又　按此條依王念孫校。◎然，**故**不可誣也。《左傳》襄九年 ◎吳不亡越，越**故**亡吳。《秦策》 ◎臣以王爲已知之矣！王**故**尚未之知邪？《呂氏春秋·審己》 ◎義帝雖無功，**故**當分

其地而王之。《史記·項羽紀》◎上幸擢爲丞相，封爲通侯，子孫皆至尊位重祿者，**故**將以存亡安危屬臣也。又《李斯傳》

（六）表態副詞　與口語「特地」同。今言「故意」即此。◎今**故**興事動衆以增國城，是重吾罪也。《呂氏春秋·制樂》◎今欲使天下寥廓之士攝於威重之權，主於位勢之貴，**故**回面汙行以事諂諛之人，而求親近於左右，則士伏死堀穴巖巖之中耳。《史記·鄒陽傳》◎他物若買**故**賤，賣**故**貴，皆坐臧爲盜。《漢書·景帝紀》◎向乃集合上古以來歷春秋六國至秦漢符瑞災異之記，推迹行事，連得禍福，著其占驗，比類相從，各有條目，凡十一篇，號曰《洪範五行傳論》，奏之。天子心知向忠精，**故**爲鳳兄弟起此論也，然終不能奪王氏權。又《劉向傳》◎涉從建所出，尹公**故**遮拜涉，謂曰：易世矣，宜勿復相怨。又《原涉傳》◎顯內自知擅權，事柄在掌握，恐天子一旦納用左右耳目，有以閒己，迺時歸誠取一言爲驗。顯嘗使至諸官有所徵發，顯先自白：「恐後漏盡宮門閉，請使詔吏開門。」上許之。顯**故**投夜還，稱詔開門入。後果有上書告顯顓命矯詔開宮門。天子聞之，笑以其書示顯。又《石顯傳》◎初，丞相孔光爲御史大夫，時賢父恭爲御史，事光。及賢爲大司馬，與光竝爲三公。上**故**令賢過光。光雅恭謹，知上欲尊寵賢；及聞賢當來也，光警戒，衣冠出門待，送迎甚謹，不敢以賓客均敵之禮。又《董賢傳》◎王謂何曰：我今**故**與林公來相看。《世說》

（七）表態副詞　反也。按實假作「顧」字用。◎秦服其勞而趙受其利，雖強大不能得之於小弱，小弱**故**能得之於強大乎？《史記·趙世家》　按《國策》文同，字卽作「顧」。

（八）提起連詞　◎**故**聖人參於天地，並於鬼神，以治政也。《禮記·禮運》　◎**故**國有患，君死社稷謂之義，大夫死宗廟謂之變。又　◎**故**聖人耐以天下爲一家，以中國爲一人者，非意之也。又　◎**故**天秉陽，垂日星。又　按此諸「故」字皆上無所承，故爲提起連詞。

（九）承遞連詞　因果相承時用之。與今語「所以」同。按此用法乃由第二條「緣故」之義引伸而來。◎求也退，**故**進之；由也兼人，**故**退之。《論語·先進》　◎夫恃才與衆，亡之道也。商紂由之，**故**滅。《左傳》宣十五年　◎桓公嘗有存亡繼絕之功，**故**君子爲之諱也。《公羊傳》僖十二年　◎有人之形，**故**羣於人；無人之情，**故**是非不得於身。《莊子·德充符》　◎我必有罪，**故**天以此罰我也。《呂氏春秋·制樂》　◎始吾聞平原君賢，**故**負魏王而救趙以稱平原君。《史記·信陵君傳》　◎漢王方蒙矢石爭天下，諸生寧能鬭乎？**故**先言斬將搴旗之士。又《叔孫通傳》　◎夫秦滅六國，楚最無罪，自懷王入秦不反，楚人憐之至今。**故**楚南公曰：楚雖三戶，亡秦必楚也。又《項羽紀》　◎自是之後，天下爭於戰國，貴詐力而賤仁義，先富有而後推讓。**故**庶人之富者或累巨萬，而貧者或不厭糟糠。又《平準書》　◎鄙人有言曰：何知仁義，已饗其利者爲有德。**故**伯夷醜周，餓死首陽山，而文武不以其故貶王；跖蹻暴戾，其徒誦義無窮。

又《游俠傳序》

(一〇)承遞連詞　則也。◎今之祭者不首其義，**故**誣於祭也。《禮記·曾子問》◎當若子之不事父，弟之不事兄，臣之不事君也，**故**天下之君子與謂之不祥者。《墨子·天志》　按王引之云：「與」卽「舉」字。◎有成與虧，**故**昭氏之鼓琴也；無成與虧，**故**昭氏之不鼓琴也。《莊子·齊物論》◎君必施於今之窮士不必且爲大人者，**故**能得欲矣。《東周策》◎力學而誦詩書，凡人所能爲；若欲移江河，動太山，**故**人所不能也。《新語》

顧(ㄍㄨˋ)

(一)外動詞　視也。◎爲治者不在多言，**顧**力行何如耳！《史記·儒林傳》◎上嘗欲教以孫吳兵法。去病曰：**顧**方略何如耳！不至學古兵法。又《霍去病傳》◎楚漢相距，臣進奇謀之士，**顧**其計誠足以利國家不耳。又《陳平世家》

(二)表態副詞　《史記·絳侯世家索隱》引許愼《淮南注》云：顧，反也。按反首而視謂之顧，故引伸爲反義。今言反言却。◎子之南面行王事；而噲老，不聽政，**顧**爲臣。《史記·燕世家》◎今三川周室，天下之市朝也，而王不爭焉；**顧**爭於戎翟，去王業遠矣！又《張儀傳》◎僕游揚足下之名於天下，**顧**不重邪？又《季布傳》◎功臣皆曰：臣等身被堅執銳，多者百餘戰，少者數十合，攻城略地，大小各有差。今蕭何未嘗有汗馬之勞，徒持文墨議論，不戰，**顧**反居臣等上，何也？又《蕭相國世家》◎今空秦國甲士而專委於我，我不多請田宅爲子孫業以自堅，**顧**令秦王坐而疑我邪？又《王翦傳》◎今小吏未嘗從軍者多滿，而有功者**顧**不得。《漢書·高帝紀》◎足反居上，首**顧**居下。又《賈誼傳》

(三)轉捩連詞　《禮記·祭統注》云：顧，但也。王念孫云：特也。◎是故有大澤，惠必及下：**顧**上先下後耳。《禮記·祭統》◎彼非不愛其弟，**顧**有所不能忍者也。《史記·越世家》◎每念常痛於骨髓，**顧**計不知所出耳！又《荆軻傳》◎且天下銳精持鋒，欲爲陛下所爲者甚衆；**顧**力不能耳！又《淮陰侯傳》◎相如雖駑，獨畏廉將軍哉！**顧**我念之，彊秦之所以不敢加兵於趙者，徒以吾兩人在也。《漢書·藺相如傳》◎高曰：人情寧不各愛其父母妻子乎？今吾三族皆以論死，豈以王易吾親哉！**顧**爲王實不反，獨吾等爲之。又《張耳傳》◎二世立，又欲漆其城，優旃曰：漆城雖於百姓愁費，然佳哉！漆城蕩蕩，寇來不能上。即欲就之，易爲漆耳，**顧**難爲蔭室。又《優旃傳》◎上曰：君薄淮陽邪？吾今召君矣。**顧**淮陽吏民不相得，吾徒得君之重臥而治之。又《汲黯傳》◎吾豈老誖不念子孫哉？**顧**自有舊田廬，令子孫勤力其中，足以供衣食，與凡人齊。又《疏廣傳》◎我與穉季幸同土壤，素無睚眥，**顧**受將命，分當相直。又《孫寶傳》

果(ㄍㄨㄛˇ)

(一)表態副詞　凡先事豫期，後來事實竟相符應者曰果。◎武丁夜夢得聖人，名曰說。以夢所見視羣臣百吏，皆非也。於是迺使百工營求之野，得說於傅險中。——是時，說爲胥靡，築於傅險。——見於武丁。武丁曰：是也。得而與之語，**果**聖人；舉以爲相，殷國大治。《史記·殷本紀》◎竇太后哭極哀，不食，曰：帝**果**殺吾子！又《梁孝王世家》◎孫子度其行暮當至馬陵。馬陵道狹，而旁多阻隘，可伏兵，乃斫大樹白而書之曰：「龐涓死於此樹之下。」於是令齊軍善射者萬弩夾道而伏。期曰：「暮見火舉而俱發！」龐涓**果**夜至斫木下，見白書，乃鑽火燭之，讀其書未畢，齊軍萬弩俱發，魏軍大亂相失。龐涓自知智窮兵敗，乃自剄，曰：「遂成豎子之名。」又《孫子傳》◎於是閎籍孺大恐，從其計，言帝，**果**出辟陽侯。又《陸賈傳》◎政姊榮聞人有刺殺韓相者，賊不得，國不知其名姓，暴其尸而縣之千金。乃於邑曰：其是吾弟歟！嗟乎！嚴仲子知吾弟！立起如韓之市；而死者**果**政也。又《聶政傳》◎梁王以此怨盎，曾使人刺盎。刺者至關中，問袁盎，諸君譽之皆不容口。乃見袁盎曰：臣受梁王金來刺君；君，長者；不忍刺君。然後刺君者十餘曹，備之！盎心不樂，家又多怪，乃之棓生所問占；還，梁刺客後曹輩**果**遮刺殺盎安陵郭門外。又《袁盎傳》　又凡事初擬爲之而後來未能實現者，則云不果。◎晉人使與邾大夫坐，叔孫曰：列國之卿當小國之君，固周制也，邾又夷也。寡君之命介子服回在，請使當之！不敢廢周制故也。乃不**果**坐。《左傳》昭二十三年　◎齊侯將享公，孔丘謂梁丘據曰：夫享，所以昭德也。不昭，不如其已也。乃不**果**享。又定十年　◎樂正子見孟子曰：克告於君，君爲來見也。嬖人有臧倉者沮君，君是以不**果**來也。《孟子·梁惠王下》

（二）表態副詞　表假設時用之。◎**果**能此道矣，雖愚必明，雖柔必強。《禮記·中庸》　◎不行謂之臨。有帥而不從，臨孰甚焉？此之謂矣！**果**遇，必敗。《左傳》宣十二年　◎獻公曰：虢嘗助晉伐我，又匿晉亡公子。**果**爲亂弗誅，後爲子孫憂。《史記·晉世家》　◎是以聖人**果**可以利其國，不一其用；**果**可以便其事，不同其禮。又《趙世家》

歸（ㄍㄨㄟ）

（一）副詞　《呂氏春秋·順說》篇《注》云：歸，終也。◎雖假符僭稱，**歸**將安所取容哉？《後漢書·袁術傳》

詭（ㄍ·ㄨㄟ）

(一)副詞 ◎時帝在濯龍池，管霸奏雲等事，霸**詭**言曰：李雲野澤愚儒，杜衆都中小吏，出於狂戇，不足加罪。《後漢書·李雲傳》

公(ㄍㄨㄥ)

(一)表態副詞 即今語之「公然」。◎《詩》以言志。志誣其上，而公怨之以爲賓榮，其能久乎？《左傳》襄二十七年 ◎盜賊**公**行。又襄三十一年 ◎明天子在上，匈奴**公**爲寇。《鹽鐵論·備胡》 ◎不改過自新，**公**卽山鑄錢。《漢書·吳王濞傳》 按師古曰：公，顯然也。 ◎**公**穿軍垣以求賈利。又《胡建傳》 ◎**公**擅山川銅鐵魚鹽市井之入。又《貨殖傳》 ◎先帝棄天下，根不悲哀思慕；山陵未成，**公**聘取故掖庭女樂五官殷嚴王飛君等，置酒歌舞；捐忘先帝厚恩，背臣子義。又《元后傳》 ◎今次玉**公**以淸時釋其私憾，阻兵安忍，僵屍道路。《後漢書·應劭傳》

共(ㄍㄨㄥ)

(一)副詞 同也，皆也。◎與絳侯陳平**共**立代王爲孝文皇帝。《史記·灌嬰傳》 ◎皆集會五經家，相與**共**講習讀之。又《樂書》 ◎朕宿昔庶幾，獲承尊位，懼不能寧，惟所與**共**爲治者，君宜知之。又《平津侯傳》 ◎余悲世俗不察其意，而猥以朱家郭解等，令與暴豪之徒同類而**共**

笑之也。又《游俠傳序》 ◎最其後，郎中騎楊喜司馬呂馬童郎中呂勝楊武各得其一體，五人**共**會其體，皆是。又《項羽紀》 ◎父老乃帥子弟**共**殺沛令。《漢書·高帝紀》

可（ㄎㄜ）

（一）助動詞 ◎天下國家**可**均也，爵祿**可**辭也，白刃**可**蹈也，中庸不**可**能也。《禮記·中庸》 ◎天之高也，星辰之遠也，苟求其故，千歲之日至**可**坐而致也。《孟子·離婁下》 ◎及平長，**可**娶妻，富人莫肯與者。《史記·陳平世家》 ◎騎士曰：沛公不好儒；——與人言，常大罵，未**可**以儒生說也。又《酈食其傳》 ◎事未**可**知，何早自殺爲？又《陸賈傳》 ◎使者十輩來，皆言匈奴**可**擊。又《劉敬傳》 ◎冒頓殺父代立，妻羣母，以力爲威，未**可**以仁義說也。又 ◎呂后與陛下攻苦食啖，其**可**背哉？又《叔孫通傳》 ◎君雖恨於臣，亦無**可**奈何。又《范雎傳》 ◎《詩》《書》雖缺，然虞夏之文**可**知也。又《伯夷傳》 ◎求人**可**使報秦者，未得。又《藺相如傳》 ◎秦王以十五城請易寡人之璧，**可**予不？又 ◎諸侯大驕，必生患，**可**適削地。又《袁盎傳》 ◎司馬夜引袁盎起，曰：君**可**以去矣！又

（二）助動詞 當也。 ◎但**可**敕會取艾，不足自往。《魏志·鍾會傳》 ◎軍中士大夫詣原者數百人：太祖怪而問之。時荀文若在坐，對曰：獨**可**省問邴原耳。又《邴原傳》

（三）副詞，加於數詞之上，表「約略」之意。◎遇剛武侯，奪其軍**可**四千餘。《史記·高祖紀》◎卒**可**四千人，且盡。又《匈奴傳》◎若朋友交游，久不相見，卒然相覩，歡然道故，私情相語，飲**可**五六斗，徑醉矣！又《淳于髡傳》◎大宛在匈奴西南，在漢正西，去漢**可**萬里。又《大宛傳》◎其屬邑大小七十餘城，衆**可**數十万。又◎使陵將其射士步兵五千人出居延北**可**千餘里。又《李將軍傳》◎五殘星，其狀類辰，去地**可**六丈。《漢書·天文志》◎去將軍**可**千二百里。又《趙充國傳》◎章小女，年**可**十二。又《王章傳》

克（ㄎㄜˋ）

（一）助動詞　能也。◎先王**克**謹天戒，臣人**克**有常憲。《書·胤征》◎秉文文王，**克**昌厥後。《詩·周頌·雝》

堪（ㄎㄢ）

（一）外動詞　《廣韻》云：任也，勝也。按「不堪」猶今云「當不起」。◎國不**堪**貳。《左傳》隱元年◎武陵蠻反叛，屯結連年，詔下公卿議。四府舉奉才**堪**將帥，拜武陵太守。《後漢書·應奉傳》◎問曰：燕王正爾爲放？資對曰：燕王實自知不**堪**大任故耳。《魏志·蔣濟傳》

肯（ㄎㄣˇ）

（一）表意志之助動詞　◎惠然**肯**來。《詩·邶風·終風》　◎楚雖大，非吾族也；其**肯**字我乎？《左傳》成四年　◎其佐先縠，剛愎不仁，未**肯**用命。又宣十二年　◎單于終不**肯**爲寇於漢邊。《史記·匈奴傳》　◎單于死，昆莫乃率其衆遠徙；中立，不**肯**朝會匈奴。又　◎呂后妒，弗**肯**白。又《淮南厲王傳》　◎公子聞之，往請；欲厚遺之，不**肯**受。又《信陵君傳》　◎公子欲見兩人；兩人自匿，不**肯**見公子。又　◎宛有善馬，在貳師城；匿，不**肯**與漢使。又《大宛傳》　◎單于留之，曰：月氏在吾北，漢何以得往使？吾欲使越，漢**肯**聽我乎？又　◎今諸將皆陛下故等夷，乃令太子將此屬，無異使羊將狼，莫**肯**爲用。又《留侯世家》　◎御史大夫張湯智足以拒諫，詐足以飾非，務巧佞之語辨數之辭，非**肯**正爲天下言。又《汲黯傳》　◎燕王韓廣亦不**肯**徙遼東。《漢書·高帝紀》

酷（ㄎㄨˋ）

（一）表態副詞　《白虎通》云：酷，極也。◎何無忌，劉牢之之外甥，**酷**似其舅。《宋書·高帝紀》　◎孫興公道：曹輔佐才如白地明光錦，裁爲負版絝，非無文采，**酷**無裁製。《世說》

況(ㄎㄨㄤ)　兄

(一)動詞　比也，譬也。◎無置錐之地，而王公不能與之爭名；在一大夫之位，則一君不能獨畜，一國不能獨容：成名**況**乎諸侯，莫不願以爲臣；是聖人之不得勢者也。《荀子·非十二子》　按此例作內動詞用。◎以往**況**今，甚可悲傷。《漢書·高惠高后文功臣表序》　按此例作外動詞用。

(二)表態副詞　滋也，益也。◎每有良朋，**況**也永歎。《詩·小雅·常棣》　◎僕夫**況**瘁。又《出車》　◎倉**兄**塡兮。又《大雅·桑柔》　◎職**兄**斯引。又《召旻》　◎職**兄**斯弘。又　◎衆**況**厚之。《晉語》　◎今子曰中立，**況**固其謀，彼有成矣。又　◎還至乎商王紂，天不享其德，祀用失時，十日雨土於薄，九鼎遷止，婦妖宵出，有鬼宵吟，有女爲男，天雨肉，棘生乎國道，王**兄**自縱也。《墨子·非攻下》

(三)轉接連詞　矧也。◎一夫不可狃，**況**國乎？《左傳》僖十五年　◎困獸猶鬬，**況**國相乎？又宣十二年　◎思其人猶愛其樹，**況**用其道而不恤其人乎？又定九年　◎雖得天下，吾不生；**兄**與我齊國之政也！《管子》　◎由此觀之，君不行仁政而富之，皆棄於孔子者也；**況**於爲之強戰？《孟子·離婁上》　◎吾未聞枉己而正人者也，**況**辱己以正天下者乎？又《萬章上》　◎王者尚不能行之於臣下，**況**同列乎？《史記·伍子胥傳》◎中材已上且羞其行，**況**王者乎？又《彭越傳》◎必欲致士，先從隗始；**況**賢於隗者，豈遠千里哉？又《燕世家》◎越王曰：所求於晉者，不至頓刃接兵，而**況**於攻城圍邑乎？又《越世家》◎且先王崩，尚猶遺德垂法，**況**奪之善人良臣百姓所哀者乎？又《秦世家》◎蘇秦喟然歎曰：此一人之身，富貴則親戚畏懼之，貧賤則輕之，**況**衆人乎？又《蘇秦傳》

空（ㄎㄨㄥ）

（一）表態副詞　事之無結果無利益者謂之空。◎長男曰：「家有長子曰家督。今弟有罪，大人不遣，乃遣少弟，是吾不肖。」欲自殺。其母爲言曰：今遣少子，未必能生中子也；而先**空**亡長男，奈何？《史記·越世家》◎何**空**取高皇帝約束紛更之爲？《漢書·汲黯傳》◎光誡明友：兵不**空**出。卽後匈奴，遂擊烏桓。又《匈奴傳》◎時鮮有所獲，徒奮揚威武，明漢兵若雷風耳。雖**空**行**空**反，尚誅兩將軍。又

（二）介詞　表盡舉無所餘之義。◎今**空**秦國甲士而專委於我，我不多請田宅爲子孫業以自堅，顧令秦王坐而疑我耶？《史記·王翦傳》◎十餘日，上欲去；沛父兄固請，上曰：「吾人衆多，父兄不能給。」乃去。沛中**空**縣皆之邑西獻。《漢書·高帝紀》

孔(ㄎㄨㄥˇ)

（一）表態副詞　《爾雅·釋言》云：孔，甚也。　◎六府**孔**修。《書·禹貢》　按《史記》「孔」作「甚」。◎九江**孔**殷。又　按《史記·夏本紀》「孔殷」作「甚中」。　◎雖則如燬，父母**孔**邇。《詩·周南·汝墳》　◎豈不日戒，玁狁**孔**棘。又《小雅·采薇》

俄(ㄫㄛˊ)　蛾

（一）時間副詞　《公羊傳注》云：俄者，謂須臾之間。　◎至乎地之與人則不然：**俄**而可以爲其有矣。《公羊傳》桓二年　◎於是莽遂爲攝皇帝，改元稱制焉。　**俄**而宗室安衆侯劉崇及東郡太守翟義等惡之，更擧兵，欲誅莽。《漢書·元后傳》　◎始爲少使，**蛾**而大幸。又《班婕妤傳》　◎進爵義城縣侯，**俄**拜洛州刺史。《北周書·庾信傳》

偶(ㄫㄡˇ)

（一）副詞　劉淇曰：凡云偶者，非常然。　◎詔問昆曰：前在河陵，反風滅火；後守弘農，虎北渡河。行何德政而致是事？昆對曰：**偶**然耳。《後漢書·儒林傳》

（二）副詞　對也。　◎**偶**視而先俯，非恐懼也。《荀子·修身》　◎有敢**偶**語《詩》《書》者，棄市。

《史記·秦始皇紀》

何（ㄏㄜˊ）

(一)外動詞　《說文》云：何，儋也。按讀去聲。今用荷字。◎何校滅耳。《易·噬嗑》◎殷受命咸宜，百祿是何。《詩·商頌·玄鳥》◎何天之龍，敷奏其勇。又《長發》◎何天之休。又

(二)疑問形容詞　◎子貢問曰：賜也何如？子曰：女，器也。曰：何器也？曰：瑚璉也。《論語·公冶長》◎齊宣王問卿：孟子曰：王何卿之問也？王曰：卿不同乎？曰：不同。《孟子·萬章下》◎以何日月？於何處所？《魏志·毛玠傳》

(三)疑問代名詞　代事，亦代地方。◎內省不疚，夫何憂何懼？《論語·顏淵》◎元年者何？君之始年也。春者何？歲之始也。《公羊傳》隱元年　◎何以不言卽位？成公志也。又　◎吾所以有天下者何？項氏之所以失天下者何？《史記·高帝紀》◎試爲我著秦之所以失天下，吾所以得之者何？又《陸賈傳》◎生揣我何念？又　按「何憂何懼」「何念」之「憂」「懼」「念」三字皆外動詞，與前條「何」在名詞上者不同。宜注意！◎諸將云何？《漢書·陳平傳》◎武帝問：言何？又《田廣明傳》◎漢中尉至，王視其顏色和，訊王以斥雷被事耳，王自度亡何，不發。又《淮南王傳》◎君侯欲反，何？又《周亞夫傳》◎王曰：左吳趙賢朱驕如皆以爲什八

九成，公獨以爲無福，**何**？又《伍被傳》 ◎修正尙未蒙福，爲邪欲以**何**望？又《外戚·班婕妤傳》

按「欲以何望」，謂「欲以望何」也。 按以上諸例何字皆指事言。 ◎軫不之楚，**何**歸乎？《史記·陳軫傳》 按此例何字指處所。

（四）虛指指示形容詞　指不知之事，而無詢問之意，故與第二條疑問形容詞不同。 ◎不知**何**人賊殺人移上林。《史記·李斯傳》 ◎廷尉驗治**何**人，竟得姦詐。《漢書·雋不疑傳》 ◎又今月癸酉，不知**何**一男子遮臣建車前，自稱漢氏劉子輿，成帝下妻子也。又《王莽傳中》 ◎臣夜人定後，爲**何**人所賊傷，中臣要害。《後漢書·來歙傳》 ◎熹平元年，竇太后崩，有**何**人書朱雀闕，言：「天下大亂，曹節王甫幽殺太后，常侍侯覽多殺黨人；公卿皆尸祿，無有忠言者。」於是詔司隸校尉劉猛逐捕。又《宦者·曹節傳》 ◎有**何**人，天未明，乘馬以詔版付允門吏，曰：「有詔。」因便馳走。《魏志·夏侯玄傳》

（五）疑問副詞　爲「爲何」「何故」之義。 ◎夫子**何**哂由也？《論語·先進》 ◎子在，回**何**敢死！又 ◎甘羅曰：君侯**何**不快之甚也？《史記·甘茂傳》

曷（ㄏㄜˊ）

（一）疑問形容詞　《說文》云：曷，何也。 ◎懷哉懷哉！**曷**月予還歸哉？《詩·王風·揚之水》 按

《鄭箋》云：曷月我得還歸見之哉？　◎其得意若此，則胡禁不止？曷令不行？《漢書·王褒傳》

（二）疑問代名詞　亦何也。　◎曷之用？二簋可用享。《易·損》　◎曷爲先言王而後言正月？王正月也。《公羊傳》隱元年　◎夫畚曷爲出乎閨？又宣六年　◎今歲豐廡未報，鼎曷爲出哉？《史記·封禪書》　◎曷爲與人俱稱王，卒就脯醢之地？又《魯仲連傳》　◎曷爲久居此圍城之中而不去？又

（三）疑問副詞　爲「爲何」「何故」之義。　◎曷虐朕民？《書·盤庚中》　◎天曷不降威？又《西伯戡黎》　◎俠客之義，又曷可少哉？《史記·游俠傳序》

（四）疑問副詞　爲「何不」之義。《爾雅·釋言》云：曷，盍也。《郭注》云：盍，何不也。　◎時日曷喪？予及汝偕亡！《書·湯誓》　◎中心好之，曷飲食之？《詩·小雅·有杕之杜》

（五）反詰副詞　豈也。　◎曷若是而可以持國乎？《荀子·強國》　◎禮云禮云，曷其然哉？《後漢書·曹褒傳》　◎言觀殄瘁，曷非云亡？又《陳蕃傳》　◎禮有五諫，諷爲上。若夫託物見情，因文載旨，使言之者無罪，聞之者足以自戒，貴在意達言從，理歸乎正。曷其絞訐摩上以衒沽成名哉！又《李雲傳論》

害（ㄏㄜˊ）

（一）疑問代名詞　何也。◎害澣害否？歸寧父母。《詩·周南·葛覃》

盍（ㄏㄜˊ）　闔

（一）疑問副詞　用與「何」同。《廣雅·釋詁》曰：盍，何也。按實爲「爲何」「何故」之義。◎盍不出從乎？君將有行。《管子·戒》◎盍不起爲寡人壽乎？又《小稱》◎盍不爲行。《莊子·盜跖》

（二）反詰副詞　何不也。實爲「何不」二字之合聲。◎其母曰：盍亦求之？以死，誰懟？《左傳》僖二十四年　◎哀公問於有若曰：年饑，用不足，如之何？有若對曰：盍徹乎？《論語·顏淵》◎顏淵季路侍。子曰：盍各言爾志？又《公冶長》◎夫子闔行邪？無落吾事！《莊子·天地》◎伍奢有二子；不殺者，爲楚國患。盍以免其父召之？《史記·楚世家》◎盍亦覽東京之事以自寤乎？張衡《東京賦》

合（ㄏㄜˊ）

（一）表當然之助動詞　當也。◎然則受命之符，合在於此矣。《史記·司馬相如傳》◎皇后非正嫡，不**合**稱后。《後漢書·獻帝紀》　◎臣愚以爲：宜如舊制，不**合**翻移。又《杜林傳》　◎入此歲來，已七十矣。宿素衰落，仍有失誤。案之《禮典》，便**合**傳家。又《鄭玄傳》　◎此婦甚無狀，而敎充離閒母兄，罪**合**遣斥。又《獨行·李充傳》

號（ㄏㄠˊ）

（一）疑問副詞　何也。「號」與「何」一聲之轉。◎魯哀公問於孔子曰：紳委章甫，有益於仁乎？孔子蹴然，曰：君**號**然也？《荀子·哀公》　按《孔子家語·好生篇》「號」作「胡」。

好（ㄏㄠˇ）

（一）表態副詞　以平和之態度對人時用之，卽今言「好好地」。◎王變色視尊，意欲格殺之。卽**好**謂尊曰：「願觀相君佩刀。」《漢書·王尊傳》　◎郭吉卑體**好**言曰：吾見單于而口言。又《匈奴傳》　◎韓千秋兵之入也，破數小邑；其後粵直開道給食：未至番禺四十里，粵以兵擊千秋等，滅之。使人函封漢使節置塞上，**好**爲謾辭謝罪，發兵守要害處。又《西南夷傳》

侯（ㄏㄡˊ）

（一）疑問形容詞　何也。◎法無限，則庶人田**侯**田，處**侯**宅，食**侯**食，服**侯**服？《法言·先知》

(二)疑問副詞　爲「爲何」「何故」之義。◎郈成子爲魯聘於晉，過衞，右宰穀臣止而觴之。顧反，過而弗辭。其僕曰：「嚮者右宰穀臣之觴吾子，吾子也甚歡。今**侯**渫過而不辭？」《呂氏春秋·觀表》◎君乎！君乎！**侯**不邁哉？《史記·司馬相如傳》◎吁！漢帝之德，**侯**其褘而！張衡《東京賦》

(三)語首助詞　無義。◎**侯**誰在矣！張仲孝友。《詩·小雅·六月》◎商之孫子，其麗不億。上帝既命，**侯**于周服。又《大雅·文王》◎**侯**作**侯**祝。又《蕩》◎瞻彼中林，**侯**薪**侯**蒸。又《小雅·正月》◎**侯**主**侯**伯，**侯**亞**侯**旅，**侯**彊**侯**以。又《周頌·載芟》

(四)語中助詞　無義。◎擇三有事，亶**侯**多藏。《詩·小雅·十月之交》

候(ㄏㄡˋ)

(一)時間介詞　待也，俟也。◎嘗有部刺史奏事過遵，值其方飲，刺史大窮。**候**遵霑醉時，突入見遵母。《漢書·陳遵傳》◎且所給備善則已，不備善而苦惡，則**候**秋孰，以騎馳蹂而稼穡也。又《匈奴傳》◎日貳亡阻康居，漢徙己校屯姑墨，欲**候**便討焉。又《西域傳》

後(ㄏㄡˋ)

(一)時間副詞　與今語「後來」同。◎高祖被酒，夜徑澤中，令一人行前。行前者還報曰：

「前有大蛇當徑，願還。」高祖醉，曰：「壯士行，何畏！」乃前拔劍斬蛇，蛇分爲兩，道開。行數里，醉，因臥。**後**人來至蛇所，有一老嫗夜哭。人問嫗：「何哭？」曰：「人殺吾子。」人曰：「嫗子何爲見殺？」曰：「吾子，白帝子也；化爲蛇，當道。今者赤帝子斬之，故哭。」人乃以嫗爲不誠，欲苦之，嫗因忽不見。**後**人至，高祖覺，告高祖，高祖乃心獨喜，自負。《漢書·高帝紀》　◎遵凡三爲二千石，而張竦亦至丹陽太守，封淑德侯；**後**俱免官，以列侯歸長安。又《陳遵傳》　◎涉懼，求爲卿府掾吏，欲以避客；文母太后喪時，守復土校尉；已爲中郎，**後**免官。又《原涉傳》　◎鄭令蘇建得顯私書，奏之；**後**以他事論死。又《石顯傳》

(二)時間介詞　◎齊王聞之，恐**後**天下得魏，以事屬犀首。《魏策一》　◎願長耳目，毋**後**人有天下。《漢書·楚元王傳》　◎顯先自白：恐**後**漏盡宮門閉，請使詔吏開門。又《石顯傳》

恆(ㄏㄥ)

(一)副詞　常也。　◎楚國之擧，**恆**在少者。《左傳》文元年　◎是以上下無禮，亂虐竝生，由爭善也；謂之昏德。國家之敝，**恆**必由之。又襄十三年　◎其爲君也，淫而不父。僑聞之：如是者**恆**有子禍。又襄二十八年　◎生財有大道：生之者衆，食之者寡，爲之者疾，用之者舒，則財**恆**足矣。《禮記·大學》

横（ㄏㄥˋ）

（一）表態副詞　《史記·周本紀集解》引臣瓚云：以威勢相脅曰横。◎今羌虜一隅小夷，跳梁於山谷間，漢但令罪人出財減罪以誅之，其名賢於煩擾良民**横**興賦斂也。《漢書·蕭望之傳》◎王公束脩厲節，敦樂藝文；但以堅貞之操，違俗失衆，**横**爲讒佞所構毁。《後漢書·王龔傳》◎臣之愚冗，職當咎患。但前者所對，質不及聞，而衰老白首**横**見引逮，隨臣摧没，誠寃誠痛。又《蔡邕傳》◎梁冀兄弟姦邪，傾動天下；而**横**見式序，各受封爵。天下惆悵，人神共憤。袁宏《後漢紀·桓帝紀》載杜喬疏

（二）方所介詞　今言「横著」。◎遂拔夷道夷陵，據荆門虎牙，**横**江水起浮橋鬭樓。《後漢書·岑彭傳》

胡（ㄏㄨˊ）

（一）名詞　《説文》云：胡，牛顧垂也。◎狼跋其**胡**。《詩·豳風·狼跋》

（二）疑問形容詞　與「何」同。◎其得意若此，則**胡**禁不止？曷令不行？《漢書·王褒傳》

（三）疑問代名詞　與「何」同。此獨立用，故與前條異。◎微君之躬，**胡**爲乎泥中？《詩·邶風·式

微》◎惠帝讓參曰：與窋**胡**治乎？《史記·曹參世家》

（四）疑問副詞　爲「爲何」「何故」之義。◎**胡**能有定。《詩·邶風·日月》◎雍姬謂其母曰：父與夫孰親？其母曰：人盡夫也，父一而已；**胡**可比也？《左傳》桓十五年　◎誰爲君夫人？余**胡**弗知？又襄二十六年　◎同始異終，**胡**可常也？又昭七年　◎子**胡**不相與尸而祝之，社而稷之乎？《莊子·庚桑楚》◎苟必信，**胡**不赴秦軍俱死？《史記·陳餘傳》◎且軫欲去秦而之楚，王**胡**不聽乎？又《陳軫傳》◎吾**胡**愛四千戶封四人以尉趙子弟？又《陳豨傳》◎今君**胡**不多買田地，賤貰貸以自汙；上心乃安！又《蕭何世家》◎楚王叱曰：**胡**不下？吾乃與而君言！汝何爲者也？又《平原君傳》◎**胡**不用之淮南濟北？勢不可也。《漢書·賈誼傳》◎自非拜君國之命，**胡**嘗扶杖出門乎？《後漢書·鄭玄傳》

乎（ㄏㄨ·）

（一）介詞　與「於」同。◎是故得**乎**邱民而爲天子，得**乎**天子爲諸侯，得**乎**諸侯爲大夫。《孟子·盡心下》◎奮**乎**百世之上，百世之下，聞者莫不興起也。又　◎擢之**乎**賓客之中，立之**乎**羣臣之上。《燕策》◎勃匡國家難，復之**乎**正，雖伊尹周公，何以加哉？《史記·周勃世家》◎然要其歸，必止**乎**仁義節儉君臣上下六親之施，始也濫耳。又《騶衍傳》◎孔子曰：魯今且郊。如致膰乎大夫，則吾猶可以止。又《孔子世家》◎然則是所重者在乎色樂珠玉，而所輕者在乎人民也。又《李斯傳》◎禮樂之說，貫乎人情矣。又《樂書》◎德輝動乎內，而民莫不承聽；理發乎外，而民莫不承順。又◎休烈顯乎無窮，聲稱浹乎于茲。又《司馬相如傳》◎或曰：禹薦益，已而以啓人爲吏。及老而以啓爲不足任乎天下，傳之於益。又《燕世家》◎自古受命帝王，曷嘗不封禪！蓋有無其應而用事者矣；未有睹符瑞見而不臻乎泰山者也。又《封禪書》◎愼庶孽，施及乎萌隸。又《樂毅傳》 按介詞「於」諸用法，「乎」字率皆有之。讀者可以「於」字例推，不復詳述。

(二)語末助詞 助形容詞或副詞爲其語尾。《說文》云：乎，語之餘也。◎確乎其不可拔！《易·乾·文言》◎巍巍乎舜禹之有天下也而不與焉！《論語·泰伯》◎巍巍乎唯天爲大，唯堯則之，蕩蕩乎民無能名焉；巍巍乎其有成功也，煥乎其有文章！又◎周監於二代，郁郁乎文哉！又《八佾》◎文帝曰：惜乎！子不遇時！如令子當高帝時，萬戶侯豈足道哉！《史記·李將軍傳》◎惠王既去，而謂左右曰：公叔病甚！悲乎！欲令寡人以國聽公孫鞅也。又《商君傳》◎痛乎！道民之道，可不愼哉？《漢書·地理志》

(三)語末助詞 助句，表有疑而詢問者。◎廄焚，子退朝，曰：傷人乎？不問馬。《論語·鄉黨》◎管仲儉乎？又《八佾》◎然則管仲知禮乎？又◎子常宣言代我相秦，豈有此乎？《秦策》◎王曰：叟！不遠千里而來，亦將有以利吾國**乎**？《孟子·梁惠王上》◎齊宣王問曰：交鄰國有道**乎**？又《梁惠王下》◎少帝曰：欲將我安之**乎**？滕公曰：出就舍。《史記·呂后紀》

（四）語末助詞　反詰時用之。此種有問之形，無問之實。◎三過其門而不入，雖欲耕，得**乎**？《孟子·滕文公上》◎如使予欲富，辭十萬而受萬，是爲欲富**乎**？又《公孫丑下》◎先生得無誕之**乎**？何以言太子可生也？《史記·扁鵲傳》◎謀之二十一年，一旦而棄之，可**乎**？又《越世家》◎臣主若此，欲毋顯，得**乎**？又◎其妻曰：嘻！子毋讀書游說，安得此辱**乎**？又《張儀傳》◎九卿碌碌奉其官，救過不贍，何暇論繩墨之外**乎**？又《酷吏傳贊》◎上曰：文成食馬肝死耳！子誠能修其方，我何愛**乎**？又《武帝紀》

（五）語末助詞　助句，表感歎。◎越十年生聚，十年教訓，二十年之外，吳其爲沼**乎**？《左傳》襄九年◎孔子蚤作，負手曳杖消搖於門，歌曰：泰山其頽**乎**？梁木其壞**乎**？哲人其萎**乎**？《禮記·檀弓上》◎子路曰：衞君待子而爲政，子將奚先？子曰：必也正名**乎**！《論語·子路》◎後三年，吳其墟**乎**！《史記·越世家》◎此其代陳有國**乎**！不在此而在異國**乎**！又《田敬仲世家》◎彈其劍而歌曰：長鋏歸來**乎**！食無魚。又《孟嘗君傳》◎將閭乃仰天大呼天者三，曰：天**乎**！吾無罪！又《秦始皇紀》◎賢人**乎**！賢人**乎**！非質有其內，惡能用之哉？又《楚元王世家》◎絳侯既出，曰：吾嘗將百萬軍，然安知獄吏之貴**乎**！又《周勃世家》

(六)語末助詞　表商榷。◎臣聞：客有遠爲吏而其妻私於人者，其夫將來，其私者憂之，妻曰：勿憂！吾已作藥酒待之矣。居三日，其夫果至，妻使妾舉藥酒進之。妾欲言酒之有藥，則恐其逐主母也；欲勿言乎！則恐其殺主父也。《史記·蘇秦傳》

(七)語末助詞　表推宕。◎荆軻雖游於酒人乎，然其爲人沈深好書，其所游諸侯盡與其賢豪長者相結。《史記·荆軻傳》

(八)語末助詞　反詰以引下文。　故所以尙干將莫邪者，貴其立斷也；所以貴騏驥者，爲其立至也。必且歷日曠久乎？絲氂猶能挈石，駑馬亦能致遠。《新序·雜事二》

呼(ㄏㄨ˙)

(一)歎詞　發聲，無義。◎旣，又欲立王子職而黜太子商臣。商臣聞之而未察，告其師潘崇曰：若之何而察之？潘崇曰：享江芊而勿敬也。從之。江芊怒，曰：呼！役夫！宜君王之欲殺女而立職也！《左傳》文元年　◎曾子寢疾，病，樂正子春坐於牀下，曾元曾申坐於足，童子隅坐而執燭。童子曰：華而睆，大夫之簀與！子春曰：止！曾子聞之，瞿然，曰：呼！曰：華而睆，大夫之簀與！曾子曰：然！斯季孫之賜也。我未之能易也！元起！易簀！《禮記·檀弓》

互(ㄏㄨˋ)

(一)代名副詞　今言「互相」。因「互相」又引伸爲「羣」字之義。◎超還至于闐，王侯以下皆號泣曰：「依漢使如父母，誠不可去。」**互**抱超馬脚，不得行。《後漢書·班超傳》◎及瓊卒，歸葬江夏，四方名豪會帳下者六七千人，**互**相談論，莫有及蟠者。又《申屠蟠傳》◎時所遣八使光祿大夫杜喬周舉等多所糾奏，而大將軍梁冀及諸宦官**互**爲請救，事皆被侵遏。又《种暠傳》◎比災變**互**生，未知厥咎，朝廷焦心，載懷恐懼。又《蔡邕傳》◎觀夫仁孝之辯，紛然異端。**互**引典文，代取事據。又《延篤傳》

忽(ㄏㄨ)

(一)表態副詞　倏也。表動作之疾速時用之。今語作「忽然」。◎後人來至蛇所，有一老嫗夜哭。人問：何哭？嫗曰：人殺吾子，故哭之。人曰：嫗子何以見殺？嫗曰：吾子，白帝子也，化爲蛇，當道，今爲赤帝子斬之，故哭。人乃以嫗爲不誠，欲苦之，嫗因**忽**不見。《漢書·高帝紀》◎又侍郎王盱見人衣白布單衣，赤繢方領，冠小冠，立於王路殿前，謂盱曰：「今日天同色，以天下人民屬皇帝。」盱怪之，行十餘步，人**忽**不見。又《王莽傳中》◎超到鄯善，鄯

善王廣奉超禮敬甚備，後忽更疎懈。《後漢書·班超傳》

或（ㄏㄨㄛˋ）

（一）外動詞　有也。◎莫益之，或擊之。《易·益》　◎殷其弗或亂正四方。《書·微子》　按《史記·宋世家》「或」作「有」。◎時予乃或言。又《多士》　◎有一於此，未或不亡。又《五子之歌》　◎曹人或夢衆君子立于社宮而謀亡曹。《左傳》哀七年　按《史記·曹世家》「或」作「有」。◎自古以來，未之或失也。又昭十三年　◎毋或若女不寧侯。《周禮·考工記·梓人》　◎庶或饗之。《禮記·祭義》　◎夫既或治之，予何言哉？《孟子·公孫丑下》　◎開辟以來，莫或茲酷。《後漢書·應劭傳》

（二）虛指指示代名詞　◎或燕燕居息，或盡瘁事國，或息偃在牀，或不已於行。《詩·小雅·北山》　◎或謂孔子曰：子奚不爲政？《論語·爲政》　◎萬章問曰：或曰：百里奚自鬻於秦養牲者五羊之皮，食牛以要秦穆公，信乎？《孟子·萬章上》　◎魯欲背晉合於楚。或諫，乃否。《史記·魯世家》　◎楚欲殺之。或諫，乃歸解揚。又《晉世家》　◎趙高持鹿獻於二世，曰：馬也。二世笑曰：丞相誤耶？謂鹿爲馬。問左右，左右或默，或言馬以阿順趙高。又《秦始皇紀》　◎凡六出奇計，輒益邑，凡六益封。奇計或頗秘，世莫能聞也。又《陳平世家》　◎客有說公子曰：

物有不可忘，**或**有不可不忘。又《信陵君傳》◎天地曠曠，物之熙熙，**或**安**或**危。又《日者傳》

(三)表態副詞　《墨子·小取》篇云：或也者，不盡然也。《廣韻》云：或，不定也。◎不恆其德，**或**承之羞。《易·恆》◎天**或**啓之，必將爲君。《左傳》宣三年 ◎以義置數十百錢，病者**或**以愈，且死**或**以生，患**或**以免。《史記·日者傳》◎其神**或**歲不至，**或**歲數來。又《封禪書》◎傅相連奏，坐削**或**千戶**或**五百戶，如是而數焉。《漢書·文三王傳》

(四)語中助詞　無義。外動詞賓語倒裝時用之。◎如松柏之茂，無不爾**或**承。《詩·天保》

(五)副詞　又也。◎既立之監，**或**佐之史。《詩·小雅·賓之初筵》◎今吳不如過，而越大於少康。**或**將豐之，不亦難乎？《左傳》哀元年　按《史記·吳世家》作「又將寬之」。◎父死之謂何，**或**敢有他志以辱君義？《禮記·檀弓》

會(ㄏㄨㄟˋ)

(一)時間介詞　值也。◎齊初圍急，陰與三國通謀，約未定。**會**聞路中大夫從漢來，喜。及其大臣乃復勸王毋下三國。《史記·齊悼惠王世家》◎外戚多毀成之短，抵罪髡鉗。數年，**會**赦，致產數千金。又《寧成傳》◎是時，趙禹張湯以深刻爲九卿矣；然其治尚寬，輔法而行；而縱以鷹擊毛摯爲治。後**會**五銖錢白金起，民爲姦，京師尤甚；乃以縱爲右內史。又《義縱傳》 ◎與漢大將軍接戰一日。會暮，大風起，漢兵縱左右翼圍單于。又《匈奴傳》 ◎於是平原君從之，得敢死之士三千人；李同遂與三千人赴秦軍，秦軍爲之卻三十里。亦會楚魏救至，秦兵遂罷，邯鄲復存。又《平原君傳》 ◎更始至長安，大臣薦遵爲大司馬護軍，與歸德侯劉颯俱使匈奴；單于欲脅詘遵，遵陳利害，爲言曲直，單于大奇之，遣還。會更始敗，遵留朔方，爲賊所殺。《漢書·陳遵傳》

惠（ㄏㄨㄟˋ）

（一）表敬副詞 ◎公子重耳出見使者曰：子惠顧亡人重耳；父生，不得供備灑掃之臣；死，又不敢蒞喪；以重其罪。且辱大夫，敢辭。《晉語二》 ◎君惠弔亡臣，又重有命。又

還（ㄏㄨㄢˊ）

（一）副詞 反也。◎以孔璋之才不閑辭賦，而多自謂與司馬長卿同風，譬畫虎不成還爲狗者也。《魏志·曹植傳注》

（二）時間副詞 表疾速。讀與旋同。今言「隨即」。◎如是則舜禹還至，王業還起。《荀子·王霸》 ◎居之，殃還至。《史記·天官書》 ◎今上封禪，其後十二歲而還徧於五嶽四瀆矣。又

《孝武紀》　◎此皆可使還至而立有效者也。《漢書·董仲舒傳》

遑(ㄏㄨㄤˊ)

(一)助動詞　暇也。　◎我躬不閱，遑恤我後？《詩·邶風·谷風》　◎不遑啓居，玁狁之故。又《小雅·采薇》　◎心之憂矣，不遑假寐。又《小弁》　◎爾之安行，亦不遑舍。又《何人斯》

皇(ㄏㄨㄤˊ)

(一)助動詞　與遑同。　◎我今不閱，皇恤我後？《禮記·表記》引《詩》　◎朕獲承至尊休德，傳之亡窮，而施之罔極，任大而守重，是以夙夜不皇康寧。《漢書·董仲舒傳》

(二)轉接連詞　與「況」同。　◎我皇多有之。《書·秦誓》　按《公羊·文十二年傳》作「而況乎我多有之」。　◎君子之於人也，有其語也，無不聽者；皇於聽獄乎？《尚書·大傳》

洪(ㄏㄨㄥˊ)

(一)語首助詞　無義。　◎洪惟我幼沖人。《書·大誥》　◎洪惟圖天之命。又《多方》

卷四

幾（ㄐㄧ）

（一）外動詞　幸也，冀也。與口語希望同。讀去聲。◎更生見堪猛在位，幾己得復進。《漢書·劉向傳》◎人有短惡噲者。高帝怒，曰：噲見吾病，迺幾我死也。又《陳平傳》◎朕疾夫比周之徒虛僞壞化，浸以成俗，故屢以書飭君，幾君省過求己。又《師丹傳》◎孔子作《春秋》，幾君子之前睹也。又《揚雄傳》◎距逐鹿之瞽說，審神器之有授；毋貪不可幾，爲二母之所笑。又《敍傳》

（二）形容詞　近也。◎如知爲君之難也，不幾乎一言而與邦乎？《論語·子路》◎說之者能無嬰人主之逆鱗，則幾矣。《韓非子·說難》

（三）數量形容詞　讀上聲。◎夫有大功而無貴仕，其人能靖者，與有幾？《左傳》僖二十三年◎韓子亦無幾求。又昭十六年◎子來幾日矣？《孟子·離婁上》◎數問其家：金餘尚有幾所？《漢書·疏廣傳》◎然其儁桀，指世陳政，言成文章，質之先聖而不繆，施之當世合時務，若此

者亦亡幾人？又《梅福傳》　◎將軍度羌虜何如？當用幾人？又《趙充國傳》

(四)副詞　殆也，近也。讀平音。此與第二條義同，惟用法異耳。　◎吳楚時，孝王幾爲亂。《史記·齊悼惠王世家》　◎崎嶇彊國之間，最爲弱小，幾滅者數矣。又《燕世家》　◎漢王輟食吐哺，罵曰：豎儒！幾敗而公事！又《留侯世家》　◎匈奴大圍貳師將軍，幾不脫。又《匈奴傳》　◎我幾不脫於虎口。又《叔孫通傳》　◎鄧通既至，爲文帝泣，曰：丞相幾殺臣。又《申屠嘉傳》　◎是日，微樊噲犇入營誚讓項羽，沛公事幾殆。又《樊噲傳》

(五)反詰副詞　與豈同。　◎夫大國之人，不可不愼也；幾爲之笑而不陵我？《左傳》昭十六年　◎王壹動而亡二姓之師，幾如是而不及郢？又昭二十四年　◎是其爲相縣也，幾直夫芻豢稻粱之縣糟糠爾哉？《荀子·榮辱》　◎是於己長慮顧後，幾不甚善矣哉？又　按楊倞注幾讀爲豈。　◎利夫秋豪，害靡國家，然且爲之，幾爲知計哉？又《大略》　◎處非道之位，被衆口之譖，溺於當世之言，而欲當嚴天子而求安，幾不亦難哉！《韓非子·姦劫弑臣》　◎黥布秦時爲布衣，少年，有客相之，曰：「當刑而王。」及壯，坐法黥。布欣然笑曰：人相我當刑而王，幾是乎？《史記·黥布傳》　按《索隱》引《楚漢春秋》作豈是乎。　◎故西門豹爲鄴令，名聞天下，澤流後世，無絕已時，幾可謂非賢大夫哉！又《滑稽傳補》

既(4·一)

(一)動詞　盡也。《公羊》桓三年《傳》云：既者何？盡也。◎日有食之，**既**。《春秋》桓三年　◎富澹天下而不**既**。《淮南子·原道訓》◎布施而不**既**。又　◎精神何能久馳騁而不**既**乎！又《精神訓》　按以上例爲内動詞用法。◎董澤之蒲，可勝**既**乎？《左傳》宣十二年　◎**既**其文未**既**其實。《莊子·應帝王》　按以上例爲外動詞用法。

(二)時間副詞　表過去，已也。◎以親九族，九族**既**睦。《書·堯典》　◎朕**既**不敏，常畏過行以羞先王之遺德。《史記·文帝紀》　◎張儀**既**相秦，爲文檄以告楚相。又《張儀傳》　◎單于**既**立，盡歸漢使之不降者。又《匈奴傳》　◎絳侯等**既**誅諸呂，齊王罷兵歸。又《灌嬰傳》　◎功用**既**興，然後授政。又《伯夷傳》　◎王翦**既**至關，使使還請善田者五輩。又《王翦傳》　◎項王曰：壯士！賜之卮酒彘肩！噲**既**飲酒，拔劍切肉食，盡之。又《樊噲傳》　◎發卒二千人，以王者禮葬田橫。**既**葬，二客穿其冢旁孔，皆自剄，下從之。又《田儋傳》　◎後歲餘，賈生徵見。孝文帝方受釐，坐宣室。上因感鬼神事而問鬼神之本。賈生因具道所以然之狀，至夜半，文帝前席。**既**罷，曰：吾久不見賈生，自以爲過之，今不及也。又《賈誼傳》

(三)時間副詞　表旋嗣。一事過去未久復有一事時用之。有單用者，有與而字連用者。◎

初，楚子將以商臣爲太子，訪諸令尹子上，子上曰：君之齒未也，而又多愛，黜乃亂也。楚國之舉恆在少者。且是人也，蠭目而豺聲，忍人也，不可立也。弗聽。**既**，又欲立王子職而黜太子商臣。《左傳》文元年　◎**既**，夫人將使公田孟諸而殺之。又文十六年　◎新築人仲叔于奚救孫桓子，桓子是以免。**既**，衛人賞之以邑，辭。又成二年　◎厲王說榮夷公，芮良夫曰：榮公若用，周必敗。**既**，榮公爲卿士，諸侯不享，王流于彘。《周語上》　◎侍者曰：若有殃，焉？在抑刑戮也？其夭札也？曰：未可知也。若血氣強固，將壽寵得沒。雖壽而沒，不爲無殃。**既**，其葬也，焚煙徹于上。《魯語上》　◎**既**，驪姬不克，晉正於秦，五立而後平。《晉語一》　◎**既**，里丕死禍，公隕于韓。《晉語》　以上既字單用。　◎遂置姜氏於城潁，而誓之曰：「不及黃泉，無相見也！」**既**而悔之。《左傳》隱元年　◎陳亂，民莫有鬬心；若先犯之，必奔。王卒顧之，必亂。蔡衛不支，固將先奔；**既**而萃於王卒，可以集事。又桓五年　◎大夫請以入。公曰：獲晉侯，以厚歸也；**既**而喪歸，焉用之？又僖十五年　◎秦伯納女五人，懷嬴與焉，奉匜沃盥；**既**而揮之。又僖二十三年　◎初，司城蕩卒，公孫壽辭司城，請使意諸爲之。**既**而告人曰：君無道，吾官近，懼及焉。又文十六年　◎斂而殯諸伯有之臣在市側者；**既**而葬諸斗城。又襄三十年

(四)表數副詞　盡也。　◎宋人既成列，楚人未**既**濟。《左傳》僖二十二年　◎匠人有以感斤欘，故

繩可得料也；羿有以感弓矢，故彀可得中也；造父有以感轡策，故遬獸可及，遠道可致。天下無常亂，無常治。不善人在則亂，善人在則治；在於既善所以感之也。《管子·小稱》◎既臣大夏而居，地肥饒而少寇，志安樂。《史記·大宛傳》

暨（ㄐ·ㄧ）

（一）等立連詞　與也，及也。《公羊》隱元年《傳》云：會及暨皆與也。◎帝曰：咨！汝羲暨和！朞三百有六旬有六日，以閏月定四時成歲。《書·堯典》◎禹拜稽首，讓於稷契暨皋陶。又

（二）介詞　及也。◎性多嫌忌，果於殺戮。暨臻末年，彌以滋甚。《吳志·大帝傳》

繼（ㄐ·ㄧ）

（一）時間副詞　旋也，既也。與既第三條同。◎於崇吾得見王，退而有去志，不欲變，故不受也。繼而有師命，不可以請。久於齊，非我志也。《孟子·公孫丑下》

計（ㄐ·ㄧ）

（一）外動詞　計算也。◎魏王畏秦，終不聽公子。公子自度終不能得之於王，計不獨生而令

趙亡。乃請賓客，約車騎百餘乘，欲以客往赴秦軍，與趙俱死。《史記·信陵君傳》

(二)表態副詞　大概也。◎余以爲其人**計**魁梧奇偉；至見其圖，狀貌如婦人好女。《史記·留侯世家》

忌(ㄐㄧˋ)

(一)語末助詞　◎叔善射**忌**，又良御**忌**，抑磬控**忌**，抑縱送**忌**。《詩·鄭風·大叔于田》

及(ㄐㄧˊ)

(一)外動詞　《廣韻》云：及，至也。◎紂之罪不**及**不祀。《左傳》襄二十三年　◎夫抱火厝之積薪之下而寢其上，火未**及**然，因謂之安。方今之埶，何以異此？《漢書·賈誼傳》

(二)介詞　涉及也。◎子服景伯謂子貢曰：子盍見太宰！乃請束錦以行，語**及**衞故。《左傳》哀十二年

(三)時間介詞　表追及在前者。◎張耳者，大梁人也。其少時，**及**魏公子無忌爲客。《史記·張耳傳》　◎長子宣**及**方進在爲關都尉南郡太守。《漢書·翟方進傳》

(四)時間介詞　猶今口語之「趁」。於一事未起之先豫爲一事時用之。◎國家閒暇，**及**是時，

明其政刑，雖大國必畏之矣。《孟子·公孫丑上》◎高昭子可畏，**及**其未發先之！《史記·齊世家》◎彼衆我寡，**及**其未濟，擊之！又《宋世家》◎士卒皆山東人，跂而望歸。**及**其鋒東鄉，可以爭天下。又《韓王信傳》◎王翦曰：爲大王將，有功終不得封侯；故**及**大王之嚮臣，臣亦**及**時以請園池爲子孫業耳。又《王翦傳》◎且賢君者，各**及**其身顯名天下。又《商君傳》◎不亟治，病卽入濡腎。**及**其未舍五藏，急治之！又 ◎不早**及**秋共水草之利爭其畜食，寧有利哉？《漢書·趙充國傳》◎謹遣子勇隨獻物入塞。**及**臣生在，令勇目見中土。《後漢書·班超傳》

（五）時間介詞 至也，比也。◎臣聞齊君惕而亟驕，雖得賢，庸必能用之乎？**及**齊君之能用之也，管子之事濟也。《管子·大匡》◎吾所以有大患者，爲吾有身。**及**吾無身，吾有何患？《老子》◎取天下常以無事。**及**其有事，不足以取天下。又 ◎帝屬我一翟犬，曰：**及**而子之壯也，以賜之！《史記·扁鵲傳》◎**及**徙豪富茂陵也，解家貧，不中訾。又《郭解傳》◎**及**至秦之季世，焚《詩》《書》，坑術士。又《儒林傳》◎**及**其女弟李夫人卒後，愛弛，則禽誅延年昆弟也。又《佞幸傳》◎信之入匈奴，與太子俱。**及**至穨當城，生子，因名曰穨當。又《韓王信傳》

（六）等立連詞 與也。◎時日曷喪？予**及**汝偕亡。《書·湯誓》◎每吳中有大繇役**及**喪，項梁爲主辦，陰以兵法部勒賓客**及**子弟。《史記·項羽紀》◎呂后，婦人，專欲以事誅異姓王者**及**大功臣。又《盧綰傳》◎太史公曰：吾適豐沛，問其遺老，觀故蕭曹樊噲滕公之家**及**其素。

又《樊噲傳》　◎李延年，中山人也，父母**及**身兄弟**及**女皆故倡也。又《佞幸傳》　◎匈奴右賢王怨漢奪之河南地而築朔方，數爲寇盜邊，**及**入河南，侵擾朔方，殺略吏民甚衆。又《匈奴傳》　◎三年冬，楚王朝。鼂錯因言：楚王戊往年爲薄太后服，私姦服舍，請誅之。詔赦，罰削東海郡。因削吳之豫章郡，會稽郡。**及**前二年趙王有罪，削其河間郡；膠西王卬以賣爵有姦，削其六縣。又《吳王濞傳》　◎將軍曰：王苟以錯爲不善，何不以聞？**及**未有詔虎符，擅發兵擊義國。以此觀之，意非欲誅錯也。又　◎滇王與漢使者言曰：漢孰與我大？**及**夜郎侯亦然。又《西南夷傳》　◎審如御史章，尊乃當伏觀闕之誅，放於無人之域，不得苟免；**及**任舉尊者，當獲選舉之辜，不可但已。《漢書·王尊傳》

極（ㄐㄧˊ）

（一）狀態形容詞　甚也。按《說文》六篇上《木部》云：極，棟也。徐鍇曰：極，屋脊之棟也。今人謂高及甚爲極，義出於此。◎申包胥使人謂子胥曰：今子故平王之臣，親北面而事之，今至於僇死人，此豈其無天道之**極**乎！《史記·伍子胥傳》　◎今以三寸舌爲帝者師，封萬戶，位列侯，此布衣之**極**，於良足矣。又《留侯世家》

（二）表態副詞　◎夫子之**極**言禮也，可得而聞與？《禮記·禮運》　◎李廣軍**極**簡易。《史記·李將軍傳》 ◎且吾所爲者極難耳。又《趙禹傳》 ◎極知禹無害，然文深，不可以居大府。又《豫讓傳》 ◎自是之後，爲俠者極衆。又《游俠傳》 ◎豐，吾所生長，極不忘耳。又《高祖紀》 ◎孤極知燕小力少，不足以報。又《燕世家》 ◎建爲郎中令，事有可言，屏人恣言極切。又《萬石君傳》

急(ㄐㄧˊ)

(一)副詞　時閒之急與態度之急皆用之。◎范增說項羽曰：沛公居山東時，貪於財貨，好美姬。今入關，財物無所取，婦女無所幸；此其志不在小。吾令人望其氣，皆爲龍虎，成五采；此天子氣也。急擊！勿失！《史記·項羽紀》 ◎頭曼欲廢冒頓而立少子，乃使冒頓質於月氏。冒頓既質，而頭曼急擊月氏，月氏欲殺冒頓。《漢書·匈奴傳》 ◎巫言：神怒，何故欲向漢？漢使有騧馬，急求取以祠我！《後漢書·班超傳》 ◎昔周公葬不如禮，天乃動威。今武蕃忠貞，未被明宥，妖眚之來，皆爲此也。宜急爲改葬，徙還家屬。又《張奐傳》

亟(ㄐㄧˊ)

(一)時間副詞　急也，疾也。◎我死，乃亟去之！《左傳》隱十一年 ◎秦之所以亟絕者，其轍跡可見也。《漢書·賈誼傳》 ◎今單于卽能，前與漢戰，天子自將待邊；卽不能，亟南面而臣於漢！又《匈奴傳》　◎將率曰：前封四條，不得受烏桓降者；**亟**還之！又　按師古注：亟，急也。

(二)表數副詞　表數之頻，屢也，數也。此讀「欺冀反」。(ㄑˋ一)　◎愛共叔段，欲立之。**亟**請於武公，公弗許。《左傳》隱元年　◎亂政**亟**行，所以敗也。又隱五年　◎梁伯好土功，**亟**城而弗處。又僖十九年　◎於是乎蒐于被廬，作三軍，謀元帥。趙衰曰：郤縠可。臣**亟**聞其言矣。又僖二十七年　◎吾先君之**亟**戰也有故。又成十六年　◎繆公**亟**見於子思。《孟子·萬章下》　◎繆公之於子思也，**亟**問，**亟**餽鼎肉。又

加(ㄐ一ㄚ)

(一)表度副詞　益也。劉淇云：增多之辭。◎孔子至舍，哀公館之，聞斯言也，言**加**信，行**加**義。《禮記·儒行》　◎察鄰國之政，無如寡人之用心者。鄰國之民不**加**少，寡人之民不**加**多，何也？《孟子·梁惠王上》　◎及禹爲少府，比九卿，禹酷急。至晚節，事益多，吏務爲嚴峻；而禹治**加**緩，而名爲平。《史記·張湯傳》　◎易王母，文侯夫人也；與蘇秦私通。燕王知之，而事之**加**厚。又《蘇秦傳》　◎朕親率天下農，十年於今，而野不**加**辟。《漢書·文帝紀》

(二)連詞　今言「加以」。◎方今內多嬖倖，外任小臣；是以災異屢見，前後丁寧；今復投蜺，

可謂孰矣。**加**四百之期，亦復垂及。《後漢書·楊賜傳》◎自數年以來，災怪屢見，比無雨潤，而沈陰鬱泱；**加**近者月食，既於端門之側。又《李固傳》◎田野空，朝廷空，倉庫空，是謂三空。**加**兵戎未戢，四方離散。又《陳蕃傳》◎吾自發，寒雨，全行日少。**加**秋潦浩汗，山溪猥至。鮑照《寄妹書》

假（ㄐ·ㄧㄚ）

（一）外動詞　借以爲喻之辭。與「譬」同。◎夫好利而欲得者，此人之情性也，**假**之，有弟兄資財而分者，且順情性好利而欲得，若是則兄弟相拂奪矣。《荀子·性惡》

（二）副詞　但也。◎仲尼曰：夫子，聖人也；丘也直後而未往耳！丘將以爲師，而況不如丘者乎？奚**假**魯國，丘將引天下而與從之。《莊子·德充符》

（三）假設連詞　◎**假**今之世，飾邪說，文姦言以梟亂天下，欺惑愚衆，矞宇嵬瑣，使天下混然不知是非治亂之所存者，有人矣。《荀子·非十二子》◎俗說以唐城爲望都城者，自北無城以擬之。**假**復有之，途程紆遠；山河之狀，全乖古證。《水經注》

交（ㄐㄧㄠ）

（一）代名副詞　更互也。◎不令兄弟，**交**相爲瘉。《詩·小雅·角弓》按此交相連用，重言也。《孔疏》訓作交更相詬病。◎鄭伯怨王，王曰：無之。故周鄭**交**質。《左傳》隱三年　◎壬午，武濟自輔氏，與鮑**交**伐晉師。又襄十一年　◎晉楚之從，**交**相見也。又昭四年

久（ㄐˇ一ㄡ）

（一）時間副詞　今言「長久」。◎壹動而五美附，陛下誰憚而**久**不爲此？《漢書·賈誼傳》　◎閎妻父蕭咸，前將軍望之子也；**久**爲郡守；病免，爲中郎將。又《董賢傳》　◎吾亦欲東耳，安能鬱鬱**久**居此乎！又《韓信傳》　◎超家貧，常爲官傭書以供養，**久**勞苦。嘗輟業投筆歎曰：大丈夫無他志略，猶當效傅介子張騫立功異域以取封侯，安能**久**事筆硯間乎！《後漢書·班超傳》　◎蠻夷之性，悖逆侮老；而超旦暮入地，**久**不見代，恐開姦宄之源，生逆亂之心。又

皆（ㄐ一ㄞ）

（一）代名副詞　《詩·大雅·緜傳》云：皆，俱也。《說文》四篇上《白部》云：皆，俱詞也。◎故春蒐夏苗秋獮冬狩，**皆**於農隙以講事也。《左傳》隱五年　◎故言富者**皆**稱陶朱公。《史記·貨殖傳》　◎盎調爲隴西都尉，仁愛士卒，士卒**皆**爭爲死。又《袁盎傳》　◎臣聞天子所與共六尺輿者，**皆**天下豪英。又　◎山海，天地之藏也；**皆**宜屬少府。又《平準書》　◎桑弘羊以計算用

事侍中；咸陽，齊之大煮鹽；孔僅，南陽大冶：皆致生累千金。又 ◎素居廣平時，皆知河內豪姦之家。又《王溫舒傳》 ◎及治淮南衡山江都反獄，皆窮根本。又《張湯傳》 ◎會渾邪等降漢，大興兵伐匈奴；山東水旱，貧民流徙，皆仰給縣官。又 ◎呂太后崩，大臣誅諸呂。辟陽侯於諸呂至深而卒不誅，計畫所以全者，皆陸生平原君之力也。又《陸賈傳》 ◎天下熙熙，皆爲利來；天下穰穰，皆爲利往。又《貨殖傳》 ◎上因廢明堂事，盡下趙綰王臧吏；後皆自殺。又《儒林傳》

偕（ㄐㄧㄞ）

（一）內動詞　俱也。◎秦之圍邯鄲，趙使平原君求救合從於楚，約與食客門下有勇力文武備具者二十人偕。《史記·平原君傳》 ◎禮樂之情同，故明王以相沿也。故事與時並，名與功偕。又《樂書》

（二）副詞　俱也。◎其母曰：能如是乎！與女偕隱。《左傳》僖二十四年 ◎且合諸侯而滅兄弟，非禮也；與衞偕命而不與偕復，非信也。又僖二十八年 ◎今單于反古之道，計社稷之安便萬民之利，親與朕俱棄細過，偕之大道。《史記·文帝紀》

介（ㄐ一ㄞ）

（一）介詞　恃也。◎王王太后亦恐嘉等先事發，乃置酒，介漢使者權謀誅嘉等。《史記·南越傳》◎太后怒，欲鏦嘉以矛，王止太后。嘉遂出，介其弟兵就舍。《漢書·南粵傳》

兼（ㄐ一ㄢ）

（一）副詞　《廣韻》云：拜也。◎窮則獨善其身，達則兼善天下。《孟子·盡心上》◎五疾，上收而養之，材而事之，官施而衣食之，兼覆無遺。《荀子·王制》◎亂吾治者，常二輔也。誠令廣漢得兼治之，直差易耳！《漢書·趙廣漢傳》◎寵雖傳法律而兼通經書。《後漢書·陳寵傳》

謇（ㄐ一ㄢ）　蹇

（一）語首助詞　無義。◎謇吾法夫前修兮。《離騷》　按王逸注云：謇，辭也。◎蹇朝誶而夕替。又◎時亹亹而過中兮，蹇淹留而無成。《宋玉·九辯》

見（ㄐ一ㄢ）

（一）助動詞　《毛詩·褰裳序疏》云：見者，自彼加己之詞。　按可釋爲「被」。◎盆成括見殺。

《孟子·盡心下》 ◎然而厚者爲戮，薄者**見**疑。《韓非子·說難》 ◎代君死而**見**戮，後人臣無復忠其君者矣！《史記·齊世家》 ◎使問曰：家豈有寃欲言事乎？式曰：臣生與人無分爭，式邑人貧者貸之，不善者敎順之；所居人皆從式，式何故**見**寃於人？又《平準書》 ◎若反言：「漢已破矣，趣下三國；不且**見**屠。」又《齊悼惠世家》 ◎廷尉府盡用文史法律之吏，而寬以儒生在其間，**見**謂不習事。《漢書·兒寬傳》 ◎武帝使中郎將蘇武使匈奴，**見**留二十年。又《燕剌王傳》 ◎召丞相御史，問虜所入郡吏，吉具對；御史大夫卒遽不能詳知，以得譴讓；而吉**見**謂憂邊思職。又《丙吉傳》 ◎乃今日**見**敎。又《司馬相如傳》

（二）助動詞 此前條之變法。《詩疏》「自彼加己」之釋，於此法尤爲貼切。 ◎莽長子宇非莽鬲絕衞氏，恐帝長大後**見**怨；宇與吳章謀，夜以血塗莽門。《漢書·云敞傳》 按「恐帝長大後見怨」，謂帝長大後怨王氏也。或云：「見」上省去「王氏」或「己」字，「見」仍可釋爲「被」。 ◎先生又**見**客。又《司馬相如傳》 按「先生又見客」，謂「先生又來此爲客也」。此及前例雖亦可如前條釋爲「被」，但實與下條例近。此一字用法逐漸變遷痕跡之可尋者。 ◎卓又使布守中閤而私與傳婢情通，益不自安；因往見司徒王允，自陳卓幾**見**殺之狀。《後漢書·呂布傳》 按此例當云「幾見殺於卓」，而云「卓幾見殺」者，蓋謂「卓幾殺己」耳。故此見字不復能如前條以「被」字釋之。以釋爲「被」則與事實舛，不可通也。此所以爲前條之變用法也。

(三)形容詞　與今「現」字同，音現(ㄒㄧㄢ)。　◎今歲饑民貧，士卒食芋菽，軍無**見**糧。《史記·項羽紀》　◎是時外戚貲千萬者少耳，故少府水衡**見**錢多也。《漢書·王嘉傳》　◎倉無**見**穀。又《王莽傳》　按以上三例見字狀物。　◎代王，方今高帝**見**子，最長，仁孝寬厚。《史記·呂后紀》　按：高帝子現在者稱「見子」。　◎發近縣**見**卒萬六千人。又《文帝紀》　◎時**見**大夫無可使者。《漢書·王嘉傳》　按：現在爲大夫者稱「見大夫」。　◎朝廷**見**人或毁不疑曰：不疑狀貌甚美，然特毋奈其善盜嫂何也。又《直不疑傳》　按現在在朝廷之人稱「見人」。劉敞謂朝廷見人爲達官，非也。　◎掖廷**見**親有加賞賜，屬其人勿衆謝。又《王嘉傳》　◎時元帝世絶而宣帝曾孫有**見**王五人，列侯廣戚侯顯等四十八人。又《王莽傳上》　按師古云：王之見在者。以上諸例「見」字皆狀人。

(四)時間副詞　亦與「現」同。　◎許商以爲古説九河之名，有徒駭胡蘇鬲津，今**見**在成平東光鬲界中。《漢書·溝洫志》　◎後三日，客持詔記與武，問：「兒死未？」手書對牘背！武即書對：兒**見**在，未死。　又《外戚·趙后傳》

間(ㄐㄧㄢ)

(一)形容詞　隔也。　◎後**間**歲，武都氐人反。《漢書·西南夷傳》　◎天子聞而憐之，**間**歲，遣使

者持帷帳錦繡遺焉。又《西域·烏孫傳》

(二)時間副詞　近也。◎間歲或不登。《漢書·景帝紀》◎充國以爲烏桓間數犯塞，今匈奴擊之，於漢便。又《匈奴傳》◎帝間顏色瘦黑。又《敍傳》◎間聞賊衆蟻聚向西境。《吳志·華覈傳》

(三)表態副詞　私也。◎太公呂后間求漢王，反遇楚軍。《漢書·項籍傳》◎冒頓縱精兵三十餘萬騎圍高帝於白登，七日，漢兵中外不得相救餉，高帝乃使使間厚遺閼氏。又《匈奴傳》◎左大都尉欲殺單于，使人間告漢。又　按《顏注》云：「私來報。」是間訓私也。◎於是天子乃令王然于伯始昌呂越人等十餘輩間出西南夷，指求身毒國。又《西南夷傳》

(四)表態副詞　代也，迭也。◎乃間歌《魚麗》。《儀禮·燕禮》◎四夷間奏，德廣所及，伶佅兜離，罔不具集。班固《東都賦》

今(ㄐㄧㄣ)

(一)指示代名詞　是也。◎惠王十五年，有神降於莘。王問於內史過，曰：今是何神也。《周語》◎崔杼不悅，直兵造胸，句兵鉤頸，謂晏子曰：子變子言，則齊國吾與子共之；子不變子言，則今是矣！《呂氏春秋·知分》◎吾聞圍者之國，箝馬秣之，使肥者應客，今何子之情也？《韓詩外傳二》　按《公羊》宣十五年「今」作「是」。

（二）時間副詞　《文選·南都賦注》引《蒼頡篇》云：今，時辭也。《說文》云今是時也。按猶今語言「現在」。◎淳于髡曰：男女授受不親，禮與？孟子曰：禮也。曰：嫂溺，則援之以手乎？曰：嫂溺不援，是豺狼也。男女授受不親，禮也；嫂溺援之以手者，權也。曰：今天下溺矣，夫子之不援，何也？曰：天下溺，援之以道；嫂溺，援之以手。子欲手援天下乎？《孟子·離婁上》　◎足下爲令十餘年矣，殺人之父，孤人之子，斷人之足，黥人之首甚衆。慈父孝子所以不敢事刃於公之腹者，畏秦法也。今天下大亂，秦政不施，然則慈父孝子將爭接刃於公之腹以復其怨而成其功名，此通之所以弔者也。《漢書·叔孫通傳》

（三）時間副詞　今爲「現在」之義，前條已言之。「現在如何如何」，便是「卽」字之義。故王引之訓「今」爲「卽」，由本義所引伸也。《詩·召南·摽有梅傳》云：今，急辭也。◎其丕能諴于小民，今休。《書·召誥》　按王引之云：謂卽致太平之美也。◎若不我納，今將馳矣。《左傳·成十五年》　◎齊宣王爲大室，三年而未能成。春居諫王，王曰：寡人請今止之。《呂氏春秋·驕恣》　◎臣今見王獨立於朝前矣！《秦策》　◎君因王言而重責之，蓄之軸今折矣。《趙策》　◎十日之內，數萬之衆今涉魏境。《韓策》　◎天下必以王爲能市馬，馬今至矣。《燕策》　◎吾屬今爲之虜矣！《史記·項羽紀》　◎晉兵今至矣。又《鄭世家》　◎不來，今殺奢也。又《伍子胥傳》　◎吾數諫王，王不用：吾今見吳之亡矣！又　◎君王能出捐此地許二人，二人今可

致。又《彭越傳》 ◎女安行！我**今**令而家追女。《漢書·蒯通傳》 ◎君薄淮陽邪？吾**今**召君矣！又《汲黯傳》

(四)假設連詞　王念孫曰：今猶若也。樹達按此乃說一事竟，改說他端時用之。王氏訓爲若，乃從上下文之關係得之，疑今字仍是本義，非其本身有若字之義也。 ◎此無他，與民同樂也。**今**王與百姓同樂，則王矣。《孟子·梁惠王下》 ◎下殤土周葬于園，遂輿機而往；塗邇故也。**今**墓遠，則其葬也如之何？《禮記·曾子問》 ◎天子不仁，不保四海；諸侯不仁，不保社稷；卿大夫不仁，不保宗廟；士庶人不仁，不保四體。**今**惡死亡而樂不仁，是由惡醉而強酒。《孟子·離婁上》 ◎君不私國，臣不誣能，正民之經也。**今**以誣能之臣事私國之君，而能濟功名者，古今無之。《管子·法法》 ◎**今**不急下，吾烹太公。《史記·項羽紀》 ◎章將軍詐吾屬降諸侯，**今**能入關破秦，大善。卽不能，諸侯虜吾屬而東，秦又盡誅吾父母妻子。《漢書·項籍傳》

謹(ㄐ一ㄣ)

(一)表態副詞　敬也。 ◎扁鵲者，姓秦氏，名越人，少時，爲人舍長。舍客長桑君過，扁鵲獨奇之，常**謹**遇之。《史記·扁鵲傳》

（二）表敬副詞　前條實有謹字之義，此條則但爲語言中表敬之形式，無實義也。◎騶忌子曰：謹受令，請謹毋離前。《史記·田敬仲世家》◎彭王爲呂后泣涕，自言無罪，願處故昌邑，呂后許諾；與俱東至雒陽。呂后白上曰：彭王，壯士。今徙之蜀，此自遺患，不如遂誅之。妾謹與俱來。又《彭越傳》◎臣老病衰困，冒死瞽言，謹遣子勇隨獻物入塞，及臣生在，令勇目見中土。《後漢書·班超傳》

僅（ㄐㄧㄣ）　勵　廑　堇

（一）表態副詞　纔也。◎又揚觶而語曰：好學不倦，好禮不變，旄期稱道不亂者，不在此位也。蓋勵有存者。《禮記·射義》◎夫上聖黃帝作爲禮樂法度，身以先之，僅以小治。《史記·秦本紀》◎藉使子嬰有庸主之材，僅得中佐，山東雖亂，秦之地可全而有。又《始皇紀》◎輕卒銳兵，長驅至國，齊王遁而走莒，僅以身免。又《樂毅傳》◎豫章出黃金，然堇堇物之所有，取之不足以更費。《漢書·地理志》◎諸公幸者乃爲中涓，其次廑得舍人。又《賈誼傳》

近（ㄐㄧㄣˋ）

（一）形容詞　將也，幾也。◎適見其鑄此，而已近五百歲矣。《後漢書·方術傳》◎王大爲吏部

郎，嘗作選草。臨當奏，王僧彌來，聊出示之。僧彌得便以己意改易，所選者**近**半。《世説》

（二）副詞　殆也。◎後太祖親理，得病篤重，使佗專視。佗曰：此**近**難濟。恆事攻治，可延歲月。《魏志·華佗傳》◎然預之此答，觸人所忌，載之紀牒，**近**爲煩文。《蜀志·宗預傳》◎謝萬才流精通，處廊廟，參諷議，故是後來一器。而今屈其邁往之氣，以俯順荒餘，**近**是違才易務矣。《晉書·謝萬傳》引王羲之《與桓溫箋》

敬（ㄐㄧㄥˋ）

（一）表敬副詞　◎長桑君亦知扁鵲非常人也，出入十餘年，乃呼扁鵲私坐，間與語曰：我有禁方；年老，欲傳於公。公毋泄！扁鵲曰：**敬**諾。《史記·扁鵲傳》

競（ㄐㄧㄥˋ）

（一）表態副詞　爭也。◎三年春，東巡岱宗。樊豐等因乘輿在外，**競**修第宅。《後漢書·楊震傳》◎天降衆異以戒陛下，陛下不悟，而**競**令虎豹窟於魔場，豺狼乳於春囿，斯豈唐咨禹稷，益典朕虞，議物賦土蒸民之意哉！又《劉陶傳》◎羣小**競**進，秉國之位。又◎且律曆卦候，九宮風角，數有徵效，世莫肯學；而**競**稱不占之書。又《張衡傳》◎虛誕者獲譽，拘檢者離毀；

或因罪而引高，或色斯以求名。州宰不覆，**競**共辟召。又《左雄傳》

徑(ㄐ·ㄧㄥ)

(一)表態副詞 《說文》云：徑，步道也。按《論語》：行不由徑。徑爲小道，故直捷，故引申爲直捷之義。◎賜酒大王之前，執法在旁，御史在後，髡恐懼俯伏而食，不過一斗，**徑**醉矣。《史記·淳于髡傳》 ◎今陛下起豐擊沛，收三千人，以之**徑**往而卷蜀漢，定三秦。又《劉敬傳》 ◎酈生曰：足下起糾合之衆，收散亂之兵，不滿萬人，欲以**徑**入強秦，此所謂投虎口者也。又《酈生傳》 ◎王朝張弓而射魏之大梁之南，加其右臂而**徑**屬之於韓，則中國之路絕，而上蔡之郡壞矣。又《楚世家》 ◎玄商留南將軍所，良帶**徑**至單于庭，單于號良帶曰烏桓都將軍。《漢書·匈奴傳下》 ◎王興者，故城門令史；王盛者，賣餅。莽按符命求得此姓名十餘人，兩人容貌應卜相，**徑**從布衣登用以視神焉。又《王莽傳中》 ◎王往斐許，不通，**徑**前。《世說》

竟(ㄐ·ㄧㄥ)

(一)內動詞 終也。◎歲**竟**，此兩家常折券棄責。《史記·高祖紀》

(二)表態副詞 終也。元狩二年，弘病，**竟**以丞相終。《史記·公孫弘傳》 ◎**竟**不易太子者，留侯本招此四人之力也。又《留侯世家》◎遂北至藍田，再戰，秦兵竟敗。又 ◎淮南王爲人剛，如有遇霧露行道死，陛下竟爲以天下之大弗能容，有殺弟之名，奈何？又《袁盎傳》◎陳涉雖已死，其所置遣侯王將相竟亡秦。又《陳涉世家》◎於是胡稱病，竟不入見。又《南越傳》◎武安侯病，使巫視鬼者視之，見魏其灌夫共守，欲殺之，竟死。又《武安侯傳》◎呂后日夜泣曰：「妾唯太子一女，奈何棄之匈奴？」上竟不能遣長公主。又《婁敬傳》◎莽疑建藏匿，泛以問建。建曰：「臣名善之，誅臣足以塞責。」莽性果賊，於所容忍，然重建，不竟問，遂不得也。《漢書·原涉傳》◎子陵！我竟不能下女邪？《後漢書·逸民·嚴光傳》按以上諸例，竟字義與上文相承者也。◎昔夫子當行，使弟子持雨具，已而果雨。弟子問曰：夫子何以知之？夫子曰：《詩》不云乎！「月離於畢，俾滂沱矣」。昨暮月不宿畢乎？他日，月宿畢，竟不雨。《史記·仲尼弟子傳》◎及呂后時，事多故矣；然平竟自脫，定宗廟，以榮名終，稱賢相。又《陳丞相世家》◎屠岸賈聞之，索於宮中，夫人置兒袴中，祝曰：「趙宗滅乎，若號；即不滅，若無聲。」及索兒，竟無聲。又《趙世家》◎盜跖日殺不辜，肝人之肉，暴戾聚黨數千人，橫行天下，竟以壽終。又《伯夷傳》◎白起爲秦將，南征鄢郢，北坑馬服，攻城略地，不可勝計，而竟賜死。又《項羽傳》按以上諸例，竟字亦訓「終」。然結果爲出乎意外者，故意義似較強。

(三)時間介詞　終也。◎竟頃公卒，百姓附，諸侯不犯。《史記·齊世家》◎嬰自上初起沛，常爲太僕，竟高祖崩，以太僕事孝惠。又《夏侯嬰傳》　◎竟朝置酒，無敢讙譁失禮者。又《叔孫通傳》　◎匈奴竟郅都死，不近鴈門。又《郅都傳》　◎吳楚已破，竟景帝不言兵，天下富實。又《張湯傳》　◎竟死不敢爲非。又《優孟傳》

俱(ㄐㄩ)

(一)內動詞　偕也。　◎曹相國參攻城野戰之功所以能多若此者，以與淮陰侯俱。《史記·曹相國世家》　◎趙人聞孟嘗君賢，出觀之。皆笑曰：始以薛公爲魁然也。今視之，乃眇小丈夫耳！孟嘗君聞之，怒。客與俱者下斫，擊殺數百人。又《孟嘗君傳》　◎晉鄙不授公子兵而復請之，事必危矣！臣客屠者，可與俱。又《平原君傳》

(二)副詞　偕也，同也。　◎籍丘子鉏擊之，與一人俱斃。《左傳》定八年　◎蜚廉善走，父子俱以才力事殷紂。《史記·秦本紀》　◎秦嘉等聞陳王軍破出走，乃立景駒爲楚王，引兵之方與，欲擊秦軍定陶下；使公孫慶使齊王，欲與併力俱進。又《陳涉世家》　◎田忌與孫臏田嬰俱伐魏，敗之馬陵。又《孟嘗君傳》　◎橫始與漢王俱南面稱孤。又《田儋傳》　◎平原君以趙孝成王十五年卒，子孫代，後竟與趙俱亡。又《平原君傳》　◎及高祖盧綰壯，俱學書，又相愛也。又《盧綰傳》　◎項王瞋目而叱之，赤泉侯人馬俱驚，辟易數里。又《項羽紀》　◎遵少孤，與張竦

伯松俱爲京兆史。操行雖異，然相親友；哀帝之末，俱著名字，爲後進冠。《漢書·陳遵傳》

◎及王莽敗，二人俱客於池陽。又 ◎朕與單于皆捐細故，俱蹈大道也。又《匈奴傳》

居(ㄐㄩ)

(一)不完全內動詞 爲也。 ◎二者，居天下之大端矣。《禮記·禮器》 ◎旦嘗輔翼武王，用事居多。《史記·魯世家》

(二)句中助詞 無義。◎噫！亦要存亡吉凶，則居可知矣！《易·繫辭下》 ◎爾居徒幾何？《詩·小雅·巧言》 ◎擇有車馬，以居徂向。又《小雅·十月之交》 ◎其香始升，上帝居歆。又《大雅·生民》 ◎以鐘次之，以和居參之也。《禮記·郊特牲》

(三)語末助詞 表疑問。讀如「姬」。 ◎何居，我未之前聞也！《禮記·檀弓》 ◎吾許其大而不許其細，何居？又 ◎一日伐鼓，何居？又《郊特牲》 ◎誰居？後之人必有任是夫！《左傳》成二年 ◎誰居？其孟椒乎！又襄二十三年 ◎何居乎？形固可使如槁木，而心固可使如死灰乎！《莊子·齊物論》

(四)語末助詞 與「乎」同。 ◎日居月諸，胡迭而微？《詩·邶風·日月》

舉(ㄐㄩ)

(一)總指指示形容詞　凡也，全也。　◎舉大將軍門下多去事驃騎，輒得官爵。《史記·衛將軍傳》　◎內史慶醉歸，入外門，不下車。萬石君聞之，不食。慶恐，肉袒謝罪，不許。舉宗及兄建肉袒，萬石君讓曰：內史，貴人；入閭里，里中長老皆走匿，而內史坐車中自如，固當。乃謝罷慶。又《石奮傳》　◎孔君清廉仁賢，舉縣蒙恩。《後漢書·孔奮傳》　◎奮自爲府丞，已見敬重；及爲太守，舉郡莫不改操。又　◎舉家無食，汝何處來？《顔氏家訓》

(二)表數副詞　皆也。　◎昔者諸侯事吾先君，皆如不逮。舉言羣臣不信，諸侯皆有貳志，齊君恐不得禮，故不出而使四子來。《左傳》宣十七年　◎君舉不信羣臣乎！又哀六年　◎今王鼓樂於此，百姓聞王鐘鼓之聲，管籥之音，舉欣欣然有喜色而相告曰：吾王庶幾無疾病與！何以能鼓樂也？《孟子·梁惠王下》　◎使天下生民之屬皆知己之所願欲之舉在于是也，故其賞行；皆知己之所畏恐之舉在于是也，故其罰威。《荀子·富國》　◎之所與爲之者，之人則舉義士也。又《王霸》

詎(ㄐㄩ)　鉅　距　渠　巨

(一)反詰副詞　《廣韻》云：詎，豈也。　◎庸詎知吾所謂知之非不知邪？庸詎知吾所謂不知之非知邪？《莊子·齊物論》◎庸**詎**知吾所謂天之非人乎，所謂人之非天乎！又 ◎庸**詎**知其吉凶？《楚辭·哀時命》◎今王已用之於越矣，而忘之於秦，臣以爲王**鉅**速忘矣。《楚策》◎夫威彊未足以殆鄰敵也，名聲未足以縣天下也；則是國未能獨立也，豈**渠**得免夫累乎？《荀子·王制》◎今俳優侏儒狎徒詈侮而不鬬者，是豈**鉅**知見侮之不辱哉？又《正論》◎衛奚**距**然哉？《韓子·難四》◎且蘇君在，儀寧**渠**能乎？《史記·張儀傳》◎沛公不先破關中，公**巨**能入乎？《漢書·高祖紀》◎掾部**渠**有其人乎？又《孫寶傳》

（二）假設連詞　苟也。◎且唯聖人能無外患，又無內憂。**詎**非聖人，必偏而後可。《晉語》◎**詎**非聖人，不有外患，必有內憂。又

遽（ㄐㄩ）

（一）表態副詞　《玉篇》云：遽，急也，卒也。◎晉侯之豎頭須，守藏者也。其出也，竊藏以逃，盡用以求納之。及入，求見；公辭焉以沐。謂僕人曰：沐則心覆，心覆則圖反，宜吾不得見也。居者爲社稷之守，行者爲羈紲之僕，其亦可也，何必罪居者？國君而讎匹夫，懼者甚衆矣。僕人以告，公**遽**見之。《左傳》僖二十四年 ◎我聞忠善以損怨，不聞作威以防怨。豈不**遽**止，然猶防川。又襄三十一年 ◎此志也，豈**遽**忘於諸侯之耳乎？《吳語》◎**遽**數之，不能

終其物。《禮記・儒行》

（二）副詞　劉淇云：遂也。王引之訓爲「豈」。按之「何**遽**」「奚**遽**」之文，「豈」義頗不可通，故今從劉說。　◎雖子不得福，吾言何**遽**不善，而鬼神何**遽**不明？《墨子・公孟》　◎君其試焉，奚**遽**叱也？《秦策》　◎豈**遽**必哉？《呂氏春秋・具備》　◎雖厚愛矣，奚**遽**不亂？《文選注》引《韓非子》　◎此何**遽**不能爲福乎？《淮南子・人間訓》　◎唐有萬穴，塞其一，魚何**遽**無由出？室有百戶，閉其一，盜何**遽**無從入？又　◎句踐之困會稽也，喟然歎曰：吾終於此乎！種曰：湯繫夏臺，文王囚羑里，晉重耳奔翟，齊小白奔莒，其卒王霸。自是觀之，何**遽**不爲福乎？《史記・越世家》　◎往何**遽**必辱？又《鄭世家》　◎翟黃不說，曰：觸何**遽**不爲相乎？《說苑・臣術》　◎佗大笑，曰：吾不起中國，故王此。使我居中國，何**遽**不若漢？《漢書・陸賈傳》　◎奚**遽**不能與之踵武而齊風？左思《魏都賦》

具（ㄐㄩˋ）

（一）副詞　俱也，備也。　◎謀之其臧，則**具**是違；謀之不臧，則**具**是依。《詩・小雅・小旻》　◎漢王所以**具**知天下阸塞，戶口多少強弱之處，民所疾苦者，以何**具**得秦圖書也。《史記・蕭何世家》　◎解使人微知賊處，賊窘，自歸，**具**以實告解。《漢書・郭解傳》　◎允於賊中得中常侍張讓

賓客書疏，與黃巾交通，允具發其姦，以狀聞。《後漢書·王允傳》

劇(ㄐㄩ·)

(一)表態副詞 《說文》云：劇，尤甚也。◎今日與謝孝劇談一出來。《世說》 按劉淇云：一出猶云一番。

厥(ㄐㄩㄝ·)

(一)指示代名詞 其也。◎今時既墜厥命。《書·召誥》 ◎厥土黑墳，厥草惟繇，厥木惟條，厥田惟中下，厥賦貞。又《禹貢》

(二)語首助詞 無義。◎左邱失明，厥有《國語》。《史記·自序》 ◎成一家之言，厥協六經異傳。又

(三)語中助詞 外動詞居賓語之上時用之。◎此厥不聽，人乃訓之。《書·無逸》 ◎此厥不聽，人乃或譸張爲幻。又

(四)語中助詞 無義。◎誕淫厥佚。《書·多士》 ◎文王惟克厥宅心，乃克立茲常事司牧人。又《立政》

(五)連詞　與「之」同。◎自時**厥**後，立王生則逸，生則逸。《書·無逸》◎自時**厥**後，亦罔或克壽。又

鈞(ㄐㄩㄣ)　均

(一)副詞　同也。◎祁盈之臣曰：**鈞**將皆死，憖使吾君聞勝與臧之死也以爲快。《左傳》昭二十八年 ◎然款也不敢愛死，唯與讒人**均**是惡也。《晉語》◎公都子問曰：**鈞**是人也，或爲大人，或爲小人，何也？孟子曰：從其大體爲大人，從其小體爲小人。曰：**鈞**是人也，或從其大體，或從其小體，何也？《孟子·告子上》◎秦以城求璧而趙不許，曲在趙。趙予璧而秦不予趙城，曲在秦。**均**之二策，寧許以負秦曲。《史記·藺相如傳》

其(ㄑㄧˊ)

(一)代名詞　彼也。兼人稱指示二種。用於主位與領位。達按《左傳》桓二年《經疏》云：凡言其者，是其身之所有。此釋領位其字最爲明白。◎民之窮困而受盟于楚，孤也與**其**二三臣不能禁止。《左傳》襄八年 ◎君欲楚也夫！故作**其**宮。又襄三十一年 ◎元尙享衞國，主**其**社稷！又昭七年 ◎君子賢**其**賢而親**其**親，小人樂**其**樂而利**其**利。《禮記·大學》◎親之欲**其**貴

也，愛之欲**其**富也。《孟子·萬章上》◎學問之道無他，求**其**放心而已矣！又《告子上》

(二)指示代名詞　用同「之」。用於賓位。◎不**其**或稽，自怒曷瘳？《書·盤庚》◎故欲以刑罰慈民，辟**其**，猶以鞭狎狗也；雖久弗親矣。欲以簡泄得士，辟**其**，猶以弧怵鳥也；雖久弗得矣。《賈子·大政》

(三)人稱代名詞　實爲「其爲」二字之義。「爲」字往往省去。◎我先王賴其利器用也，與**其**神明之後也，庸以元女大姬配胡公而封之陳，以備三恪。《左傳》襄二十五年 ◎平身閒行杖劍亡。渡河，船人見**其**美丈夫，獨行，疑**其**亡將，要中當有金玉寶器，目之。《史記·陳平世家》◎太后斷戚夫人手足，去眼，煇耳，飲瘖藥，使居廁中，命曰人彘。居數日，乃召孝惠帝觀人彘。孝惠見，問，乃知**其**戚夫人，迺大哭。又《呂后紀》◎天子召諸生示其書，有刺譏，董仲舒弟子呂步舒不知**其**師書，以爲下愚，於是下董仲舒吏。又《儒林傳》◎書奏，恭顯疑**其**更生所爲。《漢書·劉向傳》◎有老父來弔，哭甚哀。既而曰：「嗟乎！薰以香自燒，膏以明自銷。龔生竟夭天年，非吾徒也！」遂趨而出。莫知**其**誰者。又《龔勝傳》◎始吾謂二子丈夫爾；今乃知**其**婦人也。《孔叢子·儒服》

(四)指示形容詞　與今語「那」相當。◎晏子立於崔氏之門外。**其**人曰：死乎？《左傳》襄二十五年 ◎今欲舉大事，將非**其**人不可。《史記·項羽紀》◎**其**歲，新垣平事覺。又《文帝紀》◎藏

之名山，傳之其人。又《自序》 ◎其日，乘輿先到辟雍禮殿。《後漢書·禮儀志》

（五）副詞　殆也。於擬議不定時用之。王氏訓首二例爲擬議之詞。餘例則別訓爲「殆」，今一之。 ◎困而不失其所亨，其唯君子乎！《易·困》 ◎知進退存亡而不失其正者，其唯聖人乎！又《乾文言》 ◎復其見天地之心乎！又《復》 ◎知變化之道者，其知神之所爲乎！又《繫辭》 ◎《易》之興也，其於中古乎！又 ◎吾今日其庶幾乎！《禮記·檀弓》 ◎將軍文氏之子，其庶幾乎！又 ◎君子曰：善不可失，惡不可長，其陳桓公之謂乎！《左傳》隱六年 ◎王室其將卑乎！《周語》 ◎才難，不其然乎？《論語·泰伯》 ◎脩己以安百姓，堯舜其猶病諸！又《憲問》

（六）時間副詞　將也。 ◎其亡其亡，繫于苞桑。《易·否》 ◎無曠庶官，天工人其代之。《書·皋陶謨》 ◎予其大賚女。又《湯誓》 ◎天其永我命于茲新邑。又《盤庚》 ◎今殷其淪喪。又《微子》 ◎稱爾戈！比爾干！立爾矛！予其誓。又《牧誓》 ◎惟朕小子其新逆。又《金縢》 ◎爾之許我，我其以璧與珪歸俟爾命。又 ◎爽惟天其罰殛我。又《康誥》 ◎盡執拘以歸于周，予其殺。又《酒誥》 ◎今我不樂，日月其除。《詩·唐風·蟋蟀》 ◎亟其乘屋，其始播百穀。又《豳風·七月》 ◎吾子孫其覆亡之不暇，而況能禋祀許乎？《左傳》隱十一年 ◎楚之羸，其誘我也。又桓六年 ◎五世其昌，竝于正卿。又莊二十二年 ◎火中成軍，虢公其奔。又僖五年

◎喪田不懲，禍亂其興。《晉語》◎宰我問曰：仁者雖告之曰：「井有仁焉，」其從之也？子曰：何爲其然也！《論語·雍也》◎天生德于予，桓魋其如予何？又《述而》

（七）反詰副詞　豈也。「其」「豈」音近，故二字互通。參閱「豈」第三條。◎既辱且危，死期將至，妻其可得見邪？《易·繫辭下》◎若火之燎于原，不可鄉邇，其猶可撲滅？《書·盤庚》◎厥考翼，其肯曰：予有後，弗棄基？又《大誥》◎我其可不大監撫于時？又《酒誥》◎我其敢求位？又《多士》◎一之謂甚，其可再乎？《左傳》僖五年　◎欲加之罪，其無辭乎？又僖十年　◎犁牛之子，騂且角，雖欲弗用，山川其舍諸？《論語·雍也》◎其無正？正復爲奇，善復爲妖。《老子》◎是以聖人爲而不恃，功成而不處，其不欲見賢？又　◎人之生也，固若是芒乎？其我獨芒而人亦有不芒者乎？《莊子·齊物論》

（八）命令副詞　王氏云：其猶當也，庶幾也。◎帝其念哉！《書·皋陶謨》◎其克從先王之烈！又《盤庚》◎女其敬識百辟享。又《洛誥》◎嗣王其監于茲！又《無逸》◎君肆其監于茲！又《君奭》◎其雨其雨，杲杲出日。《詩·衛風·伯兮》◎吾子其無廢先君之功！《左傳》隱三年　◎王其祗祓，監農不易！《周語》

（九）轉接連詞　將也，抑也。◎楚王方侈，天或者欲逞其心以厚其毒而降之罰，未可知也；其使能終，亦未可知也。《左傳》昭四年　◎今斯師也，殺厲與？其不謂之殺厲之師與？《禮記·

檀弓》 ◎子以秦爲將救韓乎？**其**不乎？《韓策》 ◎子以爲有王者作，將比今之諸侯而誅之乎？**其**教之不改而後誅之乎？《孟子·萬章下》 ◎誠愛趙乎？**其**實憎齊乎？《史記·趙世家》

（一〇）陪從連詞　用同「之」第八條。 ◎朕**其**弟小子封。《書·康誥》 ◎物**其**多矣。《詩·小雅·魚麗》 ◎非此**其**身，其在異國乎！《左傳》莊十二年 ◎凡是**其**屬，太師之任也。《大戴禮·保傅》

（一一）假設連詞　若也，如也。 ◎謀之**其**臧，則具是違；謀之不臧，則具是依。《詩·小雅·小旻》 ◎公族**其**有死罪，則磬于甸人；**其**刑罪，則纖剸亦告于甸人。《禮記·文王世子》 ◎**其**濟，君之靈也，不濟，則以死繼之。《左傳》僖九年 ◎**其**然，將具敝車而行。又襄二十三年 ◎**其**輸之，則君之府實也；非薦陳之，不敢輸也。**其**暴露之，則恐燥濕之不時，而朽蠹以重敝邑之罪。又襄三十一年 ◎周公思兼三王以施四事。**其**有不合者，仰而思之，夜以繼日。《孟子·離婁下》 ◎湯**其**無郼，武**其**無岐，賢雖十全，不能成功。《呂氏春秋·愼勢》 ◎關東比歲不登，吏民以義收食貧民，入穀物助縣官振贍者，已賜直。其百萬以上，加賜爵右更；欲爲吏，補三百石；**其**吏也，遷二等。《漢書·成帝紀》 ◎丞相劉舍御史大夫衞綰請：笞者箠長五尺，其本大一寸；**其**竹也，末薄半寸，皆平其節。又《刑法志》 ◎匈奴俗：見漢使非中貴人，**其**儒生，以爲欲說，折其辭辯；少年，以爲欲刺，折其氣。又《匈奴傳》

（一二）句中助詞　無義。 ◎復自道，何**其**咎？《易·小畜》 ◎予曷**其**不于前寧人圖功攸終？《書·大誥》 ◎未**其**有若女封之心。又《康誥》 ◎不**其**延。又《召誥》 ◎敍功**其**絕。又《洛誥》 ◎曷**其**有佸？雞棲于桀。《詩·王風·君子于役》 ◎悠悠蒼天，曷**其**有所？又《唐風·鴇羽》 ◎既見君子，云何**其**憂？又《揚之水》 ◎終**其**永懷，又窘陰雨。又《小雅·正月》 ◎有鳥高飛，亦傅于天。彼人之心，于何**其**臻？又《菀柳》 ◎擊鼓**其**鏜，踴躍用兵。又《邶風·擊鼓》 ◎北風**其**涼，雨雪**其**雱。又《北風》 ◎以德爲怨，秦不**其**然。《左傳》僖十五年 ◎多而驟立，不**其**集亡。《晉語》

(三)句中助詞　讀去聲，音忌。無義。◎彼**其**之子，不與我戍申。《詩·王風·揚之水》 ◎彼**其**之子，舍命不渝。又《鄭風·羔裘》 ◎彼**其**之子，不稱其服。又《曹風·候人》

(四)語末助詞　表疑問，音姬。字或作居。參閱「居」第三條。◎今爾無指告，予顛躋，若之何**其**？《書·微子》 ◎彼人是哉！子曰：何**其**？《詩·魏風·園有桃》 ◎夜如何**其**？夜未央。又《小雅·庭燎》

期（ㄑㄧˊ）

(一)內動詞　務也。◎先王昔言：事天子**期**無失禮。《史記·尉佗傳》 ◎其要，**期**使天下無土崩之勢而已矣。又《平津侯傳》 ◎仁爲人陰重不泄，常衣敝補衣溺袴，**期**不絜清。又《周文傳》

◎且濟時拯世之術，豈必體堯蹈舜然後理哉！**期**於補綻決壞，枝柱邪傾，隨形裁割；要措

斯世於安寧之域而已。《後漢書·仲長統傳》

(二)語末助詞　與「其」「居」同。表疑問。◎實爲何**期**？《詩·小雅·頍弁》按《鄭箋》云：期，辭也。

奇（ㄑㄧ·）

(一)表態副詞　極也，甚也。◎沿上下步逕裁通，小竹細筍，被於山渚，蒙龍拔密，**奇**爲翳薈也。《水經注》◎廟前有攢柏數百根，對郭臨川，負岡蔭渚，青青彌望，**奇**可玩也。又

豈（ㄑ·ㄧ）

(一)推度副詞　寧也。◎君**豈**有斗升之水而活我哉？《莊子·外物》◎子常宣言代我相秦，**豈**有此乎？《秦策》◎君**豈**受楚象牀哉？《齊策》◎將軍**豈**有意乎？《燕策》◎舜目蓋重瞳子，又聞項羽亦重瞳子，羽**豈**其苗裔邪？《史記·項羽紀》◎吾所以待侯生者備矣，天下莫不聞；今吾且死，而侯生曾無一言半辭送我，我**豈**有所失哉？又《信陵君傳》◎今吾事之去留在張君；孺子**豈**有客習於相君者哉？又《范雎傳》◎吾方燕私，丞相輒來請事，丞相**豈**少我哉？且固我哉？又《李斯傳》◎家**豈**有寃，欲言事乎？《漢書·卜式傳》

(二)反詰副詞　寧也。無疑而反詰用之。◎其然，**豈**其然乎？《論語·憲問》◎金重于羽者，**豈**

謂一鉤金與一輿羽之謂哉？《孟子·告子下》 ◎民欲與之偕亡，雖有臺池鳥獸，**豈**能獨樂哉？又 ◎而布衣之徒，設取予然諾，千里誦義，爲死不顧世，此亦有所長，非苟而已也；故士窮窘而得委命。此**豈**非人之所謂賢豪閒者邪？《史記·游俠傳序》 ◎斯，上蔡閭巷布衣也。上幸擢爲丞相，封爲通侯，子孫皆至尊位重祿者，將以存亡安危屬臣也，**豈**可負哉？ 又《李斯傳》 ◎斯出獄，與其中子俱執，顧謂其中子曰：「吾欲與若復牽黄犬，俱出上蔡東門逐狡兔，**豈**可得乎？」又 ◎身死東城，尚不覺悟，而不自責過失，乃引天亡我，非用兵之罪也，**豈**不謬哉？又《項羽紀》 ◎語曰：「變古亂常，不死則亡。」**豈**錯等謂邪？ 又《鼂錯傳》 ◎老臣妄竊帝號，聊以自娱，**豈**敢以聞天王哉？ 又《南越傳》 ◎使楚王戊毋刑申公，遵其言，趙任防與先生，**豈**有篡杀之謀，爲天下僇哉？ 又《楚元王世家》 ◎今拘學或抱咫尺之義，久孤於世，**豈**若卑論儕俗，與世沈浮而取榮名哉？ 又《游俠傳序》 ◎桃侯免相，竇太后數言魏其侯。孝景帝曰：太后**豈**以爲臣有愛不相魏其？魏其者，沾沾自喜耳！多易，難以爲相。 又《魏其侯傳》

（三）命令副詞 ◎與「其」第八條用法同。 ◎大王**豈**辱裁之！《吳語》

訖（ㄑㄧ） 迄

（一）副詞 終也，竟也。 ◎康居驕黠，**訖**不肯拜使者。《漢書·西域傳》 ◎莽以錢幣**訖**不行，於是造寶貨五品。又《王莽傳中》 ◎自行束脩，訖無毀玷。《後漢書·伏湛傳》載杜詩《薦伏湛疏》 ◎司隸刺史訖無糾察。《後漢書·和帝紀》 ◎融負其高氣，志在靖難；而才疏意廣，迄無成功。又《孔融傳》 ◎成都迄已傾覆。左思《魏都賦》 ◎以此而求，迄無了者。《顏氏家訓》

(二)時間介詞　至也。◎后稷肇祀，庶無罪悔，以迄于今。《詩·大雅·生民》 ◎昭帝既冠，遂委任光，訖十三年，百姓充實，四夷賓服。《漢書·霍光傳》 ◎自「風風也」訖末，名爲《大序》。《詩·周南·關雎序箋》

汔(ㄑㄧ˙)

(一)副詞　幾也，將也，近也。◎汔至亦未繘井。《易·井》 ◎小狐汔濟，濡其尾。又《未濟》 ◎民亦勞止，汔可小康。《詩·大雅·民勞》

朅(ㄑㄧㄝ˙)

(一)疑問代名詞　何也。◎武王至鮪水，殷使膠鬲候周師，武王見之。膠鬲曰：西伯將何之？無欺我也！武王曰：不子欺，將之殷也。膠鬲曰：朅至？武王曰：將以甲子至殷郊。《呂氏春秋·貴因》

羌(ㄑㄧㄤ) 慶

(一)語首助詞 無義。《廣雅·釋言》云：羌，乃也。◎衆皆競進以貪婪兮，憑不厭乎求索；**羌**內恕己以量人兮，各興心而嫉妒。《楚辭·離騷》◎懿神龍之淵潛兮，**慶**竢雲而將舉。《漢書·揚雄傳》◎**慶**天顇而喪榮。又 ◎恐罔蜽之責影兮，**慶**未得其云已。又《敍傳》

強(ㄑㄧㄤˇ) 彊

(一)表態副詞 卽今語之「勉強著」。◎鄭徐吾犯之妹美，公孫楚聘之矣；公孫黑又使**強**委禽焉。《左傳》昭元年 ◎余又欲殺甲而以其子爲後，因自裂其親身衣之裏以示君而泣曰：余之得幸君之日久矣，甲非弗知也。今乃欲**強**戲余，余與爭之，至裂余之衣；而此子之不孝莫大於此矣！《韓非子·姦劫弒臣》◎吾固欲煩公，公**彊**爲傅趙。《漢書·周昌傳》◎上雖疾，**彊**載輜車，臥而護之，諸將不敢不盡力。上雖苦，**彊**爲妻子計！又《張良傳》◎呂澤**彊**要曰：爲我畫計！又

輕(ㄑㄧㄥ)

(一)表態形容詞 ◎當此之時，秦民習故俗之有罪可以得免，無功可以得尊顯也，故**輕**犯新法。

《韓非子·姦劫弑臣》 ◎今西邊北邊之郡，雖有長爵，不輕得復；五尺以上，不輕得息。《漢書·賈誼傳》 按輕犯新法，謂輕於犯新法。不輕得復，不輕得息，謂不輕於得復得息也。故爲形容詞。

羣（ㄑㄩㄣˊ）

（一）表數形容詞　表不定之多數。◎羣后以師畢會。《書·泰誓》 ◎羣黎百姓，徧爲爾德。《詩·小雅·天保》 ◎羣公子奔蕭。《左傳》莊十二年 ◎冒頓殺父代立，妻羣母。《史記·劉敬傳》 ◎宣敎授諸生滿堂，有狗從外入，齧其中庭羣雁數十。《漢書·翟義傳》 ◎帝曰：善。恨相見晚，羣臣初無是言也。《後漢書·蓋勳傳》 ◎及義兵起，卓乃會公卿議大發卒討之，羣僚莫敢侮旨。又《鄭泰傳》

慭（ㄬㄧㄣ）

（一）副詞　且也。應劭注《漢書·五行志》云：慭，且辭也。◎不慭遺一老，俾守我王。《詩·小雅·十月之交》 ◎鈞將皆死，慭使吾君聞勝與臧之死也以爲快。《左傳》昭二十八年 ◎旻天不弔，不慭遺一老，俾屛予一人以在位。又哀十六年 ◎難必及子，子盍亟索士，慭庇州犁焉。《晉語》

寧（ㄋㄧㄥˊ）

（一）助動詞　《說文》云：寧，願詞也。徐鍇曰：今人言寧可如此，是願如此也。◎與其殺不辜，寧失不經。《左傳》襄二十六年引《夏書》　◎與其媚於奧，寧媚於竈。《論語·八佾》　◎禮，與其奢也，寧儉。又　◎且予與其死於臣之手也，無寧死於二三子之手乎？又《子罕》　◎寧其死爲留骨而貴乎？寧其生而曳尾於塗中乎？《莊子·秋水》　◎君寧死而又死乎？其寧生而又生乎？《呂氏春秋·貴信》　◎人之情，寧朝人乎？寧朝於人也？《趙策》　◎吾寧悃悃款款朴以忠乎？將送往勞來斯無窮乎？《楚辭·卜居》　◎項王謂漢王曰：天下匈匈數歲者，徒以吾兩人耳！願與漢王挑戰決雌雄，毋徒苦天下之民父子爲也！漢王笑謝曰：吾寧鬬智，不能鬬力。《史記·項羽紀》　◎與人刃我，寧自刃！又《魯仲連傳》　◎臣聞鄙諺曰：寧爲雞口，無爲牛後。又《蘇秦傳》　◎趙予璧而秦不予趙城，曲在秦。均之二策，寧許以負秦曲。又《藺相如傳》

（二）反詰副詞　豈也。　◎寧不亦淫從其欲以怒叔父？《左傳》成二年　◎且帝寧能爲石人邪？《史記·魏其侯傳》　◎陸生曰：居馬上得之，寧可以馬上治之乎？又《陸賈傳》　◎且蘇君在，儀寧渠能乎？又《張儀傳》　◎亡一姬復一姬進，天下所少，寧賈姬等乎？又《郅都傳》　◎今大臣雖欲爲變，百姓弗爲使，其黨寧能專一邪？又《孝文紀》　◎應侯因讓之曰：子常宣言欲代我相秦，**寧**有之乎？又《蔡澤傳》　◎叔孫通之降漢，從儒生弟子百餘人；然通無所言進，專言諸故羣盜進之。弟子皆竊罵曰：事先生數歲，幸得從降漢。今不能進臣等，專言大猾，何也？叔孫通聞之，迺謂曰：漢王方蒙矢石爭天下，諸生**寧**能鬬乎？又《叔孫通傳》　◎新垣衍曰：先生獨不見夫僕乎？十人而從一人者，**寧**力不勝而智不若邪？畏之也。又《魯仲連傳》　◎且吾高帝孫，親行仁義；陛下遇我厚，吾能忍之。萬世後，吾**寧**能北面臣事豎子乎？又《淮南王傳》　◎今日罷倦甚，卿**寧**憊邪？《後漢書·傅俊傳》

（三）副詞　乃也。◎胡能有定，**寧**不我顧？《詩·邶風·日月》　◎心之憂矣，**寧**莫之知。又《小雅·小弁》　◎民之訛言，**寧**莫之懲。又《正月》　◎燎之方揚，**寧**或滅之。又　◎先祖匪人，胡**寧**忍予？又《四月》　◎盡瘁以仕，**寧**莫我有。又　◎圭璧既卒，**寧**莫我聽。又《大雅·雲漢》　◎耗斁下土，**寧**丁我躬。又　◎父母先祖，胡**寧**忍予？又　◎昊天上帝，**寧**俾我遯。又　◎胡**寧**瘨我以旱，憯不知其故？又　◎倬彼昊天，**寧**不我矜。又《桑柔》　◎民之貪亂，**寧**爲荼毒。又　◎心之憂矣，**寧**自今矣；不自我先，不自我後。又《瞻卬》　◎子婦有勤勞之事，雖甚愛之，姑縱之，而**寧**數休之。《禮記·內則》　◎寡君聞君有不令之臣爲君憂，無**寧**以爲宗羞？寡君請受而戮之。《左傳》昭二十二年　◎不用命者，**寧**丁我網。《賈子·禮篇》

（四）語中助詞　無義。◎賓至如歸，無**寧**菑害。《左傳》襄三十一年　◎若野賜之，是委君貺於草

莽也，是寡大夫不得列於諸卿也。不寧惟是，又使圍蒙其先君。又昭元年

奚（ㄒ一）

（一）疑問代名詞　何事也。◎衞君待子而爲政，子將**奚**先？《論語·子路》 ◎問臧奚事，則挾筴讀書；問穀奚事，則博塞以遊。《莊子·駢拇》 ◎**奚**以知其然也？又《逍遙遊》

（二）疑問代名詞　何處也。◎子路宿於石門。晨門曰：**奚**自？《論語·憲問》 ◎水**奚**自至？《呂氏春秋·貴直》

（三）疑問形容詞　何也。用於名詞之前。◎若知其不義也，夫**奚**說書其不義以遺後世哉？《墨子·非攻上》 ◎故智者決策於愚人，賢士程行於不肖，則賢智之士**奚**時得用？而人主之明塞矣！《韓非子·人主》 ◎左右近習朋黨比周以制疏遠，則法術之士**奚**時得進用？人主**奚**時得論哉？又 ◎楚三圍宋矣，而不能亡，非不可亡也。以宋攻楚，**奚**時止矣？《呂氏春秋·慎勢》 ◎蝗螟，農夫得而殺之，**奚**故？爲其害稼也。又《不屈》 ◎有道之士固驕人主，人主之不肖者亦驕有道之士。日以相驕，**奚**時相得？又《下賢》 ◎凡此衆疾，爵賞不能勸，刑罰不能威，盛衰利害不能易，哀樂不能移，固不可事國君，交親友，御妻子，制僕隸。此**奚**疾哉？**奚**方能已之乎？《列子·仲尼》 ◎僑爲國則治矣，而家則亂矣！其道逆也。將**奚**方以救二子？又

《楊朱》

(四)疑問副詞　「爲何」也。◎東征西夷怨，南征北狄怨。曰：**奚**獨後予？《書·仲虺之誥》◎或謂孔子曰：子**奚**不爲政？《論語·爲政》◎余髮如此種種，余**奚**能爲？《左傳》昭三年　◎王聞之，使人問其故，曰：天下之刖者多矣，子**奚**哭之悲也？《韓非子·和氏》◎蓋天下萬物之萌生，靡不有死。死者，天地之理，物之自然者也。**奚**可甚哀？《史記·文帝紀》◎公**奚**不以秦爲韓求潁川於楚？又《樗里疾傳》◎秦**奚**貪夫孤國而與之商于之地？又《張儀傳》

希(ㄒ一)　稀

(一)表數副詞　少也。◎天下無道，則禮樂征伐自諸侯出。自諸侯出，蓋十世**希**不失矣；自大夫出，五世**希**不失矣；陪臣執國命，三世**希**不失矣。《論語·季氏》◎是時，漢邊郡烽火候望精明，匈奴爲邊寇者少利，**希**復犯塞。《漢書·匈奴傳》◎又匈奴**希**寇盜，北邊幸無事。又◎尊撥劇整規，誅暴禁邪，皆前所**稀**有名將所不及。《漢書·王尊傳》◎時俗爲忠者少而習諛者多，故令人主數聞其美，**稀**知其過。《後漢書·左雄傳》

兮(ㄒ一)

(一)語末助詞　無義。◎葛之覃**兮**，施于中谷。《詩·周南·葛覃》◎螽斯羽，詵詵**兮**，宜爾子

孫，振振兮。又《螽斯》

嘻（ㄒㄧ） 譆 熙 憘 誒

（一）歎詞 《說文》三篇上《言部》云：譆，痛聲也。◎從者曰：嘻！速駕！《左傳》定八年 ◎慶父聞之，曰：嘻！此奚斯之聲也！《公羊傳》僖元年 ◎夫子曰：嘻！其甚也！《禮記·檀弓》◎公曰：嘻！善之不同也！《大戴禮·少閒》◎文惠君曰：譆！善乎！技蓋至此乎！《莊子·養生主》◎堯觀乎華。華封人曰：嘻！聖人！請祝聖人。又《天地》◎魏王曰：誒！《魏策》◎子反叱曰：嘻！退！酒也！《韓非子·十過》◎湯見祝網者，曰：譆！盡之矣！《賈子新書·諭城》◎簡子召曰：嘻！吾有所見子晰也。《史記·趙世家》◎蘇代自燕來入齊，見於章華東門。齊王曰：嘻！善！子來。又《田敬仲世家》◎其妻曰：嘻！子毋讀書游說，安得此辱乎？又《張儀傳》◎熙！我念孺子，若涉淵水。《漢書·翟義傳》◎熙！爲我孺子之故！又 ◎邕在陳留也，其鄰人有以酒食召邕者，比往，客有彈琴於屏。邕至門，試潛聽之。曰：「憘！以樂召我，而有殺心，何也？」遂反。《後漢書·蔡邕傳》

遐（ㄒㄧㄚˊ） 瑕

（一）疑問副詞 何也。◎樂只君子，遐不眉壽？《詩·小雅·南山有臺》◎心乎愛矣，遐不謂矣？

又《隰桑》 按《禮記·表記》引此「遐」作「瑕」，鄭《註》云：「瑕」之言「胡」也。◎周王壽考，**遐**不作人？ 又《大雅·棫樸》

暇（ㄒㄧㄚˊ）

（一）助動詞 暇日之義，本爲名詞，流變成助動詞用法。 ◎今也制民之產，仰不足以事父母，俯不足以畜妻子；樂歲終身苦，凶年不免於死亡。此惟救死而恐不贍，奚**暇**治禮義哉！《孟子·梁惠王上》 ◎聖人之憂民如此，而**暇**耕乎？ 又《滕文公上》 ◎周文王至於日昃不**暇**食。《漢書·董仲舒傳》

咸（ㄒㄧㄢˊ）

（一）副詞 《爾雅·釋詁》云：咸，皆也。 ◎俾萬姓**咸**曰：大哉王言！《書·咸有一德》 ◎外內**咸**服。《左傳》襄四年 ◎又興十萬餘人築衞朔方，轉漕甚遼遠，自山東**咸**被其勞。《史記·平準書》 ◎諸侯**咸**率其衆西鄉。又《始皇紀》 ◎自公卿以下至於庶人**咸**指湯。又《張湯傳》 ◎李將軍極簡易，然虜卒犯之，無以禁也；而其士卒亦佚樂，**咸**樂爲之死。 又《李將軍傳》 ◎舜禹之間，岳牧**咸**薦，乃試之於位。 又《伯夷傳》 ◎世世相傳，施之無窮，天下莫不**咸**便。 又《匈奴傳》 ◎諸子孫咸孝，然建最甚；甚於萬石君。又《萬石君傳》 ◎於威宣之際，孟子荀卿之列咸遵夫子之業。又《儒林傳》 ◎細民鄉善，大臣致順，故天下咸知陛下之義。《漢書·賈誼傳》 ◎護誦醫經、《本草》、方術數十萬言，長者咸愛重之。又《樓護傳》

向（ㄒ·一ㄤ）

（一）動詞　近也。◎餘寇殘盡，將向殄滅。《後漢書·段熲傳》 ◎軍興已來，已向百載。《吳志·華覈傳》 ◎池水始浮，庭雪向飛。梁簡文帝《謝竹火籠啓》

（二）時間副詞　曩也，先時也。◎由嘗從人飲，敕御者曰：「酒若三行，便宜嚴駕。」既而趣去。後主人舍有鬬相殺者，人請問：何以知之？由曰：向社中木上有鳩鬭，此兵賊之象也。《後漢書·方術·楊由傳》 ◎南問其遲留之狀。使者曰：向度宛陵浦里斻，馬踠足，是以不得速。又《李南傳》

（三）方所介詞　◎餘虜走向落川，復相屯結。《後漢書·段熲傳》

（四）假設連詞　與「假若」同。◎向使能瞻前顧後，援鏡自誡，則何陷於凶患乎？《後漢書·張衡傳》

鄉（ㄒ·一ㄤ）　嚮

（一）時間副詞　曩也，先時也。多與助詞「也」「者」連用。◎樊遲退，見子夏曰：鄉也吾見於夫子而問知。子曰：舉直措諸枉，能使枉者直。何謂也？《論語·子路》　◎子**鄉**者入而哭之哀。《禮記·檀弓上》　◎**鄉**爲身死而不受，今爲宮室之美爲之；**鄉**爲身死而不受，今爲妻妾之奉爲之！**鄉**爲身死而不受，今爲所識窮乏者得我而爲之。《孟子·告子上》　◎須賈待門下，持車良久，問門下，曰：范叔不出，何也？門下曰：無范叔。須賈曰：**鄉**者與我載而入者。《史記·范雎傳》　◎吾**嚮**者望子，疑以爲人君也；子至而人臣也。《說苑·臣術》

（二）方所介詞　對也。　◎秦伯素服郊次，**鄉**師而哭曰：孤違蹇叔以辱二三子，孤之罪也。《左傳》僖三十二年　◎西門豹簪筆磬折，**嚮**河立。《史記·滑稽傳補》　◎日磾每見畫，常拜，**鄉**之涕泣然後去。《漢書·金日磾傳》　◎長安中小民讙譁**鄉**其第哭。又《董賢傳》

（三）時間介詞　將也。王引之云：方也。　◎君子以**嚮**晦入宴息。《易·隨》　◎夫水，**嚮**冬則凝而爲冰。《淮南子·俶眞訓》　◎**鄉**晨，傅綺韈，欲起，因失衣，不能言。《漢書·外戚·趙后傳》

（四）假設連詞　與「設若」義同。　◎**鄉**亡桓公，星遂至地，中國其良絕矣。《漢書·五行志》

行（ㄒㄧㄥˊ）

（一）副詞　且也。　◎十畝之間兮，桑者閑閑兮，**行**與子還兮。《詩·魏風·十畝之間》　◎漢興兵誅郢，亦**行**以驚動南越。《史記·南越傳》　◎南方老人用龜支牀足，**行**二十餘歲。老人死，移牀，龜尙生，不死。又《龜策傳》◎且高帝身被堅執銳，蒙霧露，沐霜雪，**行**幾十年。《漢書·韓安國傳》◎閒者歷覽諸子之文，對之抆淚。既痛逝者，**行**自念也。魏文帝《與吳質書》◎日月易得，別來**行**復四年。又

幸（ㄒㄧㄥˋ）

（一）表態副詞 ◎諸侯王**幸**以爲便於天下之民，則可矣。《漢書·高帝紀》◎願大王**幸**聽臣等！又《文帝紀》◎比比蒙恩，不伏重誅，不思改過，復賊殺人。**幸**得蒙恩丞相長史大鴻臚丞郎問，王陽病抵讕，置辭驕嫚，不首主令，與背畔亡異。又《文三王傳》◎遵兄弟**幸**得蒙恩，超等歷位。又《陳遵傳》◎恭等**幸**得免於誅，不宜在中土。又《董賢傳》◎單于謝曰：愚不知大計；天子**幸**使大臣告語，甚厚。又《匈奴傳》

虛（ㄒㄩ）

（一）表態副詞 空也。凡與事實不合之事用之。◎相如以子虛虛言也，爲楚稱；烏有先生者，烏有此事也，爲齊難；亡是公者，亡是人也。欲明天子之義，故**虛**藉此三人爲辭。《漢書·司馬相如傳》◎大行皇帝晏駕有日，卜擇陵園，務從省約，塋域所极，裁二十頃。而巴**虛**

言主者壞人冢墓。事既非實，寢不報下。《後漢書·欒巴傳》◎臣惟膺等建忠抗節，志經王室，此誠陛下稷卨伊呂之佐，而**虛**爲姦臣賊子之所誣枉，天下寒心，海內失望。又《竇武傳》

（二）表態副詞　空也，徒也。此就其無益之點爲言，故與前條異。◎臣竊恨國家釋樂成之業，而**虛**爲此紛紛也。《漢書·匡衡傳》

吁（ㄒㄩ）

（一）歎詞　無義。◎帝曰：疇咨若時登庸？放齊曰：胤子朱啓明。帝曰：**吁**！嚚訟，可乎？《書·堯典》◎禹曰：**吁**！咸若時，惟帝其難之。又《皋陶謨》◎皋陶曰：**吁**！如何？又◎雲將曰：朕願有問也。鴻蒙仰而視雲將曰：**吁**！《莊子·在宥》◎蔡澤曰：**吁**！何君見之晚也！《秦策三》

許（ㄒㄩ）

（一）名詞　所也。今言「處」。◎舟車既以成矣，吾將惡**許**用之？《墨子·非樂》按「惡許」者，「何處」也。

（二）數量形容詞　附于整數數詞之後，表「光景」「之譜」之意。◎百姓化其恩禮；其出居者，皆歸養其父母，追行喪服，推財相讓者，二百**許**人。《後漢書·何敞傳》 按《李注》云：《東觀記》曰：高譚等百八十五人推財相讓。樹達按「二百許人」猶今言「二百來人」。以下倣此。◎赴河死者五萬**許**人。又《皇甫嵩傳》 ◎詔書未到，述果使其將謝豐袁吉將衆十**許**萬，分爲二十餘營，並出攻漢。又《吳漢傳》 ◎魴率吏士七十**許**人力戰連日。又《馮魴傳》 ◎帝嘗幸其府，留飲十**許**日。又 ◎轉入巴蜀，往來二十**許**年。又《申屠剛傳》 ◎隴西人宗建在枹罕自稱河首平漢王，署置百官，三十**許**年。又《董卓傳》 ◎堂閣周回，可容三千**許**人。又《陶謙傳》 ◎河決積久，日月侵毁，濟渠所漂，數十**許**縣。又《王景傳》 ◎文姬曰：昔亡父賜書四千**許**卷，流離塗炭，罔有存者。又《列女·董祀妻傳》 ◎堅又募諸商旅，及淮泗精兵，合千**許**人，與儁并力奮擊。《吳志·孫堅傳》 ◎初，張彌許晏等俱到襄平，官屬從者四百**許**人。又《孫權傳注》引《吳書》 ◎旦等皆舍於民家，仰其飲食，積四十**許**日。又 ◎出適劉氏，二十**許**年。任昉《奏彈劉整》

（二）語末助詞 無義。◎奈何**許**？石闕生口中，銜碑不得語。古樂府《讀曲歌》 ◎直以眞率少**許**，便足對人多多**許**。《世說》

欻（ㄒㄩˋ）

（一）時間副詞　忽也。◎諸宦官相謂曰：大將軍稱疾，不臨喪，不送葬。今欻入省，此意何爲？竇氏事竟復起邪？《後漢書·何進傳》

卷五

之（㞢）

（一）關係內動詞　往也。　◎滕文公爲世子，將**之**楚，過宋而見孟子。《孟子·滕文公上》　◎先生將何**之**？又《告子下》

（二）代名詞　彼也。　◎虞舜側微，堯聞**之**聰明，歷試諸艱。《書序》　◎有臣柳莊也者，非寡人之臣，社稷之臣也。聞**之**死，請往。《禮記·檀弓》　◎立身則輕楛，事行則蠲疑，進退貴賤則舉佞侻，**之**所以接下之人百姓者，則好取侵奪；　如是者危殆。《荀子·王制》　◎卿大夫以下吏及賓客見參不事事，來者皆欲有言。至者，參輒飲以醇酒；　度**之**欲有言，復飲以酒。《漢書·曹參傳》

按以上諸例「之」字用與「其」字同，用於主位。　◎子曰：學而時習**之**，不亦悅乎？《論語·學而》　◎與人飲，使**之**嚼，非其任，彊必灌**之**。《史記·郭解傳》　◎易王母，文侯夫人也；　與蘇秦私通。燕王知**之**，而事**之**加厚。又《蘇秦傳》　◎及帝欲廢太子而立戚姬子如意，大臣固爭**之**，莫能得。又《周昌傳》　◎高祖持御史大夫印弄**之**。又　◎賢士大夫有肯從我遊者，吾能尊

顯之。《漢書·高帝紀》　按以上諸例「之」字用於賓位。◎天子樹瓜華，不斂藏**之**種也。《禮記·郊特牲》　◎子文以爲**之**功，使爲令尹。《左傳》僖二十二年　◎牽牛以蹊人之田而奪**之**牛。又宣十一年　◎昔我先君桓公與商人皆出自周，庸次比耦以艾殺此地，斬**之**蓬蒿藜藋而共處之。又昭十六年　◎邾莊公與夷射姑飲酒，私出，閽乞肉焉。奪**之**杖以敲之。又定二年　◎千室之邑，百乘之家，可使爲**之**宰也。《論語·公冶長》　◎赤也爲**之**小，孰能爲**之**大？又《先進》　◎猶欲其入而閉**之**門也。《孟子·萬章下》　◎紾兄之臂而奪**之**食。又《告子下》　◎夫薄願厚，惡願美，狹願廣，貧願富，賤願貴：苟無**之**中者，必求於外。故富而不願財，貴而不願勢：苟有**之**中者，必不及於外。《荀子·性惡》　◎是乃冥**之**昭，亂**之**定，毀**之**成，危**之**寧，故殷周以亡，比干以死。《呂氏春秋·謹聽》　◎惠子曰：有人於此，必擊其愛子之頭，石可以代之。匡章曰：公取**之**代乎？其不欺？又《愛類》　◎吳之無道也愈甚，請與王子往奪**之**國。又《忠廉》　◎傳曰：河海潤千里，盛德及四海，況**之**妻子乎！《鹽鐵論·刺權》　◎故衡山王吳芮有大功，諸侯立以爲王。項羽侵奪**之**地，謂之番君。《漢書·高帝紀》　按以上諸例「之」字用於領位，亦與「其」字同。

（三）指示代名詞　作「焉」字用。於是也。◎淵深而魚生**之**，山深而獸往**之**，人富而仁義附焉。《史記·貨殖傳》　按「生之」「往之」者，謂「生於是」「往於是」也。故「之」爲「焉」義。◎初，單于好漢繒絮食物。中行說曰：匈奴人衆不能當漢之一郡；然彼所以強之者，以衣食異，無卬於漢。今單于變俗好漢物；漢物不過什二，則匈奴盡歸漢矣。漢書匈奴傳　按「強之」猶言「強於彼」，「之」與「焉」同。

(四)指示形容詞　此也。◎乃如之人兮，逝不古處。《詩·邶風·日月》◎之子于歸，遠送于野。又《燕燕》◎之人也，之德也，將旁薄萬物以爲一世蘄乎亂。《莊子·逍遥遊》◎之二蟲又何知！又　◎韓與天下朝秦，而獨厚取德焉：公行之計，是其於主也至忠矣。《韓策》◎異哉！之歌者非常人也！《呂氏春秋·舉難》

(五)介詞　於也。◎人，之其所親愛而辟焉。《禮記·大學》◎之死而致死之，不仁；之死而致生之，不知。又《檀弓》◎及至其致好之也，目好之五色，耳好之五聲，口好之五味，心利之有天下。《荀子·勸學》◎使三軍饑而居鼎旁，適爲之甑，則莫宜之此鼎矣。《呂氏春秋·應言》

(六)介詞　至也。◎之死矢靡它。《詩·鄘風·柏舟》◎河神授圖，據狼狐，蹈參伐，佐攻驅除，距之稱始皇。班固《論秦始皇》

(七)連詞　與也。◎文王罔攸兼于庶言庶獄庶慎，惟有司之牧夫。《書·立政》◎其勿誤于庶獄，惟有司之牧夫。又　◎必深其爪，出其目，作其鱗之而。《周禮·考工記》◎天子親載耒耜，措之于參保介之御間。《禮記·月令》◎皇父之二子死焉。《左傳》文十一年　按《杜注》

云：「皇父與穀甥及牛父皆死。」故「之」字爲「與」字之義。◎得之不得，曰有命。《孟子·萬章上》◎諸侯又以其知力爲未足獨治其四境之內也，是以選擇其次立爲卿之宰。《墨子·尚同下》◎則惟上帝鬼神降之罪戾之禍罰而棄之。又《節葬下》

（八）連詞　與口語「的」字相當。按《馬氏文通》以下文法諸書均謂此「之」字爲介詞，今定爲連詞。說詳拙著《論之的二字之詞性》。◎關關雎鳩，在河之洲。《詩·周南·關雎》◎夫子之文章，可得而聞也。《論語·公冶長》◎民之望之，若大旱之望雲霓也。《孟子·梁惠王下》◎問曰：子之居楚何官？曰：爲都尉。《史記·陳平世家》◎平畏讒之就，因固請，得宿衛中。又◎絳侯既出，曰：吾嘗將百萬軍，然安知獄吏之貴乎？又《周勃世家》◎廣之百騎皆大恐。又《李廣傳》◎方其鼓刀屠狗賣繒之時，豈自知附驥之尾垂名漢庭德流子孫哉！又《樊噲傳》◎胡衍入，蒲謂其守曰：樗里子知蒲之病矣。又《樗里疾傳序》◎功用既興，然後授政，示天下重器，王者大統，傳天下若斯之難也。又《伯夷傳》◎法令者，治之具，而非制治清濁之源也。昔天下之網嘗密矣；然姦僞萌起。又《酷吏傳序》◎夫以一詐僞之蘇秦，而欲經營天下，混一諸侯，其不可成亦明矣。又《張儀傳》◎夫秦卒與山東之卒，猶孟賁之與怯夫。又◎帝屬我一翟犬，曰：及而子之壯也，以賜之！又《扁鵲傳》◎律曆，天所以通五行八政之氣，天所以成熟萬物也。又《律書》◎應侯之用於秦也，孰與文信侯專？又《甘茂傳》

（九）語首助詞　無義。◎**之**屏**之**翰，百辟爲憲。《詩·小雅·桑扈》◎**之**綱**之**紀。《詩·大雅·假樂》

（一〇）句中助詞　無義。賓語倒置於外動詞之前時用之。與「是」第五條同。◎孟武伯問孝，子曰：父母唯其疾**之**憂。《論語·爲政》◎吾以子爲異**之**問，曾由與求**之**問！又《先進》◎東略**之**不知，西則否矣。《左傳》僖九年◎僑聞君子非無賄**之**難，立而無令名**之**患。又昭十六年◎僑聞爲國非不能事大字小**之**難，無禮以定其位**之**患。又◎華則榮矣，實**之**不知。《晉語》

（一一）語中助詞　無義。◎玼兮玼兮，其**之**翟也。《詩·鄘風·君子偕老》◎又使公罔**之**裘序點揚觶而語。《禮記·射義》◎晉侯賞從亡者，介**之**推不言祿，祿亦弗及。《左傳》僖二十四年

（一二）語末助詞　無義。◎鸜**之**鵒**之**，公出辱**之**。《左傳》昭二十五年◎七八月之間旱，則苗槁矣。天油然作雲，沛然下雨，則苗勃然興**之**矣。《孟子·梁惠王上》

衹（ㄓ˙）

（一）副詞　《詩·我行其野毛傳》云：衹，適也。◎晉未可滅而殺其君，**衹**以成惡。《左傳》僖十五年◎欲之而言叛，**衹**見疏也。又襄二十九年◎無損於魯而**衹**爲名，不如歸之。又哀十三年◎臣以三萬人，衆不敵，**衹**取辱耳。《史記·韓長孺傳》◎王曰：大福不再，**衹**取辱耳。又《楚世家》◎且爲天下者不顧家；雖殺之，無益，**衹**益禍耳。又《項羽紀》◎箕子不用，犯諫

不怠以冀其聽；商容不達，身衹辱焉以冀其變。及民志不入，獄囚自出，然後二子退隱。又《樂毅傳》 ◎今將軍傅太子，太子廢，爭不能拔，又不能死，自引謝病，擁趙女，屏閒處而不朝，衹加懟，自明揚主之過。《漢書·竇嬰傳》 ◎故無因而至前，雖出隨珠和璧，衹結怨而不見德。又《鄒陽傳》

止（ㄓˇ）

（一）副詞 僅也。◎今謂此序**止**是《關雎》之序。《詩·周南·關雎序箋》 ◎**止**立行宮，裁舒帳殿。庾信《華林園馬射賦》

（二）語末助詞 表決定。◎亦既見**止**，亦既覯**止**。《詩·召南·草蟲》 ◎既曰歸**止**，曷又懷**止**！又《齊風·南山》 按此例第二句「止」表疑問。◎高山仰**止**，景行行**止**。又《小雅·車舝》

只（ㄓˇ） 軹

（一）語中助詞 無義。◎樂**只**君子，福履綏之。《詩·周南·樛木》 ◎其虛其邪，既亟**只**且。又《邶風·北風》 ◎君子陽陽，左執簧，右招我由房，其樂**只**且。又《王風·君子陽陽》 ◎樂**只**君子，邦家之基。又《小雅·南山有臺》 ◎樂**只**君子，天子命之。又《采菽》

（二）語末助詞 《說文》云：只，語已辭。按表決定或感歎。◎仲氏任只，其心塞淵。《詩·邶風·燕燕》 ◎母也天只，不諒人只！又《鄘風·柏舟》 按《楚辭·大招》末句皆用只字。

（三）語末助詞 表疑問。 ◎許由曰：而奚爲來軹？《莊子·大宗師》

（四）語末助詞 表限止，義同「耳」。字又作咫，見下。 ◎諸侯歸晉之德只，非歸其尸盟也。《左傳》襄二十七年

枳（·ㄓ） 咫

（一）連詞 則也。 ◎德枳維大人，大人枳維公，公枳維卿，卿枳維大夫，大夫枳維士。 君枳維國，國枳維都，都枳維邑，邑枳維家，家枳維欲無疆。《逸周書·小開解》 ◎陛下於淮南王，不可謂薄矣！然而淮南王，天子之法，咫蹂促而弗用也；皇帝之令，咫批傾而不行也。《賈子·淮難》 ◎陛下無負也如是，咫淮南王，罪人之身也。又 ◎是立咫泣沾襟，臥咫泣交項。又 ◎牆薄咫亟壞，繒薄咫亟裂，器薄咫亟毁，酒薄咫亟酸。又《連語》 按《新序·雜事篇》四「咫」字皆作「則」。

（二）語末助詞 與「耳」同。 ◎文公學讀書於臼季，三日，曰：吾不能行咫！聞則多矣。《晉語》 ◎是知天咫！安知民！《楚語》

至(ㄓˋ)

(一)助動詞　恆與副詞「不」「何」連用。「不至」猶今言「不必」，「何至」猶今言「何必」。◎使茲鄭無術以致人，則身雖絕力至死，輦猶不上也。今身不至勞苦而輦以上者，有術以致人之故也。《韓非子·外儲說右下》◎《春秋》紀纖芥之失，反之王道，追古貴信結言而已，不至用牲盟而後成約。《春秋繁露·王道》◎天子嘗欲教之孫吳《兵法》。對曰：顧方略如何耳！不至學古兵法。《史記·霍去病傳》◎從昆弟假貸，猶足爲生，何至自苦如此！又《司馬相如傳》◎王曰：此可也。雖然，吾以爲不至若此。又《淮南王安傳》◎且匈奴畔其主而降漢，漢徐以縣次傳之，何至令天下騷動，罷弊中國，而以事夷狄之人乎？又《汲黯傳》◎爲治者不至多言，顧力行何如耳！又《儒林傳》◎議者貴其辭約而指明，可於衆人之聽，不至繁文稠辭。《鹽鐵論·水旱》◎夫治辭之端，在於本末而已，不至勞其心而道可得也。又《憂邊》◎衡曰：顧當得不耳！何至上書！《漢書·匡衡傳》

(二)表態副詞　極也。◎湯武者，至天下之善禁令者也。《荀子·正論》◎卓王孫怒曰：女至不材！我不忍殺。不與一錢也！《史記·司馬相如傳》◎余以所聞，由光義至高。又《伯夷傳》◎高祖至暴抗也，然籍孺以佞幸。又《佞幸傳》◎丞相條侯至貴倨也，而都揖丞相。又《郅都傳》◎陳涉起匹夫，驅瓦合適戍，旬月，以王楚；不滿半載，竟滅亡。其事**至**微淺。又《儒林傳序》◎陛下承宗廟，當傳子孫於無窮，統業**至**重。《漢書·董賢傳》

(三)時間介詞　到也。◎參始微時，與蕭何善；及爲將相，有卻；**至**何且死，所推賢唯參。《史記·曹參世家》◎**至**其時，西門豹往會之河上。又《滑稽傳補》◎**至**春，果病；四月，泄血死。又《倉公傳》◎嬰與夫人益市牛酒，灑掃張具**至**旦。平明，令門下候伺；**至**日中，蚡不來。《漢書·竇嬰傳》◎莽於是自謂大得天人之助，**至**其年十二月，遂卽眞矣。又《翟義傳》

(四)介詞　今亦言「到」。◎近幸臣妾從死者多**至**數十百人。《漢書·匈奴傳》◎太傅輔奏：立一日**至**十一犯法，臣下愁苦，莫敢親近，不可諫止。又《文三王傳》按「一日至十一犯法」猶言「一日犯法至十一次」；故「至十一」爲脩飾「犯法」之副詞短語，而「至」則介詞也。

(五)轉接連詞　於說了一事別提一事時用之。◎何曰：諸將易得耳！**至**如信，國士無雙。《史記·淮陰侯傳》◎項王見人恭敬慈愛，言語嘔嘔；人有疾病，涕泣分食飲。**至**使人有功當封爵者，印刓弊，忍不能予。又

致(·ㄓ)

(一)表態副詞　用與「至」第二條同。◎故君子隆師而親友以**致**惡其賊。《荀子·勸學》◎西山

朝來致有爽氣。《世說》

遲（ㄓ）

（一）時間介詞　及也，比也。◎漢軍在校捕虜，言：「單于未昏而去。」漢軍因發輕騎夜追之，大將軍軍因隨其後；匈奴兵亦散走。遲明，行二百餘里，不得單于。《史記·衞青傳》◎太后伺其獨居，使人持鴆飲之。遲明還，趙王死。《漢書·外戚·呂后傳》◎遲旦，城中皆降伏波。又《南粵傳》

直（ㄓˊ）

（一）外動詞　當也。◎魏之武卒，不可以直秦之銳士。《漢書·刑法志》◎諸左王將居東方，直上谷以東接穢貉朝鮮；右王將居西方，直上郡以西接氐羌；而單于庭直代雲中。又《匈奴傳》◎匈奴有斗入漢地，直張掖郡。又

（二）表態副詞　特也。與口語「特地」同。《史記索隱》引崔浩云：「直猶故也。」王念孫云：「直之言特也。崔浩訓直爲故，望文生義，於古無據。」今案崔言故者，即今言「故意」之故，與王訓「特」義同。王氏非之，偶未審耳。◎客謂蕢生曰：臣里母相善婦見疑盜肉，其姑去之，

恨而告於里母。里母曰：「安行！今令姑呼女。」卽束縕請火去婦之家，曰：「吾犬爭肉相殺，請火治之。」姑乃直始人追去婦還之。《韓詩外傳》 ◎良嘗閒從容步游下邳圯上有一老父衣褐至良所，直墮其履圯下，顧謂良曰：「孺子下取履！《史記·留侯世家》

(三)表態副詞　亦與特同。爲「但」「僅」之義。與今語「不過」同。 ◎參直養者也，安能爲孝乎？《禮記·祭義》 ◎不言帥師而言敗，何也？直敗一人之辭也。《穀梁傳》文十一年 ◎寡人非能好先王之樂也，直好世俗之樂耳！《孟子·梁惠王下》 ◎塡然鼓之，兵刃既接，棄甲曳兵而走，或百步而後止，或五十步而後止。以五十步笑百步，則何如？曰：不可！直不百步耳！是亦走也。又《上》 ◎非直爲觀美也，然後快於人心。又《公孫丑下》 ◎某也直後而未往耳。《莊子·德充符》 ◎是其爲相縣也，幾直夫芻豢之縣糟糠爾哉！《荀子·榮辱》 ◎衍非有怨於儀，直所以爲國者不同耳！《齊策二》 ◎高帝曰：公罷！吾直戲耳。《史記·叔孫通傳》 ◎此之爲德，豈直數十百錢哉！又《日者傳》 ◎德可遠施，威可遠加，而直數百里外威令不信，可爲流涕者，此也。《漢書·賈誼傳》

(四)表態副詞　徑也。今語言「徑直」。 ◎平王大母李太后曰：先王有命：「無得以罍樽與人。」他物雖百巨萬，猶自恣也。任王后絕欲得之。平王襄直使人開府取罍樽賜任王后。李太后大怒。《史記·梁孝王世家》 按此「直」字謂不顧李太后之意如何而徑使人取之。王氏《讀史記雜志》及《經傳釋詞》訓爲「特」，非是。◎及成往，**直**陵都，出其上。又《寧成傳》◎侯生攝弊衣冠，**直**上載公子上座，不讓。又《信陵君傳》◎韓千秋兵入，破數小邑。其後，越**直**開道給食。又《南越傳》◎平嘗燕居深念，賈往，不請，**直**入坐。《漢書·陸賈傳》◎王根爲上言其利，上**直**欲從單于求之；爲有不得，傷命損威，根卽但以上指曉藩，令從藩所說而求之。又《匈奴傳》◎冒頓乃開圍一角，於是高皇帝令士皆持滿傅矢外鄉，從解角**直**出。又

職（ㄓˊ）

（一）助動詞　當也。◎人之彥聖，其心好之，不啻若自其口出；是能容之，以保我子孫黎民，亦**職**有利哉！《書·秦誓》◎無已太康，**職**思其居。《詩·唐風·蟋蟀》

（二）副詞　主也。◎蓋言語漏泄，則**職**女之由。《左傳》襄十四年

乍（ㄓㄚˋ）

（一）時間副詞　始也。◎今人**乍**見孺子將入於井，則必有怵惕惻隱之心。《孟子·公孫丑上》

（二）表態副詞　忽也。按《一切經音義》引《倉頡篇》云：「乍，兩詞也。」兩詞，疑卽指下例用法言。◎黑鳥浴。傳曰：浴也者，飛**乍**高**乍**下也。《大戴禮·夏小正》◎軍**乍**利**乍**不利，終無

離上心。《史記·蒯成侯傳》◎**乍**躁**乍**大。又《倉公傳》◎一尊之身，三期之間，**乍**賢**乍**佞，豈不甚哉！《漢書·王尊傳》◎天大風，建使郎二人乘小船入波中。船覆，兩郎溺，攀船，**乍**見**乍**沒。建臨觀，大笑，令皆死。又《江都易王傳》

者（ㄓ·ㄝ）

（一）指示代名詞　兼代人物。代人可譯爲「人」；代事物可譯爲「的」。◎仁**者**安人，智**者**利人。《論語·里仁》◎事其大夫之賢**者**，友其士之仁**者**。又《衛靈公》◎若至力農畜工虞商賈爲權利以成富，大**者**傾都，中**者**傾縣，下**者**傾鄉里者，不可勝數。《史記·貨殖傳》◎橫來！大**者**王，小**者**侯。《漢書·高帝紀》　按右例「者」字皆附於形容詞。◎不有居**者**，誰守社稷？不有行**者**，誰扞牧圉？《左傳》僖二十八年　按右例附於內動詞。◎樂天**者**保天下，畏天**者**保其國。《孟子·梁惠王下》◎爲此《詩》**者**，其知道乎！又《告子上》◎是故知命**者**不立乎巖牆之下。又《盡心上》◎爲機變之巧**者**無所用恥焉。又　◎以力假仁**者**霸，霸必有大國；以德行仁**者**王，王不待大。又《公孫丑上》◎彼竊鉤**者**誅，竊國**者**爲諸侯。《莊子·胠篋》◎夫爲天下**者**，亦奚以異乎牧馬**者**哉？亦去其害馬**者**而已矣。又《徐無鬼》◎奪項王天下**者**，必沛公也。《史記·項羽紀》◎故善治生**者**能擇人而任時。又《貨殖傳》　按以上各例「者」字皆附於外動詞。

(二)複牒代名詞　◎於是盡滅春申君之家，而李園女弟初幸春申君有身而入之王所生子**者**遂立，爲楚幽王也。《楚策》　按「所生子者」「者」字亦指「子」言，於文似屬冗複。但原文之意以「子」爲上文動詞「生」之賓語，不能用之兼作下文動詞「立」之主語，故複牒一「者」字耳。此可見古人屬辭之精密。◎單于以徑路刀金留犁撓酒，以老上單于所破月氏王頭爲飲器**者**共飲血盟。《漢書·匈奴傳下》　按此文「者」字意指「飲器」。原文「飲器」乃動詞「爲」之賓語；不能兼作介詞「以」之賓語。故非複牒「者」字不可。◎他小渠披山通道**者**，不可勝言。《史記·河渠書》　按「他小渠披山通道者」，猶言「他披山通道之小渠」。原文「小渠」先置，則形容語之「披山通道」無所附麗，故非複牒一「者」字不可也。◎請益其車騎壯士可爲足下輔翼**者**。又《聶政傳》　按「可爲足下輔翼」，所以形容「車騎壯士」也。以「車騎壯士」在上文，故「可爲足下輔翼」六字下不複牒一「者」字，則意不明。◎高乃與公子胡亥丞相斯陰謀，破去始皇所封書賜公子扶蘇**者**，而更詐爲丞相斯受始皇遺詔沙丘，立子胡亥爲太子。又《秦始皇紀》　按破去始皇所封書賜公子扶蘇者，猶言始皇所封賜公子扶蘇書。因書字先置，故複牒一者字。◎呼邪韓單于歸庭數月，罷兵使各歸故地，乃收其兄呼屠吾斯在民間**者**立爲左谷蠡王。《漢書·匈奴傳下》　按「呼屠吾斯在民間者」猶言「在民間之呼屠吾斯」。原文「呼屠吾斯」先置，形容語「在民間」後置，故不得不複牒一「者」字；否則文義不明。

（三）語末助詞　助詞或句，表提示。《儀禮·喪服注》云：者者，明爲下出也。◎仁者，人也；義者，宜也。《禮記·中庸》◎所謂誠其意者，毋自欺也。又《大學》◎所謂修身在正其心者，身有所忿懥，則不得其正。又 ◎然則爲取可以爲其有乎？曰：否。何者？若楚王之妻媦，無時焉可也。《公羊傳》桓二年 ◎楚之南有冥靈者，以五百歲爲春，五百歲爲秋。上古有大椿者，以八千歲爲春，八千歲爲秋。《莊子·逍遙遊》◎庠者，養也；校者，教也；序者，射也。《孟子·滕文公上》◎聞陳嬰已下東陽，使使欲與連和俱西。陳嬰者，故東陽令史。《史記·項羽紀》◎蒙恬爲秦將，北逐戎人，開榆中地數千里，竟斬陽周。何者，功多，秦不能盡封，因以法誅之。又 ◎今棄擊甕叩缶而就鄭衞，退彈箏而取韶虞。若是者，何也？快意當前，適觀而已矣。又《李斯傳》◎漢王所以具知天下阸塞，戶口多少強弱之處，民所疾苦者，以何具得秦圖書也。又《蕭何世家》◎所貴於天下士者，爲人排患釋難解紛亂而無所取也。又《魯仲連傳》◎人君無智愚賢不肖，莫不欲求忠以自爲，舉賢以自佐。然亡國破家相隨屬，而聖君治國累世而不見者，其所謂忠者不忠，而所謂賢者不賢也。又《屈原傳》◎太后豈以爲臣有愛不相魏其？魏其者，沾沾自喜耳！又《魏其侯傳》

（四）語末助詞　表疑問。◎安見方六七十如五六十而非邦也者？《論語·先進》◎君言太謙！君而不可，尚誰可者？《漢書》◎仲卿！京師尊貴在朝廷人，誰踰仲卿者？又《王章傳》

(五)語末助詞　表飾設。◎公孫申謀之，曰：我出師以圍許，爲將改立君**者**，而紓晉使，晉必歸君。《左傳》成九年　◎陽虎僞不見冉猛**者**。又定八年　◎田乞僞事高國**者**。《史記·齊太公世家》　◎太夫人可歸，爲棄去宣家**者**以避害。《漢書·翟義傳》　◎更以禹爲大司馬，小冠，亡印綬，罷其右將軍屯兵官屬，特使禹官名與光俱大司馬**者**。又《霍光傳》　◎虎圈嗇夫從旁代尉對上所問禽獸簿甚悉，欲以觀其能口對響應無窮**者**。又《張釋之傳》　◎會當病死，莽以其庶女陸逯任妻後安公奢，所以尊寵之甚厚，終爲欲出兵立之**者**。又《匈奴傳》　◎上於是令躬寵爲因賢告東平事**者**，乃以其功下詔封賢爲高安侯。又《董賢傳》

(六)語末助詞　表擬度。◎孔子於鄉黨，恂恂如也，似不能言**者**。《論語·鄉黨》　◎吾視郭解狀貌不及中人，言語不足採**者**。《史記·游俠傳贊》　◎於是公子立自責，似若無所容**者**。又《信陵君傳》　◎建爲郎中令，事有可言，屏人恣言極切；至廷見，如不能言**者**。《漢書·石奮傳》　◎玄成素有名聲，士大夫多疑其欲讓爵辟兄**者**。又《韋玄成傳》

(七)語末助詞　表商榷。◎公曰：周其弊乎？對曰：殆於必弊**者**。《鄭語》　◎今漢繼大亂之後，若宜少損周之文，致用夏之忠**者**。《漢書·董仲舒傳》

(八)語末助詞　表假設。◎魯無君子**者**，斯焉取斯。《論語·公冶長》　◎若入，前爲壽；壽畢，請以劍舞，因擊沛公於坐，殺之！不**者**，若屬皆且爲所虜！《史記·項羽紀》　◎伍奢有二子，不殺者，爲楚國患。又《楚世家》 ◎即以二千石守千里之地，任兵馬之重，不宜去郡，將以制刑，爲後法者，則野王之罪在未制令前也。《漢書·馮野王傳》 ◎上使御史收永，敕：過交道廄者，勿追。又《谷永傳》

驟（ㄓㄡˋ）

（一）表數副詞 《國語·晉語注》云：驟，數也。 ◎公子商人驟施於國。《左傳》文十四年 ◎趙宣子爲政，驟諫而不入。又宣元年 ◎楚師驟勝而驕，其師老矣。又宣十二年 ◎善人，天地之紀也；而驟絕之，不亡，何待？又成十五年 ◎晉能驟來，楚將不能。又襄十一年 ◎富辰曰：昔吾驟諫王。王弗從，以及此難。《周語中》

旃（ㄓㄢ）

（一）指示代名詞 《廣韻》云：旃，之也。 ◎舍旃舍旃！《詩·唐風·采苓》 ◎上愼旃哉！又《魏風·陟岵》 ◎初，虞叔有玉，虞公求旃，弗獻。《左傳》桓十年 ◎天其殃之也，其將聚而殲旃。又襄二十八年 ◎高豎致盧而出奔晉，晉人城緜而寘旃。又襄二十九年 ◎舉茲以旃，不亦寶乎？《漢書·王貢兩龔傳》 ◎願勉旃！毋多談！楊惲《報孫會宗書》

眞（ㄓㄣ）

（一）形容詞　與今語同。◎始皇崩，李斯以爲上在外崩，無眞太子，故秘之。《史記·李斯傳》◎大丈夫定諸侯，即爲眞王耳！何以假爲？又《淮陰侯传》◎右谷蠡王以爲單于死，迺自立爲單于。眞單于復得其衆，右谷蠡迺去號，復其故位。《漢書·匈奴傳上》

（二）表態副詞　誠也，信也。◎呂后眞而主矣！《史記·留侯世家》◎夫職事苟有便於民而請之，眞宰相事。又《蕭何世家》◎要之，此兩人眞傾危之士哉！又《張儀傳》◎關東羣盜多，今上急發徭治阿房宮，聚狗馬無用之物。臣欲諫，爲位賤；此眞君侯之事：君何不諫？又《李斯傳》◎吾聞沛公慢而易人，多大略，此眞吾所願從游。又《酈生傳》◎唯北狄爲不然，眞中國之堅敵也。《漢書·匈奴傳》

爭（ㄓㄥ）

（一）表態副詞　即今語之「爭着」。◎今君起江東，楚蠭起之將皆爭附君者，以君世世楚將，爲能復立楚之後也。《漢書·項籍傳》◎今天下大亂，秦政不施，然則慈父孝子將爭接刃於公之腹以復其怨而成其功名：此通之所以弔者也。又《蒯通傳》◎爲京兆尹門下督，從至殿中，侍中諸侯貴人**爭**欲揖章，莫與京兆尹言者。又《萬章傳》 ◎涉還至主人，對賓客歎息，曰：「人親臥地不收，涉何心鄉此！願徹去酒食。」賓客**爭**問所當得，涉乃側席而坐，削牘爲疏，具記衣被棺木，下至飲食之物，分付諸客。又《原涉傳》 ◎諸假號素聞涉名，**爭**問「原尹何在」？拜謁之。又

烝（ㄓㄥ）

（一）語首助詞　無義。◎涓涓者蠋，**烝**在桑野。《詩·豳風·東山》 ◎南有嘉魚，**烝**然罩罩。又《小雅·南有嘉魚》

正（ㄓㄥˋ）

（一）表態副詞　◎秦取天下，非行義也；暴也。秦之行暴，**正**告天下。《史記·蘇秦傳》 按此正字爲「公然」「堂堂正正」之義。◎御史大夫張湯非肯**正**爲天下言。專阿主意：主意所不欲，因而毀之；主意所欲，因而譽之。又《汲黯傳》 按此「**正**」字爲今語「正直地」之意。◎時請召賓客，邑居樽下，稱賤子上壽。坐者百數，皆離席伏。護獨東鄉**正**坐，字謂邑曰：「公子貴，如何？」《漢書·樓護傳》 按此「正」字爲不偏邪之意。

（二）表態副詞　與今語「恰」同。◎子曰：若聖與仁，則吾豈敢！抑爲之不厭，誨人不倦，則可謂云爾已矣。公西華曰：**正**唯弟子不能學也。《論語·述而》◎夫虞之有虢也，如車之有輔。輔依車，車亦依輔，虞虢之勢**正**是也。《韓非子·十過》◎至漢興，長樂宮在其東，未央宮在其西，武庫**正**直其墓。《史記·樗里疾傳》◎**正**賴絲竹陶寫。《世說》◎令史受杖，**正**從朱衣上過。又◎莫作孔明擇婦！**正**得阿承醜女。《襄陽耆舊傳》

（三）表態副詞　純也。多用于表顔色之形容詞上。◎胥宮園中棗樹生十餘莖，莖**正**赤。《漢書·廣陵厲王胥傳》◎擇米使**正**白爲白粲。又《惠帝紀注》

（四）時間副詞　方也。◎象鄂不懌，曰：我思舜，**正**鬱陶。《史記·五帝紀》◎前日一男子詣闕，自謂故太子，長安中民趣鄉之，**正**讙不可止。大將軍恐，出兵陳之以自備耳！《漢書·燕剌王傳》◎韓夫人尤嗜酒。每侍飲，見常侍奏事，輒怒曰：帝方對我飲，**正**用此時持事來乎？《後漢書·更始傳》◎丞相嘗夏月至石頭看庾公，庾公**正**料事。《世說》

（五）副詞　常也，端也。似與今言「總」同。◎謝太傅問諸子姪：子弟亦可預人事，而**正**欲使其佳？《世說》◎自然無心於稟受，何以**正**善人少而惡人多？又

（六）疑問副詞　何也。按卽今言「怎」字。◎問曰：燕王**正**爾爲放？資對曰：燕王實自知不堪大任故耳！《魏志·蔣濟傳》

（七）推拓連詞　縱也，卽也。◎且鹽鐵郡有餘藏，正二國廢，國家不足以爲利害。《漢書·終軍傳》◎許丞，廉吏；雖老，尙能拜起迎送。正頗重聽，何傷？又《黃霸傳》◎丈夫爲吏，正坐殘賊免，追思其功效，則復進用矣。一坐軟弱不勝任免，終身廢棄，無有赦時。又《尹賞傳》◎正復讎取仇，猶不失仁義，何故遂爾放縱爲輕俠之徒乎？又《原涉傳》◎嚴尤奏言：貉人犯法，不從騶起；正有它心，宜令州郡且尉安之。又《王莽傳》◎又許：小兒正得此財，不能自全護，故且俾與女，內實寄之耳。《太平御覽》六百三十九引《風俗通》◎善屬文，舉筆便成，無以改定；時人常以爲宿構。然正復精意覃思，亦不能加也。《魏志·王粲傳》◎正使禍至，共死何若。又《武宣卞后傳》◎正使死，何所懼？況不必死耶？又《高貴鄉公紀注》引《漢晉春秋》◎又中書楊融親受詔敕，所當恭肅，云：正自不聽禁，當如我何？《吳志·孫奮傳》◎御冬足大布，麤絺亦應陽，正爾不能得，哀哉亦可傷。陶淵明《雜詩》按爾，此也。謂縱此亦不能得也。劉淇謂「正爾」猶「正唯」，非。

諸（ㄓㄨ）

（一）數量形容詞　表不定之多數。《一切經音義》二十引《倉頡篇》云：諸，非一也。《廣雅·釋詁》云：諸，衆也。◎諸大夫皆曰賢，未可也。《孟子·梁惠王下》◎涇渭皆非大川，以近咸陽，盡得比山川祠而無**諸**加。《史記·封禪書》◎**諸**陳王故人皆自引去。又《陳涉世家》◎十餘年而蒙恬死，**諸**侯畔秦，中國擾亂，**諸**秦所徙適戍邊者皆復去。又《匈奴傳》◎冒頓大怒，曰：地者，國之本也。奈何予之？**諸**言予之者，皆斬之。又 ◎**諸**引弓之民，並爲一家。又 ◎**諸**言盜者皆罷之。又《叔孫通傳》◎貴戚**諸**有勢在己之右，不欲加禮，必陵之。又《魏其侯傳》◎**諸**所與交通，無非豪傑大猾。又 ◎**諸**嘗與弘有郤者，雖詳與善，陰報其禍。又《公孫弘傳》◎**諸**嘗使宛姚定漢等言：宛兵弱，誠以漢兵，不過三千人，彊弩射之，即盡虜破宛矣。又《大宛傳》◎上乃令人覆案豨客居代者財物**諸**不法事。又《陳豨傳》◎**諸**所言者，單于特空紿王烏。又《匈奴傳》◎王后荼公子遷**諸**所與謀反者皆族。又《淮南王傳》◎自今**諸**有大父母父母喪者，勿繇事！《漢書·宣帝紀》◎會稽東接于海，南近**諸**越。又《嚴助傳》

（二）指示代名詞　《儀禮·士昏禮注》云：諸，之也。◎冬，晉薦饑，使乞糴于秦。秦伯謂子桑：與**諸**乎？《左傳》僖十三年 ◎能事**諸**乎？曰：不能。又文元年　按《楚世家》「諸」作「之」。◎羿猶不悛，將歸自田，家衆殺而亨之，以食其子；其子不忍食**諸**，死于窮門。又襄四年 ◎孔子曰：吾聞**諸**，惜其腐餘而欲以務施者，仁人之偶也。《說苑·貴德》◎夫有刀者礱**諸**，有玉者錯**諸**。不礱不錯，焉攸用？礱而錯**諸**，質在其中矣。《法言·學行》◎聖人之治天下也，礙**諸**以禮樂。又《問道》

〔三〕介詞　於也。◎孝弟發**諸**朝廷，行乎道路，至乎州巷，放乎獀狩，脩乎軍旅。《禮記·祭義》

〔四〕代名詞兼介詞　「之於」二字之合聲。◎子張問行，子曰：言忠信，行篤敬，雖蠻貊之邦行矣；言不忠信，行不篤敬，雖州里，行乎哉？立，則見其參於前也；在輿則見其倚於衡也，夫然後行。子張書**諸**紳。《論語·衛靈公》◎宋芮司徒生女子，赤而毛，棄**諸**堤下。《左傳》襄二十六年　◎使有司求**諸**故府。《魯語》◎人皆曰：予知。驅而納**諸**罟擭陷阱之中，而莫之知避也。《禮記·中庸》◎禹疏九河，瀹濟漯而注**諸**海。《孟子·滕文公上》

〔五〕代名詞兼助詞「之乎」二字之合聲。《小爾雅·廣訓》云：「諸，之乎也。」王引之云：急言之曰「諸」，徐言之曰「之乎」。按或表疑問，或表感歎。◎伯高死於衛，赴於孔子，曰：吾惡乎哭**諸**？《禮記·檀弓》◎有美玉於斯，韞匵而藏**諸**？求善賈而沽**諸**？《論語·子罕》◎文王之囿，方七十里，有**諸**？《孟子·梁惠王下》按上例「諸」字表疑問。◎君王其終撫**諸**！《禮記·文王世子》◎天其或者將建**諸**！《左傳》僖二十三年　◎犁牛之子，騂且角，雖欲勿用，山川其舍**諸**！《論語·雍也》◎雖有粟，吾得而食**諸**！又《顏淵》按以上諸例表感歎。

〔六〕語中助詞　無義。◎夫子之求之也，其**諸**異乎人之求之與！《論語·學而》◎子公羊子曰：其**諸**以病桓與？《公羊傳》桓六年　◎其**諸**君子樂道堯舜之道與？又哀十四年

〔七〕語末助詞　無義。◎日居月**諸**，照臨下土。《詩·邶風·日月》◎皋陶庭堅不祀，忽**諸**！《左

傳》文五年　◎齊齊乎其敬也！愉愉乎其忠也！勿勿**諸**其饗之也！《禮記·祭義》

屬（ㄓㄨˇ）

(一)時間副詞　《左傳杜注》及《魯語韋注》並云：屬，適也。按此是會適之適。◎下臣不幸，**屬**當戎行。《左傳》成二年　◎**屬**有宗祧之事於武城。又昭四年　◎吾**屬**欲美之。《魯語》

(二)時間副詞　《晉語韋注》云：屬，適也。按此是適纔之適，今言剛纔。◎**屬**見不穀而下，無乃傷乎？《晉語六》　◎天下**屬**安定，何故反乎？《史記·留侯世家》　◎徐偃又曰：太常諸生行禮，不如魯善。周霸**屬**圖封禪事，於是上絀偃霸而盡罷諸儒不用。又《封禪書》　◎段熲迎乘輿，不敢下馬，揖馬上。种輯曰：段熲欲反。上曰：熲**屬**來迎，何謂反？袁宏《後漢紀》

逐（ㄓㄨˊ）

(一)介詞　隨也。◎**逐**水草遷徙。《漢書·匈奴傳》　◎先零豪言：願時渡湟水北，**逐**民所不田處畜牧。又《趙充國傳》

咄（ㄓㄨㄛˋ）

(一)歎詞　無義。◎上令倡監榜舍人；舍人不勝痛，呼謈。朔笑之曰：**咄**！口無毛！聲警謷，尻益高。《漢書·東方朔傳》◎立政曰：咄！少卿良苦。又《李陵傳》◎譚被髮驅馳，追者意非恆人，趨奔之。譚墮馬，顧曰：咄！兒過我！我能富貴汝。《後漢書·袁譚傳》

專（ㄓㄨㄢ）顓 剸

（一）表態副詞　劉淇云：專者，言一意如此也。◎參見人之有細過，專掩匿覆蓋之。《史記·曹相國世家》◎雒陽之人年少初學，專欲擅權紛亂諸事。《漢書·賈誼傳》◎專趨人之急，甚於己私。又《朱家傳》◎客譽郭解。生曰：解專以姦犯公法，何謂賢？又《郭解傳》◎費用皆卬富人長者；然身衣服車馬纔具，妻子內困，專以振施貧窮赴人之急爲務。又《原涉傳》◎太后，中國人；又與使者亂，專欲內屬。又《南粵傳》◎客愚無知，顓妄言輕威。《史記·陳涉世家》◎歐爲吏，未嘗言按人，剸以誠長者處官。《漢書·張叔傳》

（二）表態副詞　《廣韻》云：專，單也，獨也。◎體道不專在於我，亦有繫於世矣。《淮南子》

（三）代名副詞　全也，皆也。◎朔上書陳農戰強國之計，因自訟獨不得大官，欲求試用，其言專商鞅韓非子之語也。《漢書·東方朔傳》

遄（ㄓㄨㄢ）

（一）表態副詞　《爾雅·釋詁》云：遄，速也，疾也。◎人而無禮，胡不遄死？《詩·鄘風·相鼠》◎

湍臻于衞，不瑕有害。又《邶風·泉水》 ◎君子如怒，亂庶湍沮；君子如祉，亂庶湍已。又《小雅·巧言》 ◎曜靈曄而湍邁兮。《文選·寡婦賦》

轉（ㄓㄨㄢˇ）

（一）表態副詞　今言「展轉著」。◎或有踞蹐比伍，轉相賦斂。《後漢書·陳忠傳》 ◎自永平以來，仍連大獄，有司窮考，轉相牽引，掠拷寃濫，家屬徙邊。又《楊終傳》

（二）表態副詞　劉淇云：轉猶浸也。◎但恐前路轉欲逼耳。王羲之《帖》 ◎吾蹤忝轉深，足以致謗。《宋書·王景文傳》 ◎詔書以民食轉廣，陸費不贍。《水經注》

終（ㄓㄨㄥ）

（一）形容詞　◎靖爲政類如此。初雖如碎密，終於百姓便之。《魏志·劉馥傳》

（二）時間副詞　表過去，既也。◎終風且暴。《詩·邶風·終風》 ◎終溫且惠，淑愼其身。又《燕燕》 ◎終窶且貧，莫知我艱。又《北門》 ◎終遠兄弟，謂他人父。又《王風·葛藟》 ◎終鮮兄弟，維予與女。又《鄭風·揚之水》 ◎神之聽之，終和且平。又《小雅·伐木》 ◎禾易長畝，終善且有。又《甫田》 ◎終其永懷，又窘陰雨。又《正月》

(三)時間副詞　卒也。◎其**終**出不於祥。《書·君奭》◎齊公子元不順懿公之爲政也，**終**不曰公，曰夫己氏。《左傳》文十四年 ◎姑盟而退，修德息師而來，**終**必獲鄭，何必今日！又襄九年 ◎上曰：**終**不使不肖之子居愛子之上。《史記·留侯世家》◎欲有所言，復飲之，醉而後去；**終**莫得開說。又《曹相國世家》◎君侯**終**不懷通侯之印歸於鄉里明矣！又《李斯傳》◎陳餘曰：吾度前**終**不能救趙。又《陳餘傳》◎今足下雖自以與漢王爲厚交，爲之盡力用兵，**終**爲之所禽矣！又《淮陰侯傳》◎韓信猶豫不忍背漢，又自以爲功多，**終**不奪我齊，遂謝蒯通。又 ◎王生曰：吾老且賤，自度**終**無益於張廷尉。又《張釋之傳》◎府庫壞漏，盡腐敗物以巨萬計，**終**不得收徙。又《五宗世家》◎黯多病，病且滿三月，上常賜告者數；**終**不愈。又《汲黯傳》◎然韓非知說之難，爲《說難書》甚具，**終**死於秦，不能自脫。又《韓非傳》◎夜，軍中驚，內相攻擊擾亂，至於太尉帳下；太尉**終**臥不起。又《周勃世家》◎婁敬曰：臣衣帛，衣帛見；衣褐，衣褐見。**終**不敢易衣。又《劉敬傳》◎是故其智不足與權變，勇不足以決斷，仁不足以取予，彊不能有所守，雖欲學吾術，**終**不告之矣。又《貨殖傳》◎桀黠奴，人之所患，唯刁間收取之。逐漁鹽商賈之利，或連車騎，交守相，然愈益任之，**終**得其力。又 ◎上於是以式**終**長者。《漢書·卜式傳》

(四)時間介詞　竟也。◎**終**孝景時，時小寇入邊，無大寇。《史記·匈奴傳》◎此兩昆弟深自悔，皆自髡肉袒謝，願以田相移；**終**死不敢復爭。《漢書·韓延壽傳》◎往來上谷以東，**終**高祖世。又《匈奴傳》◎兄隲，**終**帝世不過虎賁中郎。《後漢書·和熹鄧后紀》

中（ㄓㄨㄥ）

(一)形容詞　合也。有用在名詞上者，有用在動詞上者。◎木直**中**繩，輮以爲輪，其曲**中**規。《荀子·勸學》◎及徙豪茂陵也，解貧不**中**訾。《漢書·郭解傳》上例用在名詞上。◎武帝擇宮人不**中**用者，斥出歸之。《史記·外戚世家》◎郭解家貧，不**中**徙。《漢書·郭解傳》◎上例用在動詞上。

(二)外動詞　傷也。◎烏桓時新**中**匈奴兵，明友既後匈奴，因乘烏桓敝擊之。《漢書·匈奴傳》◎按《顏注》云：「爲匈奴所中傷。」此被動式也。◎鉤性陰賊，喜文法；國相二千石不與相得者，輒陰**中**之。《後漢書·陳敬王羨傳》◎讓懷挾忿怨，以事**中**允。又《王允傳》

(三)方所介詞　讀平聲。◎**中**楚國而朝宋與魯。《墨子·非攻中》◎我欲**中**國而授孟子室。《孟子·公孫丑下》◎**中**天下而立。又《盡心上》◎公侯地百里，**中**之而爲都。《賈子·屬遠》◎吉於是**中**西域而立莫府。《漢書·鄭吉傳》◎遼將親兵數十人，**中**陣而立。《魏志·張遼傳》

衆(ㄓㄨㄥˋ)

(一)名詞　◎汎愛衆，而親仁。《論語·學而》　◎雖違衆，吾從下。又《子罕》　◎吾從衆。又　◎馮婦攘臂下車，衆皆悅之。《孟子·盡心下》

(二)數量形容詞　多也。◎魯之羣室衆於齊之兵車。《左傳》哀十一年

(三)副詞　於衆前也。◎程李俱東西宮衛尉。今衆辱程將軍，仲孺獨不爲李將軍地乎？《史記·魏其侯傳》　◎掖庭見親有加賞賜，屬其人勿衆謝。《漢書·王嘉傳》

重(ㄓㄨㄥˋ)

(一)外動詞　劉淇云：重，加也，益也。◎紛吾既有此內美兮，又重之以修能。《離騷》　◎今縱不能博求天下賢聖有德之人而嬗天下焉，而曰豫建太子，是重吾不德也。《漢書·文帝紀》　◎於是丁令乘弱攻其北，烏桓入其東，烏孫擊其西，凡三國所殺數萬級，馬數萬匹，牛羊甚衆；又重以餓死，人民死者什三，畜產什五，匈奴大虛弱。又《匈奴傳》　◎單于始用夏侯藩求地有距漢語；後以求稅烏桓不得，因寇略其人民，釁由是生；重以印文改易，故怨恨。又

(二)形容詞　難也。◎羣臣必多以臣爲不能者，故王重見臣也。《國策》　◎上重違大臣正議，

又內迫傅太后，猗違者連歲。《漢書·孔光傳》

（三）表態副詞　厚也，多也。◎超重賜其王以下，因鎮撫焉。《後漢書·班超傳》

（四）表態副詞　甚也。見《國策注》。◎子之哭也，壹似重有憂者。《禮記·檀弓》◎今富摯能，而公重不相善也，是兩盡也。《楚策》◎李陵既生降，隤其家聲，而僕又佴以蠶室，重爲天下觀笑。司馬遷《報任少卿書》

（五）表態副詞　更也。◎見犯乃死，重負國。《漢書·蘇武傳》

啻（˙ㄔ）　翅

（一）副詞　劉淇云：啻，僅也，止也，第也，但也。樹達按「啻」多與「不」「奚」連用。《一切經音義》卷三引《倉頡篇》云：「不啻，多也。」按「不但」「不僅」，正爲多字之義。◎爾不啻不有爾土。《書·多士》◎厥或告之曰：小人怨汝詈汝，則皇自敬德厥愆曰：「朕之愆，允若時。」不啻不敢含怒。又《無逸》◎人之彥聖，其心好之，不啻若自其口出。又《秦誓》◎取食之重者與禮之輕者而比之，奚翅食重！《孟子·告子下》◎陰陽於人，不翅於父母。《莊子·大宗師》

輒（ㄔㄝ˙）

(一)副詞　每也。◎始皇崩，李斯以爲：上在外崩，無眞太子，故祕之，置始皇居轀輬車中，百官奏事，上食如故。宦者輒從轀輬車中可諸奏事。《史記·李斯傳》　◎復曰：「能徙者，予五十金。」有一人徙之，輒予五十金，以明不欺。又《商君傳》　◎張負女五嫁而夫輒死，人莫敢娶。又《陳平世家》　◎及到，三神山反居水下。臨之，風輒引去。又《封禪書》　◎二千石往者，奉漢法以治，端輒求其罪告之。又《五宗世家》　◎得二千石失言中忌諱，輒言之。又　◎見文法輒取，亦不覆案求官屬陰罪。又《張湯傳》　◎諸吳使來，輒繫責治之。又《吳王濞傳》　◎百姓無賦，卒踐更，輒與平賈。又　◎以時起居，惡者輒斥去。又《平準書》　◎長公主賜鄧通，吏輒隨沒入之。又《佞幸傳》　◎少年慕其行，亦輒爲報仇，不使知也。又《郭解傳》　◎趙高治斯，榜掠千餘，不勝痛，自誣服。高使其客十餘輩詐爲御史謁者侍中更往覆訊斯，斯更以其實對，輒使人復榜之。又《李斯傳》　◎舍中皆笑曰：使者往十餘輩輒死，若何以能得王？又《張耳陳餘傳》　◎騎士曰：沛公不好儒。諸客冠儒冠來者，沛公輒解其冠，溲溺其中。又《酈生傳》　◎其吏卒亦輒復盛推外國所有。又《大宛傳》　◎以銀爲錢，銀如其王面。王死，輒更錢，效王面焉。又　◎故每攘臂忍辱，輒復苟活。李陵《答蘇武書》　◎凡相兩國，輒事驕王。《漢書·董仲舒傳》　◎遵耆酒，每大飲，賓客滿堂，輒關門，取客中車轄投井中；雖有急，終不得去。又《陳遵傳》

(二)時間副詞　卽也。◎十賊彍弩，百吏不敢前。盜賊不輒伏辜，免脫者衆。《漢書·吾邱壽王傳》

差(ㄔㄞ)

(一)表度副詞　僅也，略也，較也。◎亂吾治者，常二輔也。誠令廣漢得兼治之，直**差**易耳。《漢書·趙廣漢傳》◎官爵功名，不減於子，而**差**獨樂，顧不優耶？又《陳遵傳》◎從塞以南，徑深山谷，往來**差**難。又《匈奴傳》◎元始中，車師後王國有新道，出五船北通玉門關，往來**差**近。又《西域傳》◎今軍士屯田，糧儲**差**積。《後漢書·光武紀》◎人問撫軍：殷浩談竟何如？答曰：不能勝人，**差**可獻酬羣心。《世說》

疇(ㄔㄡˊ)

(一)疑問代名詞　《爾雅》云：疇，誰也。◎帝曰：**疇**咨若時登庸？《書·堯典》　按《史記·五帝紀》作「誰可順此事」。◎**疇**逆失而能存？《漢書·司馬相如傳》

(二)語首助詞　發聲，無義。◎予**疇**昔之夜，夢坐奠於兩楹之間。《禮記·檀弓上》◎**疇**昔之羊子爲政，今日之事我爲政。《左傳》宣二年

常（ㄔㄤˊ）

（一）時間副詞　恆也。偶之反。◎常從王媼武負貰酒。《漢書·高帝紀》◎尤樂杜鄠之間，率常在下杜。又《宣帝紀》◎亂吾治者，常二輔也。又《趙廣漢傳》◎論議常依名節，聽之者皆竦。又《樓護傳》◎此業一定，世世常安，而後有所持循矣。又《賈誼傳》

嘗（ㄔㄤˊ）

（一）外動詞　《說文》云：嘗，口味之也。◎君子有酒，酌言嘗之。《詩·小雅·瓠葉》◎田畯至喜，攘其左右，嘗其旨否。又《甫田》◎季康子饋藥，拜而受之，曰：丘未達，不敢嘗。《論語·鄉黨》◎染指於鼎，嘗之而出。《左傳》宣四年　◎五味之變，不可勝嘗也。《孫子·兵勢篇》◎佐祭者得嘗。《淮南子·說林訓》

（二）外動詞　前義引伸之，則凡試於事亦曰嘗。◎諸侯方睦於晉，臣請嘗之！若可，君而繼之；不可，收師而退，可以無害。《左傳》襄十八年

（三）副詞　試也。◎雖然，請嘗言之！《莊子·齊物論》◎雖然，若必有以也。嘗以語我來！又《人閒世》

（四）時間副詞　《廣韻》云：嘗，曾也。《説文段注》云：《説文》本義之引伸，凡經過者爲嘗，未經過者爲未嘗。◎衞靈公問陳於孔子，孔子對曰：俎豆之事，則嘗聞之矣；軍旅之事，未之學也。《論語·衞靈公》◎孔子嘗爲委吏矣，曰：會計當而已矣！嘗爲乘田矣，曰：牛羊茁壯長而已矣！《孟子·萬章下》◎王使子誦。子曰：少棄捐在外，嘗無師傅教學，不習於誦。《秦策》◎昔天下之網嘗密矣。《史記·酷吏傳序》◎買臣，楚士，深怨，嘗欲死之。又《張湯傳》◎且王前嘗用召滑於越。又《甘茂傳》◎自古受命帝王，曷嘗不封禪？又《封禪書》◎王者之興，何嘗不以卜筮決於天命哉？又《日者傳》◎范雎於是散家財物，盡以報所嘗困戹者。又《范雎傳》◎布曰：窮困不能辱身下志，非人也；富貴不能快意，非賢也。於是嘗有德者，厚報之；有怨者，必以法滅之。又《欒布傳》◎張儀已卒之後，犀首入秦，嘗佩五國之相印，爲約長。又《張儀傳》◎廣嘗與望氣王朔燕語，曰：自漢擊匈奴，而廣未嘗不在其中。然無尺寸之功以得封邑者，何也？豈吾相不當侯耶？且固命也？朔曰：將軍自念豈嘗有所恨乎？廣曰：吾嘗爲隴西守，羌嘗反，吾誘而降，降者八百餘人，吾詐而同日殺之，至今大恨獨此耳。朔曰：禍莫大於殺已降，此乃將軍所以不得侯者也。又《李將軍傳》◎袁盎自其爲吳相時，嘗有從史，嘗盜愛盎侍兒。盎知之，弗泄。又《袁盎傳》

長（ㄔㄤˊ）

（一）時間副詞　永也，按與今語義同。◎君**長**有齊，奚以薛爲？失齊，雖隆薛之城到於天，猶之無益也。《齊策》◎又迫年衰歲暮，常恐卒塡溝渠，無以報德厚，使論議士，譏臣無補，**長**獲素餐之名。《漢書·諸葛豐傳》◎今郅支單于困阨在外，可迎置東邊，使合兵取烏孫以立之，**長**無匈奴憂矣。又《匈奴傳》

誠（ㄔㄥˊ）

（一）表態副詞　《廣韻》云：誠，審也，信也。按與今語「眞」同。◎是**誠**何心哉？《孟子·梁惠王上》◎良曰：沛公**誠**欲倍項羽邪？《史記·留侯世家》◎嗟乎！利**誠**亂之始也。又《孟子傳》◎賢者**誠**重其死。又《季布傳》◎上嘿然良久，曰：顧**誠**何如？吾不愛一人以謝天下。又《吳王濞傳》◎欒布哭彭越，趣湯如歸者，彼誠知所處。又《欒布傳》◎一寸之地，一人之衆，天子無所利焉，**誠**以定治而已。《漢書·賈誼傳》◎非得漢貴人使，吾不與**誠**語。又《匈奴傳》◎天下歌之曰：平城之下亦**誠**苦，七日不食，不能彀弩。又

（二）副詞　由前義引伸，於假設時用之。◎夷吾曰：**誠**得立，請割晉之河西八城與秦。《史記·

秦本紀》　◎王**誠**以一郡上太后爲公主湯沐邑，太后必喜。又《呂后紀》　◎**誠**如父言，不敢忘德。又《高祖紀》　◎丹之私願，以**誠**得天下勇士使於秦，闚以重利，秦王貪其勢，必得所願矣。**誠**得劫秦王使悉反諸侯侵地，若曹沫之於齊桓公，則大善矣！又《荆軻傳》　◎**誠**聽臣之計，可不攻而降城。又《張耳傳》　◎然**誠**得賢士以共國，以雪先王之恥，孤之願也。又《燕世家》　◎上曰：文成食馬肝死耳。子**誠**能修其方，我何愛乎？又《武帝紀》　◎臣意家貧，欲爲人治病，**誠**恐吏以除拘臣意也，故移名數。又《倉公傳》　◎大王**誠**幸而許之一言，則吳王率楚王略函谷關，守滎陽敖倉之粟，距漢兵，治次舍須大王。又《吳王濞傳》　◎**誠**令吳得豪傑，亦且輔王爲義，不反矣。又　◎僕**誠**已著此書，藏之名山，傳之其人，通邑大都，則僕償前辱之責，雖萬被戮，豈有悔哉！《漢書·司馬遷傳》

乘(ㄔㄥˊ)

(一)介詞　因也，卽今語之「趁」字。　◎夫以天子之位，**乘**今之時，因天之助，尙憚以危爲安，以亂爲治，假設陛下居齊桓之處，將不合諸侯而匡天下乎？《漢書·賈誼傳》　◎郅支單于自以大國威名尊重，又**乘**勝驕，不爲康居王禮。又《陳湯傳》　◎烏桓時新中匈奴兵，明友旣後匈奴，因**乘**烏桓敝擊之。又《匈奴傳》　◎太后怒罵曰：而屬父子宗族蒙漢家力，富貴累世；旣無以報。受人孤寄，**乘**便利時奪取其國，不復顧恩義。人如此者，狗豬不食其餘！又《元后傳》◎援陳軍向山，而分遣數百騎繞襲其後，**乘**夜放火，擊鼓叫噪，虜遂大潰。《後漢書·馬援傳》

(二)介詞　恃也。◎充宗**乘**貴辨口，諸儒莫能與抗。《漢書·朱雲傳》◎涉遣奴至市買肉，奴**乘**涉氣，與屠爭言，斫傷屠者，亡。又《原涉傳》◎今隣里長老尚致饋遺，此乃人道所以相親，況吏與民乎！吏顧不當**乘**威力強請求耳。《後漢書·卓茂傳》

初(ㄔㄨ)

(一)形容詞　初，疾娶于宋子朝，其娣嬖。子朝出，孔文子使疾出其妻而妻之。疾使侍人誘其**初**妻之娣寘於犁，而爲之一宮，如二妻。《左傳》哀十一年　◎徙謫實之**初**縣。《史記·秦始皇紀》◎番禺以西至蜀南者置**初**郡十七。《漢書·食貨志下》　按初置之郡縣，故謂之初郡初縣，猶今言新郡新縣也。

(二)時間副詞　始也。此記一事之始；「初」字當重讀。◎於是**初**獻六羽。《左傳》隱五年　按此言以前無獻六羽之事，而此時始爲之。◎**初**置張掖酒泉郡。《史記·平準書》

(三)時間副詞　謂「初時」也。欲說明後事，必追溯前事，追溯時則用初字。往往居一節之首，以一字爲讀。◎**初**，鄭武公娶於申，曰武姜，生莊公及共叔段。《左傳》隱元年　◎**初**，內蛇與外蛇鬭於鄭南門中，內蛇死。六年而厲公入。又莊十四年　◎**初**，公築臺，臨黨氏。又莊三十二年　◎**初**，申侯，申出也。有寵於楚文王。又僖七年　◎**初**，吏捕條侯，條侯欲自殺，夫人止之。《史記·周勃世家》　◎**初**，護有故人呂公，無子，歸護，護身與呂公妻與呂嫗同食。及護家居，妻子頗厭呂公。《漢書·樓護傳》　按欲敍護家居後妻子厭呂公事，則必追敍呂公歸護之前事，而讀者始明。敍前事，往往用「初」字引其端。諸例皆仿此。◎**初**，遵爲河南太守，而弟級爲荆州牧，當之官，俱過長安富家故淮陽王外家左氏飲酒作樂。後司直陳崇聞之，劾奏遵。又《陳遵傳》

（四）時間副詞　始也。按與前二條異者列於此條。◎丞相綰等言：諸侯**初**破，燕齊荆地遠；不爲置王，毋以塡之。《史記·秦始皇紀》　◎天下**初**定未久。又《外戚世家》　◎及高祖**初**起沛，盧綰以客從。又《盧綰傳》　◎自尉佗**初**王後，五世九十三歲而國亡焉。又《南越傳》　◎伍子胥**初**所與俱亡故楚太子建之子勝在於吳。又《伍子胥傳》　◎**初**好音與馬，晚節嗇，惟恐不足於財。又《五宗世家》　◎楚漢**初**起，武臣略定趙地。《漢書·蒯通傳》

（五）副詞　《詩·豳風·東山疏》云：初無猶本無。按此則初訓本也。劉淇云：初猶言「自來」「從來」也。按此恆與否定詞無字或不字連用。◎受敎三日，**初**不奉行。《後漢書·獨行·彭修傳》

◎帝曰：善。恨見君晚，羣臣**初**無是言也。又《蓋勳傳》 ◎**初**不中風，但失愛於叔父，故見罔耳。《魏志·太祖紀注》 ◎謝夫人問太傅：那得**初**不見君教兒？《世說》 ◎謝遏諸人共道竹林優劣。謝公云：先輩**初**不臧貶七賢。又

垂（ㄔㄨㄟˊ）

（一）副詞　幾也，將也。◎進謂宦官曰：天下匈匈，正患諸君耳。今董卓**垂**至，諸君何不早各就國？《後漢書·何進傳》 ◎今大事**垂**可立，如何釋此去乎？《蜀志·先主傳》 ◎今城届海濱，海水北侵，城**垂**淪半。《水經注》 ◎吾年**垂**耳順。王羲之《帖》

純（ㄔㄨㄣˊ）

（一）表態副詞　專也，全也。今語言「純粹」。◎漢家自有制度，本以霸王道雜之，奈何**純**用德教，用周政乎？《漢書·元帝紀》 ◎加以質性下愚，有不可移之姿，往者傅相亦不**純**以仁誼輔翼立。又《文三王傳》 ◎是故俗論皆言處士**純**盜虛聲。《後漢書·黃瓊傳》

時（ㄕˊ）

（一）指示代名詞　是也。◎帝曰：我其試哉！女于**時**，觀厥刑于二女。《書·堯典》 ◎惟**時**懋

哉！又 按《史記·五帝紀》作「是勉哉」。 ◎禹曰：惟德動天。滿招損，謙受益，**時**乃天道。又《大禹謨》 ◎禹曰：吁！咸若**時**，惟帝其難之。又《皋陶謨》 按《史記·夏本紀》作「皆若是」。

（二）指示形容詞 是也。按此用於名詞之前，故與前條異。 ◎帝曰：棄！黎民阻飢。汝后稷播**時**百穀！《書·堯典》 ◎帝曰：咨！禹！惟**時**有苗弗率，汝徂征！又《大禹謨》 ◎奉**時**辰牡。《詩·秦風·駟鐵》

（三）時間副詞 其時也。 ◎**時**成都侯商爲大司馬衞將軍。罷朝，欲候護。其主簿諫，商不聽。《漢書·樓護傳》 ◎既退居里巷，時五侯皆已死，年老，失埶，賓客益衰。又 ◎制詔太原太守，官尊祿厚，可以償博進矣。妻君寧**時**在旁，知狀。又《陳遵傳》 ◎**時**列侯有與遵同姓字者，每至人門，曰：陳孟公，坐中莫不震動；既至而非，因號其人曰陳驚坐云。又 ◎舉能治劇，爲谷口令，**時**年二十餘。谷口聞其名，不言而治。又《原涉傳》 ◎諸假號素聞涉名，爭問：「原尹何在？」拜謁之。**時**莽州牧使者依附涉者皆得活。又

（四）時間副詞 時時也。劉淇云：時猶「閒」也，非常如此。 ◎先零豪言：「願**時**渡湟水北，逐民所不田處畜牧。」《漢書·趙充國傳》 ◎使君顓殺生之柄，威震郡國；今復斬一訢，不足以增威；不如**時**有所寬以明恩貸。又《王訢傳》

（五）時間副詞　有時也。◎自淳維以至頭曼千有餘歲，**時**大**時**小。《漢書·匈奴傳》

（六）時間副詞　「及時」「以時」之省，劉淇訓爲「即」。◎鄭人有一子將宦，謂其家曰：「必築壞牆！是不善人將竊。」其巷人亦云。不**時**築，而人果竊之。以其子爲智，以巷人告者爲盜。《韓非子·說林下》　◎河南尹何進當遷爲大將軍，楊賜遣融奉謁賀，進不**時**通，融即奪謁還府，投劾而去。《後漢書·孔融傳》　◎妾肥，不得**時**出。《魏志·太祖紀注》　◎及宣王至遼東，霖雨，不得**時**攻。又《明帝紀》　◎太祖不**時**立太子。又《文帝紀注》

（七）介詞　《廣雅·釋言》云：時，伺也。　◎陽貨欲見孔子，孔子不見；歸孔子豚。孔子**時**其亡也而往拜之。《論語·陽貨》　◎窋既洗沐歸，**時**間自從其所諫參。參怒而笞之二百。《漢書·曹參傳》

使（ㄕˇ）

（一）外動詞　令也。◎上**使**御史簿責魏其。《史記·灌夫傳》　◎其春，武安侯病，專呼服謝罪。**使**巫視鬼者視之，見魏其灌夫共守笞，欲殺之。竟死。又　◎大將軍亦欲**使**敖與俱當單于。又《李將軍傳》　◎天子以爲李氏世將，而**使**將八百騎。又　◎布告天下，**使**明知朕意。又《孝文紀》　◎以秦攻之，譬如**使**豺狼逐羣羊。又《張儀傳》　◎惠王用張儀之計，遂散六國之從，**使**

之西面事秦。又《李斯傳》◎向**使**四君卻客而不內，疏士而不用，是**使**國無富利之實而秦無彊大之名也。又《漢書·賈誼傳》

(二)假設連詞　設也，若也。今言「假使」。◎如有周公之才之美，**使**驕且吝，其餘不足觀也已。《論語·泰伯》◎**使**智者而必行，安有王子比干？《史記·孔子世家》◎遂乃今日請處囊中耳！**使**遂蚤得處囊中，乃穎脫而出，非特末見而已。又《平原君傳》◎及聞淮南王金事，上曰：**使**武安侯在者，族矣！又《灌夫傳》◎**使**爲治勞智慮，苦身體，乏鐘鼓之樂，勿爲可也。

始（·ㄕ）

(一)副詞　初也。記一事之初起時用之。◎於是初獻六羽，**始**用六佾也。《左傳》隱五年　◎桃**始**華。《禮記·月令》◎於是天子**始**種苜蓿蒲陶肥饒地。《史記·大宛傳》◎今**始**入秦。卽安其樂，此所謂助桀爲虐。又《留侯世家》◎自天地剖判，未**始**有也。又《陸賈傳》

(二)時間副詞　初時也。◎**始**吾於人也，聽其言而信其行；今吾於人也，聽其言而觀其行。《論語·公冶長》◎**始**懷王遣我，固以能寬容。《史記·高帝紀》◎參**始**微時，與蕭何善；及爲將相，有卻。又《曹相國世家》◎**始**翟公爲廷尉，賓客闐門；及廢，門外可設雀羅。又《汲鄭傳贊》

◎蘇秦乃使人微感張儀曰：子始與蘇秦善，今秦已當路，子何不往游以求通子之願？又《張儀傳》◎良曰：始臣起下邳，與上會留。此天以臣授陛下。陛下用臣計，幸而時中，臣願封留足矣。又《留侯世家》◎王陵者，故沛人，始爲縣豪。又《陳平世家》◎自始全燕時。嘗略屬眞番朝鮮，爲置吏築鄣塞。又《朝鮮傳》

（三）副詞　乃也，然後也。◎子曰：賜也始可與言《詩》已矣。《論語·學而》

是（·ㄕ）

（一）不完全內動詞　爲也。◎知之爲知之，不知爲不知，是知也。《論語·爲政》◎長沮曰：夫執輿者爲誰？子路曰：爲孔丘。曰：是魯孔丘歟？曰：是也。又《微子》◎桀溺曰：子爲誰？曰：爲仲由。曰：是魯孔丘之徒與？對曰：然。又◎若又勿壞，是無所藏幣以重罪也。《左傳》襄三十一年◎蓋己卑，是蔽目也。《周禮·考工記》◎王之不王，是折枝之類也。《孟子·梁惠王上》◎我今破齊還報，是益呂氏資也。《史記·齊悼惠王世家》◎今又立齊王，是欲復爲呂氏也。又◎陳平曰：我多陰謀，是道家之所禁。又《陳平世家》

（二）指示形容詞　此也。◎是心足以王矣。《孟子·梁惠王上》◎子豈若是小丈夫然哉！又《公孫丑下》◎甚矣！安危在出令，存亡在所任，誠哉！是言也！《史記·楚元王世家》◎是日，微樊

噲犇入營誚讓項羽，沛公事幾殆。又《樊噲傳》　上曰：吾弟老，有**是**一子，死以屬我。《漢書·東方朔傳》

（三）指示代名詞　此也。◎反**是**不思，亦已焉哉！《詩·衛風·氓》　◎女既勤君而興諸侯，牽帥老夫以至於此。既無武守，而又欲易余罪，曰：**是**實班師。不然，克矣！余羸老也，可重任乎！《左傳》襄十年　◎晉國之命，未**是**有也。又襄十四年　◎齊侯圍郕，孟孺子速徼之。齊侯曰：**是**好勇，姑去之以爲之名。又襄十六年　◎雍子之父兄譖雍子，君與大夫不善**是**。又襄二十六年　◎**是**食言多矣，能無肥乎！又哀十五年　◎長沮桀溺耦而耕，孔子過之，使子路問津焉。長沮曰：夫執輿者爲誰？子路曰：爲孔丘。曰：是魯孔丘與？曰：是也。曰：**是**知津矣。《論語·微子》　◎今之孝者，**是**謂能養。又《爲政》　◎五官之長曰伯，**是**職方。《禮記·曲禮》　◎平人而有慮者，使**是**治國家而長百姓。《大戴禮·文王官人》　◎非**是**之謂也。《孟子·萬章上》　◎王既罷兵歸，而代王來立，**是**爲孝文帝。《史記·齊悼惠王世家》　◎或說陳王曰：客愚無知，顓妄言輕威，陳王斬之，諸陳王故人皆自引去，由**是**無親陳王者。又《陳涉世家》　◎今足下戴震主之威，挾不賞之功；歸楚，楚人不信；歸漢，漢人震恐。足下欲持**是**安歸乎？又《淮陰侯傳》　◎齊強而厲公居櫟，卽不從，**是**率諸侯伐我，內厲公。我不如往。又《鄭世家》　◎內見疑彊大，外依蠻貊以爲援，**是**以日疏。又《韓王信傳》　◎人或謂陳平曰：平何食而肥若**是**？又《陳平

世家》◎至於閭巷之俠，修行砥名，聲施於天下，莫不稱賢，**是**爲難耳！又《游俠傳序》◎

（四）連詞　於是也。◎是以明於天之道而察於民之故，**是**興神物以前民用。《易·繫辭上》◎桑土既蠶，**是**降丘宅土。《書·禹貢》◎**是**察阿黨。《禮記·月令》

（五）語中助詞　外動詞之賓語倒置於外動詞之前時，以是字居二者之中助之。◎皇天無親，惟德**是**輔。《書·蔡仲之命》◎唯余馬首**是**瞻。《左傳》襄十四年◎鬼神非人實親，惟德**是**依。又僖五年◎除君之惡，惟力**是**視。又僖二十四年◎余雖與晉出入，余唯利**是**視。又成十三年◎公曰：何謂六物。對曰：歲時日月星辰**是**謂也。又昭七年◎周有大賚，善人**是**富。《論語·堯曰》

試（ㄕ）

（一）表態副詞　與今語同。◎深非戉周也，將伐周也。王**試**出兵境外以觀之！《史記·周本紀》◎太后曰：**試**爲我言田！又《荆燕世家》◎若歸，**試**私從容問而父！又《曹相國世家》◎王曰：雖然，**試**言公之私！又《平原君傳》◎**試**復見我！我知之矣！又《商君傳》◎王**試**下觀之！唯王所欲。又《孫子傳》◎**試**延以公主！起有留心，則必受之，無留心，則必辭矣。又《吳起傳》

式（ㄕ·）

（一）語首助詞　《詩·式微箋》云：式，發聲也。◎**式**敷民德。《書·盤庚》◎**式**微**式**微，胡不歸？《詩·邶風·式微》◎**式**相好矣，無相尤矣！又《小雅·斯干》

逝（·ㄕ）　噬

（一）語首助詞　無義。◎乃如之人兮，**逝**不古處。《詩·邶風·日月》◎**逝**將去女，適彼樂土。又《魏風·碩鼠》◎彼君子兮，**噬**肯適我。又《小雅·有杕之杜》◎誰能執熱，**逝**不以濯。又《大雅·桑柔》◎天下之事，**逝**其去矣！《後漢書·岑彭傳》

實（ㄕ·）

（一）不完全內動詞　是也。◎聰明其至矣乎！不聰，**實**無耳也；不明，**實**無目也。《法言·問明》

（二）表態副詞　◎此二人者，**實**弒寡君，敢卽圖之！《左傳》隱四年 ◎仲慶父請伐齊師，公曰：不可。我**實**不德，齊師何罪？又莊八年 ◎虢公晉侯鄭伯使原莊公逆王后於陳，陳嬀歸于京師，**實**惠后。又莊十八年 ◎小人**實**不才。又襄三十一年 ◎斯所以不死者，自負其辨有功，**實**

無反心。《史記·李斯傳》 ◎軹有儒生侍使者坐；客譽郭解，生曰：郭解專以姦犯公法，何謂賢？解客聞，殺此生，斷其舌。吏以責解，解實不知殺者。又《郭解傳》 ◎禹名傳天下於益，已而實令啓自取之。又《燕世家》 ◎上使人微隨驗，實無所見。又《孝武紀》 ◎高祖爲亭長，素易諸吏，乃紿爲謁曰：賀錢萬，實不持一錢。《漢書·高帝紀》 ◎買臣入室中，少見其綬。守邸怪之，前引其綬，視其印，會稽太守章也。守邸驚，出語上計掾吏，皆醉，大呼曰：妄誕耳！守邸曰：試來視之！其故人素輕買臣者入視之；還走，疾呼曰：實然。又《朱買臣傳》

(三)語中助詞　外動詞之賓語倒裝時用之，與「是」第五條同。 ◎宋衞實難，鄭何能爲？《左傳》隱六年 ◎鬼神非人實親，惟德是依。又僖五年 按此例以「實」「是」爲互文，實亦是也。◎求而無之實難，過求何害？又文六年 ◎人生實難，其有不獲死乎？又成二年 ◎人犧實難，己犧何害！又昭二十二年 ◎夫戮出於身實難，自他及之，何害？《晉語》 按「難」訓「患」，已詳第二卷「難」下。

適(尸)

(一)副詞　適然也。於一事實與別一事實巧相會合時用之。今言「恰好」「恰巧」。 ◎我高祖少皞摯之立也，鳳鳥適至。《左傳》昭十七年 ◎王子光見伍子胥而惡其貌，不聽其說而辭之。

曰：其貌**適**吾所甚惡也。《呂氏春秋·胥時》◎吾所以久者，**適**有所學也。《史記·扁鵲傳》◎此時魯仲連**適**遊趙。又《魯仲連傳》◎袁盎自其爲吳相時，嘗有從史盜愛盎侍兒。盎知之，弗泄，遇之如故。及袁盎使吳見守，從史**適**爲守盎校尉司馬。又《袁盎傳》◎夫身中大創十餘；**適**有萬金良藥，故得無死。又《灌夫傳》◎後聞沛公將兵略地陳留郊。沛公麾下騎士，**適**酈生里中子也。又《酈生傳》◎**適**有天幸，窘急常得脫。又《郭解傳》◎上於子孫至嚴。前長孫中孫年俱三十而死，今臣臨復**適**三十歲。誠恐一旦不保中室，則不知死命所在。《漢書·王莽傳下》

（二）時間副詞　與「屬」同。今言「剛纔」。◎王**適**有言，必亟聽從王言！《韓非子·內儲說》◎秦侏儒善於荆王左右；荆**適**有謀，侏儒常先聞之。又　◎臣意所受師方**適**成，師死。《史記·倉公傳》◎陛下之臣雖有悍如馮敬者，**適**啓其口，匕首已陷其胸矣。《漢書·賈誼傳》

（三）表態副詞　劉淇云：正也。按此但用於理論，與事實無關，故與第一條微異。◎其知**適**足以知人過，而不知其所以過。《莊子·人間世》◎審吾所以適人，**適**人之所以來我也。《荀子·王霸》◎雖有覆軍殺將係虜單于之功，亦**適**足以結怨深讎。《史記·平津侯傳》◎陛下所以爲愼夫人，**適**所以禍之。又《袁盎傳》◎此**適**足以明其不知權變而終惑於大道也。《漢書·東方朔傳》◎今聖朝留心典誥，發精於殊語，欲以驗考四方之事，**適**子雲攘意之秋也。劉歆

《與揚雄書》

(四)副詞　作「啻」字用，僅也。王念孫云：《說文》適從啻聲。適啻聲相近，故古以適爲啻。◎飲食之人無有失也，則口腹豈**適**爲尺寸之膚哉！《孟子·告子上》◎疑臣者不**適**三人，臣恐王爲臣之投杼也。《國策·秦策二》

(五)副詞　專也。劉淇云：專主之辭。按讀如的(ㄉㄧˋ)　◎一國三公，吾誰**適**從？《左傳》僖五年　◎楚執政衆而乖，莫**適**任患。又昭三十年　◎一家二貴，事乃無功。夫妻持政，子無**適**從。《韓非子·揚權》

識(ㄕˋ)

(一)副詞　適也。今言「剛纔」。◎**識**見不穀而趨，無乃傷乎？《左傳》成十六年　按《晉語》作「屬見不穀而下」，屬亦適也。

舍(ㄕㄜˋ)

(一)疑問代名詞　何也。章太炎先生云：今語「甚麼」之切音爲舍。◎且許子何不爲陶冶，**舍**皆取諸其宮中而用之？何爲紛紛然與百工交易？何許子之不憚煩？《孟子·滕文公上》◎

帝既至河陽，爲津吏所止。從者宋典後來，以策鞭帝馬而笑，曰**舍**！長官禁貴人，女亦被拘耶？《晉書·元帝紀》。

(二)介詞　釋也。今言「除卻」。◎夫不能行聖人之術，則**舍**爲天下役何事哉？《史記·李斯傳》

設(ㄕㄜˋ)

(一)假設連詞　假也，若也。◎太后怒，不食，曰：今我在也，而人皆藉吾弟。令我百歲後，皆魚肉之矣！且帝寧能爲石人耶？此特帝在，即錄錄。**設**百歲後，是屬寧有可信者乎？《史記·灌夫傳》

涉(ㄕㄜˋ)

(一)時間介詞　◎**涉**正月擊之，得計之理。《漢書·趙充國傳》

少(ㄕㄠˋ)

(一)形容詞　◎時又**少**行三年喪者。《漢書·原涉傳》　言行三年喪者少也，故爲形容詞：與第三條異。◎子玉固請，乃與之**少**師而去。《史記·楚世家》◎我，神仙之人，以過見責。今事畢當去，子寧能相隨乎？樓下有**少**酒，與卿爲別。長房使人取之，不能勝。又令十人扛之，

猶不舉。翁聞，笑而下樓，以一指提之而上。視器如一升許，而二人飲之，終日不盡。《後漢書·方術·費長房傳》

(二)時間副詞　年少時也。讀去聲。此本爲形容詞，轉爲副詞用。◎石顯，字君房，濟南人；弘恭，沛人也；皆**少**坐法腐刑，爲中黄門。《漢書·石顯傳》　◎淳于長字子孺，魏郡元城人也；**少**以太后姊子爲黄門郎。又《淳于長傳》

(三)表態副詞　略也，稍也。◎輔之以晉，可以**少**安。《左傳》僖五年　◎伯姬之舍失火，左右曰：夫人**少**避火乎？《穀梁傳》襄三十年　◎此人**少**壯，豈能忘其父哉？《漢書·賈誼傳》　◎願陛下**少**留計！又　◎使管子愚人也，則可；管子而**少**知治體，則是豈不可爲寒心哉？又　◎及太子**少**長，知妃色，則入于學。又　◎兒能騎羊引弓射鳥鼠，**少**長則射狐菟。又《匈奴傳》　◎約爲兄弟以和親，冒頓乃**少**止。又

(四)時間副詞　猶言少頃。◎昔者有饋生魚於鄭子産，子産使校人畜之池，校人烹之。反命曰：始舍之，圉圉焉；**少**則洋洋焉，攸然而逝。《孟子·萬章上》

稍(ㄕㄠ)

(一)表態副詞　漸也，頗略也。◎子尾多受邑而**稍**致諸君。《左傳》昭十年　◎吳王之棄其軍亡

也，軍遂潰，往往**稍**降太尉梁軍。《史記·吳王濞傳》 ◎上怒**稍**解，因上書請朝。又《梁孝王世家》 ◎上以爲能，**稍**遷至大中大夫。又《趙禹傳》 ◎項羽乃疑范增與漢有私，**稍**奪之權。又《項羽本紀》 ◎上以德施，實分其國，不削而**稍**弱矣。又《主父偃傳》 ◎及慶死後，**稍**以罪去，孝謹益衰矣。又《萬石君傳》 ◎陛下必欲上，**稍**上，卽無風雨，遂上封矣。又《封禪書》 ◎其後漕**稍**多，而渠下之民頗得以溉田矣。又《河渠書》

首（ㄕㄡˇ）

（一）副詞　今言「開首」，或「首先」。 ◎田假田角田間於楚趙非手足戚，何故不殺？且秦復得志於天下，則齮齕**首**用事者墳墓矣。《漢書·田儋傳》 ◎大將軍梁商初開幕府，復**首**辟瑗。《後漢書·崔瑗傳》

善（ㄕㄢˋ）

（一）形容詞　能也。　表人之所長時用之。　善字下可用介詞「於」字，大都省去。 ◎田橫之高節，賓客慕義而從橫死，豈非至賢！余因而列焉。無不**善**畫者，莫能圖，何哉？《史記·田儋傳》 ◎白起者，郿人也；**善**用兵，事秦昭王。又《白起傳》 ◎聞膠西有蓋公**善**治黃老言，使人

厚幣請之。又《曹相國世家》◎少君資好古，善爲巧發奇中。又《封禪書》

(二)形容詞　喜也，易也。表示事之傾嚮或人之性習用之。下亦應有介詞「於」字。此爲前條之引伸義。◎昔共工之卿曰浮游，既敗於顓頊，自沒沈淮之淵，其色赤，其言善笑，其行善顧。《御覽》九百八引《汲冢瑣語》◎名家使人儉而善失眞。《史記·自序》◎四人皆曰：陛下輕士善罵，臣等義不受辱，故恐而亡匿。又《留侯世家》

(三)表態副詞　今言「好好地」。下不可增介詞「於」字。◎若善守汝國！我顧且盜而城！《史記·張儀傳》◎其之燕，燕之處士田光先生亦善待之。又《荊軻傳》◎光既得專諸，善客待之。又◎上因納謂丹曰：吾病寖加，恐不能自還。善輔道太子，毋違我意！《漢書·史丹傳》◎宮曰：善藏我兒胞！丞知是何等兒也？又《外戚·趙后傳》

擅(ㄕㄢ)

(一)表態副詞　今言「擅自」。◎重人也者，無令而擅爲。《韓非子·孤憤》◎竇嬰引卮酒進上曰：天下者，高祖天下。父子相傳，此漢之約也。上何以得擅傳梁王？《史記·魏其侯傳》◎錯擅鑿廟垣爲門，請下廷尉誅。又《鼂錯傳》◎倫出幽升高，寵以藩傳，稽留王命，擅止道路。《後漢書·儒林·楊倫傳》

身(ㄕㄣ)

(一)自稱人稱代名詞 《爾雅·釋詁》云：身，我也。《郭注》云：今人亦自呼爲身。◎魯人從君戰，三戰三北。仲尼問其故，對曰：吾有老父，身死，莫之養也。《韓非子·五蠹》◎王令三將軍爲臣先，曰：視卬如身。是重臣也。《呂氏春秋·應言》◎不身自恤。《漢書·翟方進傳》◎先主使飛將二十騎拒後，飛據水斷橋，瞋目橫矛曰：身是張翼德也，可來共決死！敵皆無敢近者。《三國志·張飛傳》

(二)人稱代名詞 今言自己。往往與他人對待言之。◎是何傷哉！彼身織屨妻辟纑以易之也。《孟子·滕文公下》◎神農之教曰：士有當年而不耕者，則天下或受其饑矣；女有當年而不績者，則天下或受其寒矣。故身親耕，妻親織，所以見致民利也。《呂氏春秋·愛類》◎宋義乃遣其子宋襄相齊，身送之。《史記·項羽紀》◎灌夫父死事，身荷戟馳入不測之吳軍。又《灌夫傳》◎身朝王者，妻朝王后，子朝王太子。《賈子·胎教》按以上諸例，皆與他人對言。◎秦王身問之，子，孰誰也？《國策·楚策一》

深(ㄕㄣ)

(一)表態副詞 極也。◎是時，明經著節士琅邪貢禹爲諫大夫，顯使人致意，深自結納。《漢書·石顯傳》◎諸奴婢私共計議，欲謀殺續，分其財產。善深傷李氏，而力不能制，乃潛負續逃去。《後漢書·獨行·李善傳》◎子猷言語殊不遜，深不可容。《世說》◎深爲梁主所賞。宇文逌《庾子山集序》

審（ㄕㄣ）

（一）表態副詞　信也。◎上赦趙王，因赦貫高。高喜曰：吾王審出乎？泄公曰：然。《史記·張耳傳》◎臣子見定陶王雅素愛幸，今者道路流言，爲國生意，以爲太子有動搖之議。審若此，公卿以下必以死爭，不奉詔。臣願先賜死以示羣臣。《漢書·史丹傳》◎足下審能騎龍弄鳳，翔嬉雲間者，亦非狐兔燕雀所敢謀也。《後漢書·矯慎傳》◎王審用臣之議，大則可以王，小則可以霸。《越絕書·計倪內經》

矧（ㄕㄣ）

（一）副詞　亦也。◎元惡大憝，矧惟不孝不友。《書·康誥》◎不率大戛，矧惟外庶子訓人，惟厥正人，越小臣諸節，乃別播敷造民大譽。又　◎百姓王人罔不秉德明恤，小臣屏侯甸，矧咸奔走。又《君奭》

（二）副詞　又也。◎寧王惟卜用克綏受茲命。今天其相民，**矧**亦惟卜用。《書·大誥》◎女劼毖殷獻臣侯甸男衞，**矧**大史友內史友越獻臣百宗工，**矧**惟爾事服休服采，**矧**惟若疇圻父薄違農父，若保弘父定辟，**矧**女剛制於酒。又《酒誥》◎今沖子嗣，則無遺壽耇。曰：其稽我古人之德，**矧**曰其有能稽謀自天！又《召誥》

（三）轉接連詞　況也。◎相時憸民，猶胥顧于箴言，其發有逸口，**矧**予制乃短長之命？《書·盤庚》◎若考作室，既底厥法；厥子乃弗肯堂，**矧**肯構？厥父菑，厥子乃弗肯播，**矧**肯穫？又《大誥》◎神之格思，不可度思，**矧**可射思？《詩·大雅·抑》◎三爵不識，**矧**敢多又？又《小雅·賓之初筵》

甚（ㄕㄣ）

（一）表態副詞　極也。◎臣之罪**甚**多矣！《左傳》昭二十四年　◎懼者**甚**衆矣！又　◎意氣洋洋，**甚**自得也。《史記·管晏傳》◎其治所誅殺**甚**多。又《義縱傳》◎見其跡**甚**大，類禽獸云。又《孝武紀》◎又爲匈奴所欺，失亡多，**甚**自愧。又《韓長孺傳》◎毋**甚**高論！令今可施行也。又《張釋之傳》◎所與上從容言天下事**甚**衆。又《留侯世家》◎高祖箕踞罵，**甚**慢易之。又《張耳傳》◎欲省賦**甚**。《漢書·高帝紀》◎人性不**甚**相遠也，何三代之君有道之長而秦無道之暴也？

又《賈誼傳》

愼(ㄕㄣ)

(一)表態副詞 大抵命令時用之，且必與禁戒副詞「無」「毋」「勿」連用。「愼毋」「愼無」「愼勿」，猶今言「切莫」。◎項王謂曹咎等曰：謹守成皋！則漢欲挑戰，**愼**勿與戰！《史記·項羽紀》◎朱公不得已而遣長子，爲一封書，遺故所善莊生，曰：至則進千金於莊生所，聽其所爲，**愼**無與爭事！至楚，長男發書進千金如其父言。莊生曰：可疾去矣，**愼**毋留！又《越世家》◎國中口語籍籍，**愼**無復至江都。《漢書·江都易王傳》◎丈夫爲吏，一坐軟弱不勝任免，終身廢棄，無有赦時。其羞辱甚於貪汙坐臧。**愼**勿然！又《尹賞傳》◎咸性仁恕，常戒子孫曰：爲人議法，當依於輕。雖有百金之利，**愼**無與人重比！《後漢書·陳寵傳》

尙(ㄕㄤ)

(一)內動詞 加也。◎居法王公，富擬國家，雖季氏專魯，穰侯擅秦，何以**尙**玆？《後漢書·楊秉傳》

(二)外動詞 與「上」同。按今言「尊重」。◎昔者有虞氏貴德而**尙**齒，夏后氏貴爵而**尙**齒，殷

人貴富而尚齒，周人貴親而尚齒。《禮記·祭義》　◎尚欲祖述堯舜禹湯之道，將不可以不尚賢。《墨子·尚賢上》

(三)副詞　《詩·小弁箋》云：尚，猶也。按於一狀態繼續未變或殘餘未盡時用之。今語言「還」。　◎雖無老成人，尚有典型。《詩·大雅》　◎今吾尚病。《孟子》　◎視吾舌尚在不？《史記·張儀傳》　◎及夫至門，丞相尚臥。又《灌夫傳》　◎建老白首，萬石君尚無恙。又《石奮傳》　◎上使取六劍，劍尚盛，未嘗服。又《衛綰傳》　◎白起之遷也，其意尚怏怏不服。又《白起傳》　◎趙王使使者視廉頗尚可用否。又《廉頗傳》　◎魯人有與曾參同姓名者殺人。人告其母曰：曾參殺人！其母織自若也。頃之，一人又告之曰：曾參殺人！其母尚織自若也。又《甘茂傳》　◎今營陵侯澤，諸劉爲大將軍，獨此尚觖望。又《荊燕世家》　◎王國尚可存。又《陳軫傳》　◎假設天下如曩時，淮陰侯尚王楚，黥布王淮南，彭越王梁，韓信王韓，張敖王趙，貫高爲相，盧綰王燕，陳豨在代；令此六七公者皆亡恙，當是時而陛下卽天子位，能自安乎？臣有以知陛下之不能也。《漢書·賈誼傳》

(四)副詞　亦猶也。於比較二事讓步時用之。今語亦言「還」。　◎白圭之玷，尚可磨也；斯言之玷，不可爲也。《詩·大雅·抑》

(五)副詞　劉淇云：復也，更也。　◎如僕，尚何言哉？尚何言哉？司馬遷《報任安書》　◎盡沒入鄧通家，尚負責數巨萬。《史記·佞幸傳》 ◎公子喜士，名聞天下。今有難，無他端，而欲赴秦軍，譬若以肉投餒虎，何功之有？尚安事客！又《信陵君傳》 ◎父而賜子死，尚安復請？又《李斯傳》 ◎方今上無太子；王，親高皇帝孫，行仁義，天下莫不聞。宮車一日晏駕，非王尚誰立者？《漢書·淮南王傳》 ◎諸當戶君長皆言：單于自將數萬騎擊漢數千人，不能滅，後無以復使邊臣，令漢益輕匈奴。復力戰山谷間，尚四五十里得平地，不能破，乃還。又《李陵傳》

（六）副詞 古亦訓爲「猶」。按與「尚且」義同。◎繆公怪之，問曰：中國以《詩》《書》《禮》《樂》法度爲政，然尚時亂。今戎夷無此，何以爲治？不亦難乎！《史記·秦本紀》 ◎今將軍尚不得夜行，何乃故也！又《李斯傳》 ◎夫千乘之王，萬家之侯，百室之君，尚猶患貧，而況匹夫編戶之民乎！又《貨殖傳》 ◎夫以天子之位，乘今之時，因天之助，尚憚以危爲安，以亂爲治，假設陛下居齊桓之處，將不合諸侯而匡天下乎？《漢書·賈誼傳》 ◎民不樂生，尚不避死，安能避罪！又《董仲舒傳》

（七）命令副詞 《爾雅·釋言》云：庶幾，尚也。◎爾尚輔予一人！《書·湯誓》 ◎爾尚一乃心力！其克有勳。又《大禹謨》 ◎爾尚明時朕言！又《顧命》 ◎尚明聽之哉！又《呂刑》 ◎有菀者柳，不尚息焉？《詩·小雅·菀柳》 ◎將旦而祔，則薦卒辭曰：哀子某隮附爾于皇祖某甫，尚饗！《儀禮·士虞禮》 ◎齊侯戒師期而有疾。醫曰：不及秋，將死。公聞之，卜曰：尚無及期！《左傳》文十八年　◎初，靈王卜曰：余**尚**得天下！不吉。又昭三年　按字或作上。《詩》云：「上愼旃哉」，漢石經作尚。

（八）時間副詞　亦與「上」同。◎以友天下之善士爲未足，又**尚**論古之人：頌其詩，讀其書，不知其人，可乎？是以論其世也。是**尚**友也。《孟子·萬章下》　按古人生於前世，今追而論之，故云「尚論」；追而友之，故云「尚友」。

（九）假設連詞　若也，與「儻」同。按「儻」從「黨」聲，「黨」從「尚」聲，故「儻」「尚」可通用。◎**尚**欲祖述堯舜禹湯之道，將不可以不尚賢。《墨子·尚賢》

勝（ㄕㄥ）

（一）外動詞　讀平聲。禁也，堪也。常與「不」字連用。「不勝」猶今言「禁不起」，「止不住」。◎枝大本小，將不**勝**春風。《韓非子·揚權》　◎臣竊不勝犬馬之心。《史記·三王世家》　◎民不樂生，尚不避死，安能避罪！此刑罰之所以蕃而姦邪不可**勝**者也。《漢書·董仲舒傳》

（二）表數副詞　盡也。亦讀平聲，恆與「不」「弗」等否定副詞連用。◎當此之時，楚兵數千爲聚者不可**勝**數。《史記·陳涉世家》　◎誠得至，反漢，漢之賂遺王財物不可**勝**言。又《大宛傳》　◎朕既不敏，弗能**勝**識。《漢書·景帝紀》　◎秦始皇帝葬於驪山之阿，珍寶之藏，機械之變，

棺槨之麗，宮館之盛，不可勝原。又《劉向傳》 ◎事率衆多，不可勝以文陳。又《外戚·許后傳》

殊（ㄕㄨ·）

（一）表態副詞 《漢書·韓信傳注》云：殊，絕也。劉淇云：絕者，極辭。◎父曰：履我！良業爲取履，因長跪履之，父以足受，笑而去。良殊大驚。《史記·留侯世家》 ◎地肥饒，少寇，志安樂；又自以遠漢，殊無報胡之心。又《大宛傳》 ◎丞相特前戲許灌夫，殊無意往。又《魏其侯傳》 ◎居蠻夷中久，殊失禮義。又《陸賈傳》 ◎朱公長男不知其意，以爲殊無短長也。又《越世家》 ◎今君與廉頗同列，廉君宣惡言而君畏匿之，恐懼殊甚。且庸人尚羞之，況於將相乎？又《藺相如傳》 ◎軍皆殊死戰。《漢書·韓信傳》 ◎前賀西至長安，殊無梟。又《昌邑王傳》 ◎田慮既到，兜題見慮輕弱，殊無降意。《後漢書·班超傳》 ◎孔璋章表殊健。魏文帝《與吳質書》 ◎諸葛孔明拜龐德公於牀下，公殊不令止。《襄陽耆舊傳》

數（ㄕ·ㄨ）

（一）數量形容詞 與今語「幾」同。◎堂高數仞，榱題數尺，我得志，弗爲也；食前方丈，侍妾數百人，我得志，弗爲也。《孟子·盡心下》

(二)動詞　計也。讀上聲。　◎多必**數**於萬，寡必**數**於千。《墨子·非攻》　◎當此之時，楚兵數千人爲聚者不可勝**數**。《史記·陳涉世家》

(三)表數副詞　屢也。音朔(ㄕㄨㄛ·)。　◎臣，市井鼓刀屠者，公子親**數**存之。《史記·信陵君傳》　◎立**數**過寶飲食。《漢書·文三王傳》　◎門外車騎交錯，又日出醉歸，曹事**數**廢。　又《陳遵傳》　◎涉賓客多犯法，罪過**數**上聞；王莽**數**收繫，欲殺，輒復赦出之。　又《原涉傳》　◎每至直更，**數**過，吏弗求。　又《郭解傳》　◎**數**問其家：金餘尚有幾所？　又《疏廣傳》

(四)表數副詞　音義與前條同，惟用在動詞之下爲異。　◎如意立爲趙王，後幾代太子者**數**矣。《史記·呂后紀》　◎季布以勇顯於楚，身典軍搴旗者**數**矣。　又《季布傳》　◎夫上與楚相距五歲，常失軍亡衆逃身遁者**數**矣。然蕭何常從關中遣軍補其處，非上所詔令召而數萬衆會上之乏絕者**數**矣。　又《蕭相國世家》　◎高祖離困者**數**矣。　又《留侯世家》

庶(ㄕㄨ·)

(一)數量形容詞　《書·皋陶謨鄭注》云：庶，衆也。　◎**庶**尹允諧。《書·益稷》　◎念用**庶**徵。又《洪範》　◎我事孔**庶**。《詩·小雅·小明》　◎羞**庶**羞。《儀禮·大射儀》　◎**庶**功日進。《淮南子·主術訓》　◎**庶**物時育。張衡《東京賦》

(二)副詞　《爾雅·釋言》云：庶，幸也。◎亂庶遄沮。《詩·小雅·巧言》◎庶無罪悔，以迄於今。又《大雅·生民》◎君姑修政而親兄弟之國，庶免於難。《左傳》桓六年◎惡我者懼，庶有益乎！又僖十五年◎余將老，使郤子逞其志，庶有豸乎！又宣十七年◎我君景公引領西望，曰庶撫我乎！又成十三年

孰(ㄕㄨˊ)

(一)疑問形容詞　與「何」義同。◎孰君而無稱？《公羊傳》昭二十五年◎孰王而可叛也？《呂氏春秋·行論》

(二)疑問代名詞　用以代人，與「誰」同。◎百姓足，君孰與不足？百姓不足，君孰與足？《論語·顏淵》◎王者孰謂？謂文王也。《公羊傳》隱元年◎然則孰狩之？薪采者也。又哀十四年◎有以告者曰：有麕而角者。孔子曰：孰爲來哉？孰爲來哉？又◎方子胥窘於江上，道乞食，志豈嘗須臾忘郢邪！故隱忍就功名；非烈丈夫孰能致此哉？《史記·伍子胥傳》◎此豈非天邪！非天命孰能當之？又《外戚世家》◎漢王曰：孰能爲我使淮南，令之發兵倍楚？又《黥布傳》

(三)疑問代名詞　用以代事，與「何」同。◎是可忍也，孰不可忍也？《論語·八佾》◎乃十一

月晦，日有食之；適見於天，菑**孰**大焉？《史記·文帝紀》

(四)疑問代名詞　兼代人與事言。數事並列時用之。◎父與夫**孰**親？《左傳》桓十五年　◎子謂子貢曰：女與回也**孰**愈？《論語·公冶長》　◎哀公問：弟子**孰**爲好學？又《雍也》　◎子貢問：師與商也**孰**賢？又《先進》　◎禮與食**孰**重？《孟子·告子下》　◎上問朝臣：兩人**孰**是？《史記·灌夫傳》

(五)疑問副詞　與「何」同。何故也，爲何也。◎**孰**兩東門之可蕪？《楚辭·九章》　◎**孰**之壞壞也？可以爲之莽莽也。《吳氏春秋·知接》　按二「之」字與「是」同。◎襄公傷於泓，君子**孰**稱？《史記·自序》

儵(ㄕㄨˋ)

(一)表態副詞　忽也，疾也。◎**儵**而來兮忽而逝。《楚辭·少司命》

率(ㄕㄨㄛˋ)

(一)副詞　大率也。◎古之獻絲者其**率**用此歟？《禮記·祭義》　◎一歲中往來過他客，**率**不過再三過。《史記·陸賈傳》　◎漢**率**一歲中使多者十餘，少者五六輩；遠者八九歲，近者數歲而反。又《大宛傳》◎於是黃帝迎日推策，後**率**二十歲復朔旦冬至。又《封禪書》◎封者食租稅，歲**率**戶二百。又《貨殖傳》◎吾嘗過薛，其俗閭里**率**多暴桀子弟，與鄒魯殊。又《孟嘗君傳贊》◎轉輸北河，**率**三十鍾而致一石。又《平津侯傳》◎陛下何忍以帝皇之號爲戎人諸侯？埶既卑辱而禍不息，長此安窮？進謀者**率**以爲是，固不可解也。《漢書·賈誼傳》◎府掾吏**率**皆羸車小馬，不上鮮明；而遵獨極輿馬衣服之好。又《陳遵傳》◎事**率**衆多，不可勝以文陳。又《外戚·許后傳》◎羌性貪而貴吏清，前有八都尉，**率**好財貨，爲所患苦。《後漢書·張奐傳》

（二）語首助詞　無義。◎夏王**率**遏衆力，**率**割夏邑，有衆**率**怠弗協。《書·湯誓》◎**率**惟茲有陳，保乂有殷。又《君奭》◎亦越武王**率**惟敉功，不敢替厥義德，**率**惟謀從容德。又《立政》◎俾百僚乃心**率**輔弼余一人。《逸周書·祭公》

誰（ㄕㄨㄟˊ）

（一）疑問形容詞　《說文》云：誰，何也。◎凡人主必信；信而又信，**誰**人不親？《呂氏春秋·貴信》◎顧自以爲身殘處穢，動而見尤，欲益反損，是以抑鬱而無**誰**語。《漢書·司馬遷傳》◎王儒見執金吾廣義，問帝崩所病，立者**誰**子？年幾歲？又《燕剌王傳》

（二）疑問代名詞　「何人」也。代人用。◎**誰**生厲階？至今爲梗。《詩·大雅·桑柔》◎**誰**能執熱，逝不以濯？又 ◎寡人有子，未知其**誰**立焉。《左传》閔二年 ◎吾**誰**欺？欺天乎！《論語·子罕》 ◎朕非屬趙君，當**誰**任哉？《史記·李斯傳》

（三）疑問代名詞 代事，「何事」也。 ◎壹動而五美附，陛下**誰**憚而久不爲此？《漢書·賈誼傳》

按誼言事於漢文帝，不當言其憚何人，故當釋爲「何事」。

（四）語首助詞 發聲，無義。 ◎知而不已，誰昔然矣。《詩·陳風·墓門》 按《爾雅·釋訓》云：誰昔，昔也。《郭注》云：誰，發語辭。

爽（ㄕㄨㄤ）

（一）語首助詞 無義。 ◎**爽**惟民迪吉康。《書·康誥》 ◎**爽**惟天其罰極我。又

日（ㄖ·）

（一）時間副詞 今言「一天一天地」。 ◎隨會在秦，賈季在狄，難**日**至矣！《左傳》文十三年 ◎質樸**日**消，恩愛寖薄。《漢書·禮樂志》 ◎商君遺禮義，棄仁恩，幷心於進取。行之二歲，秦俗**日**敗。又《賈誼傳》

（二）時間副詞 ◎晏子曰：**日**宋之盟，屈建問范會之德於趙武。《左傳》昭二十年 ◎《晉語注》云：

日，往日也。◎**日**君以驪姬爲夫人，民之疾心固皆至矣。《晉語一》◎狐偃曰：**日**吾來此也，非以翟爲榮可以成事也。又四

若(ㄖㄛˋ)

(一)表態形容詞　順也。◎鳥獸魚鱉咸**若**。《書·伊訓》◎故民入川澤山林，不逢不**若**，魑魅罔兩，莫能逢之。《左傳》宣三年

(二)外動詞　亦順也。◎欽**若**昊天。《書·堯典》◎疇咨**若**時登庸？又◎疇**若**予工？又◎疇**若**予上下草木鳥獸？又

(三)外動詞　擇也。《說文》云：**若**，擇菜也。引伸之但爲擇義。◎秦穆公告大夫子明及公孫枝曰：夫晉國之亂，吾誰使先？**若**夫二公子而立之！以爲朝夕之急。《晉語二》按段玉裁云：此謂使誰先擇二公子而立之，若正訓擇。按此義，經籍用之者甚鮮，此其僅見者。

(四)外動詞　及也。◎喪禮，與其哀不足而禮有餘也，不**若**禮不足而哀有餘也；祭禮，與其敬不足而禮有餘也，不**若**禮不足而敬有餘也。《禮記·檀弓》◎雖然，則彼疾，當養者孰**若**妻與宰？又

(五)不完全外動詞　賓語之下必有疑問副詞「何」字。◎寇深矣，**若**之何？《左傳》僖十五年◎

隨會在秦，賈季在狄；難日至矣！**若**之何？又文十三年　◎敝邑以政刑之不修，寇盜充斥，無**若**諸侯之屬辱在寡人者何，是以令吏人完客所館。又襄三十一年　◎叔父其茂昭明德，物將自至。余敢以私勞變前之大章，其**若**先王與百姓何？《周語》　◎內之，無**若**羣臣何？《魏策》

（六）人稱代名詞　對稱用，汝也，爾也。　◎既使吾與**若**辨矣，**若**勝我，我不**若**勝，**若**果是也，我果非也耶？《莊子·齊物論》　◎**若**雖長大，好帶刀劍，中情怯耳！《史記·淮陰侯傳》　◎**若**歸，試私從容問而父；然毋言吾告**若**也。又《曹相國世家》　◎五侯九伯，**若**實征之，以夾輔王室！又《齊太公世家》　◎吾翁即**若**翁。又《項羽紀》　◎大宛見騫，喜，問曰：**若**欲何之？又《大宛傳》　◎我，康叔也，令**若**子必有衞。又《衞世家》　◎我將立**若**爲後。又　◎成王與叔虞戲，削桐葉爲珪，以與叔虞曰：以此封**若**。又《晉世家》　◎比**若**還，北軍必敗矣！《後漢書·彭寵傳》

（七）指示代名詞　用與「其」同。　◎**若**考作室，厥子乃弗肯堂，矧肯構？《書·大誥》　◎我亦惟茲二國命，嗣**若**功。又《召誥》　按王引之云：若，其也。嗣其功者，嗣二國之功也。某氏傳訓若爲順，非是。　◎今人處**若**家得罪，將猶有異家所以避逃之者矣；今人處**若**國得罪，將猶有異國所以避逃之者矣。《墨子·天志》　◎宋人有嫁其子者，告其子曰：「嫁未必成也。有如出，不可不私藏。私藏而富，其於以復嫁易。」其子聽父之計，竊而藏之。**若**公知其盜也，逐而去之。《淮南子·氾論訓》　◎欲使仲子處於陵之地，避**若**兄之宅，吐**若**兄之祿，耳聞目見，

昭晳不疑，仲子不處不食明矣。《論衡·刺孟》 ◎孔子生，不知其父，若母匿之。吹律，自知殷宋大夫子氏之世也。又《實知》

（八）指示代名詞 《史記·禮書正義》云：若，如此也。◎以若所爲，求若所欲，猶緣木而求魚也。《孟子·梁惠王》 ◎故人苟生之爲見，若者必死；苟利之爲見，若者必害。《荀子·禮論》 ◎頑頓亡恥，奊詬亡節，廉恥不立，且不自好，苟若而可。《漢書·賈誼傳》

（九）指示形容詞 此也。◎南宮适出，子曰：君子哉若人！尙德哉若人！《論語·憲問》 ◎有明天子，則襄公得爲若行乎？《公羊傳》莊四年 ◎曷爲以外內同若辭？又僖二十六年 ◎君如有憂中國之心，則若時可矣。又定四年 ◎聞若言，莫不揮泣奮臂而欲戰。《齊策》 ◎不通於若計者，不可使用國。《管子·八觀》 ◎雖有至聖大賢，豈能勝若讒哉？《晏子·諫篇》 ◎公何爲出若言！又《問篇》 ◎法若言，行若道。《墨子·節葬》 ◎君人者亦可以察若言矣。《荀子·王霸》 ◎爲天下之長患，致黔首之大害者，若說爲深。《呂氏春秋·振亂》 ◎秦王聞若說，也必如刺心。《燕策》一蘇代《遺燕昭王書》 ◎若三子之行，未得爲孔子駿徒也。《說苑·善說》 ◎洋洋乎若德，雖崇山千仞，重淵百尺，曾未足以喻其高，究其深也。蔡邕《汝南周巨勝碑》

（一〇）代名副詞 如此也。義與第八條同，惟用法異。◎爾知寧王若勤哉！《書·大誥》 按《漢書·翟義傳》載莽《誥》襲此文作若此勤。◎君若謹行，常在朕躬。《史記·公孫弘傳》 ◎黃生曰：今桀紂雖失道，然君上也；湯武雖聖，臣下也。夫主有失行，臣不正言匡過以尊天子，反因過而誅之，代立南面，非殺而何？固曰：必**若**云，是高皇帝代秦即天子之位非邪？《漢書·轅固傳》

（一一）副詞　乃也，始也。◎必有忍也，**若**能有濟也。《周語上》引《逸書》◎一女必有一鍼一刀；**若**其事立；耕者必有一耒一耜一銚，**若**其事立；行服連軺輂者，必有一斤一鋸一椎一鑿，**若**其事立。《管子·海王》◎故貴以身爲天下，**若**可以寄天下；愛以身爲天下，**若**可以託天下。《老子》　按王引之因《莊子·在宥》篇引此二句若作則，遂訓爲則。今按此亦乃義。乃則同義，不必拘於《莊子》之文也。

（一二）傳疑副詞　劉淇云：疑辭。猶似也。◎**若**聞蔡將先衞，信乎？《左傳》定四年　◎文帝出長安門，**若**見五人於道北。《史記·封禪書》　◎天子既已封泰山，無風雨災，而方士更言：蓬萊諸神**若**將可得。又　◎公孫卿言：見神人東萊山，**若**云欲見天子。又

（一三）傳疑副詞　或也。◎趙文子請叔孫於楚曰：子**若**免之，以勸左右，可也。《左傳》昭十三年　◎右尹子革曰：請待於郊以聽國人。王曰：衆怒不可犯也。曰：**若**入於大都而乞師諸侯。王曰：皆叛矣。曰：**若**亡於諸侯以聽大國之圖君也。王曰：大福不再，祇取辱焉。又昭十三年　◎子猶言於齊侯曰：君**若**待於曲棘，使羣臣從於魯以卜焉。又昭二十六年　◎**若**從踐土，

若從宋，亦唯命。又定元年

（一四）選擇連詞　或也。《漢書·高紀注》云：若，或也。《禮記·文王世子注》云：先聖周公若孔子，《疏》云：若是不定之辭。◎旅王**若**公。《書·召誥》◎冪用綌**若**錫。《儀禮·燕禮》◎**若**衣**若**笄。又《士昏禮》◎魚腸胃倫膚**若**九，**若**十有一。下大夫則**若**七**若**九。又《公食大夫禮》◎書賵於方，**若**九，**若**七，**若**五。又《士喪禮》◎凡封國**若**家，牛助爲牽徬。《周禮·秋官·罪隸》◎父母有婢子**若**庶子庶孫，甚愛之，雖父母沒，沒身敬之不衰。《禮記·內則》◎大夫沒矣，則稱諡**若**字。又《玉藻》◎矢以柘**若**棘。又《投壺》◎孟氏使半爲臣，**若**子**若**弟。《左傳》襄十一年　◎若以大夫之靈，獲保首領以歿於地，唯是春秋窀穸之事所以從先君於禰廟者，請爲靈**若**厲！大夫擇焉！又襄十三年　◎衞，顓頊之虛也；故爲帝丘，其星爲大水。水，火之牡也；其以丙子**若**壬午作乎！又昭十七年　◎其以軍**若**城邑降者，卒萬人，邑萬戶，如得大將。《史記·吳王濞傳》◎灌夫奮曰：願取吳王**若**將軍頭以報父之仇。又《灌夫傳》◎以萬人**若**一郡降者，封萬戶。《漢書·高帝紀》◎民年七十以上**若**不滿十歲有罪當刑者皆免之。又《惠帝紀》◎時有軍役**若**水旱，民不困乏。又《食貨志》

（一五）承接連詞　與「而」同。◎君子夬夬獨行，遇雨**若**濡。《易·夬》◎幸**若**獲宥，及於寬政，赦其不閑於教訓而免於罪戾，弛於負擔，君之惠也。《左傳》莊二十二年　◎越王命佝于軍，曰：

有眩瞀之疾者，以告。王親命之曰：我有大事，子有眩瞀之疾，其歸**若**已。《吳語》

(一六)轉接連詞　説了一事別提一事時用之。◎鳥獸之肉不登於俎，皮革齒牙骨角毛羽不登於器，則公不射；古之制也。**若**夫山林川澤之實，器用之資，皁隸之事，官司之守，非君所及也。《左傳》隱五年　◎當在薛也，予有戒心。辭曰：聞戒，故爲兵餽之。予何爲不受？**若**於齊，則未有處也。無處而餽之，是貨之也。《孟子·公孫丑下》

(一七)假設連詞　如也。今言「假若」，「若使」。◎寡人**若**朝於薛，不敢與任齒。《左傳》隱十一年　◎公子**若**反晉國，則何以報不穀？又僖二十三年　◎我**若**獲沒，必屬説與何忌於夫子。又昭七年　◎**若**以先臣之故，而使有後，君之惠也。又哀十四年　◎管仲寢疾，桓公往問之，曰：仲父之疾亟矣，**若**不幸而不起此疾，彼政我將安移之？《管子·戒篇》　◎王**若**隱其無罪而就死地，則牛羊何擇焉？《孟子·梁惠王上》　◎朔之婦有遺腹。**若**幸而男，吾奉之；即女也，吾徐死耳！《史記·趙世家》　◎句踐，賢君；種蠡，賢臣。**若**反國，將爲亂。又《越世家》　◎自今以來，**若**有召王者，必見我面，我將先以身當之；無故而王乃入。又《趙世家》

(一八)句首助詞　無義。◎**若**昔朕其逝。《書·大誥》　◎**若**天棐忱。又《君奭》　◎**若**古有訓。又《呂刑》　◎惟爾元孫某遘厲虐疾，**若**爾三王，是有丕子之責於天。又《金縢》　◎女多修扞我于艱，**若**女予嘉。又《文侯之命》　◎叔舅！予女銘**若**纂乃考服。《禮記·祭統》　◎伯父令女來明紹享

余一人，**若**余嘉之。《吳語》

（一九）句中助詞　無義。◎予**若**籲懷茲新邑。《書·盤庚》

（二〇）語末助詞　爲形容詞或副詞之語尾。與「然」字第九條同。◎君子終日乾乾，夕惕**若**，厲，无咎。《易·乾》 ◎出涕沱**若**，戚嗟**若**。又《離》 ◎有孚發**若**。又《豐》 ◎不節**若**，則嗟**若**。又《節》 ◎用史巫紛**若**。又《巽》 ◎曰肅時雨**若**，曰乂時暘**若**，曰哲時燠**若**，曰謀時寒**若**，曰聖時風**若**。《書·洪範》 ◎桑之未落，其葉沃**若**。《詩·衛風·氓》 ◎猗嗟昌兮！頎而長兮！抑**若**揚兮！美目揚兮！又《齊風·猗嗟》 ◎六轡沃**若**。又《小雅·皇皇者華》 ◎有所竭情盡愼致其敬而誠**若**，有美而文而誠**若**。《禮記·禮器》 ◎國有道，則突**若**入焉；國無道，則突**若**出焉。《大戴禮·曾子制言》 ◎力沛**若**有餘。《公羊傳》文十四年 ◎吾不忍其觳觫**若**無罪而就死地，故以羊易之也。《孟子·梁惠王上》 按舊讀於觳觫斷句，非也。 ◎今有人於此，驩**若**愛其子，竭力單務以利之。《墨子·天志中》 ◎愀然改容，超**若**自失。《史記·司馬相如傳》 ◎遠而望之，奐**若**也；近而視之，瑟**若**也。《說文·玉部》

然（ㄖㄢˊ）

（一）內動詞　即今「燃」字。《說文》云：然，燒也。 ◎凡有四端於我者，知皆擴而充之矣，若

火之始**然**，泉之始達。《孟子·公孫丑上》

（二）不完全內動詞　乃也，是也。◎始也我以汝爲聖人邪：今**然**君子也。《莊子·天地》◎偶視而先俯，非恐懼也，**然**夫士欲獨修其身不以得罪於比俗之人也。《荀子·修身》◎譬其若去日之明於庭而就火之光於室也，**然**可以小見而不可以大知。《賈子·修政語》

（三）表態形容詞　是也。◎仲弓曰：居簡而行簡，毋乃太簡乎？子曰：雍之言**然**。《論語·雍也》◎孔子欣然笑曰：形狀末也，而似喪家之狗，**然**哉**然**哉！《史記·孔子世家》按《漢書·荆燕吳傳》云：「張卿大然之。」以形容詞作外動詞用。

（四）指示代名詞　如此也。◎故君子之於學也，藏焉，修焉，息焉，游焉。夫**然**，故安其學而親其師，樂其友而信其道。《禮記·學記》◎事君者，量而後入，不入而後量，凡乞假於人，爲人從事者亦**然**。**然**，故上無怨而下遠罪也。又《少儀》◎聖君置儀設法而固守之。**然**，故諶杵習士聞識博學之人不可亂也；衆彊富貴私勇者不能侵也；信近親愛者不能離也；珍怪奇物不能惑也；萬物百事非在法之中者，不能動也。今天下則不**然**：皆有善法而不能守也。**然**，故諶杵習士聞識博學之士能以其智亂法惑上；衆彊富貴私勇者能以其威犯法侵陵；鄰國諸侯能以其權置於立相；大臣能以其私附百姓，剪公財以祿私士。《管子·任法》◎聖君設度量，置儀法，如天地之堅，如列星之固，如日月之明，如四時之信。**然**，故令往而民從之。又◎遵主令而行之，雖有功利，罪死。**然**，故下之事上也，如響之應聲也；臣之事主也，如景之從。又◎從士以上，皆羞利而不與民爭業，樂分施而恥積藏。**然**，故民不困財，貧窶者有所竄其手。《荀子·大略》◎人人皆以我爲好士。**然**，故士至。又《堯問》◎力盡其事，歸利於上者必聞，聞者必賞；汙穢爲私者必知，知者必誅。**然**，故忠臣盡忠於公，民士竭力於家，百官精勉於上。《韓非子·難三》按以上諸例，然字皆當讀斷。王引之以「然故」連讀，釋爲「是故」，非也。◎今庶人屋壁得爲帝服，倡優下賤得爲后飾。**然**，而天下不屈者，殆未有也。賈誼《治安策》

(五)代名副詞　如此也。義與前條同，惟用法異。◎帝謂文王：無**然**畔援！無**然**歆羨！《詩·大雅·皇矣》按《毛傳》訓然爲「是」，《鄭箋》訓爲「如是」。◎天之方難，無**然**憲憲！天之方蹶，無**然**泄泄！又《板》◎天之方虐，無**然**謔謔！又

(六)應對副詞　唯也，諾也。◎曾子曰：參也與子游聞之。有子曰：**然**，然則夫子有爲言之也。《禮記·檀弓上》◎佛肸召，子欲往。子路曰：昔者由也聞諸夫子曰：親於其身爲不善者，君子不入也。佛肸以中牟叛，子之往也，如之何？曰：**然**，有是言也。《論語·陽貨》◎陳子以時子之言告孟子。孟子曰：**然**。夫時子惡知其不可也？《孟子·公孫丑下》

(七)副詞　始也，乃也。◎衞靈公聞孔子來，喜，郊迎，問曰：蒲可伐乎？對曰：可。其男子

有死之志，婦人有保西河之志，吾所伐者不過四五人。靈公曰：善。**然**不伐蒲。《史記·孔子世家》　◎闔閭富，故**然**使鱄諸刺王僚；燕太子丹富，故**然**使荊軻刺秦王。《賈子·淮難》　◎嗟乎！世士誠躬師孔聖之崇則，嘉楚嚴之美行，則道豐績盛，名顯身榮，載不刊之德，播不滅之聲，**然**知薄者之不足，厚者之有餘也。《後漢書·朱穆傳》

（八）轉接連詞　與「然而」同。◎呂后問曰：陛下百歲後，蕭相國既死，誰令代之？上曰：曹參可。問其次，上曰：王陵可。**然**陵少戇，陳平可以助之。陳平智有餘，**然**難以獨任。周勃厚重少文，**然**安劉氏者必勃也。《史記·高帝紀》　◎鄭國曰：始臣爲間。**然**渠成，亦秦之利也。又《河渠書》　◎足下位爲上相，食三萬戶侯，可謂富貴無歉矣。**然**有憂念，不過患諸呂少主耳。又《陸賈傳》　◎絳侯既出，曰：吾嘗將百萬軍，**然**安知獄吏之貴乎！又《周勃世家》　◎亞夫笑曰：臣之兄已代父侯矣。有如卒，子當代，亞夫何說侯乎？**然**既已貴如負言，又何說餓死？又　◎至閭巷之俠，修行砥名，聲施天下，莫不稱賢，是爲難耳。**然**儒墨皆排擯不載。又《游俠傳序》　◎衛青霍去病亦以外戚貴幸，**然**頗用才能自進。又《佞幸傳》　◎劇孟雖博徒，**然**母死，客送葬，車千餘乘；此亦有過人者。又《袁盎傳》　◎荊軻雖游酒人乎，**然**其爲人沈深好書。又《荊軻傳》　◎大尉遂將北軍，**然**尚有南軍。又《呂后紀》　◎觀往者得失之變，故作《孤憤》《五蠹》《內外》《儲說》《說林》《說難》十餘萬言。**然**韓非知說之難，爲《說難》書甚

具，終死於秦，不能自脱。又《韓非傳》 ◎孫子籌策龐涓明矣！**然**不能早救患於被刑。又《孫子傳》

（九）轉接連詞　與「然則」同。　《月令》仲冬命閹尹審門閭，謹房室，《詩》之《小雅》亦有《巷伯》刺讒之篇，**然**宦人之在王朝者其來舊矣。《後漢書·宦者傳序》

（10）語末助詞　助形容詞或副詞爲其語尾。　◎惠**然**肯來。《詩·邶風·終風》 ◎卜云其吉，終**然**允臧。又《鄘風·定之方中》 ◎弑不成，卻反，舍于郊，皆説**然**息。《公羊傳》定八年 ◎子在陳，曰：歸與！歸與！吾黨之小子狂簡，斐**然**成章，不知所以裁之。《論語·公冶長》 ◎顏淵喟**然**歎曰：仰之彌高，鑽之彌堅；瞻之在前，忽焉在後。又《子罕》 ◎子夏曰：君子有三變；望之儼**然**，卽之也溫，聽其言也厲。又《子張》 ◎欣欣**然**有喜色而相告。《孟子·梁惠王下》 ◎天油然作雲，沛**然**下雨，則苗浡**然**興之矣。又《上》 ◎王勃**然**變乎色。又《萬章下》 ◎曾西艴**然**不悦。又《公孫丑上》 ◎使民盻盻**然**終歲勤動，不得以養其父母。又《滕文公上》 ◎德璉常斐**然**有述作之意。魏文帝《與吳質書》

（一一）語末助詞　表擬象，多與「如」「若」連用。　◎無若宋人**然**。《孟子·公孫丑上》 ◎子豈若是小丈夫**然**哉？又《公孫丑下》 按上二例以名詞爲比擬。　◎人之視己，如見其肺肝**然**。《禮記·大學》 ◎道則高矣美矣，宜若登天**然**。《孟子·盡心上》 ◎夫子若有不豫色**然**。又《公孫丑下》

◎使託若以疾死**然**，親親之道也。《公羊傳》莊三十二年　◎其視殺人若艾草菅**然**。《漢書·賈誼傳》　按以上諸例皆以動作爲比擬。　◎今言王若易**然**。孟子《公孫丑上》　◎木若以美**然**。又《公孫丑下》　◎不見諸侯，宜若小**然**。又《滕文公下》　按以上諸例皆用形容詞，與前二項以名詞或動作爲比擬者不同，但用法相類耳。

(三)語末助詞　表斷定，用同「焉」。　◎穆公召縣子而問**然**。《禮記·檀弓下》　◎國人稱願**然**，曰：幸哉！有子如此。又《祭義》　按《大戴記·曾子大孝》篇「然」作「焉」。　◎君子以此之爲尊敬**然**。又《哀公問》　◎寡人願有言**然**。又　◎若由也，不得其死**然**。《論語·先進》　◎強鉗而利口，厚顏而忍詬，無正而恣睢，妄辨而幾利，不好辭讓，不敬禮節，而好相推擠：此亂世姦人之說也，則天下之治說者方多**然**矣。《荀子·解蔽》

忍(ㄖ·ㄣ)

(一)助動詞　◎一朝而尸三卿，余不**忍**爲也。《左傳》成十七年　◎匈奴冒頓新服北夷，來爲邊害；孟舒知士卒罷敝，不**忍**出言。《史記·田叔傳》　◎女至不材，我不**忍**殺，不分一錢也！又《司馬相如傳》

任(ㄖ·ㄣ)

（一）外動詞　勝也，當也。多與「不」或「勿」連用。「不任」「毋任」與「不勝」同，猶今言「當不起」。◎伏銘私荷，不**任**下情。謝朓《謝左傳啓》

（二）助動詞　劉淇云：任猶能也。◎臣不**任**受怨，君亦不**任**受德。《左傳》成三年　◎是時，武安君病，不**任**行。《史記·白起傳》◎今單于以疾病不**任**奉朝賀，遣使自陳，不失臣子之禮。《漢書·息夫躬傳》◎皇帝年在繦褓，未**任**親政。又《王莽傳上》◎卒腹痛，不**任**入。《吳志·諸葛恪傳》◎義眞輕訬，不**任**主社稷。《宋書·廬陵王義眞傳》

仍（ㄖㄥˊ）

（一）外動詞　《爾雅·釋詁》云：因也。◎魯人爲長府。閔子騫曰：**仍**舊貫，如之何，何必改作？《論語·先進》

（二）副詞　《漢書注》云：仍，頻也。《周語注》云：頻，數也。◎晉**仍**無道而鮮胄。《周語》◎明年，大將軍將六將軍**仍**再出擊胡。《史記·平準書》◎淮南衡山專挾邪僻之計，謀爲叛逆，**仍**父子再亡國，各不終其身。又《淮南王傳》◎太史公**仍**父子相續纂其職。又《自序》◎今大將軍**仍**復克獲。《漢書·武帝紀》◎勳謂虞紹曰：吾**仍**見上，上甚聰明；但擁蔽於左右耳。《後漢書·蓋勳傳》

(三)副詞 與「乃」通，始也。 ◎策拊掌大笑，**仍**有兼幷之志矣。《吳志·太史慈傳注》 ◎既而張遼至夾石，聞城已拔，**仍**退。又《呂蒙傳》

如(ㄖㄨˊ)

(一)關係內動詞 往也。 ◎州公**如**曹。《春秋》桓五年 ◎公將**如**棠觀魚者。《左傳》隱五年 ◎忽容容其安之兮？超荒忽其焉**如**？東方朔《七諫》 ◎餘起**如**廁。《漢書·張耳傳》 ◎上**如**邯鄲擊豨。又《盧綰傳》 ◎田生**如**長安，不見澤，而假大宅，令其子求事呂后所幸大謁者張卿。又《燕王澤傳》

(二)外動詞 及也。 ◎明日，徐公來。孰視之，自以爲不**如**，闚鏡而自視，又弗**如**遠甚。《齊策》 ◎夫宋之不足**如**梁也，寡人知之矣。《宋策》

(三)外動詞 《公羊》昭十二年注云：如猶奈也。童斐云：如字含有「處置」二字之意。按如字又猶今言「對付」。 ◎陳文子見崔武子曰：將**如**君何？《左傳》襄二十四年 按「將如君何」，當譯爲「將怎樣對付君」。故「何」爲副詞。 ◎人而不仁，**如**禮何；人而不仁，**如**樂何？《論語·八佾》 ◎天生德於予，桓魋其**如**予何？又《述而》 ◎不能正其身，如正人何？又《子路》 ◎不曰**如**之何**如**之何者，吾末**如**之何也已。又《衞靈公》 ◎君**如**彼何哉？《孟子·梁惠王下》 ◎吾

如有萌焉何哉？又《告子上》 ◎一薛居州，獨**如**宋王何！又《滕文公下》 ◎曩吾修《詩》《書》，正《禮》《樂》，將以治天下，遺來世，非但修一身治魯國而已；而魯之君臣日失其序，仁義益衰，情性益薄，此道不行一國與當年，其**如**天下與來世矣！《列子·仲尼》

(四)助動詞 當也。◎夏，大旱，公欲焚巫尪。臧文仲曰：巫尪何爲？天欲殺之，則**如**勿生。若能爲旱，焚之滋甚。《左傳》僖二十一年 ◎若愛重傷，則**如**勿傷；愛其二毛，則**如**服焉。又僖二十二年 ◎有喜而憂，**如**有憂而喜乎？又宣十一年 ◎若知不能，則**如**無出。今既遇矣，不**如**戰也。又成二年 ◎二三子若能死亡，則**如**違之以待所濟；若求安定，則**如**與之以濟所欲。又昭十三年 ◎君若愛司馬，則**如**亡。又昭二十一年 ◎子西曰：不能，**如**辭。又定五年 ◎然則**如**叛之。又定八年 ◎不習爲吏，**如**視己事。《大戴禮·保傅》 ◎今天下莫爲義，則子**如**勸我者也。何故止我？《墨子·貴義》 ◎孟子將朝王，王使人來曰：寡人**如**就見者也；有寒疾，不可以風。朝將視朝，不識可使寡人得見乎？《孟子·公孫丑下》 ◎欲令都尉自送，則**如**勿收耶？《漢書·翟義傳》

(五)介詞 與今語「依照」同。◎項羽使人還報懷王，懷王曰：**如**約。《史記·高帝紀》 按「如約」者謂「如約以高祖王秦」也。「以高祖王秦」省去。◎雖三代征伐，未能竟其義**如**其文也。又《司馬穰苴傳》 ◎汝陰侯滕公心知朱家大俠，意季布匿其所，乃許曰：諾。侍閒，果言

如朱家指。又《季布傳》　◎再飲，病已，溺**如**故。又《倉公傳》　按「如故」卽今言「依舊」「照舊」。

（六）等立連詞　與也。　◎修五禮，五玉，三帛，二牲一死贄**如**五器。《書·堯典》　◎公**如**大夫入。《儀禮·鄉飲酒禮》　◎趙王問樓緩曰：「子秦地**如**毋予，孰吉？」《史記·虞卿传》

（七）承接連詞　而也。　◎耿耿不寐，**如**有隱憂。《詩·邶風·柏舟》　◎不失其馳，舍矢**如**破。又《小雅·車攻》　◎使有司月省**如**時考之。《大戴禮·王言》　◎是故不賞不罰**如**民咸盡力。又《子張問入官》　◎記鴻雁之遰也，**如**不記其鄉，何也？又《夏小正》　◎帝入東學，上親而貴仁，則親疏有序**如**恩相及矣。又《保傅》　◎天下豈有無父之國哉？吾何行**如**之？《禮記·檀弓》　按王引之云：宣十七年《穀梁傳》：「兄弟也，何去而之？」語意同。　◎及鄭伯盟，歃**如**忘。《左傳》隱七年　◎夜中，星隕**如**雨。又莊七年　◎火**如**象之，不火何爲？又昭六年　◎勇**如**害上，則不登於明堂。《逸周書·後大匡》　◎民之自計，皆就安利**如**辟危窮。《韓非子·五蠹》　◎安**如**易，樂而湛。《大戴禮·保傅》　◎合志**如**同方，共其憂而任其難。又《文王官人》　◎施其時而成之，法其命**如**循之。《春秋繁露·王道通三》　◎見利**如**前，乘便而起。《鹽鐵論·世務》　按以上四例，皆「如」「而」互用。

（八）轉接連詞　與「而」第九條同，與今語「卻」相當。　◎夫鼠，晝伏夜動，不穴於寢廟，畏人故也。今君聞晉之亂而後作焉，寧將事之，非鼠**如**何？《左傳》襄二十三年　◎史曰：爾爲仁爲義，人弑爾君，而復國不討賊，此非弑君**如**何？《公羊傳》宣六年　◎聾瘖，非害國家**如**何也？《晏子·諫篇》◎鄉是**如**不臧，倍是**如**不亡者，自古及今未嘗有也。《荀子·儒效》　◎非故**如**何也。《楚策》　◎非反**如**何也？《趙策》

（九）選擇連詞　或也。◎安見方六七十**如**五六十而非邦也者？《論語·先進》　◎宗廟之事**如**會同，端章甫，願爲小相焉。又

（一〇）假設連詞　若也。今言「假如」。◎富而可求也，雖執鞭之士，吾亦爲之；**如**不可求，從吾所好。《論語·述而》　◎**如**有用我者，吾其爲東周乎？又《陽貨》　◎**如**恥之，莫若師文王。《孟子·離婁上》　◎**如**有遇霧露，行道死，陛下竟以天下之大弗能容。《史記·袁盎傳》　◎**如**有馬驚車敗，陛下縱自輕，奈高廟太后何？又　◎惜乎！子不遇時！**如**令子當高帝時，萬戶侯豈足道哉！又《李將軍傳》　◎客亦何面目復見文乎？**如**復見文者，必唾其面而大辱之！又《孟嘗君傳》　◎孔子曰：魯今且郊。**如**致膰乎大夫，則吾猶可以止。又《孔子世家》

（一一）比喻連詞　當以「像……一般」「像……似的」譯之。◎不欲碌碌**如**玉，落落**如**石。《老子》　◎君之視臣**如**犬馬，則臣事君**如**寇讎。《孟子·離婁下》　◎士趨矢石，**如**渴得飲。《史記·貨殖傳》　◎貴出**如**糞土，賤取**如**珠玉。又　◎人生一世間，安能邑邑**如**此？又《淮南王傳》　◎至**如**說丞相弘，**如**發蒙振落耳！又《汲黯傳》　◎楚令尹子西曰：王之使使諸侯，有**如**子貢者

乎？又《孔子世家》◎今漢王慢而侮人，罵詈諸侯羣臣，**如**罵奴耳。又《彭越傳》◎夫秦王有虎狼之心，殺人**如**不能舉，刑人**如**恐不勝。又《項羽紀》

(三)語末助詞　爲形容詞副詞之語尾，無義。◎屯**如**邅**如**，乘馬班**如**。《易·屯》◎褎**如**充耳。《詩·邶風·旄邱》◎婉**如**清揚。又《鄭風·野有蔓草》◎子之燕居，申申**如**也，夭夭**如**也。《論語·述而》◎孔子於鄉黨，恂恂**如**也。朝與下大夫言，侃侃**如**也。與上大夫言，誾誾**如**也。君在，踧踖**如**也，與與**如**也。君召使擯，色勃**如**也，足躩**如**也。又《鄉黨》◎善**如**爾之問也。《禮記·祭義》◎受一爵而色洒**如**也。又《玉藻》◎孔子三月無君，則皇皇**如**也。《孟子·滕文公下》◎天下晏**如**也。《史記·司馬相如傳》◎榮**如**辱**如**，有機有樞。《漢書·敍傳》

辱（ㄖㄨˋ）

(一)表敬副詞　◎君與滕君**辱**在寡人。《左傳》隱十一年 ◎敝邑以政刑之不脩，寇盜充斥，無若諸侯之屬**辱**在寡君者何，是以令吏人完客所館。又襄三十一年

卷六

兹(ㄗ)

(一)指示代名詞　此也。◎好生之德，洽于民心，**兹**用不犯于有司。《書·大禹謨》　按「兹用」爲「用兹」之倒文。◎念**兹**在**兹**！《書·大禹謨》　◎文王既沒，文不在**兹**乎！《論語·子罕》

(二)指示形容詞　此也。◎帝曰：皋陶！惟**兹**臣庶，罔或干予正。《書·大禹謨》　◎惟**兹**佩之可貴兮，委厥美而歷兹。《離騷》　◎堂堂其胤，爲世之良，于其令母，受**兹**義方。蔡邕《濟北相崔君夫人誄》

(三)副詞　《說文》云：兹，草木益多也。此兹字本義，今通用滋字。◎怙其儁才而不以茂德，**兹**益罪也。《左傳》宣十五年　◎今余命女環**兹**率舅氏之典。又襄十四年　◎君富於季氏而大於魯國，**兹**陽虎所欲傾覆也。又定九年　◎且夫邛筰西僰之與中國竝也，歷年**兹**多，不可記已。《史記·司馬相如傳》　◎賦斂**兹**重。《漢書·五行志》　◎今將軍爲秦將三歲矣！所亡失已十萬數，而諸侯竝起，**兹**益多。又《項籍傳》　◎匈奴終不敢取當。**兹**欲鄉和親，而邊境少事矣。又《匈

奴傳》

(四)承接連詞　斯也，則也。◎朝夕曰：祀**茲**酒。《書·酒誥》　按王引之云。言朝夕戒之曰：惟祭祀斯用酒也。故下文曰：飲惟祀。◎若可，師有濟也，君而繼之，**茲**無敵矣。《左傳》昭二十六年

(五)承接連詞　王引之云：承下起上之詞，猶今人言致令如此也。樹達按：茲，此也；本代名詞。此種用法，乃是「茲用」之省略。介詞「用」字省去，故獨存茲字，而其作用乃如王氏所云矣。◎勿使有所壅閉湫底以露其體，**茲**心不爽而昏亂百度。《左傳》昭元年　◎君若驩焉好逆使臣，**茲**敝邑休怠而忘其死，亡無日矣。又昭五年　◎單旗劉狄帥羣不弔之人以行亂于王室；晉爲不道，是攝是贊，思肆其罔極；**茲**不穀震盪播越竄在荆蠻。又昭二十六年

(六)語末助詞　與哉同。◎周公曰：嗚呼！休**茲**！《書·立政》　◎昭**茲**來許，繩其祖武。《詩·大雅·下武》　◎美矣岑君，嗚呼休**茲**！《後漢書·岑彭傳贊》

滋(ㄗ)

(一)副詞　益也。即茲之通用字。參閱「茲」第三條。◎若是，則弟子之惑**滋**甚。《孟子·公孫丑上》　◎吳王恐，爲謀**滋**甚。《史記·吳王濞傳》　◎侵奪諸侯之地，徵求**滋**多。又　◎武安由此**滋**

驕。又《武安侯傳》◎太后好黃老之言，而魏其武安趙綰王臧等務隆推儒術，貶道家言；是以竇太后**滋**不說魏其等。又 ◎民務稼穡，衣食**滋**殖。又《呂后紀》◎老子曰：法令**滋**章，盜賊多有。又《酷吏傳序》◎孔氏有《古文尚書》，而安國以今文讀之，因以起其家《逸書》，得十餘篇；蓋《尚書》**滋**多於是矣。又《儒林傳》◎諸辨士爲方略者，妄作妖言諂諛王，王喜，多賜金錢，而謀反**滋**甚。又《淮南王傳》◎孝文皇帝始置五經博士，武帝大合天下之書，而孝宣論六經於石渠，學者**滋**盛。《後漢書·翟酺傳》

咨(ㄗ) 訾

(一)歎詞 無義。◎帝曰：**咨**！女羲暨和。朞三百有六旬有六日，以閏月定四時，成歲，允釐百工，庶績咸熙。《書·堯典》◎帝曰：**咨**！四岳！湯湯洪水方割，蕩蕩懷山襄陵，浩浩滔天，下民其咨，有能俾乂？僉曰：於！鯀哉！又 ◎帝曰：**咨**！四岳！朕在位七十載，汝能庸命，巽朕位。又 ◎**咨**虖！羣公！可不憂哉！《漢書·王莽傳》◎**咨**！可謂命世大聖，千載之師表者已。魏修《孔子廟碑》◎昔荊龔王與晉厲公戰於鄢陵。臨戰，司馬子反渴而求飲，豎陽穀操黍酒而進之。子反叱曰：**訾**！退！酒也！《呂氏春秋·權勳》◎孟嘗君讌坐。一人曰：**訾**！天下之王有侵君者，臣請以血湔其衽？《齊策》◎**訾**！黃其何不徠下？《漢書·禮樂志》　按《師古注》云：訾，嗟歎之辭也。

自（·ㄗ）

（一）內動詞　由也，因也。◎二者之咎，皆自於朕之德薄而不能遠達也。《史記·文帝紀》◎要若有司馬相如劉向揚雄之徒出，必自於此，不自於循常之徒也。韓愈《答劉正夫書》

（二）代名詞　今言「自己」。◎其自爲謀也則過矣，其爲吾先君謀也則忠。《左傳》成二年　◎殺人之父，人亦殺其父；殺人之兄，人亦殺其兄。然則非自殺之也，一閒耳。《孟子·盡心下》◎先名實者，爲人也；後名實者，自爲也。又《告子下》◎許子冠乎？曰：冠。曰：奚冠？曰：冠素。曰：自織之與？曰：否，以粟易之。又《滕文公上》◎夫人必自侮，然後人侮之；家必自毁，而後人毁之；國必自伐，而後人伐之。又《離婁上》◎自暴者不可與有言也，自棄者不可與有爲也。又　◎公則自傷，鬼惡能傷公！《莊子·達生》◎山木自寇也，膏火自煎也。又《人間世》◎分財則多自與。《史記·管仲傳》◎遣人立六國後，自爲樹黨，爲秦益敵也。又《張耳陳餘傳》◎侍中樂陵侯高，帷幄近臣，朕之所自親，君何越職而舉之？《漢書·黃霸傳》◎朔文辭不遜，高自稱譽。又《東方朔傳》◎陛下幸而赦遷之，自疾而死。又《賈誼傳》◎顯及禹山雲自見日侵削，數相對啼泣自怨。又《霍光傳》

（三）副詞　今言「另自」「別自」。◎安世深辭賀封，又求損守家戶數，稍減至三十戶。上曰：吾**自**爲掖廷令，非爲將軍也。安世乃止，不敢復言。《漢書·張安世傳》◎此閒**自**有伏龍鳳雛。《世說註》

（四）介詞　從也。◎**自**其異者視之，肝膽楚越也；**自**其同者視之，萬物皆同也。《莊子·德充符》◎一與一爲二，二與一爲三。**自**此以往，巧曆不能得。又《齊物論》◎**自**天子稱號下至佐僚及宮室官名，少所變更。《史記·禮書》　按以上諸例，自字介事。◎**自**命夫命婦至於老病，無不受冰。《左傳》昭四年　◎**自**天子以至於庶人，壹是皆以修身爲本。《禮記·大學》◎大宛之跡，見**自**張騫。《史記·大宛傳》　按以上諸例，自字介人。◎**自**朝至于日中昃。《書·無逸》◎**自**未作鄜畤也，而雍旁故有吳陽武畤。《史記·封禪書》◎**自**古至今，所由來遠矣。又《三王世家》◎無忌**自**在大梁時，常聞此兩人賢。又《信陵君傳》◎今**自**陛下舉兵擊匈奴，中國以空虛。又《張湯傳》◎**自**秦時棄不屬。《漢書·嚴助傳》◎**自**漢初定以來，七十二年，吳越人相攻擊者不可勝數。又　按以上諸例，自字介時間。◎吾**自**衞反魯，然後樂正。《論語·子罕》◎有爲神農之言者許行，**自**楚之滕。《孟子·滕文公上》◎姊衞子夫**自**平陽公主家得幸天子。《史記·衞青傳》◎弟子**自**遠方至受業者百餘人。又《儒林傳》◎令郡具私馬五十疋爲驛，**自**河內至長安。又《王溫舒傳》◎然劇孟母死，**自**遠方送喪蓋千乘。又《游俠傳》◎**自**關以東，莫不延頸願交焉。又　按以上諸例，**自**字介方所。

（五）假設連詞　苟也。　恆以「**自**非」連用。　◎**自**非聖人，外寧必有內憂。《左傳》成十六年　◎意者臣愚而不概于王心邪？亡其言臣者賤而不可用乎？**自**非然者，臣願得少賜游觀之閒，望見顏色。《史記·范雎傳》　◎**自**非大無道之世者，天盡欲扶持而安全之。《漢書·董仲舒傳》　◎**自**非聖人，得志而不驕佚者，未之有也。《鹽鐵論·論功》　◎**自**非供陵廟，稻粱米不得導擇。《後漢書·皇后紀》　◎**自**非拜國君之命，胡嘗扶杖出門乎？又《鄭玄傳》　◎**自**非顯才高行，安可強冠之哉！《西京雜記》

（六）推拓連詞　與『雖』同。　◎**自**吾母而不得吾情，吾惡乎用吾情？《禮記·檀弓下》　◎夫**自**上聖黃帝作爲禮樂法度，身以先之，僅以小治。《史記·秦本紀》　◎**自**含血戴角之獸，見犯則校，而況於人懷好惡喜怒之氣！又《律書》　◎**自**子夏——門人之高弟也，——猶云出見紛華盛麗而說，入聞夫子之道而樂：二者心戰，未能自決；而況中庸以下，漸漬於失教，被服於成俗乎？又《禮書》　◎漢興，接秦之弊，作業劇而財匱。**自**天子不能具鈞駟，而將相或乘牛車。又《平準書》　◎昌爲人強力敢直言，**自**蕭曹等皆卑下之。又《周昌傳》　◎且**自**呂后太子及大臣皆素敬憚之。又　◎高祖不脩文學，而性明達，好謀能聽。**自**監門戍卒，見之如舊。《漢書·高祖紀》　◎至于技巧工匠，**自**元成閒鮮能及之。又《宣帝紀贊》　◎**自**京師有誖逆不順之子孫。又《禮樂志》◎今律令煩多而不約，**自**典文者不能分明。又《刑法志》◎律令煩多，百有餘萬言；奇情他比，日以益茲，**自**明習者不知所由。又 ◎堪非獨不可於朝廷，**自**州里亦不可也。又《劉向傳》◎**自**高皇帝不能以是一歲爲安，故臣知陛下之不能也。又《賈誼傳》◎**自**薄太后太子諸大臣皆憚厲王。又《淮南厲王傳》◎或說黯曰：**自**天子欲令羣臣下大將軍。又《汲黯傳》◎招延四方豪傑，**自**山東遊士莫不至。又《文三王傳》◎且**自**三代之盛，夷狄不與正朔服色。又《韓安國傳》◎**自**凡人猶繫於習俗，而況哀公之倫乎？又《景十三王傳贊》◎**自**丞相黃霸廷尉于定國大司農朱邑京兆尹張敞右扶風尹翁歸及儒者夏侯勝等皆以善終著名宣帝之世，然不得列於名臣之圖，以此知其選矣。又《蘇武傳》◎**自**魏其武安之厚賓客，天子常切齒。又《衛青傳贊》◎故顏淵死，孔子曰：噫！天喪余！唯此一人爲能當之；**自**宰我子貢子游子夏不與焉。又《董仲舒傳贊》◎每定大政，已決，輒移病出。聞有詔令，乃驚，使吏之丞相府問焉。**自**朝廷大臣，莫知其與議也。又《張安世傳》◎**自**京師不曉，況於遠方？又《杜周傳》◎**自**尚書近臣，皆結舌杜口。又 ◎然**自**劉向揚雄皆博極羣書，皆稱遷有良史之材。又《司馬遷傳贊》◎**自**三代之盛，胡越不與受正朔也。又《嚴助傳》◎**自**公卿在位，皆敖弄無所爲屈。又《東方朔傳》◎**自**唐虞之隆，成康之際，未足以諭當世。又 ◎**自**堯之用舜，文王於太公，猶試然後爵之，又況朱雲者乎？又《胡建傳》◎**自**霍光之賢，不能爲子孫慮。

又《梅福傳》◎**自**聖人推類以記，不敢專也，況於非聖者乎？又《于定國傳》◎**自**高祖聞而召之，不至。又《王貢兩龔傳》◎**自**禁門內樞機近臣，蒙受冤譖。又《孫寶傳》◎大司農錢，**自**乘輿不以給供養。又《毋將隆傳》◎元帝時，中書令石顯用事，**自**前相韋玄成及衡皆畏顯。又《匡衡傳》◎性與天道，**自**子貢之屬不得聞。又《張禹傳》◎**自**古大聖猶懼此，況臣莽之斗筲？又《翟義傳》◎**自**貢獻宗廟三宮，猶不至此。又《王嘉傳》◎是以遐方疏俗殊鄰絕黨之域，**自**上仁所不化，茂德所不綏，莫不蹻足抗手，請獻厥珍。又《揚雄傳》◎其治米鹽，事小大皆關其手。**自**部署縣名曹寶物，官吏令丞弗得擅搖。又《咸宣傳》◎**自**中國尚建關梁以制諸侯，所以絕臣下之覬欲也。又《匈奴傳》◎**自**黃帝湯武行師，必待部曲旗旌號令。又《王莽傳》◎時書不布，**自**東平王以叔父求太史公諸子書，大將軍白不許。又《敍傳》◎故**自**帝師安昌侯諸舅大將軍兄弟及公卿大夫後宮外屬許史之家有貴寵者，莫不被文傷詆。又◎**自**天地不能兩盈，而況於人事乎？《鹽鐵論·非鞅》◎**自**吏明習者不知所處，而況愚民乎？又《刑德》◎吾愛士，雖吾子不能過也；及其犯誅，**自**吾子亦不能脫也。《吳越春秋》

雜（ㄗㄚˊ）

（一）表態副詞　今言參雜。◎復遣廷尉大鴻臚**雜**問。《漢書·文三王傳》◎相如身自著犢鼻褌，

與庸保雜作，滌器於市中。又《司馬相如傳》 ◎寔以病徵拜議郎，復與諸儒博士共雜定五經。《後漢書·崔寔傳》

作（ㄗㄛˋ）

（一）時間副詞　《詩·駉傳》云：作，始也。王念孫云：作之言乍也。乍者，始也。◎烝民乃粒，萬邦作乂。《書·皋陶謨》 ◎萊夷作牧。又《禹貢》 ◎沱潛既道，雲土夢作乂。又

（二）時間介詞　及也。◎其在高宗，時舊勞于外，爰暨小人。作其即位，乃或亮陰三年不言。《書·無逸》 ◎其在祖甲，不義惟王，舊惟小人。作其即位，爰知小人之依。又

則（ㄗㄜˊ）

（一）名詞　法則也。◎伐柯伐柯，其則不遠。《詩·豳風·伐柯》 ◎天生烝民，有物有則。又《大雅·烝民》 ◎敬慎威儀，維民之則。又《抑》 ◎先人有則而我弗虧。《後漢書·崔駰傳》

（二）外動詞　法傚也。◎河出圖，洛出書，聖人則之。《易·繫辭》 ◎君有君之威儀，其臣畏而愛之，則而象之。《左傳》襄三十一年 ◎行父還觀莒僕，莫可則也。又文十八年 ◎幽厲之後，王道缺，禮樂衰，孔子脩舊起廢，論《詩》《書》，作《春秋》，則學者至今則之。《漢書·司馬遷傳》 ◎

則后稷之烈。《鹽鐵論·輕重》　◎臣聞三公上**則**台階，下象山岳。《後漢書·劉愷傳》

(三)不完全內動詞　乃也。　◎雖隕於深淵，**則**天命也。《左傳》哀十五年　◎是非王之夫子母弟甥舅也，**則**皆荆蠻戎狄之人也；非親**則**頑，不可入也。《鄭語》　◎天下之言性也，**則**故而已矣。《孟子·離婁下》　◎此**則**寡人之罪也。又《公孫丑下》　◎夫章子豈不欲有夫妻子母之屬哉？爲得罪於父，不得近，出妻屏子，終身不養焉。其設心以爲：不若是，是**則**罪之大者，是**則**章子已矣！又《離婁下》　◎卿**則**州人，昔又從事。《吳志·太史慈傳》

(四)時間副詞　與「卽」同。表示一種動作或狀態表現之早速。　◎故有社稷莫不欲安，俄**則**危矣；莫不欲存，俄**則**亡矣。《韓詩外傳》　◎於是至**則**圍王離，與秦軍遇。《漢書·項籍傳》　按「至」與「圍王離」動作相距之時間極短，故云「則」。　◎周王數百年，秦二世**則**亡，不如都周。又《婁敬傳》　◎湯武廣大其德行，六七百歲而弗失；秦王治天下十餘歲**則**大敗。又《賈誼傳》　按《漢書·王莽傳》云：「應聲滌地，**則**時成創。」「則時」與「卽時」同，「則」作形容詞用。以用例他書少見，附記於此。

(五)承接連詞　表因果之關係。則字以上之文爲原因，以下之文爲結果。　◎聖人以順動，**則**刑罰淸而民服。《易·豫》　◎宗邑無主，**則**民不威；疆埸無主，則啓戎心。《左傳》莊二十八年　◎夫諸侯之賄聚於公室，**則**諸侯貳；若吾子賴之，**則**晉國貳。諸侯貳**則**晉國壞；晉國貳**則**子之家壞；何沒沒也？將焉用賄？又襄二十四年　◎水懦弱，民狎而翫之，**則**多死焉。又昭二十年　◎其爲物不貳，**則**其生物不測。《禮記·中庸》　◎是故財聚**則**民散，財散**則**民聚。又《大學》　◎道善**則**得之，不善**則**失之矣。又　◎仁**則**榮，不仁**則**辱。《孟子·公孫丑上》　◎人能無以飢渴之害爲心害，**則**不及人不爲憂矣。又《盡心上》　◎思**則**得之，不思**則**不得也。又《告子上》　◎趙亡**則**勝爲虜，何爲不憂乎？《史記·平原君傳》　◎如此，**則**媾乃可爲也。又　◎黃金成，以爲飲食器，**則**益壽。又《封禪書》　◎先生之方能若是，**則**太子可生也。又《扁鵲傳》　◎大王誠幸而許之一言，**則**吳王率楚王略函谷關，守滎陽敖倉之粟，距漢兵，治次舍須大王。又《吳王濞傳》　◎且秦無已而帝，**則**且變易諸侯之大臣。又　◎今以法割削之，**則**逆節萌起。又《主父偃傳》　◎雖包堯舜之術，挾伊管之辨，懷龍逢比干之意，欲盡忠當世之君，而素無根柢之容，雖竭精思，欲開忠信輔人主之治，**則**人主必有按劍相眄之跡。又《鄒陽傳》

(六)承接連詞　表文中對待之關係。《說文》云：「則，等畫物也。」則字本爲分畫之義，故其爲詞亦有畫分之義焉。此類文字，若去其所對待者而使之獨，則「則」字之作用失。至「則」字之形，或僅有其一而不兼具；然仍不害其爲對待也。◎穀**則**異室，死**則**同穴。《詩·王風·大車》　◎昊天上帝，**則**不我遺；羣公先正，**則**不我助。又《大雅·雲漢》　◎子女玉帛，**則**君有之；羽毛齒革，**則**君地生焉。《左傳》僖二十三年　◎其自爲謀也，**則**過矣；其爲吾先君謀也，

則忠。又成二年　◎入其門，**則**無人門焉者；入其閨，**則**無人閨焉者。《公羊傳》宣六年　◎弟子入**則**孝，出**則**弟。《論語·學而》　◎立，**則**見其參於前也；在輿，**則**見其倚於衡也。又《衛靈公》　◎夏后氏殯於東階之上，**則**猶在阼也；殷人殯於兩楹之閒，**則**與賓主夾之也；周人殯於西階之上，**則**猶賓之也。《禮記·檀弓》　◎天地**則**已易矣；四時**則**已變矣。又《三年問》　◎非其道，**則**一簞食不可受於人；如其道，**則**舜受堯之天下，不以爲泰，子以爲泰乎？《孟子·滕文公下》　◎樂歲粒米狼戾，多取之而不爲虐，**則**寡取之；凶年糞其田而不足，**則**必取盈焉。又《上》　◎諫**則**不行，言**則**不聽。又《離婁下》　◎入**則**無法家拂士，出**則**無敵國外患者，國恆亡。又《告子下》　◎有伊尹之志**則**可，無伊尹之志**則**篡也。又《盡心上》　◎君有勢，我**則**從君；君無勢，**則**去。《史記·廉頗傳》　◎王入**則**侍景帝同輦，出**則**同車游獵。又《梁孝王世家》　◎有先生**則**活，無先生**則**棄捐塡溝壑。又《扁鵲傳》　◎漢之得人，於茲爲盛。儒雅**則**公孫弘董仲舒兒寬，篤行**則**石建石慶，質直**則**汲黯卜式，推賢**則**韓安國鄭當時，定令**則**趙禹張湯，文章**則**司馬遷相如，滑稽**則**東方朔枚皋，應對**則**嚴助朱買臣，歷數**則**唐都洛下閎，協律**則**李延年，運籌**則**桑弘羊，奉使**則**張騫蘇武，將帥**則**衞青霍去病，受遺**則**霍光金日磾，其餘不可勝紀。《漢書·公孫弘傳》　按以上諸例爲一事具一則字者。◎其室**則**邇，其人□甚遠。《詩·鄭風·東門之墠》

◎我□辭禮矣！彼**則**以之。《左傳》襄十年　◎今有璞玉於此，雖萬鎰，□必使玉人彫琢之；

至於治國家，**則**曰姑舍女所學而從我：則何以異於教玉人彫琢玉哉？《孟子·梁惠王下》 ◎耳目之官□不思而蔽於物，物交物，則引之而已矣！心之官**則**思。又《告子上》 ◎故無因至前，□雖夜光之珠，猶不見德；故有人先談，**則**以枯木朽株樹功而不忘。《史記·鄒陽傳》 ◎項王**則**受璧置之坐上；亞父□受玉斗，置之地，拔劍撞而破之。又《項羽紀》 按以上諸例二事對言，止一則字。凡□處皆則字被省略之處也。 ◎孔子與門人立，拱而尚右。二三子亦皆尚右。孔子曰：二三子之嗜學也！我**則**有姊之喪故也。二三子皆尚左。《禮記·檀弓上》 按：此以我與二三子爲對待，故以則字別言之。 ◎宋殤公立十年十一戰，民不堪命。孔父嘉爲司馬；督爲太宰，故因民之不堪命，先宣言曰：司馬**則**然。《左傳》桓二年 按！「司馬則然」，督以此明己之不與也。 ◎《周書》有之：「乃大明服。」己**則**不明，而殺人以逞，不亦難乎？又僖二十三年 按：「己則不明」，隱寓「他人則無罪」之義。 ◎先軫曰：子與之！定人之謂禮。楚一言而定三國，我一言而亡之。我**則**無禮，何以戰乎？又僖二十八年 ◎先軫曰：秦不哀吾喪，而伐吾同姓。秦**則**無禮，何施之爲？又僖三十三年 按：「秦則無禮」，謂我非無禮也。 ◎我**則**不德，而徼怨於楚。我曲楚直，不可謂老。又宣十二年 按：「我則不德」，亦對楚爲言。下文「我曲楚直」，是其證矣。 按：以上諸例，文意本有二事，而只言一事；其未言之事，則以「則」字反映出之。「則」字功用之妙如此。

(七)承接連詞　於初發見一事之已然狀態時用之。　◎鄭穆公使視客館，**則**束載厲兵秣馬矣。《左傳》僖三十三年　◎公使陽處父追之，及諸河，**則**在舟中矣。又　◎登丘而望之，**則**馳；騁而從之，**則**決睢澨，閉門登陴矣。又成十五年　◎嬖復命於崔子，且御而歸之。至，**則**無歸矣！又襄二十七年　◎及晏子如晉，公更其宅。反**則**成矣。又昭三年　◎使子路反見之，至，**則**行矣。《論語·微子》　◎其子趨而往視之，苗**則**槁矣！《孟子·公孫丑上》　◎王之臣有託其妻子於其友而之楚遊者。比其反也，**則**凍餒其妻子。又《梁惠王下》　◎辟兄離母，處於於陵。他日歸，**則**有饋其兄生鵝者。又《滕文公下》　◎使使往之主人，荆卿**則**已駕而去榆次矣。《史記·荆軻傳》

(八)承接連詞　於始爲一事時用之。與「乃」「於是」義同。惟「乃」「於是」語氣緩，而「則」語氣急耳。　◎鯀**則**殛死，禹乃嗣興。《書·洪範》　◎禾**則**盡起。又《金縢》　◎既見君子，我心**則**降。《詩·召南·草蟲》　◎鷹**則**爲鳩。《大戴禮·夏小正》　◎豺**則**祭獸戮禽。《呂氏春秋·季秋紀》　◎及今上卽位，**則**厚禮置祠之內中。《史記·封禪書》　◎天下初定，郡國諸侯各務自拊循其民。吳有豫章郡銅山，濞**則**招致天下亡命益鑄錢。又《吳王濞傳》　◎丞相取充位，天下事皆決於湯。百姓不安其生，騷動。縣官所興，未獲其利，姦吏並侵漁，於是痛繩以罪，**則**自公卿以下至於庶人咸指湯。又《張湯傳》

(九)轉接連詞　與「而」同。　◎寡人願事君朝夕不倦，將奉質幣以無失時，**則**國家多難，是以不獲。《左傳》昭三年 ◎竭力以事大國，**則**不得免焉。《孟子·梁惠王下》 ◎夫貴爲天子，富有天下，是人情之所同欲也。然**則**從人之欲，則勢不能容，物不能贍也。《荀子·榮辱》 ◎然**則**怪迂阿諛苟合之徒自此興。《史記·封禪書》

（一〇）假設連詞 若也，苟也。◎女**則**有大疑，謀及乃心，謀及卿士，謀及庶人，謀及卜筮。《書·洪範》 ◎心**則**不競，何憚于病。《左傳》僖七年 按《風俗通》作「心苟不競」。◎德**則**不競，尋盟何爲？又成九年 ◎公子**則**往，羣臣之子敢不皆負羈絏以從！又定八年 ◎今是大鳥獸，**則**失喪其羣匹，越月踰時焉，則必反巡。《禮記·三年問》 ◎大寇**則**至，使之持危城，則必畔；遇敵處戰則必北。《荀子·議兵》 ◎彼**則**肆然而爲帝，過而遂正於天下，則連有赴東海而死矣。《趙策》 ◎誠得劫秦王使悉反諸侯之侵地，則大善矣；**則**不可，因而刺殺之。《燕策》 ◎臣之里婦，有夫死三日而嫁者，有終身不嫁者。**則**自爲娶，將何娶焉？《韓詩外傳》 ◎今聞章邯降項羽，項羽乃號爲雍王，王關中。今**則**來，沛公恐不得有此。《史記·高祖紀》 ◎項王謂曹咎等曰：謹守成皋！**則**漢欲挑戰，愼勿與戰！又《項羽紀》 ◎文公曰：子**則**自以爲有罪，寡人亦有罪耶？又《李離傳》 ◎陛下**則**不深察愚臣之言，忽於天地之戒，咎根不除，水雨之災山石之異將發不久。《漢書·谷永傳》 ◎丞相曰：使君所言公事，之曹與長史掾議之；吾且奏之。**則**私，吾不受私語。又《袁盎傳》

(二)陪從連詞　與「之」同。◎匪雞**則**鳴，蒼蠅之聲。《詩·齊風·雞鳴》◎匪東方**則**明，月出之光。又

哉(ㄗㄞ)

(一)時間副詞　《爾雅·釋詁》云：哉，始也。◎**哉**生魄。《書·康誥》◎**哉**生明。又《武成》

(二)語中助詞　《說文》云：哉，言之閒也。◎王曰：嗚呼！肆**哉**爾庶邦君越爾御事！爽邦由哲，亦惟十人迪知上帝命。《書·大誥》◎陳錫**哉**周。《詩·大雅·文王》

(三)語末助詞　表感歎。◎大**哉**乾元！萬物資始，乃統天。《易·乾》◎遠**哉**遙遙！《左傳》昭二十五年　◎善**哉**民之主也！又襄二十七年　◎廣**哉**熙熙乎！又二十九年　◎林放問禮之本。子曰：大**哉**問！《論語·八佾》◎大**哉**堯之爲君也。又《泰伯》◎孝**哉**閔子騫！人不閒於其父母昆弟之言。又《先進》◎有是**哉**！子之迂也！又《子路》◎南宮适出，子曰：君子**哉**若人，尙德**哉**若人！又《憲問》◎君**哉**舜也！《孟子·滕文公上》◎天下殆**哉**！岌岌乎！又《萬章上》◎陳涉少時嘗與人庸耕，輟耕之壟上，悵恨久之，曰：苟富貴，無相忘！庸者笑而應曰：若爲庸耕，何富貴也！陳涉太息曰：嗟乎！燕雀安知鴻鵠之志**哉**！《史記·陳涉世家》◎上讀《子虛賦》而善之，曰：朕獨不得與此人同時**哉**！又《司馬相如傳》◎上怒曰：烹之！通曰：嗟呼！冤**哉**

烹也！又《淮陰侯傳》◎三代之際，非一士之智也，信**哉**！又《叔孫通傳》◎上其城，望見其屋室，甚大，曰：壯**哉**縣！又《陳平世家》◎及吳楚一說，說雖行**哉**！然復不遂。又《鼂錯傳》◎觀故蕭曹樊噲滕公之家及其素，異**哉**所聞！又《樊噲傳》◎孔子因史文次《春秋》，紀元年，正時日月，蓋其詳**哉**！又《三代世表》

(四)語末助詞　表疑問。◎天實爲之，謂之何**哉**？《詩·邶風·北門》◎咸丘蒙問曰：語云：盛德之士，君不得而臣，父不得而子。舜南面而立，堯帥諸侯北面而朝之，瞽瞍亦北面而朝之。舜見瞽瞍，其容有蹙。孔子曰：於斯時也，天下殆哉岌岌乎！不識此語誠然乎**哉**？《孟子·萬章上》◎奈何以見陵之怨欲批其逆鱗**哉**！《史記·荆軻傳》◎曹丘至，卽揖季布曰：楚人諺曰：「得黃金百，不如得季布一諾。」足下何以得此聲於梁楚間**哉**？又《季布傳》

(五)語末助詞　表反詰。◎禮云禮云，玉帛云乎**哉**？樂云樂云，鐘鼓云乎**哉**？《論語·陽貨》◎湯使人以幣聘之。囂囂然曰：我何以湯之聘幣爲**哉**？我豈若處畎畝之中，由是以樂堯舜之道**哉**？湯三使往聘之。既而幡然改曰：與我處畎畝之中，由是以樂堯舜之道，吾豈若使是君爲堯舜之君**哉**？吾豈若使是民爲堯舜之民**哉**？吾豈若於吾身親見之**哉**？《孟子·萬章下》◎處非道之位，被衆口之譖，溺於當世之言，而欲當嚴天子而求其安，幾不亦難**哉**！《韓非子·姦劫弒臣》◎今將軍內不能直諫，外爲亡國將，孤特獨立而欲常存，豈不哀**哉**！《史記·項羽紀》

◎高祖急，顧丁公曰：兩賢豈相厄**哉**？又《季布傳》◎夫絳侯東陽侯稱爲長者，此兩人言事，曾不能出口，豈斅此嗇夫諜諜利口捷給**哉**？又《張釋之傳》◎愼夫人乃妾。妾主豈可與同坐**哉**！又《袁盎傳》◎非通幽明之變，惡能識乎性命**哉**？又《外戚世家》◎旣驩合矣，或不能成子姓；能成子姓矣，或不能要其終：豈非命也**哉**！又◎夫精變天地，而信不喩兩主，豈不哀**哉**！又《鄒陽傳》◎忘國家之政而貪雉兔之獲，則仁者不由也。從此觀之，齊楚之事，豈不哀**哉**！又《司馬相如傳》◎太史公曰：天道恢恢，豈不大**哉**！又《滑稽傳》◎待農而食之，虞而出之，工而成之，商而通之，此寧有政教發徵期會**哉**？人各任其能，竭其力，以得所欲。又《貨殖傳》

（六）語末助詞　表擬議。《禮記·曾子問疏》云：哉者，疑而量度之辭。◎我其試**哉**！《書·堯典》◎帝曰：咨四岳。湯湯洪水方割，湯湯懷山襄陵，浩浩滔天，下民其咨！有能俾乂？僉曰：於！鯀**哉**！帝曰：吁！咈**哉**！方命圮族。岳曰：異**哉**！試可乃已！帝曰：往欽**哉**！又

在（ㄗㄞ）

（一）內動詞　今言「存在」。◎子畏於匡，顏淵後。子曰：吾以女爲死矣。曰：子**在**，回何敢

死！《論語·先進》

(二)關係內動詞　◎魚**在**在藻，依于其蒲。《詩·小雅·魚藻》　◎公**在**乾侯。《春秋》昭三十年　◎爲民父母行政，不免於率獸而食人，惡**在**其爲民父母也？《孟子·梁惠王上》　◎**在**於王所者，長幼卑尊皆薛居州也，王誰與爲不善？又《滕文公下》　◎國且危亡，**在**於旦暮。《史記·淳于髡傳》　◎顏淵簞食瓢飲，**在**于陋巷。《漢書·貨殖傳》

(三)外動詞　存問也。　◎子以君命**在**寡君。《儀禮·聘禮》　◎君與滕君辱**在**寡人。《左傳》隱十一年　◎君若辱**在**寡君，寡君與其二三臣共聽兩君之所欲，成其可知也。又成四年　◎寡人淹恤在外，二三子皆使寡人朝夕聞衞國之言，吾子獨不**在**寡人。又襄二十六年　◎敝邑以政刑之不脩，寇盜充斥，無若諸侯之屬辱**在**寡君者何，是以令吏人完客所館，高其閈閎，厚其牆垣，以無憂客使。又襄三十一年　◎君亦不使一個辱**在**寡人。又昭二十八年　◎必率諸侯以顧**在**余一人。《吳語》

(四)副詞　與「纔」「裁」同。　◎長沙乃**在**二萬五千戶耳。《漢書·賈誼傳》　按王念孫云：《賈子藩彊》篇作「乃纔二萬五千戶」。

(五)介詞　於也。　◎魚在**在**藻，依于其蒲。《詩·小雅·魚藻》　按此例第一「在」字爲關係內動詞，第二「在」字爲介詞。「魚在在藻」，猶言「魚在于藻」也。觀此知古人用字之精密。　◎

子**在**齊聞韶。《論語·述而》◎**在**陳絕糧。又《衛靈公》◎**在**岐梁涇漆之北，有義渠大荔烏氏朐衍之戎。《漢書·匈奴傳》按右例「在」字介方所。◎齊晉秦楚，其**在**成周微甚。《史記·十二諸侯年表》按右例「在」字介時間。◎今譬於草木，寡君**在**君，君之臭味也。《左傳》襄八年按右例「在」字表地位。

再（ㄗ·ㄞ）

（一）表數副詞　二次也。◎景帝**再**自幸其家。《漢書·周仁傳》◎五年一朝，凡**再**入朝。又《文三王傳》

載（ㄗ·ㄞ）

（一）語首助詞　無義。◎**載**脂**載**舝，還車言邁。《詩·邶風·泉水》◎**載**馳**載**驅，歸唁衛侯。又《鄘風·載馳》◎乃生男子，**載**寢之牀，**載**衣之裳，**載**弄之璋，其泣喤喤。又《小雅·斯干》◎乃生女子，**載**寢之地，**載**衣之裼，**載**弄之瓦。又◎睍睆黃鳥，**載**好其音。又《邶風·凱風》◎**載**笑**載**言。又《衛風·氓》◎**載**輸爾載。將伯助予。又《小雅·正月》◎汎汎楊舟，**載**沈**載**浮。又《菁菁者莪》

（二）語中助詞　無義。◎皇尸**載**起。《詩·小雅·楚茨》

（三）假設連詞　設也。◎載使子草律。曰：吾不如弘恭。《法言·先知》

早（ㄗㄠ）　蚤

（一）時間副詞　與今語同。《老子河上公注》云：早，先也。◎孔子蚤作，負手曳杖消搖於門。《禮記·檀弓上》◎不如早爲之所。《左傳》隱元年◎得志於諸侯而誅無禮，曹其首也。子盍蚤自貳焉？又僖二十三年◎多大國之交而威勢蚤具者可亡也。《韓非子·亡徵》◎然回也屢空，糟糠不厭，而卒蚤夭。《史記·伯夷傳》◎使遂蚤得處囊中，乃穎脫而出，非特末見而已。又《平原君傳》◎事留變生，將軍復欲何待而不早決之乎？《後漢書·何進傳》

暫（ㄗㄢ）　蹔

（一）表態副詞　《廣雅·釋詁》云：暫，猝也。◎廣陽死，睨其傍有一兒騎善馬，暫騰而上胡兒馬。《漢書·李廣傳》

（二）時間副詞　不久之詞。今言「暫時」。◎且夫前世豈樂傾無量之費，役無罪之人，快心於狼望之北哉！以爲不壹勞者不久佚，不蹔費者不永寧，是以忍百萬之師以摧餓虎之喙，運府庫之財填盧山之壑而不悔也。《漢書·匈奴傳》◎友人勸其仕，憲亦不拒之，暫到京師而還，竟無所就。《後漢書·黄憲傳》 ◎閒隙一開，則邪人動心；利競暫啓，則仁義道塞。又《李固傳》 ◎當其快然自足，曾得于己。王羲之《帖》

曾（ㄗㄥ）

（一）表態副詞　高也。見《淮南子注》。字又作增，見增下。◎鳳皇曾逝萬仞之上。《淮南子·覽冥訓》

（二）時間副詞　嘗也。音層。（ㄘㄥ） ◎莊公存之時，樂曾淫于宮中。《公羊傳》閔元年 ◎然身修者，官未曾亂也。《史記·循吏傳》 ◎虜曾一入，尚率車騎擊之，所殺甚衆。又《馮唐傳》 ◎梁王以此怨盎，曾使人刺盎。又《袁盎傳》 ◎孟嘗君曾待客夜食；有一人蔽火光；客怒，以飯不等，輟食辭去。孟嘗君起，自持其飯比之。客慚，自剄。又《孟嘗君傳》 ◎孝惠帝曾春出游離宮。叔孫生曰：古者有春嘗果。方今櫻桃熟，可獻，願陛下出，因取櫻桃獻宗廟。又《叔孫通傳》 ◎時征西校尉任尚以姦利被徵抵罪。尚曾副大將軍鄧騭，騭黨護之。《後漢書·劉愷傳》

（三）副詞　乃也。◎誰謂河廣？曾不容刀；誰謂宋遠？曾不崇朝。《詩·衛風·河廣》 ◎喪亂蔑資，曾莫惠我師。又《大雅·板》 ◎皋皋訿訿，曾不知其玷。又《召旻》 ◎將由夫患邪淫之人與？則彼朝死而夕忘之；然而從之，則是曾鳥獸之不若也。《禮記·三年問》 ◎越曾足以爲大虞乎？《吴語》◎設以齊取魯，曾不興師，徒以言而已矣。《公羊傳》閔二年 ◎曾謂泰山不如林放乎？《論語·八佾》◎吾以子爲異之問，曾由與求之問。又《先進》◎讒佞之人，則奚曾爲國常患乎？《晏子春秋·外篇》◎爾何曾比予於管仲？《孟子·公孫丑上》◎王何曾惜一跨屨乎？《賈子·諭誠》◎此兩人言事，曾不能出口。《史記·張釋之傳》◎老臣病足，曾不能疾走。又《趙世家》◎紂貴爲天子，死曾不如匹夫。又《淮南王傳》◎因讓：佗自立爲帝，曾無一介之使報者。又《南越傳》◎何梁王爲人子之孝，爲人臣之忠，而太后曾弗省也？又《韓長孺傳》◎強者規田以千數，弱者曾無立錐之居。《漢書·王莽傳》

增（ㄗㄥ）

（一）表態副詞　高也。◎鳳皇翔于千仞兮，覽德煇而下之。見細德之險徵兮，遙增擊而去之。《漢書·賈誼傳》◎夫鳶鵲遭害，則仁鳥增逝；愚者蒙戮，則知士深退。又《梅福傳》

卽（ㄗ一·）

（一）不完全內動詞　爲也，是也。◎民死亡者，非其父兄，卽其子弟。《左傳》襄八年 ◎梁父卽楚將項燕。《史記·項羽紀》◎博士諸生三十餘人前曰：人臣無將，將卽反。又《叔孫通傳》◎

少府徐仁，卽丞相車千秋女壻也。《漢書·杜延年傳》◎宮卽曉子女。又《外戚·趙后傳》◎游公母卽祁太伯母也。又《原涉傳》

(二)形容詞　與今語「當」同。◎項羽卽日因留沛公與飲。《史記·項羽紀》按「卽日」猶今言「當日」。◎項伯許諾，卽夜復去。《漢書·高帝紀》◎卽日夕，入未央宮。又《文帝紀》◎後人有毀涉者曰：「姦人之雄也。」喪家子卽時刺殺言者。又《原涉傳》◎時漢中蠻夷反畔，以禪爲漢中太守。夷賊素聞其名聲，卽時降服。《後漢書·陳禪傳》◎終又上書自訟，卽日貫出。又《楊終傳》◎郃渡兵攻盛，盛不能拒，卽時卻退。《吳志·朱然傳》

(三)副詞　與「便」同。◎雍齒雅不欲屬沛公。及魏招之，卽反爲魏守豐。《史記·高祖紀》◎秦始皇帝常曰：東南有天子氣。於是因東游以厭之。高祖卽自疑，亡匿。又◎留侯性多病，卽道引，不食穀。又《留侯世家》◎歲餘，高后崩，卽罷兵。又《南越傳》◎大臣固爭之，莫能得。上以留侯策，卽止。又《張丞相傳》◎降城卽以侯其將，得賂卽以分其士。又《酈生傳》◎縣人來，聞蹕，匿橋下。久之，以爲行已過，卽出。見乘輿車騎，卽走耳。又《張釋之傳》◎大王一日得楚之亡卒，未知其高下，而卽與同載。又《陳平世家》◎未至軍，爲壇，以節召樊噲。噲受詔，卽反接，載檻車。又◎度不中不發，發卽應弦而倒。又《李廣傳》◎客有道涉所知母病避疾在里宅者，涉卽往候。又《原涉傳》

(四)表態副詞　或也。◎若以越國之罪爲不可赦也，將焚宗廟，係妻孥，沈金玉於江，有帶甲五千人，將以致死，無乃**即**傷君王之所愛乎？《越語》　◎雄見諸子各以其知舛馳，大氐詆訾聖人，**即**爲怪迂析辯詭辭以撓世事，雖小辯，終破大道而或衆。《漢書·揚雄傳》

(五)方所介詞　即今語「就地」之「就」。◎項羽晨朝上將軍宋義，**即**其帳中斬宋義頭。《史記·項羽紀》　◎乃使陳平載絳侯代將而**即**軍中斬噲。又《樊噲傳》　◎十月，**即**墓上弑齊君舍而商人自立。又《齊世家》　◎吳王**即**山鑄錢。又《吳王濞傳》　◎天子使者持大將軍印**即**軍中拜車騎將軍青爲大將軍。又《衛青傳》　◎召黄門郎揚雄**即**充國圖畫而頌之。《漢書·趙充國傳》

(六)承接連詞　與「則」同，古即則通用。◎三十四十之間而無藝，**即**無藝矣。五十而不以善聞，則無聞矣。《大戴禮·曾子立事》　◎與之地，**即**無地以給之。《韓策》　◎王能使臣無拜，可矣。不**即**不見也。《秦策》　◎公徐行**即**免死，疾行則及禍。《史記·項羽紀》　◎先**即**制人，後則爲人所制。又　◎聞令下，**即**各以其學議之。又《李斯傳》　◎今單于能，**即**前與漢戰，天子自將兵待邊。又《匈奴傳》　◎且以季布之賢，而漢求之急，此不北走胡，**即**南走越耳。又《季布傳》　◎君相少主如伊尹周公，長而反政。不**即**南面稱孤而有楚。又《春申君傳》　◎有母弟，可立；不**即**立長。又《魯世家》　◎沛令共誅令，擇可立立之以應諸侯，**即**室家完。《漢書·高祖紀》　◎彼背其主降，陛下侯之，**即**何以責人臣不守節者乎？又《周勃傳》　◎誠先於未然，**即**

蒙恬樊噲不復施，棘門細柳不復備。又《匈奴傳》

（七）假設連詞　若也。　◎南蒯枚筮之，遇《坤》之《比》。示子服惠伯，曰：卽欲有事，何如？《左傳》昭十二年　◎莊公病，將死，謂季子曰：寡人卽不起此病，吾將焉致乎魯國？《公羊傳》莊三十二年　◎百里子與蹇叔子送其子而戒之曰：爾卽死，必於殽之嶔巖。又僖三十三年　◎甯殖病，將死，謂喜曰：黜公者，非吾意也。孫氏爲之。我卽死，女能固納公乎？又襄二十七年　◎卽不忍其觳觫而就死地，則牛羊何擇焉？《孟子·梁惠王上》　◎西方有比肩獸焉，與邛邛距虛比，爲邛邛距虛齧甘草。卽有難，邛邛距虛負而走。《爾雅·釋地》　◎今王以漢中與楚，卽天下有變，王何以市楚也？《秦策》　◎卽復之楚，願王殺之！又　◎所貴於天下之士者，爲人排患釋難解紛亂而無所取也。卽有所取者，是商賈之人也。《趙策三》　◎今王恃楚之強，而信春申君之言，以是質秦，而久不可知。卽春申君有變，是王獨受秦患也。《魏策》　◎卽不幸而不起此病，彼政我將安移之？《韓非子·十過》　◎史鰌病，且死，謂其子曰：我卽死，治喪於北堂！《賈子·胎敎》　◎晉公子圉聞晉君病，曰：卽君百歲後，秦必留我。《史記·秦本紀》　◎夷吾使郤芮厚賂秦，約曰：卽得入，請以晉河西之地與秦。又《晉世家》　◎齊彊而厲公居櫟，卽不往，且率諸侯伐我內厲公。又《鄭世家》　◎子卽反國，何以報寡人？又《晉世家》　按《左傳》僖二十三年作「公子若反晉國」。　◎朔之婦有遺腹。若幸而男，吾奉之；卽女也，吾徐死耳。又《趙世家》 ◎今孔丘年少好禮，其達者歟！吾**卽**沒，若必師之！又《孔子世家》 ◎季桓子病，顧謂其嗣康子曰：我**卽**死，若必相魯。又 ◎其騎曰：虜多且近。**卽**有急，奈何？又《李將軍傳》 ◎彼**卽**肆然而爲帝，過而爲政於天下，則連有赴東海而死耳！又《魯仲連傳》 ◎將軍能聽臣，臣敢獻計；**卽**不能，願先自剄。又《季布傳》 ◎君王能出捐此地許二人，二人今可致；**卽**不能，事未可知也。又《彭越傳》 ◎使君所言公事，之曹與長史掾議；吾且奏之。**卽**私邪，吾不受私語。又《袁盎傳》 ◎王且去，痤屏人言曰：王**卽**不聽用鞅，必殺之！無令出境！又《商君傳》 ◎劉澤爲大將軍。太后王諸呂，恐**卽**崩後劉將軍爲害，乃以劉澤爲琅邪王以慰其心。又《呂后紀》 ◎戚姬子如意爲趙王，年十歲，高祖憂**卽**萬歲之後不全也。又《張丞相傳》 按右二例「卽」亦當訓「若」，與他例不同者，此在句中耳。王引之別訓爲「或」，非也。

疾（ㄗ一ˊ）

（一）時間副詞　速也。◎王其**疾**敬德！《書·召誥》 ◎莊生曰：可**疾**去矣，愼毋留！《史記·越世家》 ◎吾聞秦軍圍趙王鉅鹿，**疾**引兵渡河！又《項羽紀》

嗟（ㄐ一せ）

（一）語中助詞　◎啜其泣矣，何**嗟**及矣！《詩·王風·中谷有蓷》

(二)歎詞　無義。《說文》三篇上《言部》字作䜐,云:咨也。一曰:痛惜也。◎**嗟嗟**臣工,敬爾在公!《詩·周頌·臣工》◎**嗟嗟**保介,惟莫之春。又　◎齊大饑,黔敖爲食於路以待餓者而食之。有餓者蒙袂輯屨,貿貿然來。黔敖左奉食,右執飲,曰:**嗟**!來食!《禮記·檀弓下》◎**嗟**!土室之人顧無多辭!《史記·匈奴傳》◎於是天子曰:**嗟**乎!吾誠得如黃帝,吾視去妻子如脫躧耳。又《孝武紀》◎高祖曰:**嗟**乎!有以也!又《田儋傳》◎伍子胥仰天歎曰:**嗟**乎!讒臣!嚭爲亂矣!又《伍子胥傳》◎**嗟**乎!**嗟**乎!一人固不能獨立!又《越世家》

藉(ㄗ一ㄝ)　借

(一)假設連詞　◎於乎小子,未知臧否。匪手攜之,言示之事;匪面命之,言提其耳。**借**曰未知,亦既抱子。《詩·大雅·抑》◎**藉**使子嬰有庸主之材,僅得中佐,山東雖亂,秦之地可全而有;宗廟之祀未當絕也。《史記·秦始皇紀》◎**借**使秦王計上世之事,並殷周之迹以制御其政,後雖有淫驕之主,而未有傾危之患也。又　◎召令徒屬曰:公等遇雨,皆已失期;失期當斬。**藉**第令毋斬,而戍死者固十六七。又《陳涉世家》

就(ㄗ一ㄡ)

(一)推拓連詞　縱也。◎且以人情評論其理,光衣冠子孫,徑路平易,位極州郡,日望徵辟,亦無瑕穢纖介之累。無故刊定詔書，欲以何名？就有所疑，當求其便安，豈有觸冒死禍以解細微！《後漢書·霍諝傳》◎前討徐州，威罰實行。其子弟念父兄之恥，必人自爲守，無降心。就能破之，尚不可有也。《魏志·荀彧傳》◎就與孫劉不平，不過令吾不作三公而已！又《辛毗傳》◎法孝直若在，則能制主上令不東行。就復東行，必不傾危矣。《蜀志·法正傳》

漸(ㄗㄧㄢ)

(一)表態副詞　寖也。◎天子業出兵誅宛，宛小國而不能下，則大夏之屬漸輕漢，而宛善馬絕不來。《漢書·李廣利傳》◎凡天下所不理者，常由人主承平日久，俗漸敝而不悟，政寖衰而不改。《後漢書·崔寔傳》◎此雖小失，而漸壞舊章。又《李固傳》

薦(ㄗㄧㄢ)　荐

(一)副詞　《廣韻》云：薦，仍也，《爾雅·釋言》云：荐，再也。◎天降喪亂，饑饉薦臻。《詩·大雅·雲漢》◎又懼讒慝之閒，謀之以啓貪人，荐爲敝邑不利。《左傳》昭十八年

盡(ㄗ·ㄧㄣ)

(一)表數副詞　悉也，皆也。◎周禮盡在魯矣。《左傳》昭元年◎沛公欲王關中，使子嬰爲相，

珍寶盡有之。《史記·項羽紀》　◎其物，禽獸盡白。又《封禪書》　◎取宛，虜齮，盡定南陽軍。又《曹相國世家》　◎漢兵因乘勝，遂盡虜之。又《周勃世家》　◎遂案寧氏，盡破碎其家。又《義縱傳》　◎關中富商大賈，大抵盡諸田。又《貨殖傳》　◎南陽行賈盡法孔氏雍容。又　◎相如不得已，彊往，一坐盡傾。又《司馬相如傳》　◎相如與俱之臨邛，盡賣其車騎。又　◎王已入關，車騎盡居外，不知王處。又《梁孝王世家》　◎式有少弟，弟壯，式脫身出分，獨取畜羊百餘，田宅財物盡予弟。式入山牧十餘歲，羊致千餘頭，買田宅；而其弟盡破其業。又《平準書》　◎上問上林尉諸禽獸簿；十餘問，尉左右視，盡不能對。又　◎今軍吏計功，以天下不足徧封；此屬畏陛下不能盡封，故相聚謀反耳。又《留侯世家》　◎岸崩，盡壓殺臥者，少君獨得脫，不死。又《外戚世家》　◎乃進言田叔等十餘人，上盡召見，與語，漢廷臣毋能出其右者。上說，盡拜爲郡守。又《田叔傳》　◎妨功害能之臣，盡爲萬戶侯。李陵《答蘇武書》

(二)介詞　時間方所二項均用之。◎盡十二月，都中無犬吠之盜。《漢書·王溫舒傳》　按此例用於時間。◎自雁門以東盡遼陽爲燕代。又《諸侯王表》　按此例用於方所。

浸(ㄗㄧㄣ)　寖

(一)副詞　漸也。◎久之，寖與中人亂。《史記·佞幸傳》　◎府亦使其不言，故盜賊寖多。又《酷吏傳》◎自張湯死後，網密，多詆嚴，官事**寖**以耗廢。又《贊》◎質樸日消，恩愛**寖**薄。《漢書·禮樂志》◎海水溢西南出，**寖**數百里。又《溝洫志》◎政由王氏出，災異**浸**甚。又《劉向傳》◎**寖**信女須等。又《廣陵厲王傳》◎孝惠高后時，冒頓**寖**驕，迺爲書使使遺高后。又《匈奴傳》

將(ㄗ一ㄤ)

(一)助動詞《廣雅·釋詁》云：將，欲也。按卽今語之「打算」。此種用法，含有意志作用。◎國不堪貳，君**將**若之何？《左傳》隱元年◎太叔完聚，繕甲兵，具卒乘，**將**襲鄭，夫人**將**啓之。公聞其期，曰：可矣！又　◎**將**立州吁，乃定之矣！又隱四年◎羽父請殺桓公，**將**以求太宰。又隱十一年◎此行也，**將**鄭是訓定，豈敢求罪於晉？又宣十二年◎今**將**借人之力以救其死，若之何銘之？又襄十九年◎鄭國**將**有諸侯之事，子產乃問四國之爲於子羽。又襄三十一年◎**將**奉贄幣以無失時，則國家多難，是以不獲。又昭三年◎今吾子相鄭國，作封洫，立謗政，制三辟，鑄刑書，**將**以靖民，不亦難乎？又昭六年◎國家方危，諸侯方貳，**將**以襲敵，不亦難乎？又定四年◎今**將**以小忿蒙舊德，無乃不可乎？又定六年◎宋**將**叛晉，是棄溷也。又定八年◎今諸侯會而君**將**以寡君見晉君，則晉成爲伯矣。又哀十三年◎行之克也，**將**以害之；若其不克，其因以罪之。《晉語》◎天**將**以夫子爲木鐸。《論語·八佾》◎孔子曰：

諾！吾**將**仕矣。又《陽貨》　◎孟子見梁惠王，王曰：叟！不遠千里而來，亦**將**有以利吾國乎？《孟子·梁惠王上》　◎宋，小國也；今**將**行王政。《孟子·滕文公下》　◎井上有李，螬食者過半矣；匍匐往，**將**食之。又　◎君**將**何以教我？《楚辭·卜居》　◎伍尙謂員：可去矣！汝能報父之讎，我**將**歸死。《史記·伍子胥傳》　◎沛公大驚，曰：爲**將**奈何？又《留侯世家》　◎四人相謂曰：凡來者，**將**以存太子。又　◎君之危若朝露，尙**將**欲延年益壽乎？又《商君傳》　◎今王**將**繼簡襄之意以順先王之志，臣敢不聽命乎？又《趙世家》　◎且夫諸侯之爲從者，**將**以安社稷，尊主彊兵顯名也。又《張儀傳》　◎今**將**以上庸之地六縣賂楚，以美人聘楚，以宮中善歌謠者爲媵。又

（二）助動詞　前條「將」字用法，乃表事之出於人類之意志者，故譯爲「打算」。此條將字，則表屬於人事自然之結果，不由意志決定者。可以今語「會」字譯之。◎使疾其民以盈其貫，**將**可殪也。《左傳》宣六年　◎聞晉師既濟，王欲還，嬖人伍參欲戰，令尹孫叔敖弗欲；曰：昔歲入陳，今茲入鄭，不無事矣。戰而不捷，參之肉其足食乎？參曰：若事之捷，孫叔爲無謀矣；不捷，參之肉**將**在晉軍，可得食乎？又宣十二年　◎自今無有代其君任患者。有一於此，**將**爲戮乎？又成二年　◎其非唯我賀，**將**天下實賀。又昭八年　◎譬如禽獸然。一個負矢，**將**百羣皆奔。《吳語》　◎**將**有四方之賓來，褻衣何爲陳於斯？《禮記·檀弓》　◎譬若欲衆

其國之善射御之士者，必將富之貴之，敬之譽之，然後國之善射御之士**將**可得而衆也。《墨子·尚賢》 按「必將」之「將」則爲「含意志作用」之「將」字。 ◎二王我**將**有所遇焉。《孟子·告子下》 ◎夫滕，壤地褊小，**將**爲君子焉，**將**爲野人焉。又《滕文公上》 按此例之「爲」，有也。 ◎主上遇其大臣如遇犬馬，彼**將**犬馬自爲也；如遇官徒，彼**將**官徒自爲也。賈誼《治安策》 ◎願王釋齊而先越！若不然，後**將**悔之無及。《史記·伍子胥傳》 ◎齊，負海之國也；地廣民衆，兵強士勇，雖有百秦，**將**無奈齊何。又《張儀傳》 ◎今法有誹謗妖言之罪，是使衆臣不敢盡情，而上無由聞過失也；**將**何以來遠方之賢良？其除之！又《文帝紀》 ◎凡賢主者，必**將**能拂世摩俗而廢其所惡，立其所欲。又《李斯傳》 ◎惠帝二年，蕭何卒。參聞之，告舍人：「趣治行！吾**將**入相。」又《曹相國世家》

(三)助動詞 表示動作之時間，故或以爲時間副詞。 ◎**將**行，哭而過市。《左傳》文十八年 ◎其爲人也，發憤忘食，樂以忘憂，不知老之**將**至云爾。《論語·述而》 ◎今人乍見孺子**將**入于井，則必有怵惕惻隱之心。《孟子·公孫丑上》 ◎范陽人蒯通說范陽令曰：竊聞公之**將**死，故弔。《史記·張耳傳》 ◎闔廬病創，**將**死，謂太子夫差曰：爾忘句踐殺爾父乎？夫差對曰：不敢忘。又《伍子胥傳》 ◎仇液**將**行。其客宋公謂液曰：秦不聽公，樓緩必怨公。又《穰侯傳》

(四)助動詞 當也。 ◎夫謀而鮮過，惠訓不倦者，叔向有焉，社稷之固也，猶**將**十世宥之以勸能者。《左傳》襄二十一年　◎兵，民之殘也，財用之蠹；小國之大菑也。將或弭之，雖曰不可，必**將**許之。又襄二十七年　◎非子定社稷，其**將**誰也？《管子》　◎夫是漆雕之廉，**將**非宋榮之恕；是宋榮之寬，**將**非漆雕之暴也。《韓非子·顯學》　◎卓逆天無道，蕩覆王室。今不夷汝三族，懸示四海，則吾死不瞑目；豈**將**與乃和親邪！《吳志·孫堅傳》

（五）外動詞　請也。讀千羊切。（ㄘ一ㄤ）　◎匪我愆期，子無良媒。**將**子無怒，秋以爲期。《詩·衞風·氓》　◎**將**仲子兮，無踰我牆！又《鄭風·將仲子》　◎**將**伯助予！又《小雅·正月》

（六）副詞　殆也。◎楊子以爲孝文親屈帝尊以信亞夫之軍，曷爲不能用頗牧；彼**將**有激云爾。《漢書·張馮汲鄭傳贊》　◎季孟嘗折愧子陽而不受其爵，今更共陸陸欲往附之，**將**難爲顏乎！《後漢書·馬援傳》

（七）副詞　幾也。◎今滕，絕長補短，**將**五十里也。《孟子·滕文公下》

（八）介詞　今言「領著」，「帶著」。◎楚子使道朔**將**巴客以聘於鄧。《左傳》桓九年　◎鄭伯**將**王自圉門入。又莊二十一年　◎其馬**將**胡駿馬而歸。《淮南子·人閒訓》　◎則辭引使者丙吉知狀，掖庭令**將**則詣御史府以視吉。《漢書·丙吉傳》　◎廣漢**將**吏到家，自立庭下。又《趙廣漢傳》　◎仲卿載酒始共求媪，媪惶急，**將**翁須歸。又《外戚·王夫人傳》　◎禹**將**崇入後堂。又《張禹傳》　◎永**將**家屬走虞。《後漢書·劉永傳》　◎共起兵，**將**嬰至臨涇，立爲天子。又《楚王囂傳》　◎自以爲

久宦不達，遂**將**家屬客河東。又《第五倫傳》

（九）選擇連詞　與「抑」同。◎子能順杞柳之性而以爲桮棬乎？**將**戕賊杞柳而後以爲桮棬也？《孟子·告子上》◎屈原曰：吾寧悃悃款款朴以忠乎？**將**送往勞來斯無窮乎？寧誅鋤草茅以力耕乎？**將**遊大人以成名乎？寧正言不諱以危身乎？**將**從俗富貴以偷生乎？寧超然高舉以保眞乎？**將**哫訾栗斯喔咿嚅唲以事婦人乎？寧廉潔正直以自清乎？**將**突梯滑稽如脂如韋以絜楹乎？寧昂昂若千里之駒乎？**將**汜汜若水中之鳧，與波上下偷以全吾軀乎？寧與騏驥抗軛乎？**將**隨駑馬之迹乎？寧與黃鵠比翼乎？**將**與鷄鶩爭食乎？此孰吉孰凶？何去何從？《楚辭·卜居》◎夫子貪生失理而爲此乎？**將**子有亡國之事斧鉞之誅而爲此乎？**將**子有不善之行，愧遺父母妻子之醜而爲此乎？**將**子有凍餒之患而爲此乎？**將**子之春秋故及此乎？《莊子·至樂》◎人生受命於天乎？**將**受命於戶耶？《史記·孟嘗君傳》◎今欲使臣勝之邪？**將**安之也？《漢書·龔遂傳》◎意迺招賢選士之路鬱滯而不通與？**將**舉者未得其人也？又《成帝紀》◎誠以大司馬有大功當著之邪？**將**以骨肉故欲異之也？又《王莽傳》◎民父子相棄，吏匿不言邪？**將**從東方來者加增之也？何以錯繆至是？又《于定國傳》◎知其巧姦而用之邪？**將**以爲賢也？又《京房傳》◎毋乃牽於文繫而不得騁與？**將**所繇異術，所聞殊方與？又《董仲舒傳》◎意豈有所恨與？**將**在位者與生殊乎？又《貢禹傳》◎單于曰：此天子詔語邪？**將**從使者所**求**邪？又《匈奴傳》◎亭長爲汝求乎？爲汝有事屬之而**受**乎？**將**平居自以恩意遺之乎？《後漢書·卓茂傳》◎客有見周公者，曰：入乎？**將**毋？周**公**曰：請入。客曰：坐乎？**將**毋？周公曰：請坐。客曰：言乎？**將**毋？周公曰：唯唯。《韓詩外傳》

足（ㄗㄨˊ）

（一）助動詞　今言「够」。◎不捷，參之肉其**足**食乎？《左傳》宣十二年　◎是四國者，專**足**畏也。又昭十二年　◎王由**足**用爲善。《孟子·公孫丑下》◎王曰：婦言謂何？孟曰：婦言：「愼無爲楚！相不**足**爲也！」《史記·優孟傳》◎無嚴處奇士之行，而長貧賤，好語仁義，亦**足**羞也！又《貨殖傳》◎盎乃驚謝曰：公幸有親！吾不**足**以累公！又《袁盎傳》◎亞父受玉斗，置之地，拔劍撞而破之，曰：唉！豎子不**足**與謀！又《項羽紀》◎鄒陽辭雖不遜，然其比物連類，有**足**悲者。又《鄒陽傳》◎河南太守獨有雒陽耳！何**足**憂！又《淮南王傳》◎荆軻曰：此國之大事也！臣駑下，恐不**足**任使。又《荆軻傳》◎夫以秦王之暴，其積怒於燕，**足**爲寒心。又◎夫秦雖積衆暴兵數十萬人，雖有覆軍殺將係虜單于之功，亦適**足**以結怨深讎，不**足**以償天下之費。又《平津侯傳》◎王太后曰：太子小而傳太后抱養之；今至太子家，以乳母恩耳！不**足**

有所妨。《漢書·外戚·傅昭儀傳》◎鍾會所統，五六倍於鄧艾。但可敕會取艾，**不足**自往。《魏志·鍾會傳》◎忍病十年，壽俱當盡，**不足**故自刳裂。又《華陀傳》

卒（ㄗㄨ·）

（一）副詞　終也。◎管仲**卒**受下卿之禮而還。《史記·周本紀》◎吾起兵至今，八歲矣；身七十餘戰，所當者破，所擊者服，未嘗敗北，遂霸有天下。然今**卒**困於此。又《項籍傳》◎三國終之**卒**分晉。又《六國表序》◎及據國爭權，**卒**以滅亡。又《陳餘傳》◎秦任刑法不變，**卒**滅趙氏。又《酈生傳》◎事窮智困，**卒**困匈奴。又《韓王信傳》◎今項羽僄悍，不可遣；獨沛公素寬大長者，可遣。**卒**不許項羽而遣沛公西略地。又《高祖紀》◎呂媪怒呂公曰：公始常欲奇此女與貴人，沛令善公，求之不與，何自妄許與劉季？呂公曰：此非兒女子所知也。**卒**與劉季。又　◎然**卒**破楚者，此三人力也。又《留侯世家》◎傾側擾攘楚魏之間，**卒**歸高帝。又《陳丞相世家》◎李斯以閭閻歷諸侯，入事秦，因以瑕釁以輔始皇，**卒**成帝業。又《李斯傳》◎秦王跽曰：先生**卒**不幸教寡人邪？又《范睢傳》◎其弟說再封，數稱將軍，**卒**爲按道侯。又《韓王信傳》◎陸生**卒**拜尉他爲越王。又《陸賈傳》◎齊湣王二十五年，復**卒**使孟嘗君入秦。又《孟嘗君傳》◎景帝立，釋之恐，稱病，欲免去，懼大誅至；用王生計，**卒**見謝，景帝不過也。又《張釋之傳》　◎辟陽侯於諸呂至深，而**卒**不誅。計畫所以全者，皆陸生平原君之力也。又《陸賈傳》　◎七十子之徒，仲尼獨薦顏淵爲好學。然回也屢空，糟糠不厭，而**卒**蚤夭。又《伯夷傳》　◎始孟嘗君列此二人於賓客，賓客盡羞之。及孟嘗君有秦難，**卒**此二人拔之。又《孟嘗君傳》

（二）時間副詞　今作「猝」字，遽也。今語言「猝然」。讀如ㄘㄨˋ。　◎嘗從入上林；賈姬如廁，野彘**卒**入廁；上目都，都不行。《史記·郅都傳》　◎臣恐議者不深慮其終始，欲以壹切省繇戍，十年之外，百歲之內，**卒**有他變，障塞破壞，亭隧滅絕，當更發屯繕治。累世之功，不可**卒**復。《漢書·匈奴傳》　◎斂天下之財，積無功之家，帑藏單盡，民物彫傷，**卒**有不虞，復當重賦百姓。怨叛既生，危亂可待也。《後漢書·翟酺傳》　◎盜賊凶荒，九州代作，饑饉暴至，軍旅**卒**發。又《仲長統傳》

坐（ㄗㄨㄛˋ）

（一）表態副詞　本「坐立」之坐，引伸爲「安坐」之義。　◎今但申以威靈，明其憲令，在任之人，豈不戒懼？而當**坐**設三五，自生留閡邪？《後漢書·蔡邕傳》　◎當虜外離內合，兵往必驚。且自冬踐春，屯結不散，人畜疲羸，自亡之埶，徒更招降，**坐**制強敵耳。《後漢書·段熲傳》　◎臣

位列臺司，憂責深重，不敢尸祿惜生，**坐**觀成敗。又《陳蕃傳》

(二)原因介詞　因也。◎嬰**坐**高祖繫歲餘，掠笞數百。《史記·夏侯嬰傳》◎是時，孟舒**坐**虜大入塞盜劫雲中尤甚免。又《田叔傳》◎叔**坐**法失官。又◎任安**坐**上行出游共帳不辦，斥免。又◎古者大臣有**坐**不廉而廢者。《漢書·賈誼傳》◎**坐**預詔之，得令老將生姦詐。又《李陵傳》◎吾昔以虎牙將軍圍翟義，**坐**不生得，以見責讓。《後漢書·光武紀》

最(ㄗㄨㄟˋ)

(一)副詞　《史記·周勃世家索隱》云：最，都凡也。◎**最**從高帝得相國一人，丞相二人，將軍二千石各三人。《史記·周勃世家》◎**最**，驃騎將軍去病凡六出擊匈奴。又《霍去病傳》◎**最**，大將軍青凡七出擊匈奴，斬捕首虜五萬餘級，一與單于戰，收河南地置朔方郡。《漢書·衛青傳》

(二)表態副詞　尤也，極也。◎諸侯咸來賓從，而蚩尤**最**爲暴。《史記·五帝紀》◎成山斗入海，**最**居齊東北隅。又《封禪書》◎七十子之徒，賜**最**爲饒益。又《貨殖傳》◎慶於諸子中**最**爲簡易矣。又《萬石君傳》◎當此之時，髡心**最**歡，能飲一石。又《淳于髡傳》◎由居二千石中，**最**爲暴酷驕恣。又《周陽由傳》◎王有孽子不害**最**長，王弗愛。又《淮南王傳》◎自與士卒平分糧食，**最**比其羸弱者。又《司馬穰苴傳》◎上平生所憎，羣臣所共知，誰**最**甚者？又《留侯世家》

◎文帝從容問通曰：天下誰**最**愛我者乎？通曰：宜莫如太子。又《佞幸傳》 ◎武安侯爲太尉時，迎王至霸上，謂王曰：上未有太子，大王**最**賢，高帝孫。卽宮車晏駕，非大王立，當誰哉？又《灌夫傳》 ◎羣臣爭功，歲餘不決。高祖以蕭何功**最**盛，封爲酇侯。又《蕭何世家》 ◎然至冒頓而匈奴**最**彊大，盡服從北夷，而南與中國爲敵國。又《匈奴傳》

總（ㄗ·ㄨㄥ）

（一）外動詞　要也。與代名詞「之」字合用。◎**總**之，不離古文者近是。《史記·五帝紀》

（二）副詞　統也，皆也。◎傳之義例，**總**歸諸凡。杜預《左傳序》

縱（ㄗ·ㄨㄥ）

（一）推拓連詞　卽也。今云「縱令」「卽令」。◎且予**縱**不得大葬，予死於道路乎？《論語·子罕》 ◎吾一婦人，而事二夫，**縱**弗能死，其又奚言。《左傳》莊十四年 ◎以誣道蔽諸侯，罪莫大焉。**縱**無大討，而又求賞，無厭之甚也。又襄二十七年 ◎吾**縱**生無益於人，吾可以死害於人乎哉？《禮記·檀弓》 ◎今**縱**弗忍殺之，又聽其邪說，不可。《史記·張儀傳》 ◎且已在其位，**縱**愛身，奈辱朝廷何？又《汲黯傳》 ◎且公子**縱**輕勝，棄之降秦，獨不憐公子姊邪？又《信陵君傳》

◎**縱**彼畏天子之詔不敢動我，我獨不媿於心乎？又《田儋傳》　◎**縱**江東父兄憐而王我，我何面目見之？**縱**彼不言，籍獨不愧於心乎？又《項羽紀》　◎諸君**縱**欲阿意背約，何面目見高帝地下？又《呂后紀》

且（ㄗㄩ）

（一）語中助詞　無義。◎揚**且**之晳也。《詩·鄘風·君子偕老》

（二）語末助詞　無義。◎不見子都，乃見狂**且**。《詩·鄭風·山有扶蘇》　◎其虛其邪，既亟只**且**。又《邶風·北風》　◎匪我思**且**。又《鄭風·出其東門》　◎椒聊**且**，遠條**且**。又《唐風·椒聊》　◎狂童之狂也**且**。又《鄭風·褰裳》

絕（ㄗㄩㄝˊ）

（一）表態副詞　《後漢書·吳良傳注》云：絕，猶極也。◎上與公卿諸生議封禪。封禪用希曠，**絕**莫知其儀禮。《史記·封禪書》　◎單于書**絕**悖逆。又《匈奴傳》　◎孝王有罍尊，任王后**絕**欲得之。又《梁孝王世家》　◎嫪毒遂得侍太后，太后私與通，**絕**愛之。又《呂不韋傳》　◎平王使無忌為太子取婦於秦。秦女好，無忌馳歸報平王曰：秦女**絕**美，王可自取，而更為太子取婦。

平王遂自取秦女，而**絕**愛幸之。又《伍子胥傳》 ◎謝太傅**絕**重褚公。《世說》

此(·ㄘ)

(一)指示代名詞　是也。兼指「人」「物」「事」「地」各項。◎陳衰，**此**其昌乎！《左傳》莊二十二年　按「此」謂陳敬仲。◎信至國，召辱己之少年令出胯下者，以爲楚中尉。告諸將相曰：**此**，壯士也。《史記·淮陰侯傳》 ◎敦外親小童，及幸臣董賢等，在公門省戶下。陛下欲與**此**共承天地，安海內，甚難。《漢書·鮑宣傳》　按以上諸例指人。◎孟子見齊宣王，王立於沼上，顧鴻雁麋鹿，曰：賢者亦樂**此**乎？《孟子·梁惠王上》　按右例指物。◎所謂誠其意者，毋自欺也；如惡惡臭，如好好色：**此**之謂自慊。《禮記·大學》 ◎兩人所出微，不可不爲擇師傅賓客。乃選長者士之有節行者與居。竇長君少君由**此**爲退讓君子。《史記·外戚世家》 ◎項王見人恭敬慈愛，言語嘔嘔；人有疾病，涕泣分食飲。至使人有功當封爵者，印刓弊，忍不能予。**此**，所謂婦人之仁也。又《淮陰侯傳》 ◎諸將因問信曰：《兵法》：右倍山陵，前左水澤。今者將軍令臣等反背水陳，然竟以勝。**此**何術也？信曰：**此**在《兵法》，顧諸君不察耳！《兵法》不曰：陷之死地而後生，置之亡地而後存？又 ◎功冠諸侯，用**此**得王。又《黥布傳》 ◎且太子所與俱諸將，皆嘗與上定天下梟將也。今使太子將之，**此**無異使羊將狼也。又《留侯世家》 按以上諸例指事。◎今王鼓樂於**此**。《孟子·梁惠王下》 按此例指地。

(二)指示形容詞　是也。◎維**此**二國，其政不獲。《詩·大雅·皇矣》 ◎大任有身，生**此**文王。維**此**文王，小心翼翼。又《大明》 ◎**此**心之所以合於王者，何也？《孟子·梁惠王上》 ◎天子聞之，曰：非**此**母不能生**此**子。《史記·張湯傳》

(三)指示副詞　如此也。猶今言「這樣」。◎匪言不能，胡**此**畏忌？《詩·大雅·桑柔》 ◎以鶉首而賜秦，天何爲而**此**醉？庾信《哀江南賦》

(四)承接連詞　與「斯」字「則」字用法同。◎有德**此**有人，有人**此**有土，有土**此**有財，有財**此**有用。《禮記·大學》 ◎自生民以來，善政少而亂俗多。必待堯舜之君，**此**爲志士終無時矣。《後漢書·黃瓊傳》

裁(ㄘㄞˊ)　纔　財　才

(一)副詞　僅也。◎燕王曰：寡人蠻夷僻處，雖大男子，**裁**如嬰兒。《燕策一》 ◎前已罷外城，省亭隧，令**裁**足以候望通逢火而已。《漢書·匈奴傳》 ◎是時，李陵子復立耤都尉爲單于，呼韓邪單于捕斬之，遂復都單于庭；然衆**裁**數萬人。又 ◎今虜使到**裁**數日，而王廣禮敬卽廢。如令鄯善收吾屬送匈奴，骸骨長爲豺狼食矣。《後漢書·班超傳》 ◎救之，少發，則不足；多發，遠縣**纔**至，則胡又已去。又《鼂錯傳》 ◎費用皆卬富人長者；然身衣服車馬**纔**具，妻子內困。又《原涉傳》 ◎太僕見馬遺**財**足。又《文帝紀》 ◎光爲人沈靜詳審，長**財**七尺三寸。又《霍光傳》 ◎賞所置，皆其魁宿，或故吏善家子失計隨輕黠願自改者；**財**數十百人。又《尹賞傳》 ◎郅支人衆。中寒，道死，餘**財**三千人到康居。又《匈奴傳》 ◎林部據嶮，路**才**容軌。《水經注》

（二）副詞 少也。◎赤眉使萬人攻異前部，異**裁**出兵以救之。《後漢書·馮異傳》 ◎宜**裁**加貸宥以崇厚德。又《張酺傳》

憯（ㄘㄢ）

（一）副詞 《爾雅·釋言》云：憯，曾也。◎民言無嘉，**憯**莫懲嗟。《詩·小雅·節南山》 ◎哀今之人，胡**憯**莫懲？又《十月之交》 ◎式遏寇虐，**憯**不畏明。又《大雅·民勞》 ◎胡寧瘨我以旱，**憯**不知其故？又《雲漢》

齊（ㄘ一·）

（一）副詞 皆也。◎陛下損膳省用，出禁錢以振元元，寬貸，而民不**齊**出南畝。《漢書·食貨志》

且（ㄘ·ㄧㄝ）

（一）助動詞　將也。《墨子·經說》云：「方然亦且。」或定爲時間副詞。◎**且**入井，非入井也。《墨子·小取》◎范增謂項莊曰：若入，前爲壽！請以劍舞，擊沛公于坐，殺之！不者，若屬皆**且**爲所虜！《史記·項羽紀》◎趙寇至，**且**入界。又《信陵君傳》◎無忌言於平王曰：伍奢有二子，皆賢；不誅，**且**爲楚憂。又《伍子胥傳》◎奢聞子胥之亡也，曰：楚國君臣**且**苦兵矣。又◎汝可疾去矣！**且**見禽。又《商君傳》◎是歲，天子始建漢家之封，而太史公留滯周南，不得與從事，故發憤；**且**卒，而子遷適使反。又《自序》◎會日**且**入，大風起，砂礫擊面。又《衛將軍傳》◎天子曰：我非忘諸校尉功也。今固**且**圖之。又◎安國時千餘騎，亦**且**盡。又《匈奴傳》◎吳王從臺上觀，見**且**斬愛姬，大駭。又《孫子傳》◎胡急擊之，矢下如雨。漢兵死者過半，漢矢**且**盡。又《李廣傳》◎今一索不得，後必**且**復索之，奈何？又《趙世家》◎夫賢主者，必**且**能全道而行督責之術者也。又《李斯傳》

（二）表態副詞　姑也。今語言「姑且」。◎**且**以喜樂，**且**以永日。《詩·唐風·山有樞》◎皇帝卽不欲匈奴近塞，則**且**詔吏民遠舍。《史記·匈奴傳》◎闔廬立三年，乃興師與伍胥伯嚭伐楚，拔舒，因欲至郢。將軍孫武曰：「民勞，未可。**且**待之！」乃歸。又《伍子胥傳》◎韓信謝曰：先生**且**休矣！我將念之。又《淮陰侯傳》◎丞相御史兩將軍皆以爲民方收斂時，未可多發；萬人屯守之，**且**足。《漢書·馮奉世傳》◎縣官**且**順聽羣臣言，猶將復發徙之也。又《陳湯傳》◎夜郎旁小邑皆貪漢繒帛，以爲漢道險，終不能有也，迺**且**聽蒙約。又《西南夷傳》◎弘等因言：「西南夷爲害，可**且**罷，專力事匈奴。」上許之。又

(三)副詞　附於數詞之前以表「幾近」之義。◎秦伐魏，取安邑；伐趙，取晉陽；伐楚，取鄢郢矣！覆三國之軍，兼二周之地，舉韓氏，取其地，**且**天下之半。《國策》◎欽子及昆弟支屬至二千石者**且**十人。《漢書·杜欽傳》◎後燕王盧綰復反，率其黨**且**萬人降匈奴。又《匈奴傳》◎匈奴頗殺人民，毆婦女弱小**且**千人去。又

(四)副詞　猶也。今言「尚且」。◎天**且**不違，而況於人乎！況於鬼神乎！《易·乾·文言》◎獸相食，**且**人惡之。爲民父母行政，不免於率獸而食人，惡在其爲民父母也？《孟子·梁惠王上》◎管仲**且**猶不可召，而況不爲管仲者乎！《孟子·公孫丑下》◎一戰勝齊，遂有南陽。然**且**不可。又《告子下》◎堯舜病，**且**其民未至爲之禱。《韓非子·外儲說》◎夫罪輕**且**督深，而況有重罪乎？《史記·李斯傳》◎樊噲曰：臣死**且**不避，卮酒安足辭！又《項羽紀》

(五)提起連詞　◎若是，則弟子之惑滋甚。**且**以文王之德，百年而後崩，猶未洽於天下。《孟子·公孫丑上》◎莊公左搏桓公，右抽劍以自承，管仲鮑叔進，曹劌按劍當陛之間，曰：**且**二君將改

圖，無或進者。《呂氏春秋·貴信》 ◎景公過晏子曰：子宮小，近市，請徙子家豫章之圃。晏子再拜而辭曰：**且**嬰家貧，待市食，而朝暮趨之，不可以遠。《韓非子·難二》 ◎公子牟辭應侯，應侯曰：公子將行矣，獨無以教之乎？曰：**且**微君之命命之也，臣固且有效於君。《趙策》 ◎或曰：**且**天爲質，闇示珍符，固不可辭。司馬相如《封禪文》 ◎翟璜問李克曰：今者聞君召先生而卜相，果誰爲之？李克曰：魏成子爲相矣。翟璜忽然作色曰：臣何負於魏成子？李克曰：**且**子之言克於子之君者，豈將比周以求大官哉？《史記·魏世家》 ◎今釋此時而自必於漢，**且**爲智者固若此乎？又《淮陰侯傳》

（六）等列連詞　又也。今語云「而且」。《詩·衛風·氓疏》云：且者，兼二事也。有但連詞者，有連句者。◎洧之外，洵訏**且**樂。《詩·鄭風·溱洧》 ◎彼美孟姜，洵美**且**都。又《有女同車》 ◎君子有酒，旨**且**多。又《小雅·魚麗》 ◎王使榮叔歸含，**且**賵。《春秋》文五年 按《穀梁傳》云：「其曰且，志兼也。」 ◎如有周公之才之美，使驕**且**吝，其餘不足觀也已。《論語·泰伯》 ◎邦有道，貧**且**賤焉，恥也；邦無道，富**且**貴焉，恥也。又 ◎仁**且**智，夫子既聖矣乎！《孟子·公孫丑上》 ◎項王怒，欲殺之。項伯曰：天下事未可知；**且**爲天下者不顧家。雖殺之，無益，祇益禍耳。《史記·項羽紀》 ◎侯自我得之，自我捐之，無所恨！**且**終不令灌仲孺獨死，嬰獨生。又《灌夫傳》 ◎黥布，天下猛將也，善用兵。今諸將皆陛下故等夷，乃令太子將此屬，

無異使羊將狼，莫肯爲用。**且**使布聞之，則鼓行而西耳。又《留侯世家》

（七）選擇連詞　抑也，或也。◎葬引至於堩，日有食之：則有變乎？**且**不乎？《禮記·曾子問篇》◎王以天下爲尊秦乎？**且**尊齊乎？《齊策》◎漢之聖者，在高帝之孫**且**曾孫也。《史記·封禪書》◎子擊因問曰：富貴者驕人乎？**且**貧賤者驕人乎？又《魏世家》◎足下欲助秦攻諸侯乎？**且**欲率諸侯破秦也？又《酈生傳》◎二世曰：吾方燕私，丞相輒來請事；丞相豈少我哉？**且**固我哉？又《李斯傳》◎自漢擊匈奴，而廣未嘗不在其中；然無尺寸之功以得封邑者，何也？豈吾相不當侯邪？**且**固命也？又《李廣傳》◎不識天之以我備其物與？**且**惟無我而物無不備者與？《淮南子·精神訓》

（八）轉接連詞　與「抑」同。◎孔子曰：求！周任有言曰：陳力就列，不能者止。危而不持，顚而不扶，則將焉用彼相矣？**且**爾言過矣！虎兕出於柙，龜玉毁於櫝中，是誰之過與？《論語·季氏》◎滔滔者天下皆是也，而誰以易之？**且**而與其從辟人之士也，豈若從辟世之士哉？又《微子》◎夏后殷周之盛，地未有過千里者也；而齊有其地矣；雞鳴狗吠相聞，而達乎四境，而齊有其民矣。地不改闢矣，民不改聚矣；行仁政而王，莫之能禦也。**且**王者之不作，未有疏於此時者也；民之憔悴於虐政，未有甚於此時者也。飢者易爲食，渴者易爲飲。《孟子·公孫丑上》

(九)假設連詞　若也。◎且如桓立，則恐諸大夫之不能相幼君也。《公羊傳》隱元年　◎且使子而可逐，則先君其逐臣矣！又隱三年　◎劑貌辨答宣王曰：王方爲太子之時，辨謂靜郭君曰：太子不仁，不若革太子，更立衛姬嬰兒校師。靜郭君曰：不可！吾弗忍爲也。且靜郭君聽辨而爲之也，必無今日之患也。《呂氏春秋·知士》　按《齊策》「且」作「若」。◎郲之故法，爲甲裳以帛。公息忌謂郲君曰：不若以組。凡甲之所以固者，以滿竅也。今竅滿矣，而任力者手耳。且組則不然：竅滿則盡任力矣。又《去尤》　◎燕南附楚，則楚重；西附秦，則秦重；中附韓魏，則韓魏重。且苟所附之國重，此必使王重矣。《燕策》　◎且使我有雒陽負郭田二頃，吾豈能佩相印乎！《史記·蘇秦傳》　◎且服奇者志淫，則是鄒魯無奇行也。又《趙世家》

(一〇)連詞　劉淇云：且，兩務之辭；言方且如此，又復如彼也。◎士死者過半，而所殺傷匈奴亦萬餘人，且引且戰。《史記·李廣傳》　◎黃帝且戰且學仙。《史記·孝武紀》　◎險道傾仄，且馳且射。又《鼂錯傳》　◎遵馮几口占書吏，且省官事。又《陳遵傳》

竊(ㄑㄧㄝ)

(一)表態副詞　私也。凡事不敢公然爲之者爲竊。◎叔孫通之降漢，從儒生弟子百餘人，然通無所言進，專言故羣盜壯士進之。弟子皆竊罵。《史記·叔孫通傳》　◎巴蜀民或竊出商賈，取其筰馬僰僮旄牛，以此巴蜀殷富。《漢書·西南夷傳》　◎蒙歸至長安，問蜀賈人；獨蜀出枸醬，多持竊出市夜郎。又　◎餘善以殺郢威行國中，民多屬；竊自立爲王，繇王不能制。又《閩粵傳》　◎張讓等使人潛聽，具聞其語，乃率常侍段珪畢嵐等數十人持兵竊自側闥入伏省中。《後漢書·何進傳》

(二)表敬副詞　劉淇云：竊，謙辭。不敢徑直以爲何如，故云竊也。按前條義實，此條則已流爲形式矣。　◎子曰：述而不作，信而好古；竊比於我老彭。《論語·述而》　◎昔者竊聞之；子夏子游子張皆有聖人之一體，冉牛閔子騫顏淵則具體而微：敢問所安。曰：姑舍是。《孟子·公孫丑上》　◎臣，范陽百姓蒯通也。竊閔公之將死，故弔之。《漢書·蒯通傳》　◎必將戰勝而後略地，攻得而後下城，臣竊以爲殆矣。又　◎竊聞夜郎所有精兵，可得十萬。浮船牂柯出不意，此制粵一奇也。又《西南夷傳》

切(ㄘㄧㄝ˙)

(一)表態副詞　今言「嚴切地」。◎豐惲等見震連切諫不從，無所顧忌；遂詐作詔書調發司農錢穀大匠見徒材木，各起家舍園池廬觀，役費無數。《後漢書·楊震傳》　◎於是書詔下詡章，**切**責州郡。又《虞詡傳》 ◎前司徒楊賜奏下詔書，**切**敕州郡護送流民；會賜去位，不復捕錄。又《劉陶傳》 ◎董卓爲司空，聞邕名高，辟之，稱疾不就。卓大怒，**切**敕州郡舉邕詣府。又《蔡邕傳》 ◎帝恚甚有司奏以爲大不敬，詔**切**責蕃秉，免歸田里。又《李雲傳》

僉（ㄘㄧㄢ）

（一）表數副詞　皆也。◎舜曰：咨！四岳！有能奮庸熙帝之載，使宅百揆，亮采惠疇？**僉**曰：伯禹作司空。《書·舜典》 ◎數年間民養子者千數。**僉**曰：「賈父所長。」生男名爲賈子，生女名爲賈女。《後漢書·黨錮·賈彪傳》

前（ㄘㄧㄢˊ）

（一）時間副詞　今言「從前」。◎**前**陳王項梁皆敗，不如更遣長者扶義而西。《漢書·高帝紀》 ◎涉自以爲**前**讓南陽賻送，身得其名；而令先人墳墓儉約，非孝也，迺大治起冢舍，周閣重門。又《原涉傳》

（二）時間副詞　先也。◎孔子作《春秋》，幾君子之**前**睹也。《漢書·揚雄傳》

（三）時間介詞　先也。◎**前**期十日，帥執事而卜日。《周禮·天官·太宰》

潛（ㄘㄧㄢˊ）

（一）表態副詞　密也。　◎晉侯**潛**會秦伯于王城。《左傳》僖二十四年　◎明年，爲永樂少府，乃**潛**與司徒河間劉郃謀誅宦官。《後漢書·陳球傳》　◎客有彈琴於屏邕至門，試**潛**聽之。又《蔡邕傳》　◎又**潛**遣貧人能縫者傭作賊衣，以采綖縫其裾爲幟。有出市里者，吏輒禽之。賊由是駭散。又《虞詡傳》　◎詡計賊當退，乃**潛**遣五百餘人於淺水設伏，候其走路。虜果大奔，因掩擊，大破之。又

親（ㄘㄧㄣ）

（一）形容詞　◎方今上無太子，王，**親**高帝孫，行仁義，天下莫不聞。宮車一日晏駕，非王尚誰立者？《漢書·淮南王傳》　按「親高帝孫」，猶言「高帝親孫」，古文恆以形容詞置於領位名詞之上，今語則相反耳。下例倣此。　◎李太后，**親**平王之大母也。又《文三王傳》　◎野王，**親**昭儀兄。又《石顯傳》　◎皇太后，**親**霍后之姊子，故常竦體敬而禮之。又《外戚·霍后傳》　◎紅陽侯立，太后**親**弟。又《王莽傳上》　按此例形容詞「親」字置於領位名詞「太后」之下，與今語同。　◎孝成皇帝封**親**舅五侯。又《鄭崇傳》

(二)副詞　凡本身爲之謂之**親**。◎**親**於其身爲不善者，君子不入也。《論語·陽貨》　◎寡君聞君**親**舉玉趾，將辱於敝邑，使下臣犒執事。《左傳》僖二十六年　◎莊王**親**自手旌。又宣十二年　◎齊侯**親**鼓士陵城。又成二年　◎楚君以鄭故**親**集矢於其目。又襄二年　◎鄭伯獻捷於會，故**親**聽命。又襄八年　◎荀偃士匄帥卒攻偪陽，**親**受矢石。又襄十年　◎君**親**推之。又昭九年　◎諸客奔走市買，至日昳，皆會。涉**親**閱視。《漢書·原涉傳》　◎邑前**親**毀君，欲敗西域。《後漢書·班超傳》

情（ㄘㄧㄥ）

(一)表態副詞　誠也。◎當此，天下之君子皆知而非之，謂之不義；今至大爲不義攻國，則弗知非，從而譽之，謂之義。**情**不知其義也，故書其言以遺後世。若知其不義也，夫奚說書其不義以遺後世哉。《墨子·非攻上》

請（ㄘㄧㄥ）

(一)表敬副詞　◎顏淵曰：**請**問其目。子曰：非禮勿視，非禮勿聽，非禮勿言，非禮勿動。顏淵曰：回雖不敏，**請**事斯語矣。《論語·顏淵》

麤(ㄘㄨ) 觕 粗

(一)表態副詞 《廣韻》云：略也。《漢書·敍傳注》云：大略也。◎陸生迺**麤**述存亡之徵，凡著十二篇。《史記·陸賈傳》◎請爲大夫**麤**陳其略。又《司馬相如傳》◎**觕**舉僚職，竝列其人。《漢書·敍傳》◎謝**粗**道其義。《世說》◎沖乃**粗**下意。又◎阿鄙故**麤**有才具。又

趣(ㄘㄨˋ)

(一)時間副詞 亟也，疾也。今語云「快」。◎惠帝二年，蕭何卒。參聞之，告舍人：「**趣**治行！吾將入相。」《史記·曹參世家》◎竇太后曰：自竇長君在時，竟不得侯；死後乃封其子；彭祖顧得侯：吾甚恨之。帝**趣**侯信也！又《周勃世家》

從(ㄘㄨㄥˊ)

(一)副詞 隨也。◎長惡不悛，**從**自及也。《左傳》隱六年

(二)介詞 由也。◎有一黃頭郎，**從**後推之上天。《史記·佞幸傳》◎步走，**從**酈山下道芷陽閒行。又《項羽紀》◎於是大風**從**西北而起，折木發屋，揚沙石。又◎晏子爲齊相，出，其御

之妻**從**門閒窺之。又《晏子傳》◎少北，則爲匈奴所得，**從**蜀，宜徑，又無寇。又《大宛傳》◎蘇代謂曰：今旦代**從**外來，見木偶人與土偶相與語。又《孟嘗君傳》◎今子幸而聽解，解奈何乃**從**他縣奪人邑中賢大夫權乎？又《郭解傳》◎虎圈嗇夫**從**旁代尉對上所問禽獸簿甚悉。又《張釋之傳》◎有一人**從**橋下走出。又 ◎博望侯張騫居大夏時，見蜀布邛竹杖，使問所從來。曰：**從**東南身毒國可數千里，得蜀賈人市。又《西南夷傳》◎欲令人衣求盜衣持羽檄**從**東方來，呼曰：南越兵入界。又《淮南王傳》◎公等皆去！吾亦**從**此逝矣。又《高帝紀》◎故**從**母言之，是爲賢母；**從**妻言之，是必不免爲妬妻。又《平原君傳》◎長卿！弟俱如臨邛！**從**昆弟假貸，猶足爲生，何至自苦如此！又《司馬相如傳》◎敞免奏既下，詣闕上印綬，便**從**闕下亡命。《漢書·張敞傳》◎陳餘亦怨獨不王己，**從**田榮藉助兵。又《高帝紀》◎振人不贍，先**從**貧賤始，家無餘財。又《朱家傳》

（二）介詞　隨也。◎狐突之子毛及偃**從**重耳在秦。《史記·晉世家》◎乃以刀決張道，**從**醉卒直隧出。又《袁盎傳》◎梁項生**從**田何受《易》。《漢書·儒林傳》◎讎爲童子，**從**田王孫受《易》。又 ◎梁丘賀**從**太中大夫京房受《易》。又 ◎其先夏侯都尉，**從**濟南張生受《尚書》。又 ◎漢興，高祖過魯，申公以弟子**從**師入見於魯南宮。又 ◎延壽云：嘗**從**孟喜問《易》。又

(四)推拓連詞　用爲「縱」字。◎**從**其有皮，丹漆若何？《左傳》宣二年

取（ㄘㄩˇ）

(一)副詞　纔也，僅也。◎楊子**取**爲我；拔一毛而利天下，不爲也。《孟子·盡心上》◎丞相**取**充位，天下事皆決於湯。《史記·張湯傳》◎二人之寵**取**過庸，不篤。《漢書·佞幸傳序》◎故服匈奴；後盛大；**取**羈屬，不肯往朝會。又《西域·烏孫傳》　按《顏注》云：「言纔羈縻屬之而已，」訓「取」爲「纔」。

全（ㄘㄩㄢˊ）

(一)形容詞　大抵於國家「無對待」或「未分裂」時用之。◎南越朝鮮自**全**秦時內屬爲臣子。《史記·律書》　按「全秦」謂滅六國後之秦，所以別於春秋戰國與各國並立時之秦也。《漢書·枚乘傳》「全秦」義同。◎自始**全**燕時，嘗略屬眞番朝鮮，爲置吏，築鄣塞。又《朝鮮傳》　按「全燕」謂燕王喜未徙居遼東以前之燕也。《索隱》謂六國燕方全盛之時，非是。王念孫《讀漢書雜志》謂「指戰國時燕國言，以別於漢之燕者」，亦非。◎其民羯羠不均，自**全**晉之時固已患其慓悍，而武靈王益厲之。又《貨殖傳》　按「全晉」謂未分爲韓趙魏三國時之晉。

◎淮南全國之時，多爲邊吏。《漢書·嚴助傳》 按師古曰：全國謂未分爲三之時也。按師古此說是。◎夫全趙之時，武力鼎士袪服叢臺之下者一旦成市，而不能止幽王之湛患。又《鄒陽傳》 按服虔曰：全趙，趙未分之時。按服說是。趙幽王爲呂后幽死後，文帝立幽王長子遂爲趙王，取趙之河間立遂弟辟彊爲河間王，故幽王時趙爲未分之全趙也。《文選注》引應劭云：後分爲三。又《諸侯王表序》云：趙分爲六。◎今漢據全秦之地，兼六國之衆。又《枚乘傳》 ◎臣聞全代之時，北有強胡之敵，內連中國之兵。又《韓安國傳》 按服虔曰：代未分之時也。

(二)表態副詞 今言「完全」。◎問臣意：診病決死生，能全無失乎？《史記·倉公傳》 ◎觀古今文人，多不全了此處。《後漢書·自敍》 ◎本初乘資，雖能強大；然雄豪方起，全未可必也。《魏志·和洽傳》

斯(ㄙ)

(一)不完全內動詞 是也。◎彼爾維何？惟常之華；彼路斯何？君子之車。《詩·小雅·采薇》

(二)外動詞 《說文》云：斯，析也。◎墓門有棘，斧以斯之。《詩·陳風·墓門》 ◎趙盾見桑下餓人，與之脯一朐。曰：斯食之！《呂氏春秋·報庚》

(三)外動詞　離也。◎華胥氏之國，不知**斯**齊國幾千萬里。《列子·黃帝》

(四)指示代名詞　此也。◎子謂子賤：君子哉若人！魯無君子者，**斯**焉取**斯**！《論語·公冶長》◎有美玉於**斯**。又《子罕》◎杜蕢入，歷階升，酌曰：曠飲**斯**！又酌曰：調飲**斯**！《禮記·檀弓》

(五)指示形容詞　此也。用在名詞之前，故與前條異。◎伯牛有疾，子問之，自牖執其手，曰：亡之！命矣夫！**斯**人也而有**斯**疾也！**斯**人也而有**斯**疾也！《論語·雍也》◎今及其死也，朋友諸臣未有出涕者，而內人皆行哭失聲。**斯**子也，必多曠於禮也夫！《禮記·檀弓下》

(六)承接連詞　則也，乃也。◎女則錫之福，時人**斯**其惟皇之極。《書·洪範》◎周公居東二年，則罪人**斯**得。又《金縢》◎謀猶回遹，何日**斯**沮。《詩·小雅·小旻》◎大侯既抗，弓矢**斯**張。又《賓之初筵》◎受爵不讓，至于已**斯**亡。又《角弓》◎我欲仁，**斯**仁至矣。《論語·述而》◎鄉人飲酒，杖者出，**斯**出矣。又《鄉黨》◎其言也訒，**斯**謂之仁已乎？又《顏淵》◎夫子之得邦家者，所謂立之**斯**立，道之**斯**行，綏之**斯**來，動之**斯**和。又《子張》◎人喜則**斯**陶，陶**斯**咏，咏**斯**猶，猶**斯**舞。《禮記·檀弓》按此例「則斯」重言。◎如知其非義，**斯**速已矣。何待來年！《孟子·滕文公下》◎歸，**斯**受之而已矣！又《盡心下》◎善**斯**可矣。又◎壺遂之內廉外脩，**斯**鞠躬君子也。《史記·韓長孺傳》◎雖慘酷，**斯**稱其位矣。又《酷吏傳贊》

(七)連詞　與文言「之」字今語「的」字義同。◎螽**斯**羽，振振兮。《詩·周南·螽斯》◎有兔**斯**首。

《詩·小雅·瓠葉》

(八)句中助詞　外動詞賓語倒裝時用之。　◎朋酒**斯**饗。《詩·豳風·七月》　◎于京**斯**依。又《大雅·公劉》　◎于豳**斯**館。又

(九)語末助詞　爲形容詞或副詞之語尾。　◎王赫**斯**怒。《詩·大雅·皇矣》　◎二爵而言言**斯**。《禮記·玉藻》　◎色**斯**舉矣，翔而後集。《論語·鄉黨》　按王引之云：《公羊傳》「色然而駭」，義與此近。

(一〇)語末助詞　◎弁彼鸒**斯**，歸飛提提。《詩·小雅·小弁》　◎蓼彼蕭**斯**，零露湑兮。又《蓼蕭》

私(ㄙ)

(一)表態副詞　今言「私自」。　◎單于使左右難漢使者曰：漢，禮義國也：貳師道：前太子發兵反，何也？使者曰：然。乃丞相**私**與太子爭鬭，太子發兵欲誅丞相，丞相誣之，故誅丞相。此子弄父兵，罪當笞，小過耳。《漢書·匈奴傳》　◎母閼氏恐單于不立子而立左大都尉也，乃**私**使殺之。又

思(ㄙ)

(一)語首助詞　無義。　◎予未有知，**思**日贊贊襄哉！《書·皋陶謨》　◎**思**皇多士，生此王國。

《詩·大雅·文王》　◎**思**齊太任。又《思齊》　◎**思**媚周姜。又　◎**思**輯用光。又《公劉》　◎**思**文后稷，支配彼天。又《周頌·思文》　◎**思**皇多祜。又《載見》　◎**思**媚其婦。又《良耜》　◎**思**樂泮水。又《魯頌·泮水》　◎**思**肆其罔極。《左傳》昭二十六年

(二)語中助詞　無義。　◎寤寐**思**服。《詩·周南·關雎》　◎旨酒**思**柔。又《小雅·桑扈》　◎自西自東，自南自北，無**思**不服。又《大雅·文王有聲》　◎於乎皇王，繼序**思**不忘。又《周頌·閔予小子》

(三)語末助詞　無義。　◎南有喬木，不可休**思**；漢有游女，不可求**思**。《詩·周南·漢廣》　◎敷時繹**思**，我徂惟求定。又《周頌·賚》　◎昔我往矣，楊柳依依；今我來**思**，雨雪霏霏。又《小雅·采薇》

似(ㄙˋ)

(一)副詞　今語言「像」。　◎尉佗因問陸生曰：我孰與蕭何曹參韓信賢？陸生曰：王**似**賢。《史記·陸賈傳》　◎龐士元曰：論王霸之餘業，覽倚仗之要害，吾**似**有一日之長。《世說》　◎王大將軍云：阿平故當最劣。庾曰：**似**未肯劣。又

肆(ㄙ)

(一)副詞　遂也。　◎**肆**類于上帝。《書·堯典》　◎**肆**覲東后。又　按《史記·五帝紀》「肆」皆作

「遂」。

（二）承接連詞　《爾雅·釋詁》云：肆，故也。◎昔在殷王中宗，嚴恭寅畏，天命自度，治民祗懼，不敢荒寧；肆中宗之享國七十有五年。其在高宗，時舊勞於外，爰暨小人……不敢荒寧，嘉靖殷邦，至於小大，無時或怨；肆高宗之享國五十有九年。其在祖甲，不義惟王，舊爲小人；作其即位，爰知小人之依，能保惠於庶民，不敢侮鰥寡；肆祖甲之享國三十有三年。《書·無逸》按《史記·魯世家》「肆」皆作「故」。◎天道福善禍淫，降災于夏以彰厥罪；肆台小子將天命明威，不敢赦。又《湯誥》◎肆朕誕以爾東征。又《大誥》按王莽擬誥「肆」作「故」。◎肆不殄厥愠，亦不隕厥問。《詩·大雅·緜》◎肆戎疾不殄，烈假不瑕。又《思齊》◎肆成人有德，小子有造。又◎肆皇天弗尚。又《抑》

些（ㄙㄛ·）

（一）語末助詞　無義。◎何爲四方些，舍君之樂處而離彼不祥些！《楚辭·招魂》

索（ㄙㄛ·）

（一）副詞　盡也。◎淳于髡仰天大笑，冠纓索絕。《史記·淳于髡傳》按《索隱》云：索訓盡。《春

秋後語》作冠纓盡絕。　◎俟自見索言之。《漢書·外戚·許后傳》

悉（ㄙㄧ）

（一）外動詞　《爾雅·釋詁》云：悉，盡也。　◎料大王之卒，悉之，不過三十萬。《韓策》　按：悉之謂盡其所有。

（二）代名副詞　亦盡也。　◎齊悉復得其故城。《史記·燕世家》　◎飛鳥悉翔舞城中，下食。又《田單傳》　◎泰山上舉火，下悉應之。又《武帝紀》　◎乃悉以其裝齎置二石醇醪。又《袁盎傳》　◎乃悉取其禁方書，盡與扁鵲。又《扁鵲傳》　◎慶年七十餘，無子，使意盡去其故方，更悉以禁方予之。又《倉公傳》　◎項羽悉引兵渡河，遂破章邯。又《張耳傳》　◎秦果悉起兵益章邯擊楚軍。又《項羽紀》　◎至滎陽，諸敗軍皆會。蕭何亦發關中老弱未傅悉詣滎陽。又　◎斯長男由爲三川守，諸男皆尚秦公主，女悉嫁秦諸公子。又《李斯傳》　◎發年十五以上悉詣長平遮絕趙救及糧食。又《白起傳》　◎爲君計，莫若遣君子孫昆弟能勝兵者悉詣軍所，上必益信君。又《蕭何世家》　◎願君讓封勿受，悉以家私財佐軍，則上心說。又　◎悉召故秦祝官，復置太祝太宰，如其故儀禮。又《封禪書》　◎呂須大怒，曰：若爲將而棄軍，呂氏今無處矣！乃悉出珠玉寶器散堂下，曰：毋爲他人守也！又《呂后紀》　◎匈奴聞，悉遠其累重於余吾水北。又《匈奴傳》◎景帝曰：丞相議不可用。乃**悉**封徐盧等爲列侯。又《周勃世家》◎秦令少府章邯免酈山徒人奴産子，**悉**發以擊楚大軍，盡敗之。又《陳涉世家》◎韓破，良家僮三百人；弟死，不葬，**悉**以家財求客刺秦王，爲韓報仇。又《留侯世家》◎叔孫通因進曰：諸弟子儒生隨臣久矣！與臣共爲儀。願陛下官之！高帝**悉**以爲郎。又《叔孫通傳》

(三)介詞　亦盡也。◎今王自行，**悉**國中武力以伐齊。《史記·伍子胥傳》◎雋兵少不敵，乃張圍結壘起土山以臨城內，因鳴鼓攻其西南，賊**悉**衆赴之。《後漢書·朱儁傳》

昔(ㄙㄧ·)

(一)時間副詞　《老子注》云：昔，往也。◎**昔**我往矣，楊柳依依；今我來思，雨雪霏霏。《詩·小雅·采薇》◎**昔**在帝堯，聰明文思，光宅天下。《書序》◎**昔**三后之純粹兮。《離騷》

小(ㄙㄧㄠ)

(一)表態副詞　少也，略也。◎其爲人也**小**有才。《孟子·盡心下》◎鮮卑越溢，多爲不法。裁以軍令，則忿戾作亂；制御**小**緩，則陸掠殘害。《後漢書·應劭傳》◎上意欲令**小**加弘潤。《世說》◎日**小**欲晚。又

屑(ㄙㄧㄝˋ)

(一)助動詞　古義訓「屑」爲「潔」，「不屑」謂「不以爲潔」。◎是故諸侯雖有善其辭命而至者，不受也。不受也者，是亦不**屑**就已。《孟子·公孫丑下》◎於心有猜，則簋飧饌餔，猶不**屑**餐；旌瞀以之。《後漢書·張衡傳》

先(ㄙㄧㄢ)

(一)形容詞　《論衡·四諱》篇云：死亡謂之先。◎**先**民有言：詢于芻蕘。《詩·大雅·板》◎昔**先**王之命曰：王后無適，則擇立長，年鈞以德，德鈞以卜。《左傳》昭二十六年◎敬姜曰：吾聞之**先**姑。《魯語》按《韋昭注》云：夫之母曰姑，沒曰先姑。◎漢復得匈奴降者，言：烏桓嘗發**先**單于冢，匈奴怨之。《漢書·匈奴傳》

(二)時間副詞　後之反。與今語同。◎比天之所與我者，**先**立乎其大者，則其小者不能奪也。《孟子·告子上》◎振人不贍，**先**從貧賤始。《漢書·朱家傳》

(三)時間介詞　◎**先**戰，夢河神謂己曰：畀余！余賜汝孟諸之麋。《左傳》僖二十八年◎勾踐聞吳王夫差日夜勒兵，且以報越，越欲**先**吳未發往伐之。《史記·越世家》◎王王太后亦恐嘉等**先**

事發，乃置酒，介漢使者權謀誅嘉等。又《南越傳》 ◎**先**是十餘歲，河決灌，梁楚地固已數困。《漢書·食貨志》 ◎始，義兄宣居長安，**先**義未發，家數有怪。又《翟義傳》

鮮（ㄙㄧㄢ）

（一）指示代名詞　此也。◎知恤**鮮**哉。《書·立政》 ◎故士有畫地爲牢勢不入，削木爲吏議不對，定計於**鮮**也。司馬遷《報任少卿書》

（二）指示形容詞　此也。讀平聲。◎惠**鮮**鰥寡。《書·無逸》 ◎**鮮**民之生，不如死之久矣。《詩·小雅·蓼莪》

（三）代名詞　讀上聲，少也。◎以欲從人，則可；以人從欲，**鮮**濟。《左傳》僖二十年

（四）數量形容詞　少也。讀上聲。◎武王既老而生成王，成王是以**鮮**於兄弟。《魏志·王朗傳》

新（ㄙㄧㄣ）

（一）時間副詞　◎時成都侯商**新**爲大司馬衛將軍，輔政，素不善湯。《漢書·陳湯傳》 ◎是時茂陵守令尹公**新**視事，涉未謁也。又《原涉傳》 ◎烏桓時**新**中匈奴兵，明友既後匈奴，因乘烏桓敝擊之。又《匈奴傳》 ◎中常侍曹節等專執朝事，**新**誅太傅陳蕃大將軍竇武，欲借寵賢德以

釋衆望。《後漢書·姜肱傳》

尋（ㄙㄧㄣˊ）

（一）時間副詞　旋也。繼起之事與前事相距之時間不甚久時用之。劉淇云：猶今云「隨即」。◎震前後所上，轉有切至，帝既不平之；而樊豐等皆側目憤怨，俱以其名儒，未敢加害。**尋**有河間男子趙騰詣闕上書，帝發怒，遂收考詔獄，結以罔上不道；震復上疏救之，帝不省，騰竟伏尸都下。會太史言星變逆行，遂共譖震。《後漢書·楊震傳》◎梁冀既誅，瓊首居公位，海內翕然望之。**尋**而五侯擅權，傾動內外；自度力不能匡，乃稱疾不起。又《黃瓊傳》◎家貧，復爲郡西門亭長，**尋**轉功曹。又《陳寔傳》◎復徵，再遷漁陽太守，**尋**轉蜀郡太守。又《李膺傳》◎**尋**轉尚書度支郎中。宇文逌《庾子山集序》

信（ㄙˋㄧㄣ）

（一）表態副詞　《說文》云：信，誠也。按今語言「眞」。◎子晳**信**美矣。《左傳》昭元年　◎**信**能行此五者，則鄰國之民仰之若父母矣。《孟子·公孫丑上》◎於是乃卽三王而卜，卜人皆曰：吉。發書視之，**信**吉。《史記·魯世家》◎若妻**信**病，賜小豆四十斛，寬假限日。《魏志·華佗傳》

相（ㄙㄧㄤ）

（一）助動詞　見也。小生乃欲**相**吏耶？《漢書·朱雲傳》◎縱荆邦之賊者，我也，輟荆邦之仇者，子也。兩俱不仁，何**相**問姓名爲？《越絕書·荆平王》

（二）副詞　「交相」「互相」之義。◎燕莊公遂送桓公入齊境。桓公曰：「非天子，諸侯**相**送不出境。」《史記·齊世家》◎是以業與三王爭流，而名與天壤**相**弊也。又《魯仲連傳》◎酒酣以往，高漸離擊筑，荆軻和而歌於市中，**相**樂也。又《荆軻傳》◎乃立神明臺井幹樓，度五十餘丈，輦道**相**屬。又《孝武紀》◎漢王與項羽**相**距京索之間。又《蕭何世家》◎白起者，穰侯之所任舉也，**相**善。又《穰侯傳》◎崑崙，其高二千五百餘里，日月所**相**避隱爲光明也。又《大宛傳》◎其極也，上下**相**遁，至於不振。又《酷吏傳序》◎弟子傳以久次**相**受業。又《董仲舒傳》◎姑臧吏民及羌胡更相謂曰：「孔君淸廉仁賢，舉縣蒙恩，如何今去不共報德？」遂相賦斂牛馬器物千萬以上，追送數百里。奮謝之而已，一無所受。《後漢書·孔奮傳》

素（ㄙㄨˋ）

（一）形容詞　空也。◎諸侯起於匹夫，以利合，非有**素**王之行也。《史記·秦始皇本紀》按素王謂孔子。孔子有王者之德而無其位，故曰素王。◎今有無秩祿之奉爵邑之入，而樂與之比者，命曰素封。《史記·貨殖傳》 按《索隱》云：素，空也。《正義》云：言不仕之人自有園田收養之給，其利比於封君，故曰素封也。

(二)表態副詞 亦空也。◎彼君子兮，不素餐兮。《詩·魏風·伐檀》 ◎與其素厲，寧爲無勇。《左傳》定十二年

(三)時間副詞 今言「素來」「向來」。◎高祖爲亭長，素易諸吏。《史記·高祖紀》 ◎盾素仁，愛人。又《趙世家》 ◎居巢人范增素居家，好奇計。又《項羽紀》 ◎陸生素與平原君善。又《陸賈傳》 ◎任敖素善高祖。又《任敖傳》 ◎匈奴素聞郅都節，居邊，爲引兵去。又《郅都傳》 ◎籍福說武安侯曰：魏其貴久矣！天下士素歸之。又《武安侯傳》 ◎蚡言安國太后，天子亦素聞其賢，卽召以爲北地都尉。又《韓安國傳》 ◎陛下獨宜爲趙王置貴彊相，及呂后太子羣臣素所敬憚，乃可。又《張丞相傳》 ◎臨晉籍少翁素不知解，因出關。《漢書·郭解傳》 ◎莽大怒，殺宇，而呂寬亡。寬父素與護相知，寬至廣漢，過護，不以事實語也。又《樓護傳》 ◎太伯同母弟王游公素嫉涉。又《原涉傳》 ◎諸假號素聞涉名，爭問原尹何在，拜謁之。又 ◎夫不素養士而欲求賢，譬猶不琢玉而求文采也。又《董仲舒傳》 ◎上聞，遷爲河內太守。素居廣平時，皆知河內豪姦之家。又《王溫舒傳》 ◎昔成王之政，周公在前，召公在後，畢公在左，史佚

在右：四子挾而維之，目見正容，耳聞正言，一日即位，天下曠然；言其法度**素**定也。《後漢書·翟酺傳》

速（ㄙㄨˋ）

（一）時間副詞　疾也。◎姬謂太子曰：君夢齊姜，必**速**祭之！《左傳》僖四年　◎司馬法不云乎：「賞不踰時。」欲民**速**覩爲善之利也。《漢書·翟方進傳》　◎唯陛下愼經典之誡，圖變復之道，斥遠佞巧之臣，**速**徵鶴鳴之士！《後漢書·楊賜傳》

夙（ㄙㄨˋ）

（一）時間副詞　《說文》字作𡖍，云：早敬也。從丮持事，雖夕不休，早敬者也。《毛詩傳》云：夙，早也。◎時北地胡騎數千隨賊攻郡，皆**夙**懷燮恩，共於城外叩頭求送燮還鄉里。《後漢書·傅燮傳》

宿（ㄙㄨˋ）

（一）副詞　素也。《說文》𡖍古文作㐰，云：宿從此。《逸周書孔注》云：宿古文夙。◎建寧初，靈帝當受學，詔太傅三公選通《尚書桓君章句》**宿**有重名者，三公舉賜。《後漢書·楊賜傳》 ◎靈帝**宿**聞其名，數引納之。又《劉陶傳》 ◎帝**宿**重陶才，原其罪。又

所（ㄙ·ㄨㄛ）

（一）名詞　處也。◎公朝於王**所**。《春秋》僖二十八年 ◎子曰：爲政以德，譬如北辰，居其**所**而衆星共之。《論語·爲政》 ◎盎心不樂，家多怪，乃之棓生**所**問占。《漢書·爰盎傳》 ◎涉從建**所**出，尹公故遮拜涉。又《原涉傳》 ◎於是二王去居其**所**，未嘗肯會龍城。又《匈奴傳》 ◎玄商留南將軍**所**，良帶徑至單于庭，單于號良帶曰烏桓都將軍，留居單于**所**，數呼與飲食。又

（二）被動助動詞　見也，被也。《馬氏文通》以「所」爲代名詞，其說非是。說詳拙著《代名詞·所字之詞性》。◎世子申生爲驪姬**所**譖。《禮記·檀弓》 ◎夫**所**借衣車者，非親友則昆弟也。《國策》 ◎嗜慾在外，則明**所**蔽矣。《淮南子·說林訓》 ◎陰陽之**所**壅沉不通者，竅理之。又《覽冥訓》 ◎衆雄而無雌，又何化之**所**能造乎？又 ◎無本業**所**修，方術**所**務，焉得無有睥睨掩鼻之容哉！又《修務訓》 ◎公孫敖出代郡，爲胡**所**敗七千有餘。《史記·匈奴傳》 ◎民不足於糟糠，何橘柚之**所**厭。《鹽鐵論·未通》 ◎衛太子爲江充**所**敗。《漢書·霍光傳》 ◎騫曰：爲漢使月氏而爲匈奴**所**閉道，今亡。唯王使人道送我！又《張騫傳》 ◎食於道旁，乃爲烏**所**盜

肉。又《黃霸傳》　◎所以微文深詆殺者甚衆。又《咸宣傳》　◎當其寒也，何刑所斷？當其溫也，何賞所施？《論衡·寒溫》　◎車騎大將軍鄧騭爲種羌所敗於冀西。《後漢書·安帝紀》

（三）假設連詞　若也。誓詞中用之尤多。　◎予所否者，天厭之！天厭之！《論語·雍也》　◎爾所弗勖，其于爾躬有戮。《書·牧誓》　◎所可道也，言之醜也。《詩·鄘風·牆有茨》　◎所不與舅氏同心者，有如白水。《左傳》僖二十四年　◎秦伯曰：若背其言，所不歸爾帑者，有如河。又文十三年　◎所有玉帛之使者，則告；不然，則否。又宣十年　◎所不此報，無能涉河。又宣十七年　◎所不請于君焚《丹書》者，有如日。又襄二十三年　◎嬰所不唯忠于君利社稷者是與，有如上帝。又襄二十五年　◎所能見夫人者，有如河。又昭三十一年　◎余所有濟漢而南者，有若大川。又定三年　◎陽虎若不能居魯而息肩於晉，所不以爲中軍司馬者，有如先君。又定六年　◎所難子者，上有天，下有先君。又哀十四年　◎所不殺子者，有如陳宗。又哀二十四年　◎范蠡請退。王曰：所不掩子之惡揚子之美者，使其身無終沒于越。《越語》

（四）語中助詞　無義。　◎君無所辱賜於使臣，臣敢辭。《儀禮·燕禮》　◎君之臣免於罪，則有先人之敝廬在，君無所辱命。《禮記·檀弓》　◎能進不能退，君無所辱命。《左傳》成二年　◎無所用盟，請使公子鱄約之。《公羊傳》襄二十七年　◎君無所辱大禮。又昭二十五年　按無所猶今言不用不必。

（五）語尾 與「許」同。用於數詞之下，與今言「光景」「上下」「之譜」義同。◎高四尺**所**。《禮記·檀弓》◎良殊大驚，隨目之。父去里**所**，復還。《史記·留侯世家》◎廣令諸騎曰：前！未到匈奴陳二里**所**，止。又《李將軍傳》◎十八日**所**而病愈。又《扁鵲傳》◎其巫，老女子也。年已七十。從弟子女十人**所**。又《滑稽傳補》◎天雨血一頃**所**。《漢書·五行志》◎數問其家：金餘尚有幾**所**？又《疏廣傳》◎涉居谷口半歲**所**，自劾去官。又《原涉傳》◎才留三千**所**兵守武昌耳。《吳志·周魴傳》◎自後賓客絕百**所**日。《世說》

雖（ㄙㄨㄟ）

（一）副詞 用與唯同。◎女**雖**湛樂從，弗念厥紹。《詩·大雅·抑》按王引之云：《書無逸》曰：「惟耽樂之從，」文義正與此同。◎故民迂則流之，民流通則迂之。決之則行，塞之則止。**雖**有明君能決之，又能塞之。《管子·君臣》◎余**雖**好脩姱以鞿羈兮，謇朝誶而夕替。《離騷》

（二）反詰副詞 《廣雅·釋詁》云：雖，豈也。◎**雖**無予之，路車乘馬。《詩·小雅·采菽》◎**雖**微晉而已，天下其誰能當之？《禮記·檀弓下》◎恥大國之士於中原，又殺其君以重之：子思報父之仇，臣思報君之仇，**雖**微秦國，天下孰不患？《晉語》

（三）推拓連詞 縱也。◎子見齊衰者，**雖**狎，必變；見冕者與瞽者，**雖**褻，必以貌。《論語·鄉黨》

◎果能此道矣，雖愚必明，雖柔必強。《禮記·中庸》 ◎雖君有命，寡人弗敢與聞。《左傳》隱十一年 ◎桀有昏德，鼎遷於商，載祀六百。商紂暴虐，鼎遷於周。德之休明，雖小，重也；其姦回昏亂，雖大，輕也。又宣三年 ◎若夫豪傑之士，雖無文王猶興。《孟子·盡心上》 ◎民欲與之偕亡，雖有臺池鳥獸，豈能獨樂哉！又《梁惠王上》 ◎騶衍，其言雖不軌，儻亦有牛鼎之意乎！《史記·孟子傳》 ◎通亦愿謹，不好外交；雖賜洗沐，不欲出。又《佞幸傳》 ◎淮陰人爲余言：韓信雖爲布衣時，其志與衆異。又《淮陰侯傳》 ◎孝文時，以治刑名言事太子。然歐雖治刑名家，其人長者。又《萬石君傳》 ◎王瞿然駭曰：寡人何敢如是！今主上雖急，固有死耳！安得不戴？又《吳王濞傳》 ◎疾西據洛陽武庫，食敖倉粟，阻山河之險以令諸侯，雖毋入關，天下固已定矣。又 ◎名譽雖高，賓客雖盛，所由殆與太伯延陵季子異矣。又《張耳傳》 ◎素無根柢之容，雖竭精思，欲聞忠言輔人主之治，則人主必有按劍相眄之跡。又《鄒陽傳》 ◎灌嬰雖少，然數力戰，乃拜灌嬰爲中大夫。又《灌嬰傳》 ◎漆城雖於百姓愁費，然佳哉！漆城蕩蕩！寇來不能上。又《優旃傳》 ◎優旃曰：汝雖長，何益？幸雨立。我雖短也，幸休居。又 ◎湯雖文深意忌不專平，然得此聲譽。又《張湯傳》 ◎及列九卿，收接天下名士大夫，己心內雖不合，然陽浮慕之。又 ◎楚雖有富大之名，而實空虛；其卒雖多，然而輕走易北。又《張儀傳》 ◎荊軻雖游酒人乎！然其爲人沈深好書。又《荊軻傳》 ◎及吳楚一說，說雖行哉，然復不遂。又《鼂錯傳》 ◎楚王大怒曰：寡人雖不德耳，奈何以朱公之子故而施惠乎？又《越世家》 ◎丞相嘗使籍福請魏其城南田。魏其大望，曰：老僕雖棄，將軍雖貴，甯可以勢奪乎！不許。又《灌夫傳》

(四)語首助詞 ◎雖敝邑之事君，何以不免？《左傳》文十七年 ◎雖我小國，則蔑以過之矣。又 ◎伯父若裂冠毀冕，拔本塞原，專棄謀主，雖戎狄其何有余一人？又昭九年

隨（ㄙㄨㄟˊ）

(一)時間副詞 今言「隨著」「隨即」。 ◎知友被辱隨仇者，廉也。《韓非子·五蠹》 ◎立政隨謂陵曰：亦有意乎？《漢書·李陵傳》 ◎長公主賜鄧通，吏輒隨沒入之。又《鄧通傳》 ◎韓係伯鄰居種桑樹於界上以爲誌。係伯以桑枝蔭妨他地，遷數尺，鄰畔隨復侵之。《襄陽耆舊傳》

(二)介詞 從也。今言「跟隨著」。 ◎護少隨父爲醫長安。《漢書·樓護傳》 ◎父恭爲御史，任賢爲太子舍人。哀帝立，賢隨太子官爲郎。又《董賢傳》 ◎於是冒頓知其左右可用，從其父單于頭曼獵，以鳴鏑射頭曼，其左右皆隨鳴鏑而射殺頭曼。又《匈奴傳》 ◎其外西自桐師以東，北至葉榆，名爲嶲昆明，編髮，隨畜移徙，無常處。又《西南夷傳》 ◎建武二十七年，補淮陽國醫工長，隨王之國。二十九年，從王朝京師，隨官屬得會見，帝問以政事。《後漢書·第五

倫傳》

遂（ㄙㄨㄟˋ）

（一）副詞 終竟也。◎叔詹曰：楚王其不沒乎！爲禮卒於無別，無別不可謂禮，將何以沒？諸侯是以知其不遂霸也。《左傳》僖二十二年 ◎及歸，遂不見。又文七年 ◎項羽雖聞漢東，既已連齊兵，欲遂破之而擊漢。《史記·高祖紀》 ◎及高祖貴，遂不知老父處。又 ◎上卽命丞相御史遂考諸縣傳送淮南王不發封餽侍者。又《淮南王傳》 ◎王氏浸盛，災異數見，羣下莫敢正言；福復上書，上遂不納。《漢書·梅福傳》 ◎子雲歎曰：此人後生無比，遂不爲世所稱，亦是奇事。《顏氏家訓》

（二）副詞 《儀禮·聘禮鄭注》云：遂猶因也。《穀梁傳》云：遂，繼事之辭也。《左傳》僖四年注云：遂，兩事之辭。◎祭公來，遂逆王后于紀。《春秋》桓七年 ◎上以讓蒼，蒼遂病免。《史記·張蒼傳》 ◎扁鵲已逃去，桓侯遂死。又《扁鵲傳》 ◎大臣多害辟陽侯行，欲遂誅之。又《陸賈傳》 ◎子孫脩業而息之，遂至巨萬。又《貨殖傳》 ◎高祖曰：壯士行，何畏！乃前拔劍擊斬蛇，蛇遂分爲兩。又《高祖紀》 ◎此五子者，不產於秦，而繆公用之，并國二十，遂霸西戎。又《李斯傳》 ◎成大功者，在因瑕釁而遂忍之。又 ◎人有告鄧通盜出徼外鑄錢，下吏驗問，頗有之,遂竟案,盡沒入鄧通家。又《佞幸傳》 ◎高祖十年七月,太上皇崩,使人召豨,豨稱病甚。九月,遂與王黄等反。又《陳豨傳》 ◎有司再請削其國,去大半。端心慍,遂爲無訾省。又《五宗世家》 ◎王陵見而怪其美士,乃言沛公,赦勿斬。遂從西入武關,至咸陽。又《張蒼傳》 ◎及上置酒,見留侯所招客從太子入見,上乃遂無易太子志矣。又《叔孫通傳》 ◎單于自度戰不能如漢兵,單于遂獨身與北騎數百潰漢圍西北遁走。又《匈奴傳》

須(ㄙㄩ)

(一)外動詞 待也。 ◎已約石君,須以成事。《漢書·淮陽憲王欽傳》 ◎其分地衆而子孫少者,建以爲國,空而置之,須其子孫生者舉使君之。又《賈誼傳》

(二)助動詞 要也。不須猶今言「不用」「不必」。 ◎奉世上言:願得其衆,不須復煩大將。《漢書·馮奉世傳》 ◎適有事務,須自經營。應璩《與滿公琰書》

胥(ㄙㄩ)

(一)副詞 皆也。 ◎眠娗諈諉勇敢怯疑四人相與游於世,胥如志也。《列子·力命》

(二)副詞 相也。 ◎民非后,罔克胥匡以生。《書·太甲》 ◎重我民,無盡劉,不能胥匡以生。

又《盤庚上》◎汝曷弗告朕而**胥**動以浮言？又

(三)語末助詞　無義。◎君子樂**胥**。《詩·小雅·桑扈》◎侯氏燕**胥**。又《大雅·韓奕》

徐(ㄙㄩˊ)

(一)表態副詞　緩也。◎**徐**行後長者，則謂之弟。《孟子·告子下》◎且匈奴畔其主而降漢，漢**徐**以縣次傳之，何至令天下騷動罷弊中國而以事夷狄之人乎！《史記·汲黯傳》

旋(ㄙㄩㄢˊ)

(一)時間副詞　尋也。今云「隨卽」。凡後一事之發生與前一事時間相距不久時用之。◎登之罘，刻石；**旋**遂之琅琊，道上黨入。《史記·始皇紀》◎濟北王侍者韓女病要背痛，寒熱，衆醫皆以爲寒熱也。臣意診脈，曰：內寒，月事不下也。卽竄以藥。**旋**下，病已。又《倉公傳》◎菑川王美人懷子而不乳，來召臣意。臣意往，飲以莨菪藥一撮，以酒飲之；**旋**乳。又◎卓既殺瓊珌，**旋**亦悔之。《後漢書·董卓傳》

洵(ㄙㄩㄣˊ)

(一)表態副詞　《爾雅·釋詁》云：信也。◎**洵**美且仁。《詩·鄭風·叔于田》◎洧之外，**洵**訏且樂。

又《溱洧》

循（ㄙㄩㄣ）

（一）方所介詞　《漢書注》云：循，順也。今言「沿著」。◎師出於陳鄭之閒，國必甚病。若出於東方，觀兵於東夷，**循**海而歸，其可也。《左傳》僖四年　◎始楚威王時使將軍莊蹻將兵**循**江上略巴黔中以西。《漢書·西南夷傳》

卷七

伊(一)

(一)不完全內動詞　是也。◎蓼蓼者莪，匪莪**伊**蒿。《詩·小雅·蓼莪》◎匪怒**伊**敎。又《魯頌·泮水》

(二)指示形容詞　是也。◎我之懷矣，自詒**伊**阻。《詩·邶風·雄雉》◎所謂**伊**人，在水一方。又《秦風·蒹葭》◎心之憂矣，自詒**伊**戚。又《小雅·小明》◎所謂**伊**人，於焉逍遙？又《白駒》◎**伊**年暮春，將瘞后土，禮靈祇。《漢書·揚雄傳·河東賦》

(三)語首助詞　無義。《爾雅·釋詁》云：伊，維也。《郭注》云：發語詞。◎不可畏也，**伊**可懷也。《詩·豳風·東山》◎有皇上帝，**伊**誰云憎？又《小雅·正月》◎我視謀猶，**伊**於胡底？又《小旻》◎**伊**誰云從？惟暴之云。又《何人斯》◎**伊**嘏文王，既右饗之。又《周頌·我將》嘉承天和，**伊**樂厥福。《漢書·禮樂志》◎**伊**欲風流而令行，刑輕而姦改，百姓和樂，政事宣昭，何修何飭而膏露降，百穀登？又《董仲舒傳》

(四)語中助詞　無義。其**伊**恤朕躬？《書·文侯之命》◎苟遂斯道，豈**伊**傷政？《後漢書·杜喬傳》

◎豈**伊**不虔？思於天衢，豈**伊**不懷？歸於枌榆。張衡《西京賦》

繄（一）

（一）不完全內動詞　是也。◎民不易物，惟德**繄**物。《左傳》僖五年　◎此一王四伯，豈**繄**多寵，皆亡王之後也。《周語下》　◎君王之於越也，**繄**起死人而肉白骨也。《吳語》　按《韋昭注》並云：繄，是也。

（二）語首助詞　維也。◎爾有母遺，**繄**我獨無。《左傳》隱元年　◎王室之不壞，**繄**伯舅是賴。又襄十四年

猗（一）

（一）語末助詞　表感歎。王引之云：猗，兮也。◎斷斷**猗**無他技。《書·秦誓》　◎坎坎伐檀兮，寘之河之干兮，河水清且漣**猗**！《詩·魏風·伐檀》　◎而已反其眞，而我猶爲人**猗**！《莊子·大宗師》　按「猗」古音在「歌部」，讀如「阿」，卽今語之「呵」字。

噫（一）

（一）歎詞　◎**噫**！公命我勿敢言。《書·金縢》　◎子路死。子曰：**噫**！天祝予！《公羊傳》哀十四年　◎顔淵死。子曰：**噫**！天喪予！天喪予！《論語·先進》　◎曰：今之從政者何如？子曰：**噫**！斗筲之人，何足算也！又《子路》　按「噫」古音在之咍部，卽今語之「唉」字。

台（一）

（一）人稱代名詞　我也。◎祗**台**德先。《書·禹貢》　◎非**台**小子敢行稱亂。又《湯誓》　◎朝夕納誨以輔**台**德。又《説命》

（二）疑問代名詞　何也。◎夏罪其如台？《書·湯誓》　按《史記·殷本紀》譯作「夏罪其奈何」。◎乃曰：其如台？又《高宗肜日》　按《殷本紀》譯作「乃曰其奈何」。◎今王其如台？又《西伯戡黎》　按《殷本紀》譯作「今王其奈何」。◎卜稽曰：其如台？又《盤庚》　按王引之云：此謂「問卜曰其奈何」也。◎莊周申韓不乖寡聖人而漸諸篇，則顔氏之子，閔氏之孫其如台？《法言·問道》　按王引之云：此言二子若不詆訾聖人，則顔閔之徒其奈之何也。◎蹶白門而東馳兮，云**台**行乎中野？張衡《思玄賦》　◎伊考自邃古乃降戾爰茲，作者七十有四人；今其如**台**而獨闕也？《後漢書·班固傳》

宜(一)

(一)表態形容詞　今言「適宜」。《文選·補亡詩注》引《倉頡篇》云：宜，得其所也。◎諸侯將相侯王以爲莫**宜**寡人，寡人不敢辭。《史記·文帝紀》　按本當云「莫宜於寡人」，「於」字省略。

(二)助動詞　當也。◎是**宜**爲君，有恤民之心。《左傳》莊十一年 ◎信斯言也，**宜**莫如舜。《孟子·萬章上》◎惟仁者**宜**在高位。又《離婁上》◎臣**宜**從，病甚。《史記·留侯世家》◎夫爲天下除殘賊，**宜**縞素爲資。又 ◎顧上有不能致者，天下有四人，今公誠能無愛金玉璧帛，令太子爲書，卑辭安車，因使辨士固請，**宜**來。又 ◎孝文帝召田叔問之曰：公知天下長者乎？對曰：臣何足以知之！上曰：公，長者也；**宜**知之。又《田叔傳》◎帝問：天下誰愛我？通曰：**宜**莫如太子。又《佞幸傳》◎兩國相擊，此**宜**夸矜見所長。又《劉敬傳》◎長者無他技能，**宜**可令收債。又《孟嘗君傳》◎臣竊以爲其人勇士，有智謀，**宜**可使。又《藺相如傳》◎蓋君子善善惡惡，君**宜**知之！又《平津侯傳》◎使者及左將軍疑其爲變，謂太子：「已降服，**宜**命人毋持兵。」又《朝鮮傳》◎今范陽令**宜**整頓其士卒以守戰者也。又《陳餘傳》◎呂后數言：張王以魯元公主故，不**宜**有此。又《張耳傳》◎酈生曰：必聚徒合義兵誅無道秦，不**宜**倨見長者。又《酈生傳》◎平陽侯曹參身被七十創，攻城略地，功最多，**宜**第一。又《蕭相國世家》 ◎於是二世令御史案諸言反者下吏，非所**宜**言。諸言盜者皆罷之。又《叔孫通傳》 ◎將軍至尊，不**宜**入閭巷。《漢書·樓護傳》 ◎豈**宜**唯思所以清原正本之論，刪定律令？又《刑法志》 ◎願將軍詳大義，參以蓍龜，豈**宜**褒顯，先使入侍，令天下昭然知之。又《丙吉傳》

(三)推度副詞　殆也。◎異哉！夫子有三軍之懼，而又有桑中之喜，**宜**將竊妻以逃者也。《左傳》成二年 ◎士貞伯曰：鄭伯其死乎！自棄也已！視流而行速，不安其位，**宜**不能久。又成六年 ◎《禮》曰：父召無諾；君命召，不俟駕。固將朝也，聞王命而遂不果，**宜**與夫禮若不相似然。《孟子·公孫丑下》 ◎陳代曰：不見諸侯，**宜**若小然！今一見之，大則以王，小則以霸。且志曰：枉尺而直尋，**宜**若可爲也！又《滕文公下》 ◎孟子曰：是亦羿有罪焉。公明儀曰：**宜**若無罪焉。又《離婁下》 ◎公孫丑曰：道則高矣美矣！**宜**若登天然；似不可及也。又《盡心上》 ◎且救趙之務，**宜**若奉漏甕沃焦釜也。《史記·田敬仲世家》 ◎今陰陽不調，**宜**更歷之過也。《漢書·律曆志》

(四)語首助詞　無義。◎螽斯羽，詵詵兮；**宜**爾子孫，振振兮。《詩·周南·螽斯》 ◎哀我塡寡，**宜**岸**宜**獄。又《小雅·小宛》

夷（一）

（一）語首助詞　無義。◎居於其國，則掌行人之勞辱事焉；**夷**使則介之。《周禮·行夫》按據《鄭注》引《故書》如此，今本無「夷」字。◎何以謂之狂也？曰：其志嘐嘐然，曰：古之人！古之人！**夷**考其行而不掩焉者也。《孟子·盡心下》

（二）語中助詞　無義。◎紂有億兆**夷**人，離心離德。《書·泰誓》◎蟊賊蟊疾，靡有**夷**屆；罪罟不收，靡有**夷**瘳。《詩·大雅·瞻卬》

儀（一）

（一）語中助詞　無義。◎人亦有言：德輶如毛，民鮮克舉之。我**儀**圖之。維仲山甫舉之。《詩·大雅·烝民》

以（一）

（一）抽象名詞　故也。與今口語「理由」二字相當。◎何其久也？必有**以**也。《詩·邶風·旄丘》◎宋人執而問其**以**。《列子·周穆王》◎太史公讀列侯至便侯，曰：有**以**也夫！《史記·惠景侯者

表》 ◎古人思秉燭夜遊，良有**以**也。魏文帝《與吳質書》

(二)外動詞　用也。◎霸主將德是**以**，而二三之，其何以長有諸侯乎？《左傳》成八年 ◎我辭禮矣，彼則**以**之。猶有鬼神，於彼加之。又襄十年 ◎視其所**以**，觀其所由，察其所安。《論語·爲政》

(三)外動詞　謂也，以爲也。◎昔者吾有斯子也，吾**以**將爲賢人也。《禮記·檀弓》 ◎公以告臧孫，臧孫**以**難；告郈孫，郈孫**以**可；勸。《左傳》昭二十五年 ◎臣之妻私臣，臣之妾畏臣，臣之客欲有求於臣，皆**以**美於徐公。《齊策》 ◎於是言事者衆，或進擢召見，人人自**以**得上意。《漢書·元帝紀》 ◎今吳王自**以**與大王同憂，願因時循理棄軀以除患於天下，意亦可乎？又《吳王濞傳》 ◎天子與大將軍霍光聞而嘉之，曰：「公卿大臣當用經術明於大誼。」由是名聲重於朝廷，在位者皆自**以**不及也。又《雋不疑傳》 ◎朝廷稱之曰：「張釋之爲廷尉，天下無冤民；于定國爲廷尉，民自**以**不冤。」又《于定國傳》 ◎天下攝然人安其生，自**以**沒身不見兵革。又《嚴助傳》 ◎惠從吏卒十餘人隨昆彌還，未至烏孫，烏孫人盜惠印綬節。惠還，自**以**當誅。時漢五將皆無功，天子以惠奉使克獲，遂封惠爲長羅侯。又《常惠傳》 ◎延年大重之，自**以**能不及翁歸，徙署督郵。又《尹翁歸傳》 ◎望之自**以**託師傅德，終不坐。非頗詘望之於牢獄，塞其怏怏心，則聖朝亡以施恩厚。又《蕭望之傳》 ◎諸見罷珠崖詔書者，莫不欣

欣，人自**以**將見太平也。又《匡衡傳》　◎王曰：此可也。雖然，吾**以**不至若此，專禁而已。又《伍被傳》

(四)指示代名詞　此也。　按《爾雅·釋詁》「已」訓爲「此」，「以」「已」古字同，故「以」可訓「此」。　◎未死而言死，不論。**以**雖知之，與勿知同。《呂氏春秋·知化》　◎故《周書》曰：允哉！允哉！**以**言非信則百事不滿也。又《貴信》　◎夫再實之木根必傷，掘藏之家必有殃；**以**言大利而反爲害也。《淮南子·人閒訓》

(五)疑問代名詞　假借爲「台」，何也。說詳拙著「討論《詩經》『于以』書」。　◎于**以**采蘩？于沼于沚；于**以**用之？公侯之事。于**以**采蘩？于澗之中；于**以**用之？公侯之宮。《詩·召南·采蘩》　◎于**以**采蘋？南澗之濱；于**以**采藻？于彼行潦。于**以**盛之？惟筐及筥；于**以**湘之？惟錡及釜。于**以**奠之？宗室牖下；誰其尸之？有齊季女。又《采蘋》　◎爰居爰處，爰喪其馬。于**以**求之？于林之下。又《邶風·擊鼓》

(六)指示形容詞　此也。與第四條爲指示代名詞者義同而用法異。　◎對揚**以**辟之勤大命施於烝彝鼎。《禮記·祭統》　◎大夫君子，凡**以**庶士，小大莫處，御於君所。又《射義》引《詩》　◎且無梁孰與無河內急？王曰：梁急。無梁孰與無身急？王曰：身急。曰：**以**三者，身，上也；河內其下也。秦未索其下而王效其上，可乎？《魏策》　◎晉之分也，齊之奪也，皆以羣臣之太富也。夫燕宋之所以弒其君者，皆**以**類也。《韓非子·愛臣》 按孫詒讓《札迻》謂「以類」當作「此類」，非。蓋「以」即可訓「此」也。 ◎妾惟**以**一太子一女，奈何棄之匈奴？《漢書·婁敬傳》

（七）表度副詞　太也，甚也。與已第四條同。 ◎晉陽處父聘於衛，反過甯，甯嬴從之，及溫而還。其妻問之，嬴曰：「**以**剛。《商書》曰：『沈潛剛克，高明柔克。』夫子壹之，其不沒乎！」《左傳》文五年 ◎羣公子之舍則**以**卑矣。《公羊傳》莊元年 ◎木若**以**美然。《孟子·公孫丑下》 ◎三月無君則弔，不**以**急乎？又 ◎周公之非管仲，且亦**以**明矣！《韓非子·難一》

（八）時間副詞　假作已字用。 ◎今兩侯**以**出，大司馬及其枝屬必有畏懼之心。《漢書·張敞傳》

（九）介詞　用也。表動作所用之工具。 ◎醒**以**戈逐子犯。《左傳》僖二十三年 ◎殺人**以**梃與刃，有以異乎？《孟子·梁惠王上》 ◎許子**以**釜甑爨，**以**鐵耕乎？又《滕文公上》 ◎方今之時，臣**以**神遇而不**以**目視。《莊子·養生主》

（一〇）介詞　因也。表動作之所因。 ◎君子不**以**言舉人，不**以**人廢言。《論語·衛靈公》 ◎乃孔子則欲**以**微罪行，不欲爲苟去。《孟子·告子下》 ◎乃欲**以**一笑之故殺吾美人，不亦傎乎！《史記·平原君傳》 ◎士固爲知己者死，今乃**以**妾尚在之故，重自刑以絕從，妾其奈何畏歿身之誅，終滅賢弟之名？又《聶政傳》 ◎其子曰張摯，字長公，官至大夫，免。**以**不能取容當

世，故終身不仕。又《張釋之傳》

（十一）介詞　表論事之標準。今語云「以……論」。◎**以**賢，則去疾不足；**以**順，則公子堅長。《左傳》宣四年　◎立適**以**長不**以**賢，立子**以**貴不**以**長。《公羊傳》隱元年　◎子思之不悅也，豈不曰：**以**位，則子，君也；我，臣也；何敢與君友也！**以**德，則子事我者也，奚可以與我友？《孟子·萬章下》

（十二）介詞　用同「於」，位於形容詞之下。◎衆叛親離，難**以**濟矣。《左傳》隱四年　◎今縱無法以遺後嗣，而又收其良以死，難**以**在上矣。又文四年　◎己則反天而又以討人，難**以**免矣。又文十五年　◎墮黨崇讎而懼諸侯，或者難**以**霸乎！又哀十二年　◎易**以**溺人。《禮記·緇衣》◎慶封爲亂於齊而欲走越，其族人曰：晉近，奚不之晉？慶封曰：越遠，利**以**避難。《韓非子·說林上》　◎今暴得大名，不祥；不如有所屬。事成，猶得封侯；事敗，易**以**亡；非世所指名也。《史記·項羽紀》

（十三）介詞　用同「於」，表時間。◎其弟**以**千畝之戰生，命之曰成師。《左傳》桓二年　◎齊**以**甲戌饗之。《史記·齊世家》　◎河間獻王德**以**孝景帝前二年用皇子爲河間王。又《五宗世家》　◎及朱公進金，非有意受也，欲**以**事成後復歸之以爲信耳。又《越句踐世家》　◎文**以**五月五日生。又《孟嘗君傳》　◎侯生曰：臣宜從，老，不能。請數公子行日，**以**至晉鄙軍之日北鄉自剄以送公子。又《信陵君傳》◎韓說**以**太初三年爲游擊將軍。又《衞青傳》◎詐言**以**武帝時受詔，得職吏事。《漢書·燕王旦傳》◎時定陵侯淳于長坐大逆誅，長小妻迺始等六人皆**以**長事未發覺時棄去或更嫁。又《孔光傳》

(一四)介詞　表「領率」之義。◎宫之奇**以**其族去虞。《史記·晉世家》◎里克邳鄭欲內重耳，**以**三公子之徒作亂。又　◎欒書中行偃**以**其黨襲捕厲公，囚之。又　◎公子自度終不能得之於王，計不獨生而令趙亡，乃請賓客，約車騎百餘乘，欲**以**客往赴秦軍，與客俱死。又《信陵君傳》　◎天子又以爲王王太后已附漢，獨呂嘉爲亂，不足以興兵，欲使莊參**以**二千人往使。又《南越傳》

(一五)介詞　表所用之名義或資格。◎至其時，西門豹往會之河上，三老官屬豪長者里父老皆會。**以**人民往觀之者三二千人。《史記·滑稽傳補》◎將軍蘇建**以**校尉從衞將軍青有功，……**以**將軍築朔方，**以**右將軍將，再從大將軍出定襄。又《衞青霍去病傳》◎趙食其**以**主爵爲右將軍，曹襄**以**平陽侯爲後將軍，韓說**以**校尉從大將軍，……**以**待詔爲橫海將軍。又

(一六)介詞　及也。表連及。◎富**以**其鄰。《易·小畜》◎拔茅茹**以**其彙。又《泰》◎剝牀**以**足。又《剝》◎剝牀**以**膚。又　◎用行師，終有大敗，**以**其國君，凶。又《復》◎余一人有罪，無**以**萬夫。《周語》引《湯誓》

(一七)介詞　與也。　◎欒氏其**以**宋升降乎！《左傳》襄二十九年　◎主人**以**賓揖。《儀禮·鄉射禮》　◎各**以**其耦進。又　◎**以**耦左還。又《大射儀》　◎滔滔者天下皆是也，而誰**以**易之？《論語·微子》　◎天下有變，王割漢中**以**楚和。《周策》　◎陛下起布衣，**以**此屬取天下。《史記·留侯世家》

(一八)介詞　表事之結果。可譯爲「以至於」。　◎昔秦繆公不從百里奚蹇叔之言**以**敗其師。《漢書·息夫躬傳》　◎御史大夫卒遽不能詳知，**以**得譴讓。又《丙吉傳》

(一九)介詞　從也。　◎今**以**長沙豫章往，水道多，絕難行。《漢書·西南夷傳》

(二〇)等立連詞　與也。　◎季康子問：使民敬忠**以**勸，如之何？《論語·爲政》　◎賦《常棣》之七章**以**卒。《左傳》襄二十年　◎賓入大門而奏《肆夏》，示易**以**敬也。《禮記·郊特牲》　◎王日夜求壯士如周丘等，數稱引吳楚反時計畫**以**約束。《史記·衡山王傳》

(二一)承接連詞　與「而」同。　◎不戒**以**孚。《易·泰》　◎俾暴虐於百姓，**以**姦宄於商邑。《書·牧誓》　◎親**以**無災，又何患焉？《左傳》閔二年　◎宰夫和之，齊之以味，濟其不及**以**泄其過。又昭二十年　◎狐偃惠**以**有謀，趙衰文**以**忠貞，賈佗多識**以**恭敬。《晉語》　◎昔楚靈王不君，其臣箴諫**以**不入。《吳語》　◎戎衆**以**無義。《公羊傳》莊二十四年　◎治世之音安**以**樂，亂世之音怨**以**怒，亡國之音哀**以**思。《禮記·樂記》　◎富**以**苟，不如貧**以**譽；生**以**辱，不如死**以**

榮。《大戴禮·曾子制言》

（三）陪從連詞　下接「往」「來」「上」「下」「內」「外」「東」「西」「南」「北」諸字。　◎凡雨，自三日**以**往爲霖。《左傳》隱九年　◎聊攝**以**東，姑尤**以**西。其爲人也多矣。《左傳》昭二十年　◎中人**以**上，可以語上也；中人**以**下，不可以語上也。《論語·雍也》　◎自有生民**以**來，未有孔子也。《孟子·公孫丑上》　◎幽厲**以**往，尙矣。《史記·天官書》　閫**以**內，寡人制之；閫**以**外，將軍制之。又《馮唐傳》

已（一）

（一）動詞　止也。　◎**已**而！**已**而！今之從政者殆而！《論語·微子》　◎病旋**已**。《史記·倉公傳》　◎食**已**，乃還致詔。《漢書·王尊傳》　◎羌人當獲麥**已**，遠其妻子。又《趙充國傳》　按以上例作內動用。　◎令尹子文三仕爲令尹，無喜色；三**已**之，無慍色。《論語·公冶長》　按右例「已」作外動用，卽今語云「免職」「免」字之義。

（二）指示代名詞　《爾雅·釋詁》云：已，此也。　◎近可遠在**已**。《史記·夏本紀》　按《書》作「邇可遠在茲」。

（三）指示代名詞　如此也。　◎庸也者，用也；用也者，通也；通也者，得也。適得而幾已，因是已。**已**而不知其然謂之道。《莊子·齊物論》◎吾生也有涯，而知也無涯；以有涯隨無涯，殆已。**已**而爲知者，殆而已矣！又《養生主》◎田駢以道術說齊王，王應之曰：寡人所有，齊國也。道術難以除患，願聞齊國之政。田駢對曰：臣之言無政而可以爲政。譬之，若木無材而可以爲材。願王察其所謂而自取齊國之政焉。**已**雖無除其患，天地之間，六合之內，可陶冶而變化也。齊國之政，何足問哉？《淮南子·道應訓》◎於臣之計，先誅先零。**已**則罕幵之屬不煩兵而服矣。《漢書·趙充國傳》

(四)表態副詞　《周官考工記鄭注》云：已，太也，甚也。與「以」第七條同。◎高伯其爲戮乎！復惡**已**甚矣！《左傳》桓十七年　◎爲之歌鄭。曰：美哉！其細**已**甚，民弗堪也。是其先亡乎！又襄二十九年　◎君刑**已**頗，何以爲盟主？又昭二年　◎用成**已**甚，弗能忍也。又昭二十六年　◎曷爲貶？子司馬子曰：蓋以操之爲**已**蹙矣。《公羊傳》莊三十年　◎其不言來，不周事之用也。賵**已**早而含**已**晚。《穀梁傳》文五年　◎脫驂於舊館，毋乃**已**重乎？《禮記·檀弓》◎仲尼不爲**已**甚者。《孟子·離婁下》

(五)時間副詞　表過去。《墨子·經說》云：自後曰已。◎老父**已**去，高祖適從旁舍來。《史記·高祖紀》◎使臣蚤言，皆**已**誅。又《秦始皇紀》◎田生**已**得金，即歸齊。又《荆燕世家》◎吾言**已**在前矣！吾欲全吾言。又《趙世家》◎張儀**已**卒之後，犀首入相秦。又《張儀傳》◎子所言者，其人與骨皆已朽矣。又《老子傳》 ◎胡亥已聞扶蘇死，即欲釋蒙恬。又《蒙恬傳》 ◎太子已立，遣使者以罪賜公子扶蘇蒙恬死。扶蘇已死，蒙恬疑而復請之。又 ◎魯句踐已聞荊軻之刺秦王，私曰：惜哉！其不講於刺劍之術也！又《荊軻傳》 ◎鄉使秦已并天下，行仁義，法先聖，陛下安得而有之？又《酈生傳》 ◎漢五年，已并天下，諸侯共尊漢王爲皇帝於定陶，叔孫通就其儀號。又《叔孫通傳》

（六）時間副詞　表旋嗣。第二事之發生距第一事不久時用之。◎召湯而囚之夏臺；已而釋之。《史記·夏本紀》 ◎韓王成無軍功，項王不使之國，與俱至彭城，廢以爲侯；已又殺之。又《項羽紀》 ◎冒頓乃作爲鳴鏑，習勒其騎射，令曰：鳴鏑所射而不悉射者，斬之。行獵鳥獸，有不射鳴鏑所射者，輒斬之。已而冒頓以鳴鏑自射其善馬，左右或不敢射者，冒頓立斬不射善馬者。又《匈奴傳》 ◎始黯列爲九卿，而公孫弘張湯爲小吏。及弘湯稍益貴，與黯同位，黯又非毁弘湯等。已而弘至丞相，封爲侯；湯至御史大夫。又《汲黯傳》 ◎羣臣有言：見一老父牽狗，言：吾欲見巨公。已忽不見。又《封禪書》 ◎不疑同舍有告歸，誤持其同舍郎金去。已而同舍郎覺亡，意不疑，不疑謝有之，買金償。《漢書·直不疑傳》 ◎今令此道順而全安甚易，不肯早爲；已乃墮骨肉之屬而抗剄之，豈有異秦之季世乎！又《賈誼傳》 ◎諸客奔走市買，至日昳，皆會。涉親閲視。已，謂主人：「願受賜矣。」既共飲食，涉獨不飽。

又《原涉傳》 ◎文母太后喪時，守復土校尉；**已**爲中郎，後免官。又 ◎文帝嘗病癰，鄧通嘗爲上嗽吮之。上不樂，從容問曰：天下誰最愛我者乎？通曰：「宜莫若太子。」太子入問疾，上使太子齰癰，太子嗽癰而色難之。**已**而聞通嘗爲上齰，太子慙，繇是心恨通。又《鄧通傳》 ◎初，襄王欲伐鄭，故取翟女爲后，與翟共伐鄭；**已**而黜翟后。又《匈奴傳》

（七）陪從連詞 與「以」同。用於「上」「下」「往」「來」等詞之前。參閱「以」第二二條。◎年八十**已**上，賜米人月一石，肉二十斤。《漢書·文帝紀》

（八）語末助詞 表決定。《通典》六十四引盧植《禮記注》云：已者，辭也。◎公定，予往**已**。《書·洛誥》 ◎生事畢而鬼事始**已**。《禮記·檀弓》 ◎二者形，則萬物之情可得而觀**已**。《史記·貨殖傳》 ◎夫神農以前，吾不知**已**。又 ◎彼將有德燕而輕亡宋，則齊可亡**已**。又《蘇秦傳》 ◎夫存韓安魏而利天下，此亦王天時**已**。又《魏世家》 ◎夫韓亡之後，兵出之日，非魏無攻**已**。又 ◎言其利不言其害，卒有秦禍，無及爲**已**。又《張儀傳》 ◎雖舜禹復生，弗能改**已**。《秦策三》 ◎古布衣之俠，靡得而聞**已**。又《游俠傳序》 ◎唐虞以上，不可記**已**。又《龜策傳》 ◎秦以三郡攻王之上黨，羊腸之西，勾注之南，非王有**已**。又《趙世家》 ◎自夏以往，其流不可聞**已**。《漢書·禮樂志》 ◎盛哉！鑠乎！越不可載**已**。又《揚雄傳》 ◎吳楚舉大事而不求劇孟，吾知其無能爲**已**。又《劇孟傳》

(九)歎詞　古音當讀如「唉(ㄞ)」。◎**已**！予惟小子。《書·大誥》◎**已**！女惟小子。又《康誥》◎**已**！女乃其速由茲義率殺。又 ◎**已**！女惟沖子。又《洛誥》◎**已**！我安逃此而可？《莊子·庚桑楚》

矣(一)

(一)語末助詞　助詞或句，表感歎。◎湯**矣**西土之人！《書·牧誓》◎展**矣**君子！《詩·邶風·雄雉》◎美哉禹功！明德遠**矣**！《左傳》昭元年 ◎甚**矣**！吾衰也！久**矣**！吾不復夢見周公。《論語·述而》◎三代邈絕，遠**矣**！難存。《史記·封禪書》◎甚**矣**！安危在出令，存亡在所任：誠哉是言也！又《楚元王世家》

(二)語末助詞　助兼詞或子句，表提示以起下文，與「也」第二條同。◎漢之廣**矣**，不可泳思；江之永**矣**，不可方思。《詩·周南·漢廣》◎兄及弟**矣**，式相好**矣**，無相猶矣。又《小雅·斯干》◎爾之遠**矣**，民胥然矣；爾之教**矣**，民胥傚矣。又《角弓》◎惡不仁者，其爲仁**矣**，不使不仁者加乎其身。《論語·里仁》

(三)語末助詞　助句，表已然之事實。《淮南子·說林訓》云：「也」之與「矣」，相去千里。◎晉侯在外，十九年**矣**，而果得晉國。險阻艱難，備嘗之**矣**，民之情僞，盡知之**矣**。《左傳》僖二十

八年 ◎人或說偃曰：太橫**矣**！《史記・主父偃傳》 ◎秦王後悔之，使人赦之，非已死**矣**。又《韓非傳》 ◎昔天下之網嘗密**矣**！然姦僞萌起。又《酷吏傳序》 ◎使人逐之，而主父馳已脫關**矣**。《史記・趙世家》 ◎天下雲集響應，贏糧而景從，山東豪俊遂並起而亡秦族**矣**。又《秦始皇紀》 ◎不愛其身，赴士之阨困。既已存亡死生**矣**，而不矜其能。又《游俠傳序》

（四）語末助詞 助句，表已然之境。 ◎公叔痤召鞅謝曰：今者王問可以爲相者，我言若；王色不許我。我方先君而後臣，因謂王：「卽弗用鞅，當殺之。」王許我。汝可疾去**矣**！《史記・商鞅傳》 ◎武王伐紂，不期而會孟津之上八百諸侯。皆曰：紂可伐**矣**。又《劉敬傳》

（五）語末助詞 助句，表理論上或事實上必然之結果。 ◎子曰：仁遠乎哉！我欲仁，斯仁至**矣**。《論語・述而》 ◎夫尹公之他，端人也，其取友必端**矣**。《孟子・離婁下》 ◎今智伯帥二國之君伐趙，趙將亡**矣**，則二君爲之次**矣**。《趙策》 ◎上以德施，實分其國，不削而稍弱**矣**！《史記・主父偃傳》 ◎願君留意臣之計！否，必爲二子所禽**矣**。又《淮陰侯傳》 ◎試延以公主，起有留心，則必受之；無留心，則必辭**矣**。又《吳起傳》 ◎今足下反天性，棄冠帶，欲以區區之越與天子抗衡爲敵國，禍且及身**矣**！又《陸賈傳》 ◎帝聽君出辟陽侯，太后大驩，兩主共幸君，君貴富益倍**矣**。又

（六）語末助詞 助句，表言者語意之堅確。 ◎事父母能竭其力；事君能致其身；與朋友交，

言而有信：雖曰未學，吾必謂之學**矣**。《論語·學而》◎諸生且待我！我不忘**矣**。《史記·叔孫通傳》◎吳楚反時，條侯爲太尉，乘傳東，將至洛陽，得劇孟，喜曰：吳楚舉大事而不求孟，吾知其無能爲已**矣**。又《劇孟傳》

（七）語末助詞　助一句，表疑問。◎吉又何咎**矣**？《易·師》◎无妄之往，何之**矣**？又《无妄》◎啜其泣矣，何嗟及**矣**？《詩·王風·中谷有蓷》◎侯誰在**矣**？張仲孝友。又《小雅·六月》◎今茲之正，胡然厲**矣**？又《正月》◎女何夢**矣**？《禮記·文王世子》◎邪而詛之，將何益**矣**？《左傳》隱十一年◎居何以訓**矣**？《晉語》◎公子翬諂乎隱公，謂隱公曰：百姓安子，諸侯說子，盍終爲君**矣**？《公羊傳》隱四年◎危而不持，顛而不扶，則將焉用彼相**矣**？《論語·季氏》

異（一）

（一）旁指指示代名詞　與「他」義同。◎吾以子爲**異**之問，曾由與求之問！《論語·先進》◎秦王身問之：子，孰誰也？棼冒勃蘇對曰：臣非**異**，楚使新造盩棼冒勃蘇。《楚策一》

（二）旁指指示形容詞　亦與「他」義同。惟用於名詞之上，故與前條有別。◎盜愛其室，不愛其**異**室。《墨子·兼愛上》◎故古者聖人之所以濟事成功垂名於後世者，無他故**異**物焉。曰：唯能以尚同爲政者也。又《尚同中》◎晉文公一舉而八有功：所以然者，無他故**異**物，從狐偃之謀，假顛頡之脊也。《韓非子·右儲說上》◎此無異故，其謀臣皆不盡其功也。又《初見秦》◎今堪年衰歲暮，恐不得自信，排於異人，將安究之哉？《漢書·劉向傳》

意（一）

（一）外動詞　《漢書·文三王傳注》云：意，疑也。◎不疑同舍有告歸，誤持其同舍郎金去。已而同舍郎覺亡，意不疑。《漢書·直不疑傳》◎梁王怨爰盎及議臣，迺與羊勝公孫詭之屬謀，陰使人刺殺爰盎及其他議臣十餘人，賊未得也。於是天子意梁。逐賊，果梁使之。又《文三王傳》◎左將軍心意樓船前有失軍罪，今與朝鮮和善，而又不降，疑其有反計，未敢發。又《朝鮮傳》

（二）選擇連詞　◎黃帝顓頊之道存乎？意亦忽不得見與？《大戴禮·武王踐祚》◎夫見下貴者，所以長生安體樂意之道也。今子獨無意焉，知不足耶？意知而力不能行耶？《莊子·盜跖》◎吾不識孝子之爲親度者，亦欲人愛利其親與？意欲人之惡賊其親與？《墨子·兼愛》◎子之義將匿耶？意將以告人乎？又《耕柱》◎女爲之與？意鮑爲之與？又《明鬼》◎將以窮無窮，逐無極與？意亦有所止之與？《荀子·脩身》◎誠病乎？意亦思乎？《秦策》◎其者寡人之不及與？意亦子大夫思有所不至乎？《漢書·燕刺王傳》◎不識世無明君乎？意先生之道

固不通乎？《説苑·善説》◎不知神鬼邪？**意**厲鬼也？又《辨物》

(三)歎詞　與「噫」同。◎**意**仁義其非人情乎！《莊子·駢拇》◎**意**！甚矣其無愧而不知恥也！又《在宥》

義(一)

(一)語首助詞　無義。◎**義**爾邦君，越爾多士尹氏御事，綏予曰：無毖于恤，不可不成乃寧考圖功。《書·大誥》

亦(一)

(一)副詞　又也。昭十七年《公羊傳注》云：亦者，兩相須之意。按今語言「也」。◎怨不在大，**亦**不在小。《書·康誥》◎既右烈考，**亦**右文母。《詩·周頌·雝》◎先君何罪？其嗣**亦**何罪？《左傳》文七年　◎楚子使申舟聘於齊，**亦**使公子馮聘於晉。又宣十四年　◎乃令左軍銜枚泝江五里以須，**亦**令右軍銜枚踰江五里以須。《吳語》◎及平長，可取婦，富人莫肯與者；貧者，平**亦**恥之。《史記·陳丞相世家》◎張負既見之喪所，獨視偉平；平**亦**以故後去。又　◎平曰：嗟乎！使平得宰天下，**亦**如是肉矣！又　◎今大王慢而少禮，士廉節者不來；然大王能饒人以爵邑，士之頑鈍嗜利無恥者**亦**多歸漢。又　◎於梁舉壺遂臧固郅他，皆天下名士，士**亦**以此稱慕之。又《韓長孺傳》　◎今得漢地，而單于終非能居之也。且漢王**亦**有神，單于察之！又《匈奴傳》　◎天子乃赦吳使者歸之，而賜吳王几杖，老不朝。吳得釋其罪，謀**亦**益解。又《吳王濞傳》　◎呂后復問其次。上曰：此後**亦**非而所知也。又《高祖紀》　◎有數人不肯去兵，宦者令張澤諭告，**亦**去兵。又《高后紀》　◎見文法輒取，**亦**不覆案求官屬陰罪。又《張湯傳》　◎今公爲燕，欲急滅豨等。豨等已盡，次亦至燕，公等**亦**且爲虜矣！又《盧綰傳》

(二)副詞　祇也，特也，但也。　◎聖人之治天下，豈無所用其心哉！**亦**不用於耕耳。《孟子·滕文公上》　◎自反而忠矣，其橫逆由是也。君子曰：此**亦**妄人也已矣！又《離婁下》　◎寡人之從君而西也，**亦**晉之妖夢是踐。《左傳》僖十五年　◎竈焉知天道！是**亦**多言矣。又昭十八年　◎公曰：唯據與我和夫？晏子對曰：據**亦**同也！焉得爲和！又昭二十年　◎王**亦**不好士耳！何患無士？《齊策》　◎子擊因問曰：富貴者驕人乎？且貧賤者驕人乎？子方曰：**亦**貧賤者驕人耳。《史記·魏世家》

(三)語首助詞　無義。　◎**亦**未繘井。《易·井》　◎**亦**行有九德。《書·皋陶謨》　◎**亦**越成湯，陟丕釐上帝之耿命。又《立政》　◎**亦**越文王武王克知三有宅心，灼見三有俊心，以敬事上帝。又　◎**亦**既見止，**亦**既覯止。我心則降。《詩·召南·草蟲》

(四)語中助詞　無義。◎予亦拙謀作乃逸。《書·盤庚》◎凡周之士，不顯亦世。《詩·大雅·文王》◎不顯亦臨，無射亦保。又《思齊》◎不聞亦式，不諫亦入。又

益（一）

(一)表態副詞　愈也，更也。劉淇云：加甚之詞。◎如水益深，如火益熱。《孟子·梁惠王下》◎考入海及方士求神者，莫驗，然益遣，冀遇之。《史記·封禪書》◎誅罰良善，日以益甚。又《吳王濞傳》◎田氏日以益尊於齊。又《司馬穰苴傳》◎徙安國益東屯右北平。又《韓安國傳》◎後朝，上益莊，丞相益畏。又《袁盎傳》◎吏民益輕犯法，盜賊滋起。又《王溫舒傳》◎令冬月益展一月，足吾事矣。又◎伯夷叔齊雖賢，得夫子而名益彰。又《伯夷傳》◎秦武王卒，昭王立，樗里子又益尊重。又《樗里疾傳》◎願陛下爲原廟渭北，衣冠月出游之，益廣多宗廟，大孝之本也。又《叔孫通傳》◎今將軍爲秦將，三歲矣！所亡失以十萬數，而諸侯並起，滋益多。又《項羽紀》

(二)副詞　稍也，漸也。◎後昭信謂去曰：前畫工畫望卿舍，望卿袒裼傅粉其傍，又數出入南戶窺郎吏，疑有姦。去曰：善司之。以故益不愛望卿。《漢書·廣川惠王傳》◎初，去年十四五，事師受《易》，師數諫正去，去益大，逐之。又◎胡急擊，矢下如雨；漢兵死者過

半。漢矢且盡，廣乃令持滿毋發，而廣身自以大黄射其裨將，殺數人，胡虜益解。又《李廣傳》

◎武益愈，單于使使曉武。又《蘇武傳》

一（一）　壹

（一）表態副詞　劉淇云：壹，專一；猶言誠也，實也。◎予壹不知夫喪之踊也！予欲去之久矣！《禮記·檀弓》　◎子之哭也，壹似重有憂者？又　◎顔回問仲尼曰：孟孫才其母死，哭泣無涕，中心不戚，居喪不哀。無是三者，以善喪蓋魯國。固有無其實而得其名者乎？回一怪之。《莊子·大宗師》

（二）副詞　或也。◎一臧一否，其誰能常之？《左傳》昭五年　◎一共一否，爲罪滋大。又昭十六年　◎一有一亡曰有。《穀梁傳》莊十八年　◎泉一見一否爲瀸，井一有水一無水爲瀱汋。《爾雅·釋水》　◎一繼一及，魯之常也。《史記·魯世家》

（三）副詞　猶云「一旦」。事未然而假設其然時用之。◎蔡許之君一失其位，不得列於諸侯。《左傳》成三年　◎一正君而國定矣。《孟子·離婁上》　◎一怒而諸侯懼。又《滕文公下》　◎蔡澤駿雄弘辨。彼一見，秦王必相之。《秦策》　◎一聞人之過，終身不忘。《莊子·徐無鬼》　◎今置將不善，壹敗塗地。《史記·高祖紀》　◎相如一奮其氣，威信敵國。又《藺相如傳》　◎歲一不登，

民有饑色。《漢書·文帝紀》 ◎大王壹起國中，雖女子，皆奮臂以從大王。又《燕剌王傳》

（四）副詞　皆也。◎乃卜三龜，一習吉。《書·金縢》 ◎政事一埤益我。《詩·邶風·北門》 ◎五者一得於天下，民無不足無不贍者。《禮記·大傳》 ◎若吾子之語審茂，則一諸侯之相也。《大戴禮·衛將軍文子》 ◎不言公，外內寮一疑之也。《穀梁傳》莊十六年 ◎社稷安危，一在將軍。《六韜·立將》 ◎食客數千人，無貴賤一與文等。《史記·孟嘗君傳》 ◎參代何爲相國，舉事無所變更，一遵蕭何約束。又《曹相國世家》 ◎其閻顯江京等知識婚姻禁錮，一原除之。《後漢書·順帝紀》 ◎故先王焉爲之中立制節，壹使足以成文理，則釋之矣。《禮記·三年問》 ◎共養勞賜，壹出少府。《漢書·毋將隆傳》 ◎政事壹決大將軍光。又《車千秋傳》 ◎會赦，壹解。又《王嘉傳》

（五）副詞　竟也。事出於意料之外時用之。王引之云：一猶乃也。◎靜郭君之於寡人，一至此乎！《呂氏春秋·知士》 ◎士之遬弊，一若此乎？又《貴直》 ◎爲法之敝，一至此哉！《史記·商君傳》 ◎寡人之過，一至此乎！又《優孟傳》 ◎范叔一寒至此哉！又《范雎傳》 ◎伯樂喟然太息，曰：一至此乎！《淮南子·道應訓》

（六）語中助詞　無義。◎君一過多矣！何信於讒？《左傳》昭二十年 ◎今楚王之善寡人一甚矣！《管子·霸形》 ◎此一何慶弔相隨之速也！《燕策》 ◎自天子以至於庶人，壹是皆以修身爲本。《禮記·大學》 ◎微子之言，吾**壹**樂辨言。《大戴禮·小辨》 ◎敗者**壹**大。《左傳》成十六年 ◎今**壹**不免其身以棄社稷，不亦惑乎！ 又襄二十一年 ◎拔劍割肉，**壹**何壯也。《漢書·東方朔傳》

抑(一)

(一)選擇連詞　字或作意。參閱意第二條。 ◎宋元公爲魯君如晉，卒於曲棘；叔孫昭子求納其君，無疾而死。不知天之棄魯邪？**抑**魯君有罪於鬼神，故及此也？《左傳》昭二十六年 ◎子將大滅衞乎？**抑**納君而已乎？ 又哀二十六年 ◎牀笫之不安邪？**抑**驪姬之不存側邪？《晉語一》 ◎敢問天道乎？**抑**人故也？《周語下》 按《賈子·禮容語》「**抑**」作「意」。 ◎子路問強。子曰：南方之強與？北方之強與？**抑**而強與？《禮記·中庸》 ◎請問黃帝人邪？**抑**非人邪？《大戴禮·五帝德》 ◎陳子禽問於子貢曰：夫子之至於是邦也，必聞其政。求之與？**抑**與之與？《論語·學而》 ◎今有受人之牛羊而爲之牧之者，則必爲之求牧與芻矣。求牧與芻而不得，則反諸其人乎？**抑**亦立而視其死與？《孟子·公孫丑下》

(二)轉接連詞　夏徵舒弑其君，其罪大矣；討而戮之，君之義也。**抑**人亦有言曰：「牽牛以蹊人之田而奪之牛。」牽牛以蹊者，信有罪矣；而奪之牛，罰已重矣。諸侯之從也，曰：討有罪也。今縣陳，貪其富也。以討召諸侯，而以貪歸之，無乃不可乎！《左傳》宣十一年　◎子皙信美矣，**抑**子南，夫也。又昭元年　◎若聖與仁，則吾豈敢。**抑**爲之不厭，誨人不倦，則可謂云爾已矣！《論語·述而》　◎子曰：不逆詐，不億不信，**抑**亦先覺者，是賢乎！又《憲問》　◎子夏之門人小子，當灑掃應對進退，則可矣；**抑**末也。本之則無，如之何？又《子張》

（三）語首助詞　無義。　◎叔善射忌，又良御忌，**抑**磬控忌，**抑**縱送忌。《詩·鄭風·大叔于田》　◎**抑**此皇父，豈曰不時！又《小雅·十月之交》　◎晉侯使叔向告劉獻公曰：**抑**齊人不盟，若之何？《左傳》昭十三年　◎寡君與其二三老曰：**抑**天實剝亂，是吾何知焉？又昭十九年　◎苦成叔子曰：**抑**年少而執官者衆，吾安容子？《晉語》

雅（·一Y）

（一）時間副詞　《史記·高祖紀注》蘇林云：雅，素也。　◎雍齒**雅**不欲屬沛公。《史記·高祖紀》　◎陳喜雅數與王計謀反。又《淮南王傳》　◎高**雅**得幸於胡亥，欲立之。又《蒙恬傳》　◎憲王**雅**不以長子棁爲人數。又《五宗世家》　◎張耳**雅**游，人多爲之言。又《張耳傳》　◎今呂氏**雅**故，本推轂高帝就天下，功至大。又《荆燕世家》　◎光**雅**恭謹，知上欲尊寵賢，及聞賢當來也，光警戒，衣冠出門待。《漢書·董賢傳》　◎齊相**雅**行躬耕，隨牧畜。又《卜式傳》　◎舜素謹敕，太

后**雅**愛信之。又《元后傳》

(二)表態副詞　頗也，甚也。劉淇云：雅猶極也。◎肅宗先聞后有才色，數以訊諸姬傅。及見，**雅**以爲善。《後漢書·章德竇后紀》　◎劉尹先推謝鎮西，謝後**雅**重劉。《世說》

啞(·一ㄚ)

(一)歎詞　無義。◎晉平公與羣臣飲，飲酣。乃喟然歎曰：莫樂爲人君！惟其言而莫之違。師曠侍坐於前，援琴撞之。公披衽而避，琴壞於壁。公曰：太師誰撞？師曠曰：今者有小人言於側者，故撞之。公曰：寡人也。師曠曰：**啞**！是非君人者之言也！《韓非子·難一》

按：此字通用惡字，其實一也。

約(一ㄛ)

(一)副詞　略計之詞。今云「大約」。◎疾者前入座，見佗北壁縣此虵輩，**約**以十數。《魏志·華佗傳》

邪(一ㄝ)　耶

(一)語末助詞　助詞或句，表疑問。◎不知天之棄魯**邪**？抑魯君有罪於鬼神，故及此也？《左傳》昭二十六年　◎父邪？母邪？《莊子·大宗師》　◎舜目蓋重瞳子，又聞項羽亦重瞳子；羽豈其苗裔邪？何興之暴也！《史記·項羽紀》　◎儻所謂天道，是邪？非邪？又《伯夷傳》　◎公以爲吳興兵是邪？非也？又《淮南衡山王傳》　◎文帝從霸陵上，欲西馳下峻阪。袁盎騎，並車擥轡。上曰：將軍怯邪？又《袁盎傳》　◎楚王聞之曰：儀以寡人絕齊未甚邪？又《袁盎傳》　◎上召布罵曰：若與彭越反邪？又《欒布傳》　◎且以季布之賢，而漢求之急如此；此不北走胡，卽南走越耳。夫忌壯士以資敵國，此伍子胥所以鞭荆平王之墓也。君何不從容爲上言邪？又《季布傳》　◎趙堯進，請問曰：陛下所爲不樂，非爲趙王年少而戚夫人與呂后有郤邪？又《張蒼傳》

（二）語末助詞　表反詰。◎文帝曰：吏不當若是邪？《史記·張釋之傳》　◎王非若主邪？何自敢言若主！又《田叔傳》　◎僕游揚足下之名於天下，顧不重邪？又《季布傳》　◎今大臣雖欲爲變，百姓弗爲使，其黨寧能專一邪？又《孝文紀》　◎於是上曰：天下方有急，王孫寧可以讓邪？又《魏其侯傳》　◎魏其銳身爲救灌夫，夫人諫魏其曰：灌將軍得罪丞相，與太后家忤，寧可救邪？又　◎太后怒，不食，曰：今我在也，而人皆藉吾弟！令我百歲後，皆魚肉之矣！且帝寧能爲石人邪？又　◎故進百金者，將用爲夫人麤糲之費，得以交足下之驩，豈敢以有求望邪？又《聶政傳》　◎語曰：變古亂常，不死則亡；豈錯等謂邪？又《鼂錯傳》　◎夫

高祖起微細，定海內，謀計用兵，可謂盡之矣。然而劉敬脫輓輅，一說建萬世之安，智豈可專**邪**？又《劉敬傳》

(三)語末助詞　表停頓。◎內**邪**？若不私取小府，將安所仰乎？《漢書·外戚·許后傳》

(四)語末助詞　助句，表感歎。◎乾坤其《易》之門**邪**！《易·繫辭》◎如此而近有德而遠有色，則四封之內視其君其猶母**邪**！《管子》◎莊生驚曰：若不去**邪**？《史記·越世家》

(五)語末助詞　表決定。與「也」同。◎我適先生之所，則廢然而返；不知先生之洗我以善**邪**。《莊子·德充符》◎始也我以女爲人**邪**，今然君子也！又《天地》◎甚矣夫！人之難說也，道之難明**邪**！又《天運》　按此例「邪」「也」互用。

也（·ㄧㄝ）

(一)語末助詞　但助詞。◎子謂子貢曰：女與回**也**孰愈？對曰：賜**也**，何敢望回！《論語·公冶長》◎柴**也**愚，參**也**魯，師**也**辟，由**也**喭。又《先進》◎子曰：君子謀道不謀食。耕**也**，餒在其中矣；學**也**，祿在其中矣。又《衞靈公》　按以上例助名詞。◎於我乎每食四簋，今**也**每食不飽。《詩·秦風·權輿》◎古**也**有志：克己復禮，仁也。《左傳》昭十二年　◎古**也**墓而不墳。《禮記·檀弓》◎古者冠縮縫，今**也**橫縫。又　◎哀公問：弟子孰爲好學？孔子對曰：

有顏回者好學，不遷怒，不貳過；不幸短命死矣。今**也**則亡，未聞好學者也。《論語·雍也》 ◎麻冕，禮也；今**也**純。又《子罕》 ◎古者民有三疾，今**也**或是之亡也。又《陽貨》 按以上例助副詞。

(二)語末助詞 助兼詞，表提示以起下文。 ◎子產之從政**也**，擇能而使之。《左傳》襄三十一年 ◎聽其言**也**，可以知其所好矣。《大戴禮·曾子立事》 ◎夫子之至於是邦**也**，必聞其政。《論語·學而》 ◎子曰：赤之適齊**也**，乘肥馬，衣輕裘。吾聞之**也**，君子周急不濟富。又《雍也》 ◎古之狂**也**肆，今之狂**也**蕩。又《陽貨》 ◎孩提之童，無不知愛其親者；及其長**也**，無不知敬其兄也。《孟子·盡心上》 ◎地之相去**也**，千有餘里；世之相後**也**，千有餘歲。得志行乎中國，若合符節。《孟子·離婁下》 ◎桓公謂左右曰：醫之好利**也**，欲以不疾者爲功。《史記·扁鵲傳》 ◎彼賢人之有天下**也**，專用天下適己而已矣。又《李斯傳》 ◎高雅得幸於胡亥，欲立之；又怨蒙毅法治之而不爲己**也**，因有賊心。又《蒙恬傳》 ◎大將軍之與單于會**也**，而前將軍廣右將軍食其軍別從東道，或失道。又《衛將軍傳》 ◎姦僞萌起。其極**也**，上下相遁，至於不振。又《酷吏傳序》

(三)語末助詞 表假定。 ◎文信侯不韋死，竊葬。其舍人臨者，晉人**也**，逐出之；秦人，六百石以上，奪爵遷，五百石以下，遷，勿奪爵。《史記·秦始皇紀》 ◎關東比歲不登，吏民以義收食貧民，入穀物助縣官振贍者，已賜直。其百萬以上，加賜爵右更；欲爲吏，補三百石；其吏**也**，遷二等。《漢書·成帝紀》 ◎笞者箠長五尺，其本大一寸；其竹**也**，末薄二寸。又《刑法志》

（四）語末助詞 表決定，句意於此結束。 ◎故曰：或勞心，或勞力。勞心者治人，勞力者治於人；治於人者食人，治人者食於人：天下之通義**也**。《孟子·滕文公上》 ◎故爲淵敺魚者，獺**也**；爲叢敺爵者，鸇**也**；爲湯武敺民者，桀與紂**也**。又《離婁上》 ◎故曰：城郭不完，兵甲不多，非國之災**也**；田野不闢，貨財不聚，非國之害**也**。又 ◎文帝曰：嗟乎！此眞將軍矣！曩者霸上棘門軍若兒戲耳！其將固可襲而虜**也**。《史記·周亞夫傳》 ◎余所謂述故事，整齊其世傳，非所謂作**也**。而君比之於《春秋》，謬矣！又《自序》 ◎應侯懼，不知所出。蔡澤聞之，往入秦**也**。又《范雎傳》 ◎貫高曰：所以不死一身無餘者，白張王不反**也**。又《張耳傳》 ◎襄子至橋，馬驚。襄子曰：此必是豫讓也！使人問之，果豫讓**也**。又《豫讓傳》 ◎王使屈平爲令，衆莫不知。每一令出，平伐其功曰：以爲非我莫能爲**也**。又《屈原傳》 ◎天者，人之始**也**；父母者，人之本**也**。人窮則反本，故勞苦倦極，未嘗不呼天**也**；疾痛慘怛，未嘗不呼父母**也**。又 ◎魯仲連曰：吾始以君爲天下之賢公子**也**，吾乃今然後知君非天下之賢公子**也**。又《魯仲連傳》 ◎扁鵲曰：其死何如時？曰：雞鳴至今。曰：收乎？曰：未**也**。又《扁鵲傳》 ◎毋卹曰：從常山上臨代，代可取**也**。又《趙世家》 ◎公叔之僕曰：起易去**也**。又《吳起傳》

◎然善屬書離辭，指事類情，用剽剝儒墨。雖當世宿學，不能自解免**也**。又《莊子傳》 ◎報使者曰：必取吾眼置吳東門以觀越兵入**也**。又《越世家》 ◎使人刺殺袁盎及其他議臣十餘人，逐其賊，未得**也**。又《梁孝王世家》 ◎出入遊戲僭於天子，天子聞之，心弗善**也**。又《韓長孺傳》

（五）語末助詞 連舉數事時用之。◎君子是以知秦穆公之爲君也，舉人之周**也**，與人之壹**也**；孟明之臣也，其不解**也**，能懼思**也**；子桑之忠也，其知人**也**，能舉善**也**。《左傳》文三年 ◎凡爲天下國家有九經：曰：修身**也**，尊賢**也**，親親**也**，敬大臣**也**，體羣臣**也**，子庶民**也**，來百工**也**，柔遠人**也**，懷諸侯**也**。《禮記·中庸》 ◎天地之道，博**也**，厚**也**，高**也**，明**也**，悠**也**，久**也**。又

（六）語末助詞 與「矣」用同。《淮南子·說林訓》云：「也之與矣，相去萬里。」按此就其常例言之。若其變則「也」字亦恆與「矣」同用。 ◎散軍而郊射，左射貍首，右射騶虞，而貫革之射息**也**。《禮記·樂記》 ◎刑罰行於國，所誅者亂人**也**。如此，則民順治而國安**也**。又《聘義》 ◎且夫欒氏之誣晉國久**也**。《晉語》 ◎從我於陳蔡者，皆不及門**也**。《論語·先進》

（七）語末助詞 命令或禁戒時用之。◎寡人已知將軍能用兵矣！寡人非此二姬，食不甘味，願勿斬**也**！《史記·孫子傳》 ◎竇太后曰：皇后兄王信可侯**也**！又《周勃世家》 ◎自竇長君在時，竟不得侯，死後封其子，彭祖顧得侯：吾甚恨之！帝趣信侯**也**！又

（八）語末助詞 表感歎。◎惡！是何言**也**！《孟子·公孫丑》◎於是高帝曰：吾迺今日知爲皇帝之貴**也**！《史記·叔孫通傳》◎上退，謂左右曰：甚矣汲黯之戇**也**！又《汲黯傳》

（九）語末助詞 助句，表疑問。◎出門同人，又誰咎**也**？《易·同人》◎夫《易》，何爲者**也**？又《繫辭》◎叔兮伯兮，何多日**也**？《詩·邶風·旄丘》◎國君去其國，止之曰：奈何去社稷**也**？《禮記·曲禮下》◎曾子怒，曰：商！女何無罪**也**？又《檀弓上》◎夫夫也，爲習於禮者；如之何其裼裘而弔**也**？又 ◎何爲不去**也**？又 ◎吾焉用此？其以賈害**也**？《左傳》桓十年 ◎且虞能親於桓莊乎，其愛之**也**？又僖五年 ◎今豆有加，下臣弗堪，無乃戾**也**？又昭六年 ◎女忘君之爲孺子牛而折其齒乎，而背之**也**？又哀六年 ◎敢問天道乎？抑人故**也**？《周語》◎抑刑戮**也**？其夭札**也**？《魯語》◎主亦有以語肥**也**？又 ◎子張問：十世可知**也**？《論語·爲政》◎仁者雖告之曰：井有人焉，其從之**也**？又《雍也》◎莫知其所終，若之何其無命**也**？莫知其所始，若之何其有命**也**？《莊子·寓言》◎意者秦王帝王之主**也**？君恐不得爲臣，何暇從以難之？意者秦王不肖主**也**？君從以難之，未晚**也**？《呂氏春秋·不侵》◎所說出於爲名高者**也**？而說之以厚利，則見下節而遇卑賤，必棄遠矣。所說出於厚利者**也**？而說之以名高，則見無心而遠事情。《韓非子·說難》◎不識臣之力**也**？抑君之力**也**？又《難二》◎此於其親戚兄弟若此，而又況於仇讎之敵國**也**？《魏策》◎足下欲助秦攻諸侯乎，且欲率諸侯破秦**也**？《史記·酈生傳》 ◎乃復問被曰：公以爲吳興兵，是邪？非**也**？又《淮南王傳》 ◎豈吾相不當侯邪？且固命**也**？又《李廣傳》

（一〇）語末助詞 表反詰。◎今孤之不得意於天下，非皆二子之憂**也**？《管子·戒篇》 ◎公都子曰：冬日則飲湯，夏日則飲水，然則飲食亦在外**也**？《孟子·告子》 ◎然則鄉之所謂知者，不乃爲大盜積者**也**？《莊子·胠篋》 ◎今應侯亡地而言不憂，此其情**也**？《秦策》

業（一七）

（一）時間副詞 已也。◎良**業**爲取履，因長跪履之。《史記·留侯世家》 ◎上患吳會稽輕悍，無壯王以塡之；諸子少，乃立濞於沛爲吳王。已拜受印，高帝召濞相之，謂曰：「若狀有反相。」心獨悔，**業**已拜。因拊其背，告曰：「漢後五十年，東南有亂者，豈若邪？然天下同姓爲一家，愼無反！」又《吳王濞傳》 是時，漢兵已踰句注二十餘萬，已**業**行。又《劉敬傳》 ◎項王范增疑沛公之有天下，**業**已講解，又惡負約，恐諸侯叛之，乃陰謀曰：巴蜀道險，秦之遷民皆居蜀，乃曰：巴蜀亦關中地也，故立沛公爲漢王。又《項羽紀》 ◎嘗入侍高后燕飲，高后令朱虛侯劉章爲酒吏。章自請曰：臣，將種也，請得以軍法行酒。高后曰：可！頃之，諸呂有一人醉亡酒，章追，拔劍斬之，而還報曰：有亡酒一人，臣謹行法斬之。太后左右皆大驚。業已許其軍法，無以罪也。又《齊悼惠王世家》 ◎夫士業已屈首受書，而不能以取尊榮，雖多，亦奚以爲？又《蘇秦傳》 ◎天子業出兵誅宛，宛小國，而不能下，則大夏之屬漸輕漢，而宛善馬絶不來，烏孫侖臺易苦漢使，爲外國笑。《漢書·李廣傳》

要（一幺）

（一）外動詞　總也。「要之」猶今言「總而言之」。 ◎臣遷謹記高帝以來至太初諸侯，譜其損益之時，令後世得覽：形勢雖強，要之，以仁義爲本。《史記·漢興以來諸侯表》 ◎且先王昔言：事天子期無失禮，要之，不可以說好語入見，入見則不得復歸，亡國之勢也。又《尉佗傳》 ◎夫張儀之行事，甚於蘇秦。然世惡蘇秦者，以其先死而儀振暴其短，以扶其說成其衡道。要之，此兩人眞傾危之士哉！又《張儀傳》

（二）副詞　總也。 ◎亦要存亡吉凶，則居可知矣。《易·繫辭》 ◎帝王者，各殊禮而異務；要以成功爲統紀，豈可混乎？《史記·高祖功臣侯表》 ◎然要言《易》者本於楊何之家。又《儒林傳》 ◎誠使鄉曲之俠，予季次原憲比權量力，效功於當世，不同日而論矣。要以功見言信，俠客之義，又曷可少哉！又《游俠傳序》 ◎夫世異時移，事業不必同，故曰：儉而難遵。要曰：強本節用，則人給家足之道也。又《自序》 ◎西域諸國頗背叛，匈奴欲大侵：要死，可殺校尉將人衆降匈奴。《漢書·西域傳》◎且濟時拯世之術，豈必體堯蹈舜然後乃理哉！期於補綻決壞，枝柱邪傾，隨形裁割；要措斯世於安寧之域而已。《後漢書·崔寔傳》

攸（一ㄡ）

(一)助動詞 《爾雅·釋言》云：攸，所也。◎君子有攸往。《易·坤》

(二)連詞 用於主詞與動詞之間。◎彭蠡既豬，陽鳥攸居。《書·禹貢》◎漆沮卽從，豐水攸同。又 ◎九州攸同，四隩既宅。又 ◎帝乃震怒，不畀洪範九疇，彝倫攸斁。又《洪範》◎天乃錫禹九疇，彝倫攸敍。又 ◎萬福攸同。《詩·小雅·蓼蕭》◎風雨攸除，鳥鼠攸去，君子攸芋。又《斯干》◎君子攸躋。又 ◎君子攸寧。又 ◎報以介福，萬壽攸酢。又《楚茨》◎迺立冢土，戎醜攸行。又《大雅·緜》◎豈弟君子，福祿攸降。又《旱麓》◎王在靈囿，麀鹿攸伏。又《靈臺》◎四方攸同，王后維翰。又《文王·有聲》◎既作泮宮，淮夷攸服。又《魯頌·泮水》

(三)語中助詞 賓詞在前，動詞在後時用之。◎予小子新命于三王，惟永終是圖，茲攸俟。《書·金縢》◎予曷其不于前寧人圖功攸終！又《大誥》◎乃非民攸訓，非天攸若。又《無逸》

(四)語首助詞 無義。◎四曰：攸好德。《書·洪範》◎執訊連連，攸馘安安。《詩·大雅·皇矣》

（五）語中助詞　無義。◎予曷敢不于前寧人**攸**受休畢！《書·大誥》◎無若火始炎炎，厥**攸**灼，敍弗其絕。又《洛誥》◎亦惟爾多士**攸**服奔走臣我多遜。又《多士》◎予**攸**好德。又《洪範》

猶（ㄧㄡˊ）

（一）不完全內動詞　若也。◎文莫吾**猶**人也；躬行君子，則吾未之有得。《論語·述而》◎聽訟吾**猶**人也；必也，使無訟乎！又《顏淵》◎以若所為求若所欲，**猶**緣木而求魚也。《孟子·梁惠王上》◎周公之不有天下，**猶**益之於夏，伊尹之於殷也。又《萬章上》◎秦，形勢之國，地勢便利，其以下兵於諸侯，譬**猶**居高屋之上建瓴水也。《史記·高祖紀》◎吾今日見老子，其**猶**龍邪！又《老子傳》◎今吳之有越，**猶**人之有腹心之疾也。又《伍子胥傳》◎夫秦卒與山東之卒，**猶**孟賁之與怯夫。又《張儀傳》◎斯其**猶**人哉！安足與謀？又《李斯傳》

（二）副詞　《禮記·檀弓注》云：猶，尚也。與今語「還」同。凡已過之境有稽留，或餘勢未能卽消時用之。◎閏月不告朔，**猶**朝于廟。《春秋》文六年◎一薰一蕕，十年尚**猶**有臭。《左傳》僖四年◎且以文王之德，百年而後崩，**猶**未洽於天下。《孟子·公孫丑上》◎叔孫太傅稱說引古今，以死爭太子，上佯許之，**猶**欲易之。《史記·留侯世家》◎關中自汧雍以東至河華，膏壤沃野千里，而公劉適邠，太王王季在岐，文王作豐，武王治鎬，故其民猶有先王之遺風。又《貨殖傳》 ◎夫學者載籍極博，猶考信於六藝。又《伯夷傳》 ◎馮先生甚貧，猶有一劍耳。又《孟嘗君傳》 ◎使其中有可欲者，雖錮南山猶有郄。又《張釋之傳》 ◎張廷尉事景帝歲餘，爲淮南王相，猶尚以前過也。又 ◎關東羣盜並起，秦發兵誅擊，所殺亡甚衆，猶然不止。又《始皇紀》 ◎於是天子始使御史中丞丞相長史督之，猶弗能禁也。又《王溫舒傳》 ◎且縱單于不可得，恢所部擊其輜重，猶頗可得以慰士大夫心。又《韓長孺傳》 ◎今斬吾頭，馳三十里間，形容尚未能敗，猶可觀也。又《田橫傳》 ◎其明年，山東被水菑，民多飢乏。於是天子遣使者虛郡國倉廩以賑貧民，猶不足。又《平準書》 ◎使人往聽之，猶尚越聲。又《陳軫傳》 ◎臣下百官力誦聖德，猶不能宣盡其意。又《自序》

（三）副詞　且也。今言「尚且」。◎蔓草猶不可除，況君之寵弟乎？《左傳》隱元年 ◎困獸猶鬬，況國相乎？又宣二十年 ◎孫子曰：兵已整齊，使赴水火，猶無難矣。《吳越春秋》 按言外有「不如水火之事更不難」之意。◎王猶不堪，況爾小醜乎！《周語上》 ◎夫曾參以布衣，猶難之；今陛下親以王者修之。《史記·袁盎傳》 ◎唯王所欲用之，雖赴水火猶可也。又《孫子傳》 ◎慶於諸子中最爲簡易矣，然猶如此。又《石奮傳》 按言外有「不簡易者更可知」之意。◎此皆學士所謂有道仁人也；猶然遭此菑，況以中材而涉亂世之末流乎！又《游

俠傳序》　◎天子春秋鼎盛，行義未過，德澤有加焉，**猶**尙如是。況莫大諸侯權力且十此者乎！《漢書・賈誼傳》

（四）副詞　均也，等也。或與「之」字連用。　◎從之將退，不從亦退。**猶**將退也，不如從楚，亦以退之。《左傳》襄十年　◎**猶**之與人也，出納之吝，謂之有司。《論語・堯曰》　◎苟與人異，惡往而不黜乎？**猶**且黜乎！寧於故國爾！《燕策》

（五）介詞　假借作由字用。　◎紀侯之不誅，至今有紀者，**猶**無明天子也。《公羊傳》莊四年

（六）假設連詞　若也。　◎子弟**猶**歸器衣服裘衾車馬，則必獻其上而後敢服用其次也。《禮記・內則》　按《鄭注》云：猶，若也。　◎**猶**有鬼神，於彼加之。《左傳》襄十年　◎參成可筮。**猶**有闕也，筮雖吉，未也。又昭十二年　◎**猶**有鬼神，此必敗也。又昭二十七年

由（一ㄡ）

（一）不完全內動詞　與「猶」第一條同。　◎人役而恥爲役，**由**弓人而恥爲弓，矢人而恥爲矢也。《孟子・公孫丑上》　◎以齊王，**由**反手也。又　◎今惡死亡而樂不仁，是**由**惡醉而強酒。又《離婁上》　◎禹思：天下有溺者，**由**己溺之也；稷思：天下有飢者，**由**己飢之也。又《離婁下》　◎智，譬則巧也，聖，譬則力也。**由**射於百步之外也，其至，爾力也；其中，非爾力也。又《萬

章下》

(二)副詞 尚也。亦假作「猶」字用。與「猶」第二條同。 ◎王**由**足用爲善。《孟子·公孫丑下》 ◎見且**由**不得亟，而況得而臣之乎！ 又《盡心上》

(三)介詞 自也，從也。 禮義**由**賢者出。《孟子·梁惠王》 ◎何**由**知吾可也？ 又 ◎**由**堯舜至於湯，五百有餘歲。 又《盡心下》 ◎**由**湯至於文王，五百有餘歲。 又 ◎**由**文王至於孔子，五百有餘歲。 又 ◎**由**孔子而來至於今，百有餘歲。 又 ◎分裂天下而封王侯，政**由**羽出。《史記·項羽紀》 ◎百官之非，宜**由**朕躬。 又《孝文紀》 ◎乃賜造父以趙城，**由**此爲趙氏。又《趙世家》 ◎故天下傳之。夥涉爲王，**由**陳涉始。 又《陳涉世家》 ◎萬物殷富，政**由**一家。又《陸賈傳》 ◎尉佗之王，本**由**任囂。 又《南越傳》

(四)介詞 因也。 ◎何**由**知吾可也？《孟子·梁惠王》 ◎**由**所殺蛇白帝子，殺者赤帝子，故上赤。《史記·高祖紀》 ◎**由**此楊氏與郭氏爲仇。 又《郭解傳》 ◎其後使往者皆稱博望侯以爲質於外國，外國**由**此信之。 又《大宛傳》

(五)介詞 於也。 ◎別求聞**由**古先哲王。《書·康誥》 按上文云：「往敷求於殷先哲王」，句例正同。 ◎左執簧，右招我**由**房。《詩·王風·君子揚揚》 ◎無易**由**言。 又《大雅·抑》 按《箋》云：由，于也。 ◎客使自下**由**路西。《禮記·雜記》

繇（ㄧㄡˊ）

（一）介詞　與「由」同，自也。◎蓋聞天道禍自怨起，而福繇德興。《史記·文帝紀》◎繇是列國公子，魏有信陵，趙有平原，齊有孟嘗，楚有春申。《漢書·游俠傳序》◎非明王在上，視之以好惡，齊之以禮法，民曷繇知禁而反正乎？又

（二）介詞　《爾雅·釋詁》云：繇，於也。◎王若曰：大誥繇爾多邦。馬融本《書·大誥》◎今天下不幸有事，郡縣諸侯未有奮繇直道者也。《漢書·卜式傳》　按臣瓚云：言未有奮厲於正直之道也。

猷（ㄧㄡˊ）

（一）介詞　於也。◎大誥猷爾多邦。鄭王本《書·大誥》◎王曰：告猷爾多士。《書·多士》◎王曰：烏呼？告猷爾有多方士。又《多方》◎王若曰：告猷爾四國多方。又　按此三例從王引之說。

（二）語中助詞　◎女猷黜乃心，無傲從康。《書·盤庚》◎女萬民乃不生生，暨予一人猷同心。又

尤(ㄧㄡˊ)

(一)表度副詞　甚也。◎余並論次，擇其言**尤**雅者，故著爲《本紀》，書首。《史記·五帝紀》 ◎秦既得意，燒天下《詩書》，諸侯**尤**甚。又《六國表》 ◎方秦之強時，天下**尤**趨謀詐哉。又《甘茂傳》 ◎諸士在己之右，愈貧賤，**尤**益敬，與鈞。又《灌夫傳》 ◎後會五銖錢白金起，民爲姦，京師**尤**甚。又《酷吏傳》 ◎於故人子弟爲吏及貧昆弟，調護之**尤**厚。又 ◎蒼本好書，無所不觀，無所不通，而**尤**善律曆。又《張丞相傳》 ◎是時，富豪皆爭匿財，唯式**尤**欲輸之助費。又《平準書》 ◎王者之興，何嘗不以卜筮決於天命哉！其於周**尤**甚。又《日者傳》 ◎關中富商大賈，大抵盡諸田：田嗇田蘭，韋家栗氏，安陵杜杜氏，此其章章**尤**異者也。又《貨殖傳》

有(ㄧㄡˇ)

(一)不完全內動詞　與「爲」同。◎眇能視，不足以**有**明也；跛能履，不足以與行也。《易·履》 ◎克國得妃，其**有**吉孰大焉？《晉語一》 按昭五年《左傳》云：「其爲吉孰大焉。」同一句法。「有」作「爲」。◎人之**有**道也，飽食煖衣逸居而無教，則近於禽獸。《孟子·滕文公上》 按此言人之爲道如此也。《孟子》又云：「民之爲道也，有**恆**產者有**恆**心。」句例相同，「有」即

作「爲」。◎然則耆炙亦**有**外與？《孟子·告子上》

（二）傳疑副詞　或也。《穀梁傳》曰：一有一亡曰有。◎**有**隕自天。《易·姤》◎乃**有**不迪不吉，顛越不恭，暫遇姦宄。《書·盤庚》◎朕不敢**有**後。又《多士》◎天下曷敢**有**越厥志？《孟子·梁惠王下》引《書》◎大夫君子，無我**有**尤。《詩·鄘風·載馳》◎日**有**食之。《春秋》

（三）連詞　讀去聲，與「又」同。◎終則**有**始，天行也。《易·蠱》◎終風且曀，不日**有**曀。《詩·邶風·終風》◎既揖必盥。雖有執於朝，弗**有**盥矣。《禮記·玉藻》◎王曰：若是其甚與？曰：殆**有**甚焉。《孟子·梁惠王上》◎人之有道也，飽食煖衣逸居而無教，則近於禽獸。聖人**有**憂之，使契爲司徒，教以人倫。又《滕文公上》按上文云：「堯獨憂之」，故此云「有憂之」。◎世衰道微，邪說暴行**有**作。又《滕文公下》按上文云：「邪說暴行又作」，字卽作「又」。◎我則勞於君，君**有**何勞於我？《莊子·徐無鬼》◎知者之知，固以多矣；**有**以守少，能無察乎？愚者之知，固以少矣；**有**以守多，能無狂乎？《荀子·王霸》◎以人之性固正理平治邪？則**有**惡用聖王惡用禮義矣哉？又《性惡》◎王季歷困而死，文王苦之，**有**不忘羑里之醜。《呂氏春秋·胥時》◎齊魏**有**何重於孤國也？《秦策》

（四）連詞　讀去聲，與「又」同，專用於整數與餘數之間。◎二十**有**八載，放勳乃殂落。《書·堯典》◎旬**有**五日，百濮乃罷。《左傳》文十六年◎必有寢衣，長一身**有**半。《論語·鄉黨》◎於是肅慎貢楛矢石砮，長尺**有**咫。《史記·孔子世家》 ◎朕臨天下二十**有**八年。又《封禪書》 ◎其後三百**有**餘歲，戎狄攻大王亶父，亶父亡走岐下。又《匈奴傳》 ◎當是之時，秦襄公伐戎至岐，始列爲諸侯。是後六十**有**五年，而山戎越燕而伐齊。又 ◎昔周監於二代，三聖制法，立爵五等，封國八百，同姓五百**有**餘。《漢書·諸侯王表》 ◎往往而聚者百**有**餘戎。又《匈奴傳》

（五）語首助詞 用在名詞之前，無義。◎蠢茲**有**苗。《書·大禹謨》 ◎實司大皞與**有**濟之祀。《左傳》僖二十一年 按上例用於獨有名詞之前者。◎王假**有**廟。《易·萃》 ◎亮采**有**邦。《書·皋陶謨》 ◎夙夜浚明**有**家。又 ◎乃**有**室大競。又《立政》 ◎民不適**有**居。又《盤庚》 ◎告猷爾**有**方多士。又《多方》 ◎**有**王雖小，元子哉！又《召誥》 ◎庶士**有**正越庶伯君子。又《酒誥》 ◎伻嚮卽**有**僚，明作**有**功。又《洛誥》 ◎予欲左右**有**民。又《皋陶謨》 ◎乃用三**有**宅，克卽宅；曰三**有**俊，克卽俊。又《立政》 ◎其**有**衆咸造。又《盤庚》 ◎無弱孤**有**幼。又 ◎皇建其**有**極。又《洪範》 ◎友于兄弟，施於**有**政。《論語·爲政》篇引《書》 ◎摽**有**梅。《詩·召南·摽有梅》 ◎發彼**有**的。又《小雅·賓之初筵》 ◎擇三**有**事。又《十月之交》 ◎投畀**有**北；**有**北不受，投畀**有**昊。又《巷伯》 ◎孔甲擾于**有**帝。《左傳》昭二十九年 ◎籩豆之事，則**有**司存。《論語·泰伯》

又(ㄧㄡˋ)

(一)外動詞　作「有」字用。　◎嗟嗟保介，維莫之春，亦**又**何求？《詩·周頌·臣工》　◎是三子也，吾**又**過於四之，無不及。《周語》　◎作**又**不節，害之道也。又　◎人之情，雖桀跖，豈**又**肯爲其所惡賤其所好者哉？《荀子·議兵》　◎漢**又**小魚。《石鼓文》　◎**又**秦嗣王。《詛楚文》

(二)副詞　復也，更也。　◎姑**又**與之遇以驕之。《左傳》文十六年　◎引渭，穿渠，起長安，並南山下至河，三百餘里；徑，易漕；度可令三月罷。而渠下民田萬餘頃，**又**可得以溉田。《史記·河渠書》　◎然既已貴如負言，**又**何說餓死？又《周勃世家》　◎夫創少瘳，**又**復請。又《魏其侯傳》　◎今將軍傅太子，太子廢而不能爭，爭不能得，**又**弗能死。又　◎是時，蕭何爲相國，而張蒼乃自秦時爲柱下史，明習天下圖書計籍，蒼**又**善用算律歷，故令蒼以列侯居相府，領主郡國上計者。又《張蒼傳》　◎孝文帝欲用皇后弟竇廣國爲丞相。曰：恐天下以吾私廣國。廣國賢，有行，故欲相之。念久之，不可。而高帝時大臣，**又**皆多死，餘皆見無可者。又《申屠嘉傳》　◎今天下初定，死者未葬，傷者未起，**又**欲起禮樂。又《叔孫通傳》　◎上方踞牀洗，召布入見，布甚大怒，悔來，欲自殺。出就舍，帳御飲食從官如漢王居，布**又**喜過望。又《黥布傳》　◎淮南王布見赫以罪亡上變，固已疑其言國陰事；漢使**又**來，頗有所驗；遂族赫家，發兵反。又 ◎陛下素驕淮南王，弗稍禁，以至此。今**又**暴摧折之。又《袁盎傳》 ◎及項梁渡淮，信仗劍從之。居戲下，無所知名。項梁敗，**又**屬項羽。又《淮陰侯傳》 ◎新垣衍怏然不悅，曰：噫嘻！亦甚矣！先生之言也。先生**又**惡能使秦王烹醢梁王？又《魯仲連傳》 ◎代王曰：寡人固已爲王矣！**又**何王？又《孝文紀》 ◎要以功見言信，俠客之義，**又**曷可少哉！又《游俠傳序》 ◎顧其計誠足以利國家不耳！且盜嫂受金，**又**何足疑乎？又《陳平世家》 ◎景帝居禁中，召條侯賜食，獨置大胾，無切肉，**又**不置箸。又《周勃世家》 ◎行酒，次至臨汝侯。臨汝侯方與程不識耳語，**又**不避席。又《灌夫傳》 ◎凡說之難，非吾知之有以說之難也，**又**非吾辨之能明吾意之難也。又《韓非傳》 ◎其異姓負強而動者，漢已幸勝之矣；**又**不易其所以然。《漢書·賈誼傳》 ◎蚡以爲越人相攻擊其常事；**又**數反覆，不足煩中國往救也。又《嚴助傳》 ◎且夫富者，衆之怨也。吾既亡以敎化子孫，不欲益其過而生怨。**又**此金者，聖主所以養惠老臣也，故樂與鄉黨宗族共饗其賜。又《疏廣傳》

焉(一ㄢ)

(一)指示代名詞 用與「之」同。◎子女玉帛，則君有之；羽毛齒革，則君地生焉。《左傳》僖二十五年 ◎若大盜，禮**焉**以君之姑姊與其大邑。又襄二十一年 ◎衆好之，必察**焉**；衆惡之，必察焉。《論語·衛靈公》 ◎二世曰：先帝後宮非有子者，出焉，不宜。皆令從死。《史記·始皇紀》 ◎夫史舉，下蔡之監門也，大不爲事君，小不爲家室，以苟賤不廉聞於世。甘茂事之，順焉。又《甘茂傳》 ◎諸公聞之，皆多解之義，益附焉。又《郭解傳》 ◎太守甚任之，吏民敬愛焉。《漢書·黄霸傳》

(二)指示代名詞　用同「於是」，實兼介詞「於」與代名詞「是」兩詞之用。◎制，巖邑也；虢叔死焉，他邑唯命。《左傳》隱元年 ◎昔陪臣書能輸力於王室，王施惠焉。又襄二十年 ◎子犯知文公之安齊而有終焉之志。《晉語》 ◎愛之能勿勞乎？忠焉能勿誨乎？《論語·憲問》 ◎文王之囿，方七十里，芻蕘者往焉，雉兔者往焉，與民同之，民以爲小，不亦宜乎！《孟子·梁惠王下》 ◎雲雨之山有木名曰欒，羣帝焉取藥。《山海經·大荒南經》 ◎馳椒邱且焉止息。《離騷》 ◎其存君興國而欲反覆之，一篇之中，三致意焉。《史記·屈原傳》 ◎淵深而魚生之，山深而獸往之，人富而仁義附焉。又《貨殖傳》

(三)疑問代名詞　人，事，方所皆用之。◎莊公病，將死，謂季子曰：寡人卽不起此病，吾將焉致乎魯國？季子曰：般也存，君何憂焉！《公羊傳》莊三十二年　按右例「焉」代人。◎今穀嗛未報，鼎焉爲出哉？《漢書·郊祀志》　按右例「焉」代事。◎所謂伊人，於焉逍遙？《詩·小雅·白駒》 ◎所謂伊人，於焉嘉客？又 ◎視其所以，觀其所由，察其所安，人焉廋哉？人焉

廋哉？《論語·爲政》 ◎天下之父歸之，其子焉往？《孟子·離婁上》 ◎且焉置土石？《列子·湯問》

按右諸例「焉」代方所。

(四)疑問形容詞　何也。用於名詞之前，故與前二條異。 ◎今王公大人骨肉之親，無故富貴，面目美好者，焉故必智哉？《墨子·尚賢下》 ◎魂氣飄飄，焉所安神？蔡邕《司徒袁公夫人馬氏碑銘》

(五)疑問副詞　何也。 ◎鶴實有祿位，余焉能戰？《左傳》閔元年 ◎猶有晉在，焉得定功？又宣十二年 ◎棖也慾，焉得剛？《論語·公冶長》 ◎未能事人，焉能事鬼？又《先進》 ◎且齊楚之事，又焉足道哉！《史記·司馬相如傳》 ◎文信侯叱曰：去！我身自請之而不肯，汝焉能行之！又《甘茂傳》 ◎且夫楚唯無彊，六國立者，復撓而從之，陛下焉能臣之？又《留侯世家》

(六)介詞　用同「於」。 ◎裔焉大國，滅之，將亡。《左傳》哀十七年 ◎人莫大焉無親戚君臣上下。《孟子·盡心上》 ◎五色五聲五色五味凡四類，自然存焉天地之間而不期爲人用。《尹文子·大道上》

(七)承接連詞　乃也，則也。 ◎壇墠有禱，焉祭之；無禱，乃止。《禮記·祭法》 ◎七教修，焉可以守，三至行，焉可以征。《大戴禮·王言》 ◎有知，焉謂之友；無知，焉謂之主。又《曾子制言》 ◎吾道路悠遠，必無有二命，焉可以濟事。《吳語》 ◎勝無非義者，焉可以爲大勝。

《管子·幼官》　◎信不足，焉有不信。《老子》　◎分議者延延，而支苟者詻詻，焉可以長生保國。《墨子·親士》　◎必知亂之所自起，焉能治之；不知亂之所自起，則不能治。又《兼愛》　◎君爲政，焉勿鹵莽！治民，焉勿滅裂！《莊子·則陽》　◎若赴水火，入焉焦沒耳。《荀子·議兵》

◎凡人之動也，爲慶賞爲之，則見害傷焉止矣。又

（八）語中助詞　賓語倒置時用之，與「是」同。◎我周之東遷，晉鄭焉依。《左傳》隱六年　按《周語》作「晉鄭是依」。◎安定國家，必大焉先。又《襄三十年》　◎今王播棄黎老，而孩童焉比謀。《吳語》　◎委蛇還旅，二守焉依。《後漢書·任李萬邳劉耿傳贊》

（九）語末助詞　爲形容詞或副詞之語尾。◎其心休休焉其如有容。《書·秦誓》　◎我心憂傷，惄焉如擣。《詩·小雅·小弁》　◎睠言顧之，潸焉出涕。又《大東》　◎三難異科，雜焉同會。《漢書·谷永傳》

（10）語末助詞　助兼詞以提起下文。與「也」第二條同。◎民之服焉，不亦宜乎！《左傳》昭三十二年　◎於其出焉，使公子彭生送之；於其乘焉，搚幹而殺之。《公羊傳》莊元年　◎於其歸焉，用事乎河。又定四年　◎且以五帝之聖焉而死，三王之仁焉而死，五伯之賢焉而死，烏獲任鄙之力焉而死，成荆孟賁王慶忌夏育之勇焉而死。死者，人之所必不免也。《史記·范雎傳》

(一一)語末助詞　助副詞性之兼詞，用同「乎」。　◎遲速衰序，於是焉在。《左傳》昭三十二年　◎於是焉河伯欣然自喜。《莊子·秋水》

(一二)語末助詞　表決定。◎其如有容焉。《禮記·大學》引《書·秦誓》　◎內私而外順，則民瞻其顏色而弗事爭也；望其容貌而民不生易慢焉。又《樂記》　◎見善，恐不得與焉，見不善者，恐其及己也。《大戴禮·曾子立事》　◎每世之隆，封禪答焉。《史記·封禪書》　◎望氣王朔言：候，獨見旗星出如瓜。食頃，復入焉。又　◎未能至，望見之焉。又　◎參於是避正堂，舍蓋公焉。又《曹相國世家》　◎安國爲人多大略，智足以當世取舍，而出於忠厚焉。又《韓長孺傳》　◎上下相爲匿，以文辭避焉。又《王溫舒傳》　◎既已存亡生死矣，而不矜其能，羞伐其德，蓋亦有足多者焉。又《游俠傳序》　◎及盛，取羈屬，不肯往朝會焉。又《大宛傳》　◎自是之後，李氏名敗；而隴西之士居門下者皆用爲恥焉。又《李將軍傳》　◎莊兄弟子孫以莊故至二千石六七人焉。又《鄭當時傳》　◎及至秦之季世，焚《詩》《書》，坑術士，六藝從此缺焉。又《儒林傳序》　◎凡天下戰國七，燕處弱焉。又《蘇秦傳》　◎是故主獨制於天下而無所制也，能窮樂之極矣。賢明之主也！可不察焉？故申子曰：有天下而不恣睢，命之曰以天下爲桎梏者，無他焉。不能督責，而顧以其身勞於天下之民，若堯禹然；故謂之桎梏也。又《李斯傳》

(一三)語末助詞　表疑問。◎嗟行之人，胡不比焉？《詩·唐風·杕杜》　◎野人曰：父母何算焉？

《儀禮·喪服傳》◎孔子之喪，有自燕來觀者，舍於子夏氏。子夏曰：聖人之葬人與！人之葬聖人也。子何觀焉？《禮記·檀弓上》◎既富矣，又何加焉？《論語·子路》◎王無異於百姓之於王爲愛也。以小易大，彼惡知之？王若隱其無罪而就死地，則牛羊何擇焉？《孟子·梁惠王上》◎及夏之時，有卞隨務光者，此何以稱焉？《史記·伯夷世家》

（四）語末助詞　表感歎。◎君哉舜也！巍巍乎有天下而不與焉！《論語·泰伯》◎使其中無可欲者，雖無石椁，又何戚焉！《史記·張釋之傳》

奄（ㄧㄢ）

（一）時間副詞　《廣韻》云：忽也，遽也。◎愉始至鎮，而桓玄楊佺期舉兵以應王恭，乘流奄至。《世說注》

言（ㄧㄢˊ）

（一）外動詞　謂也。引成語而以「言」字解釋之。◎《詩》云：「刑於寡妻，至於兄弟，以御於家邦。」言舉斯心加諸彼而已。《孟子·梁惠王上》◎《詩》云：「既醉以酒，既飽以德。」言飽乎仁義也。又《告子上》

(一)語首助詞　無義。◎言告師氏，言告言歸。《詩·周南·葛覃》◎翹翹錯薪，言刈其楚。又《漢廣》◎陟彼南山，言采其蕨。又《召南·草蟲》◎驅馬悠悠，言至於漕。又《鄘風·載馳》◎言既遂矣，至於暴矣。又《衛風·氓》◎焉得諼草，言樹之背？又《伯兮》◎言念君子，溫其如玉。又《秦風·小戎》◎言私其豵，獻豜於公。又《豳風·七月》◎君子至止，言觀其旂。又《小雅·庭燎》◎言施言歸，復我邦族。又《黃鳥》◎昏姻之故，言就爾居。又《我行其野》◎我行其野，言采其蓫。昏姻之故，言就爾宿。爾不我畜，言歸斯復。又◎楚楚者茨，言抽其棘。又《楚茨》◎我不見兮，言從之邁。又《都人士》◎之子於狩，言韔其弓；之子于釣，言綸之繩。又《采綠》◎荏染柔木，言緡之絲。又《大雅·抑》◎於乎小子！未知臧否。匪手攜之，言示之事；匪面命之，言提其耳。又◎言授之縶，以縶其馬。又《周頌·有客》◎既盟之後，言歸於好。《左傳》僖九年

(二)語中助詞　無義。◎德言盛，禮言恭。《易·繫辭》◎靜言思之，寤辟有摽。《詩·邶風·柏舟》◎寤言不寐，願言則嚏。又《終風》◎赫如渥赭，公言錫爵。又《簡兮》◎載脂載舝，還車言邁。又《泉水》◎駕言出遊，以寫我憂。又◎願言思子，不瑕有害。又《二子乘舟》◎星言夙駕，說于桑田。又《鄘風·定之方中》◎弋言加之，與子宜之。又《鄭風·女曰雞鳴》◎彤弓弨兮，受言藏之。又《小雅·彤弓》◎睠言顧之，潸焉出涕。又《大東》◎念彼共人，興言出宿。

又《小明》　◎諸父兄弟，備**言**燕私。又《楚茨》　◎君子有酒。酌**言**嘗之。又《瓠葉》　◎永**言**配命，自求多福。又《大雅·文王》　◎維此聖人，瞻**言**百里。又《桑柔》　◎鼓咽咽，醉**言**歸。又《魯頌·有駜》

因（ㄧㄣ）

（一）內動詞　連接也。見《逸周書·作雒》篇注。　◎南繫於雒水，北**因**於郟山。《逸周書·作雒》　◎制郊甸方百六里，**因**西土爲方千里。又

（二）不完全內動詞　猶也。　◎王獨不見夫蜻蛉乎？六足四翼，飛翔乎天地之間，俛啄蚊虻而食之，仰承甘露而飲之，自以爲無患與人無爭也；不知夫五尺童子方將調飴膠絲加己乎四仞之上而下爲螻蟻食也。夫蜻蛉其小者也。黃雀**因**是已。《楚策》　◎夫黃雀其小者也，黃鵠**因**是已。又　◎夫黃鵠其小者也，蔡聖侯之事**因**是已。又　◎蔡聖侯之事其小者也，君王之事**因**是已。又

（三）副詞　與今語之「就」或「就著」同。　◎智伯之伐仇猶，遺之廣車，**因**隨之以兵。《史記·樗里疾傳》　◎穰侯卒於陶，而**因**葬焉。又《穰侯傳》　◎漢兵**因**乘勝，遂盡虜之。又《絳侯世家》　◎坐之堂下，賜僕妾之食，**因**數讓之。又《張儀傳》　◎信之入匈奴，與太子俱。及至頹當城，生

子，因名曰頽當。又《韓王信傳》 ◎單父人呂公善沛令，辟仇從之客，因家焉。《漢書·高帝紀》 ◎行數里，醉因卧。又

(四)介詞　表原因，與「以」義同。◎因前使絕國功，封騫博望侯。《史記·衞青傳》 ◎良未至，道逢趙王姊出飲；李良望見，以爲王，伏謁道旁。王姊醉，不知其將，使騎謝李良。李良素貴，起，慙其從官。李良已得秦書，固欲反趙，未決。因此怒，遣人追殺王姊道中。又《張耳傳》 ◎今政治和平，世無兵革，上下相安，何因當有大水一日暴至？《漢書·王商傳》

(五)介詞　表經由，可譯爲「由」。◎魏使人因平原君請從於趙。《趙策》 ◎今令臣食肉炊桂，因鬼見帝。《楚策》 ◎始前數都尉皆步入府，因吏謁守如縣令。《史記·寧成傳》 ◎使韓安國因長公主謝罪太后。又《梁孝王世家》 ◎茂因張儀樗里子而求見秦惠王。又《甘茂傳》 ◎平遂至修武，降漢，因魏無知求見漢王。又《陳丞相世家》 ◎玄以山東無足問者，乃西入關，因涿郡盧植事扶風馬融。《後漢書·鄭玄傳》

(六)介詞　與口語「就」義同。◎使馳義侯因巴蜀罪人發夜郎兵下牂柯江。《史記·尉佗傳》 ◎卽因使者上書請比內諸侯。又 ◎善戰者因其勢而利導之。又《孫子傳》 ◎智者舉事，轉禍爲福，因敗爲功。又《蘇秦傳》

(七)介詞　表時間，與「趁」義同。◎急因天時大利吏士銳氣以十二月擊先零羌。《漢書·趙充國

傳》

(八)介詞　由也。◎西傾因桓是來。《書·禹貢》

應(·ㄧㄥ)

(一)助動詞　《說文》云：應，當也。◎今殿前之氣，應爲虹蜺；皆妖邪所生，不正之象。《後漢書·楊賜傳》◎陛下不應憂嶠而應憂戎。《世說》

(二)時間副詞　劉淇云：應猶卽也。◎若當灸，不過一兩處，每處不過七八壯，病亦應除。《魏志·華佗傳》◎桓督領諸將周旋赴討，應皆平定。《吳志·朱桓傳》

卷八

惡(ㄨ)

(一)疑問代名詞　何也。代事。◎君子去仁,惡乎成名?《論語·里仁》◎魯侯之美惡乎至?《公羊傳》莊十二年　◎卒然問曰:天下惡乎定?曰:定於一。《孟子·梁惠王上》◎敢問夫子惡乎長?曰:我知言,我善養吾浩然之氣。又《公孫丑上》◎辭尊居卑,辭富居貧,惡乎宜乎?抱關擊柝。又《萬章下》　按「惡乎」之「乎」乃介詞,以「惡」爲疑問詞,故「乎」置於「惡」之下。《公羊傳何注》《禮記·檀弓鄭注》並云:「惡乎猶於何也。」其說正合。王引之云:「惡乎猶言何所,不必訓於何,」非是。

(二)疑問代名詞　何處也。代方所。◎居惡在?仁是也;路惡在?義是也。《孟子·盡心上》◎爲民父母行政,不免於率獸而食人,惡在其爲民父母也?又《梁惠王上》◎伯高死於衞,赴於孔子。曰:吾惡乎哭諸?兄弟,吾哭諸廟;父之友,吾哭諸寢門之外;所知,吾哭諸野。於野則已疏,於寢則已重。夫由賜也見我,吾哭諸賜氏。遂命子貢爲之主。《禮記·檀弓》◎自吾母而不得用吾情，吾惡乎用吾情？又◎其賤奈何？外淫也。惡乎淫？淫於蔡。《公羊傳》桓六年　◎且王攻楚，將惡出兵？《史記·春申君傳》

(三)疑問形容詞　何也。用於名詞之上，故與前二條異。◎舟車既已成矣。曰：吾將惡許用之？《墨子·非樂》

(四)疑問副詞　何也。◎棄父之命，惡用子矣？《左傳》桓十六年　◎臣恐效文成，則方士皆掩口，惡敢言方哉！《史記·武帝紀》◎非通幽明之變，惡能識乎性命哉？又《外戚世家》◎況乎上聖，又惡能已？又《司馬相如傳》◎百姓雖勞，又惡可以已哉？又◎然二子不困厄，惡能激乎？又《范睢蔡澤傳贊》◎先生惡能使秦王烹醢梁王！又《魯仲連傳》◎若乃梁者，則吾乃梁人也！先生惡能使梁助之？又◎先生飲一斗而醉，將惡能飲一石哉！又《淳于髡傳》◎今身且不能利，將惡能治天下哉！又《李斯傳》◎天時不與，雖有淸濟濁河，惡足以爲固！又《蘇秦傳》◎賢人乎！賢人乎！非質有其內，惡能用之哉！又《楚元王傳》◎凶德參會，待時而發，藉福區區其間，惡能救斯敗哉？《漢書·竇嬰田蚡傳贊》

(五)歎詞　表驚訝。《孟子·公孫丑篇趙注》云：惡，不安事之歎詞也。◎宰我子貢善爲說辭，冉求閔子騫顏淵善言德行；孔子兼之，曰：我於辭命則不能也。然則夫子既聖矣乎？曰：惡！是何言也！《孟子·公孫丑上》◎顏回曰：端而虛，勉而一，則可乎？曰：惡！惡可！

《莊子·人間世》◎子貢問於孔子曰：君子之所以貴玉而賤珉者，何也？爲夫玉之少而珉之多邪？孔子曰：惡！賜！是何言也！夫君子豈多而賤之少而貴之哉！《荀子·法行》

烏（ㄨ）

（一）疑問副詞　何也。◎烏能與齊縣衡！《秦策三》◎遲速有命，烏識其時？《史記·賈誼傳》◎齊楚之事，又烏足道乎！《漢書·司馬相如傳》◎子實秦人，矜夸宮室，保界河山，信識昭襄而知始皇矣；烏覩大漢之云爲乎？班固《東都賦》

（二）歎詞　無義。◎今割齊民以附夷狄，弊所恃以事無用，鄙人固陋，不識所謂。使者曰：烏！謂此邪！必若所云，則是蜀不變服而巴不化俗也。《史記·司馬相如傳·難蜀父老》

無（ㄨˊ）

（一）無指指示代名詞　◎相人多矣，無如季相。《史記·高帝紀》◎奮無文學，恭謹無與比。又《萬石君傳》　按以上例爲「無人」之義。◎朝廷見人或毁曰：不疑狀貌甚美，然獨無奈其善盜嫂何也！又《直不疑傳》　按凡「無奈何」之「無」，皆今言「無法」之義。故亦爲無指指示代名詞。

(二)同動詞　有之反。◎大車無輗，小車無軏，其何以行之哉？《論語·爲政》　◎且司馬，令尹之偏，而王之四體也。絕民之主，去身之偏，艾王之體以禍其國，無不祥大焉。《左傳》襄二十年　◎夫無所發怒，乃駡臨汝侯。《史記·灌夫傳》　◎魏其良久乃聞，聞卽恚，病痱，不食，欲死。或聞上無意殺魏其，魏其復食治病。又　◎上以爲廉忠實無他腸，乃拜綰爲河間王太傅。又《萬石君傳》　◎使其中有可欲者，雖錮南山猶有郄；使其中無可欲者，雖無石槨，又何戚焉？又《張釋之傳》

(三)不完全內動詞　非也。◎苟無忠信之人，則禮不虛道。《禮記·禮器》　按《易·繫辭》云：「苟非其人，道不虛行。」句例正同，「無」卽作「非」。◎無德厚以安之，無度數以治之，則國非其國，而民無其民。《管子·形勢解》　按此例以「無」與「非」爲對文。

(四)禁戒副詞　莫也。◎無友不如己者！《論語·學而》　◎五霸桓公爲盛。葵丘之會，諸侯束牲載書而不歃血。初命曰：誅不孝，無易樹子，無以妾爲妻！再命曰：尊賢育才，以彰有德！三命曰：敬老慈幼，無忘賓旅！四命曰：士無世官，官事無攝！取士必得，無專殺大夫！五命曰：無曲防，無遏糴，無有封而不告！《孟子·告子下》　◎子產蹴然改容更貌曰：子無乃稱！《莊子·德充符》　◎楚人剽疾，願上無與楚人爭鋒。《史記·留侯世家》　◎若歸，試私從容問而父；然無言吾告若也！又《曹相國世家》　◎太后面質呂嬃於陳平曰：鄙語曰：「兒婦人口不可用。」顧君與我何如耳！無畏呂須之讒也！又《陳平世家》 ◎陵母既私送使者，泣曰：爲老妾語陵：謹事漢王！漢王，長者也。無以老妾故持二心！妾以死送使者。遂伏劍而死。又

（五）否定副詞　不也。◎無偏無黨，王道蕩蕩。《書·洪範》 ◎君子食無求飽，居無求安。《論語·學而》 ◎子貢問曰：貧而無諂，富而無驕，何如？又 ◎巽與之言，能無說乎？又《子罕》 ◎襄仲曰：「不有君子，其能國乎！國無陋矣。《左傳》文十二年 ◎今吾子疆理諸侯，而曰：「盡東其畝而已。」唯吾子戎車是利，無顧土宜，其無乃非先王之命也乎？又成二年 ◎孟秋行春令，則其國乃旱，陽氣復還，五穀無實。《禮記·月令》 按《呂氏春秋·孟秋紀》「無」作「不」。◎三年之喪何也？曰：稱情而立文，因以飾羣，別親疏貴賤之節，而弗可損益也。故曰：無易之道也。又《三年問》 ◎昆蟲無作。又《郊特牲》 ◎名者，人治之大者也，可無慎乎？又《大傳》 ◎天子欲使莊參以二千人往使，參曰：以好往，數人足矣；以武往，二千人無足以爲也。《史記·尉佗傳》

（六）否定副詞　未也。◎志輕理而不重物者，無之有也；外重物而不內憂者，無之有也；行離理而不外危者，無之有也；外危而不內恐者，無之有也。《荀子·正名》

（七）介詞　與今言「不論」同。◎無巧不巧，工皆以此五者爲法。《墨子·法儀》 ◎廣遂引刀自

剄。廣軍士大夫一軍皆哭。百姓聞之，知與不知，無老壯，皆爲垂涕。《史記·李將軍傳》◎分部悉捕諸呂男女，無少長，皆斬之。《漢書·高后紀》◎且天之亡秦，無愚智，皆知之。又《項籍傳》◎政事無巨細，皆斷於横。又《田儋傳》◎諸外家昆弟，無賢不肖，皆侍帷幄。又《杜鄴傳》◎事無小大，因顯白決。又《石顯傳》◎郡國諸豪及長安五陵諸爲氣節者皆歸慕之，涉遂傾身與相待；人無賢不肖闐門。又《原涉傳》

(八)語首助詞　無義。《漢書·貨殖傳孟康注》云：無，發聲助也。◎無念爾祖，聿修厥德。《詩·大雅·文王》◎無寧兹許公復奉其社稷。《左傳》隱十一年◎如天之福，兩君相見，無亦唯是一矢以相加遺。焉用樂！又成十二年◎夫令名，德之輿也；德，國之基也。有基無壞，無亦是務乎？又襄二十四年◎無寧使人謂子，子實生我。又按《杜注》並云：無寧，寧也。◎彼無亦置其同類。《魯語》◎無亦擇其柔嘉。《周語》◎公子無亦晉之柔嘉，是以甘食。《晉語》◎女無亦謂我老耄而舍我，而又謗我。《楚語》◎天之所生，地之所養，無人爲大。《禮記·祭義》

亡（ㄨˊ）

(一)同動詞　與「無」同。有之反。◎今入趙，北地入燕，東地入齊，南地入韓魏，則君之所得民，**亡**幾何人。《史記·白起傳》　◎軍**亡**導，或失道，後大將軍。又《李將軍傳》　◎**亡**是公者，無是人也。《漢書·司馬相如傳》

（二）內動詞　不在也。◎予美**亡**此。《詩·唐風·葛生》◎將軍文氏之子其庶幾乎！**亡**於禮者之禮也。《禮記·檀弓》　◎有天下者祭百神；諸侯，在其地則祭之，**亡**其地則不祭。又《祭法》　◎季子使而**亡**焉。《公羊傳》襄二十九年　按《說苑至公篇》作「季子時使行，不在」。◎乃者，**亡**乎人之辭也。《穀梁傳》僖三十一年　◎邪行**亡**乎體，違言不存口。《管子·戒篇》◎其如彼邪？**亡**乎我；在我邪？**亡**乎彼。《莊子·田子方》　◎故治亂在於心之所可，**亡**於情之所欲。《荀子·正名》　◎吾所以得三士者，**亡**於十人與三十人中，乃在百人與千人之中。又《堯問》　◎然則鬬與不鬬，**亡**於辱之與不辱也，乃在於惡之與不惡也。又《正論》　◎王霸安存，危殆滅亡，制舉在我，**亡**乎人。又《王制》　◎聖**亡**乎治人而在於得道，樂**亡**於富貴而在於得利。《淮南子·原道訓》　◎物物者，**亡**乎萬物之中。又《詮言訓》

（三）否定副詞　不也。◎方今天下饑饉，可**亡**大自損減以救之，稱天意乎？《漢書·貢禹傳》　◎相守選舉不以實，及有臧者，輒行其誅，**亡**但免官，則爭盡力爲善。又　◎丞**亡**屬將軍。又《胡建傳》　◎我告漢軍先零所在，兵不往擊，久留；得**亡**效五年時不分別人而並擊我？又《趙充國傳》

(四)應對副詞　與「否」同。　◎穆姜始往東宮而筮之。史曰：君必速出。姜曰：**亡**。《左傳》襄九年　◎靖郭君將城薛，客多以諫，不聽。靖郭君戒謁者：「毋爲客通！」客曰：「臣請三言而已矣！益一言，臣請烹。」靖郭君見之。客趨而進，曰：「海大魚。」因反走。君曰：「客有於此。」客曰：「鄙臣不敢以死爲戲。」君曰：「**亡**！更言之！」《齊策》　◎子祀曰：女惡之乎？曰：**亡**！予何惡？《莊子·大宗師》　◎支離叔曰：子惡之乎？滑介叔曰：**亡**！予何惡？又《至樂》　◎請問蹈水有道乎？曰：**亡**！吾無道。又《達生》

(五)介詞　今言「不論」，與「無」第七條同。　◎上遣使者分條中都官詔獄繫者，**亡**輕重，一切皆殺之。《漢書·丙吉傳》

(六)選擇連詞　字或作忘。　又作「妄」，見「妄」下。　◎意者臣愚而不合於王心耶？**亡**其言臣者將賤而不足聽邪？《秦策》　◎秦之攻趙也，倦而歸乎？**亡**其力尚能進，愛王而不攻乎？《趙策》　◎不識三國之憎秦而愛懷邪？**忘**其憎懷而愛秦邪？又　◎聽子之謁而廢子之道乎？又**亡**其行子之術而廢子之謁乎？《韓策》　◎老萊子曰：夫不忍一世之傷，而驁萬世之患，抑固窶邪？**亡**其略弗及邪？《莊子·外物》　◎君將攫之乎？**亡**其否歟？《呂氏春秋·審爲》　◎必得宋乃攻之乎？**亡**其不得宋，且不義，猶攻之乎？又《愛類》

毋（ㄨˊ）

（一）無指指示代名詞　◎上察宗室諸竇，毋如竇嬰賢，乃召嬰。《史記·魏其侯傳》　◎盡十二月，郡中毋聲，毋敢夜行。又《王溫舒傳》

（二）同動詞　有之反。與「無」同。◎身自持築臿，脛毋毛。《史記·秦始皇紀》　◎有如兩宮螫將軍，則妻子毋類矣。又《魏其侯傳》　◎盡十二月，郡中毋聲。又《王溫舒傳》　◎漢廷臣毋能出其右者。又《田叔傳》　◎毋城郭常處耕田之業，然亦各有分地。又《匈奴傳》

（三）否定副詞　不也。◎子絕四：毋意，毋必，毋固，毋我。《論語·子罕》　◎子毋讀書游說，安得此辱乎？《史記·張儀傳》　◎秦攻楚之西，韓梁攻其北，社稷安得毋危！又　◎雖欲毋亡，不可得也。又　◎燕趙郊見之，皆曰：「此范陽令先下者也。」卽喜矣。燕趙城可毋戰而降也。又《陳餘傳》　◎魯相初到，民自言相，訟王取其財物百餘人。田叔取其渠率二十人各笞五十，餘各搏二十。魯王聞之，大慚，發府中錢，使相償之。相曰：「王自奪之，使相償之，是王爲惡而相爲善也。」相毋與償之。於是王乃盡償之。又《田叔傳》　◎用臣之計，毋戰而略地，不攻而下城，傳檄而千里定。《漢書·蒯通傳》　◎食肉毋食馬肝，未爲不知味也；言學者毋言湯武受命，不爲愚。又《轅固傳》

(四)禁戒副詞　莫也。《詩·小雅·角弓箋》云：毋，禁辭。　◎原思爲之宰，與之粟九百，辭。子曰：毋，以與爾鄰里鄉黨乎！《論語·雍也》　◎秦始皇帝游會稽，渡浙江，梁與籍俱觀。籍曰：彼可取而代也。梁掩其口曰：毋妄言！族矣！《史記·項羽紀》　◎釋之既朝畢，因前言便宜事。文帝曰：卑之，毋甚高論！令今可施行也。又《張釋之傳》　◎張負卒予女。爲平貧，乃假貸幣以聘，予酒肉之資以內婦。負誡其孫曰：毋以貧故事人不謹！又《陳平世家》　◎大將軍青亦陰受上誡，以爲李廣老，數奇，毋令當單于！又《李廣傳》　◎將軍毋失時！時間不容息。又《陳餘傳》　◎田生勸澤急行，毋留！又《荆燕世家》

(五)語首助詞　無義。　◎且先君而有知也，毋寧夫人，而焉用老臣？《左傳》襄九年

務(ㄨˋ)

(一)名詞　◎務在節儉。《史記·周本紀》　◎大王舉梁楚而西，務在入關，未及收河北也。又《陳餘傳》

(二)表態副詞　今言「務必」。《爾雅·釋詁》云：務，彊也。《呂氏春秋·士節篇註》云：務，勉也。　◎名可務立。《淮南子·修務訓》　按《文子·積誠篇》作名可強立。　◎臣愚以爲可遣屯田卒詣故輪臺以東，置校尉三人分護，各舉圖地形，通利溝渠，務使以時益種五穀。《漢書·西

域傳下》◎大行皇帝晏駕有日，卜擇陵園，務從省約。《後漢書·欒巴傳》

勿(ㄨˋ)

(一)否定副詞　不也。◎莫益之，或擊之，立心勿恆，凶。《易·益》◎非禮勿視，非禮勿聽，非禮勿言，非禮勿動。《論語·顏淵》◎於是與平剖符，世世勿絶，爲戶牖侯。《史記·陳平世家》◎百姓歌之曰：蕭何爲法，顜若劃一。曹參代之，守而勿失。載其清淨，民以寧一。又《曹相國世家》◎天子以伍被雅辭多引漢之美，欲勿誅。又《淮南王傳》◎陰使范齊之陳豨所，欲令久亡，連兵勿決。又《盧綰傳》

(二)禁戒副詞　與「莫」同。◎己所不欲，勿施於人！《論語·衛靈公》◎齊王曰：秦使魏冉致帝，子以爲何如？對曰：願王受之而勿備稱也。《史記·田敬仲世家》◎丹所報，先生所言者，國之大事也。願先生勿泄也！又《荆軻傳》◎且夫齊之必決於聊城，公勿再計！又《魯仲連傳》◎田單因宣言曰：神來下敎我。乃令城中人曰：當有神人爲我師。有一卒曰：「臣可以爲師乎？」因反走。田單乃起，引還，東鄉坐，師事之。卒曰：「臣欺君，誠無能也。」田單曰：「子勿言也！」因師之。又《田單傳》◎始皇聞之，大怒，自馳如頻陽，見謝王翦曰：「寡人以不用將軍計，李信果辱秦軍。今聞荆日進而西，將軍雖病，獨忍棄寡人乎？」王翦

曰：「老臣罷病悖亂，唯大王更擇賢將。」始皇謝曰：「已矣！將軍**勿**復言！」又《王翦傳》

(三)語首助詞　無義。◎弗問弗士，**勿**罔君子。《詩·小雅·節南山》　按王引之云：勿罔，罔也。言弗問而察之，則下民欺罔其上矣。◎史蘇是占，**勿**從何益。《左傳》僖十五年　按王引之云：言雖從史蘇之言，亦無益也。

猥（ㄨㄟ）

(一)表態副詞　曲也，苟也。◎壽王**猥**曰：安得五家歷？《漢書·律曆志》◎深閉固距，而不肯試，**猥**以不誦絕之。又《劉歆傳》◎尊妄詆欺，非謗赦前事，**猥**歷奏大臣，無正法，飾成小過以塗汙宰相摧辱公卿，輕薄國家，奉使不敬。又《王尊傳》◎不圖聖躬**猥**垂齒召。曹子建《上責躬詩表》

(二)時間副詞　王念孫云：猥猶猝也。《廣雅·釋言》云：猥，頓也。頓亦猝也。《月令》：「寒氣總至。」《鄭注》：總猶猥卒也。卒與猝同。◎厲公**猥**殺四大夫。《公羊傳》成十八年疏引《春秋說》◎今**猥**被以大罪，恐其遂畔。《漢書·王莽傳》◎案事者迺驗問惡言，何故**猥**自發舒？又《文三王傳》◎山水**猥**至。馬融《長笛賦》

爲（ㄨㄟˋ）

（一）不完全內動詞　是也。◎桀溺曰子：爲誰？曰：爲仲由。《論語·微子》◎夫執輿者爲誰？又◎孰爲夫子？又◎萬取千焉，千取百焉，不爲不多矣。《孟子·梁惠王上》◎故事半古之人，功必倍之，惟此時爲然。又《公孫丑上》◎獨以德爲可以除之。《史記·越世家》

（二）外動詞　作也。今言「做」。◎子游爲武城宰。《論語·雍也》◎哀公問曰：何爲則民服？又《爲政》

（三）外動詞　助也。讀去聲。◎冉有曰：夫子爲衛君乎？《論語·述而》◎太尉入軍門，行令軍中曰：爲呂氏者右袒，爲劉氏者左袒。軍中皆左袒，爲劉氏。《史記·呂后紀》◎周陽侯始爲諸卿時，嘗繫長安，湯傾身爲之。又《張湯傳》

（四）外動詞　有也。◎夫滕壤地褊小，將爲君子焉，將爲野人焉。《孟子·滕文公上》◎夷子憮然爲閒曰：命之矣。又◎山徑之蹊閒，介然用之而成路。爲閒不用，則茅塞之矣。又《盡心下》◎孔子之不逮舜爲閒矣！《晏子春秋·外篇》

（五）外動詞　謂也。◎趙盾曰：天乎！天乎！予無罪！孰爲盾而忍弒其君者乎？《穀梁傳》宣二年◎管仲，曾西之所不爲也，而子爲我願之乎？《孟子·公孫丑上》◎《書》曰：享多儀，儀不及物。曰：不享，惟不役志於享，爲其不成享也。又《告子下》◎華如誣，巧言令色足恭一也；皆以無爲有者也。此之爲考志也。《大戴禮·文王官人》按上文「此之謂觀誠也」。下文「此之謂視中也」。字皆作謂。◎宋，所爲無雉兔鮒魚者也。《墨子·公輸》◎動而爲之生，死而謂之窮。《淮南子·詮言訓》◎從命利君爲之順，從命病君爲之諛；逆命利君謂之忠，逆命病君謂之亂。《說苑·臣術》

（六）表被動之助動詞　與「見」字義同。◎胥之父兄爲戮於楚。《史記·吳世家》◎靈公少侈，民不附，故爲弑易。又《晉世家》

（七）表態副詞　通作「僞」。◎夫子爲弗聞也者而過之。《禮記·檀弓下》◎使人爲得罪而西。《漢書·淮南王傳》◎宣謂後母曰：東郡太守文仲素俶儻。今數有惡怪，恐有妄爲而大禍至也。太夫人可歸，爲棄去宣家者，以避害。又《翟方進傳》

（八）時間副詞　與「將」字義同。◎樂正子見孟子曰：克告於君，君爲來見也。嬖人有臧倉者沮君，君是以不果來也。《孟子·梁惠王下》◎制《春秋》之義以俟後聖，以君子之爲亦有樂乎此也。《公羊傳》哀十四年◎王翦曰：大王必不得已用臣，非六十萬人不可。始皇曰：爲聽將軍計耳。《史記·王翦傳》◎盧綰妻子亡降漢。會高后病，不能見，舍燕邸，爲欲置酒見之。高后竟崩，不得見。又《盧綰傳》◎驃騎始爲出定襄，當單于。捕虜，虜言單于東，乃更

定驃騎出代郡。又《衛青霍去病傳》 ◎單于愛之，詳許甘言，爲遣其太子入漢爲質。又《匈奴傳》

(九)介詞 助也。 ◎季氏使閔子騫爲費宰，閔子騫曰：善爲我辭焉！《論語·雍也》 ◎季氏富於周公，而求也爲之聚斂而附益之。又《先進》 ◎故爲淵敺魚者，獺也；爲叢敺爵者，鸇也；爲湯武敺民者，桀與紂也。《孟子·離婁上》 ◎湯使亳衆往爲之耕。又《滕文公下》 ◎之人也，之德也，將旁薄萬物以爲一世蘄乎亂。《莊子·逍遙遊》 ◎紀渻子爲王養鬬雞。又《達生》 ◎臣爲韓王送沛公。《史記·項羽紀》 ◎吾爲公從中起，天下可圖也。又《淮陰侯傳》 ◎爲天下興利除害。又《陸賈傳》

(一〇)介詞 因也。 ◎曷爲先言王而後言正月？王正月也。《公羊傳》隱元年 ◎何爲貶之也？《穀梁傳》隱四年 ◎吾所以有大患者，爲吾有身。《老子》 ◎鄉爲身死而不受，今爲宮室之美爲之；鄉爲身死而不受，今爲妻妾之奉爲之；鄉爲身死而不受，今爲所識窮乏者得我而爲之。《孟子·告子上》 ◎仲尼曰：始作俑者，其無後乎！爲其象人而用之也。又《梁惠王上》 ◎不知者以爲爲肉也，其知者以爲爲無禮也。又《告子下》 ◎仕，非爲貧也，而有時乎爲貧。又《萬章下》 ◎王如善之，則何爲不行？又《梁惠王下》 ◎天子爲兄弟之故不忍。《史記·五宗世家》 ◎老父顧謂良曰：孺子下取履！良愕然，欲毆之，爲其老，彊忍下取履。又《留侯世家》 ◎十餘萬人皆入睢水，睢水爲之不流。又《項羽紀》 ◎臣欲諫爲位賤。又《李斯傳》 ◎今戰而勝之，齊之半可得，何爲止。又《淮陰侯傳》 ◎高帝已定天下，爲中國勞苦，故釋佗弗誅。又《尉佗傳》 ◎譬若江湖之雀，勃解之鳥，乘雁集不爲之多，雙鳧飛不爲之少。《漢書·揚雄傳》

(一一)介詞　與「與」字用同。 ◎爲人謀而不忠乎？《論語·學而》 ◎自妾之身之不爲人持接也，未嘗得人之布織也。《管子》 按尹注云：爲猶與也。 ◎臣請爲王言樂。《孟子·梁惠王下》 ◎夫道；窅然難言哉！將爲汝言其崖略。《莊子·知北遊》 ◎犀首以梁爲齊戰於承匡而不勝。《齊策》 按此與齊戰，非助齊也。 ◎韓仲子辟人，因爲聶政語。《韓策》 ◎寡人獨爲仲父言，而國人知之，何也？《韓詩外傳》 ◎斯其猶人哉！安足爲謀！《史記·李斯傳》 ◎具爲天子言之。又《大宛傳》 ◎非好學深思，心知其意，蓋難爲淺見寡聞者道也。又《五帝紀贊》

(一二)介詞　表被動，介出主動者。 ◎不爲酒困。《論語·子罕》 ◎世子申生爲驪姬所譖。《禮記·檀弓》 ◎出公之後聲氏爲晉公拘於銅鞮。《呂氏春秋·審應覽》 ◎今足下自以與漢王爲厚交，爲之盡力用兵，終爲之所禽矣。《史記·淮陰侯傳》 ◎衛太子爲江充所敗。《漢書·霍光傳》

(一三)介詞　用同「於」。 ◎謂之新宮，則近爲禰宮。《穀梁傳》僖三十年 ◎稱爲前世，義於諸侯。《晉語》 按韋昭注云：言見稱譽於前世。 ◎君不如令弊邑陰合爲秦。《西周策》 按《史記·孟嘗君傳》「爲」作「於」。 ◎此其爲親戚兄弟若此，而又況於仇讎之敵國也！《魏策》 ◎魏爲逢澤之遇，朝爲天子。《秦策》 ◎爲其來也，臣請縛一人過王而行。《晏子春秋·雜篇》

◎秦穆公帥師送公子重耳，圍令狐桑泉臼衰，皆降爲秦師。《竹書紀年》◎夫匈奴難得而制，非一世也。上及虞夏殷周，固弗程督。禽獸畜之，不屬爲人。《史記·主父偃傳》

(一四)等立連詞　與也，又也。◎不得，不可以爲悅；無財，不可以爲悅。得之爲有財，古之人皆用之，吾何爲獨不然？《孟子·公孫丑下》◎屠耆單于使日逐王先賢撣兄右奥鞬王爲烏藉都尉各二萬騎屯東方以備呼韓邪單于。《漢書·匈奴傳》

(一五)假設連詞　如也，若也。◎荆若襲我，是自背其信而塞其忠也。爲此行也荆敗我，諸侯必叛之。《晉語》◎夫江黃之國近於楚。爲臣死乎！君必歸之楚而寄之。《管子·戒篇》◎孫叔敖戒其子曰：爲我死，王則封女，女必無受利地！《列子·說符》◎臣之御庶子鞅，願王以國聽之也！爲不能聽，勿使出境。《呂氏春秋·長見》◎王甚喜人之掩口也。爲見王，必掩口！《韓非子·內儲說》◎夫沐者有棄髮，除者傷血肉。爲見其難，因釋其業，是無術之事也。又《八說》◎今之新辨濫乎宰予；而世主之聽眩乎仲尼。爲悅其言因任其身，則烏得無失乎？又《顯學》◎中國無事於秦，則秦且燒焫護君之國；中國爲有事於秦，則秦且輕使重幣而事君之國也。《秦策》◎秦宣太后愛魏醜夫。太后病，將死，出令曰：爲我葬，必以魏子爲殉。又　◎是楚與三國謀出秦兵矣，秦爲知之，必不救也。又　◎魏使人因平原君請從於趙。三言之，趙王不聽。出遇虞卿，曰：爲入，必語從！《趙策》◎韓爲不能聽我，韓之德王也，必不爲雁行以來；爲能聽我，絕和於秦，必大怒以厚怨於韓。《韓策》 ◎料大王之卒，不過三十萬。爲除守徼亭障塞，見卒不過二十萬而已。又 ◎今誠得治國，國治，身死不恨。爲死終不治，不如去。《史記·宋世家》 ◎齊桓公問於甯戚曰：管子今年老矣。爲棄寡人而就世，吾恐法令不行，人多失職，百姓疾怨，國多盜賊。吾何如而使姦邪不起，民衣食足乎？《說苑·君道》

(一六)句中助詞　賓語倒裝時用之。 ◎使弈秋誨二人弈，其一人專心致志，惟弈秋之爲聽。《孟子·告子上》 ◎故人苟生之爲見，若者必死；苟利之爲見，若者必害。《荀子·禮論》 ◎唯行之爲守，唯義之爲行。又《不苟》

(一七)語末助詞　表疑問。 ◎是之不憂，而何以田爲？《左傳》襄十七年 ◎雨行，何以聖爲？又襄二十二年 ◎將何治爲？《晉語》 ◎亡人得生，又何不來爲？《楚語》 ◎兩君合好，夷狄之民，何爲來爲？《穀梁傳》定十年 ◎夫黃帝尚矣，女何以爲？先生難言之。《大戴禮·五帝德》 ◎棘子成曰：君子質而已矣！何以文爲？《論語·顏淵》 ◎子曰：誦《詩》三百，授之以政，不達？使於四方，不能專對。雖多，亦奚以爲？又《子路》 ◎夫顓臾，昔者先王以爲東蒙主，且在邦域之中矣，是社稷之臣也，何以伐爲？又《季氏》 ◎奚以之九萬里而南爲！《莊子·逍遙遊》 ◎何故深思高舉，自令放爲？《楚辭·漁父》 ◎然則又何以兵爲？《荀子·議兵》 ◎君長有齊，何以辭爲？《韓非子·説林下》 ◎君何以疵言告韓魏之君爲？《趙策》 ◎即不能，亟南面而臣於漢，何但遠走亡匿於幕北寒苦無水草之地爲？《漢書·匈奴傳》 按以上「爲」字單用。◎三代之亡，共子之廢，皆是物也；女何以爲哉？《左傳》昭二十八年 ◎惡用是鶂鶂者爲哉？《孟子·滕文公下》 ◎我何以湯之聘幣爲哉？又《萬章上》 ◎今我何以子之千金劍爲乎？《呂氏春秋·異寶》 按以上「爲哉」「爲乎」連用。

（六）語末助詞 表感歎。◎予無所用天下爲！《莊子·逍遥遊》 ◎今故告之，反怒爲！《漢書·外戚·趙后傳》

惟（ㄨㄟ）

（一）外動詞 思也。◎上曰：吾惟之，豎子固不足遣！迺公自行耳！《漢書·張良傳》 ◎願大王詳惟之！又《鄒陽傳》 ◎退而深惟曰：夫《詩》《書》隱約者，欲以遂其志之思也。又《司馬遷傳》 ◎其後深惟社稷之計，規復萬載之策，乃大興師數十萬，使衞青霍去病操兵，前後十餘年。又《匈奴傳》

（二）不完全内動詞 是也，爲也。◎厥草惟夭，厥木惟喬，厥土惟塗泥，厥田惟下下。《書·禹貢》 ◎萬邦黎獻，共惟帝臣。又《皋陶謨》 ◎非予自荒茲德，惟女含德不惕予一人。又《盤庚》 ◎人有小罪，非眚，乃**惟**終。乃有大罪，非終，乃**惟**眚災。又《康誥》 ◎予克受，非予武，**惟**朕文考無罪；受克予，非朕文考有罪，**惟**予小子無良。又《泰誓》 ◎非我有周秉德不康寧，乃**惟**爾自速辜。又《多方》 ◎我民用大亂喪德，亦罔非酒**惟**行；越小大邦用喪，亦罔非酒**惟**辜。又《酒誥》

(三)副詞 獨也，僅也。 ◎啓呱呱而泣，予弗子，**惟**荒度土功。《書·益稷》 ◎不**惟**許國之爲，亦聊以固吾圉也。《左傳》隱十一年

(四)介詞 與「以」用法同。 ◎亦**惟**女故，以丕從厥志。《書·盤庚》

(五)等立連詞 與也。 ◎齒革羽毛**惟**木。《書·禹貢》 ◎白僚庶尹**惟**亞**惟**服宗工，越百姓里居。又《酒誥》 ◎告爾四國多方**惟**爾殷侯尹民。又《多方》

(六)推拓連詞 用與「雖」同。 ◎不識天下之以我備其物與，且**惟**無我而物無不備者乎？《淮南子·精神訓》

(七)語首助詞 ◎**惟**二月既望，越六日乙未，王朝步自周，則至於豐。《書·召誥》 ◎**惟**十有三祀，王訪於箕子。又《洪範》 ◎**惟**元祀十有二月乙丑，伊尹祠於先王。又《伊訓》 ◎**惟**三祀十有二月朔，伊尹以冕服奉嗣王歸於亳。又《太甲中》 ◎**惟**十有三年春，大會於孟津。又《泰誓上》 ◎**惟**彼陶唐，有此義方。《左傳》哀六年引《夏書》

(八)句中助詞　無義。◎百工**惟**時。《書·皋陶謨》◎無疆**惟**休，亦無疆**惟**卹。又《召誥》

唯(ㄨㄟ)

(一)副詞　獨也，但也。◎子謂顏淵曰：用之則行，舍之則藏，**唯**我與爾，有是夫。《論語·述而》◎不寧**唯**是，又使圍蒙其先君，將不得爲寡君老。《左傳》昭元年　◎**唯**蟲能蟲，**唯**蟲能天。《莊子·庚桑楚》　◎方今**唯**秦雄天下。《史記·魯仲連傳》　◎聞人之善言，進之上，**唯**恐後。又《鄭當時傳》　◎王道約而易操也，**唯**明主爲能行之。又《李斯傳》　◎朱公長男竟持其弟喪歸。至，其母及邑人盡哀之，**唯**朱公獨笑，曰：吾固知必殺其弟也！又《越世家》　◎成都侯商子邑爲大司空，貴重。商故人皆敬事邑，**唯**護自安如舊節。《漢書·樓護傳》

(二)應諾副詞　諾也，然也。讀上聲。◎子曰：參乎！吾道一以貫之。曾子曰：**唯**。《論語·里仁》　◎楚襄王問宋玉曰：先生其有遺行與？何士民衆庶不譽之甚也？宋玉對曰：**唯**，然，有之。《楚策》　按「唯然」，重言也。◎秦王曰：先生何以幸教寡人？范雎曰：**唯**，**唯**。若是者三。《史記·范雎傳》

(三)命令副詞　表希望之時用之。◎陛下未有繼嗣，子無貴賤，**唯**留意！《漢書·外戚·趙后傳》

(四)介詞　與「以」字用同。◎冀之既病，則亦**唯**君故。《左傳》僖三年

（五）推拓連詞　與「雖」字用同。◎君以聞之，**唯**某無以更也。《大戴禮·虞戴德》　◎弊邑之王所甚説者，無大大王；**唯**儀之所甚願爲臣者，亦無大大王。弊邑之王所甚憎者，無先齊王；**唯**儀之所甚憎者，亦無先齊王。《秦策》　◎**唯**毋欲與我同，將不可得也。《墨子·尚同》　◎今以仁義法正爲固無可知可能之理耶，然則**唯**禹不知仁義法正，不能仁義法正也。《荀子·性惡》　◎天下之人**唯**各持意哉！然而有所共予也。又《大略》　◎須賈問曰：孺子豈有客習於相君者哉？范睢曰：主人翁習知之；**唯**睢亦得謁。《史記·范睢傳》　◎弘湯深心疾黯，**唯**天子亦不説也。又《汲黯傳》　◎相如使時，蜀長老多言通西南夷不爲用；**唯**大臣亦以爲然。又《司馬相如傳》　◎信問王曰：大王自料，悍勇仁強，孰與項王？漢王默然良久，曰：不如也。信再拜賀曰：**唯**信亦爲大王不如也。又《淮陰侯傳》　◎士亦以此稱慕之，**唯**天子以爲國器。又《韓長孺傳》　◎**唯**其人之知瞻哉，亦會其時之可爲也。《漢書·揚雄傳·解嘲》

（六）語首助詞　無義。◎互鄉難與言，童子見，門人惑。子曰：與其進也，不與其退也。**唯**何甚！《論語·述而》　◎**唯**金沴木。《漢書·五行志》

維（ㄨㄟˊ）

（一）不完全內動詞　是也。◎周雖舊邦，其命**維**新。《詩·大雅·文王》

(二)介詞　與「以」字用同。◎**維**子之故，使我不能餐兮。《詩·鄭風·狡童》

(三)連詞　與也。◎牧人乃夢：衆**維**魚矣，旐**維**旟矣。《詩·小雅·無羊》◎虡業**維**樅。賁鼓**維**鏞。又《大雅·靈臺》◎與百官之政事師尹**維**旅牧相宣序民事。《魯語》

(四)語首助詞　《爾雅·釋詁》云：伊，維，侯也。《邢疏》云：皆發語辭。◎維此王季，帝度其心。《詩·大雅·皇矣》◎**維**三代尚矣！《史記·自序》

(五)句中助詞　無義。◎百工**維**時。《書·皋陶謨》

微（ㄨㄟˊ）

(一)外動詞　匿也。◎白公奔山而縊，其徒**微**之。《左傳》哀十六年　按《杜注》云：微，匿也。

(二)不完全內動詞　非也。◎**微**我無酒，以遨以遊。《詩·邶風·柏舟》　按《鄭箋》云：非我無酒。◎**微**君之故，胡爲乎中露？又《式微》◎子夏曰：**微**悁而勇若悁者，可乎？《韓詩外傳六》

(三)表態副詞　稍也，略也。今言「略微」。◎莽色厲而言方，欲有所爲；**微**見風采，黨與承其指意而顯奏之。《漢書·王莽傳》◎時方進新爲丞相，陳咸內懼不安，乃令小冠杜子夏往觀其意，**微**自解說。又《翟方進傳》◎郡國吏竊笑丞相仁厚有知略，**微**信奇怪也。又《黃霸傳》

(四)表態副詞　《說文》云：微，隱行也。引伸爲隱匿之義。◎上始爲微行出。《漢書·成帝紀》◎賓客來者微知淮南衡山有逆計，皆將養勸之。又《衡山王賜傳》

(五)否定副詞　不也。◎雖讀禮傳，微愛屬文。《顏氏家訓·序致》

(六)連詞　無也。◎微我，晉不戰矣。《周語》◎微管仲，吾其被髮左衽矣！《論語·憲問》◎微吳王曰：微子之言，吾亦疑之。《史記·伍子胥傳》◎微二子者，楚不國矣。又《李斯傳》◎微趙君，幾爲丞相所賣。又◎且垓下之會，微彭王，項氏不亡。又《欒布傳》◎是日，微樊噲犇入營誚讓項羽，沛公事幾殆。又《樊噲傳》◎太后見周昌，爲跪謝，曰：微君，太子幾廢。又《周昌傳》◎先人失國，微陛下，臣等當蟲出。又《田叔傳》

危(ㄨㄟˊ)

(一)副詞　殆也。◎我危得之。《漢書·東平思王傳》◎今兒安在？危殺之矣！又《外戚·趙后傳》

逵(ㄨㄟ)

(一)方所介詞　去也。◎齊師逵穀七里。《左傳》哀十七年

謂(ㄨㄟˋ)

(一)外動詞　向其人爲言時用之。　◎子謂子貢曰：女與回也孰愈？《論語·公冶長》　◎子謂子夏曰：女爲君子儒！無爲小人儒！又《雍也》

(二)外動詞　非對其人爲言時而亦用之，與今言「評論」「批評」義同。　◎子謂《韶》盡美矣，又盡善也；謂《武》盡美矣，未盡善也。《論語·八佾》　◎子謂子賤：君子哉若人！又《公冶長》　◎子謂仲弓曰：犁牛之子，騂且角；雖欲勿用，山川其舍諸？又《雍也》

(三)外動詞　言也。解釋時用之。　◎是以《魯頌》曰：春秋匪解，享祀不忒，皇皇后帝，皇祖后稷。君子曰：禮。謂其后稷親而先帝也。《詩》曰：問我諸姑，遂及伯姊。君子曰：禮。謂其姊親而先姑也。《左傳》文二年

(四)不完全外動詞　名也，言也，稱也。　◎婦人謂嫁曰歸。《公羊傳》隱二年　◎楚人謂乳穀，謂虎於菟。《左傳》宣四年　◎文王以民力爲臺爲沼而民歡樂之，謂其臺曰靈臺，謂其沼曰靈沼。《孟子·梁惠王上》

(五)不完全外動詞　與「奈」「如」同。　◎豈不夙夜，謂行多露！《詩·召南·行露》　◎天實爲之，謂之何哉！又《邶風·北門》　◎赫赫師尹，不平謂何？又《小雅·節南山》　◎救而棄之，謂諸侯何？《左傳》僖二十八年　◎以師伐人，遇其師而還，將謂君何？又成二年　◎君實有臣而殺之，其謂君何？又成十七年　◎雖惡於後王，吾獨謂先王何乎？《齊策》　◎殺之亡之，無謂天下何；內

之，無若羣臣何。《魏策》　◎今縱不能博求天下賢聖有德之人而禪天下焉，而曰豫建太子，是重吾不德也，謂天下何？《史記·文帝紀》

（六）不完全內動詞　爲也。　◎醉而不出，是謂伐德。《詩·小雅·賓之初筵》　◎是謂觀國之光。《左傳》莊二十二年　◎一之謂甚，其可再乎？又僖五年　◎此之謂多矣。若能少此，吾何以得見？又昭元年　◎佻之謂甚矣，而壹用之，將誰福哉？又昭十年　◎登之謂甚，吾又重之，不如止也。又昭二十一年　◎八年之謂多矣！何以能久？《晉語》　◎生之謂性。《孟子·告子上》　◎此之謂大丈夫。又《滕文公下》　◎於是上亦問左丞相平。平曰：有主者。上曰：主者謂誰？《史記·陳丞相世家》

（七）介詞　與「爲」同。「謂」「爲」聲同，古多通用。　◎禮樂謂之益習，德行謂之益修，天子之命爲之益行。《大戴禮·朝事》　按謂亦爲也，互文耳。　◎國危而不安，患結而不解，何謂貴智？《淮南子·人間訓》　◎然則人固不可與微言乎？孔子曰：何謂不可？又《道應訓》　◎有一人不得其所，則謂之不樂。《鹽鐵論·憂邊》　◎丞相豈兒女子邪，何謂咀藥而死？《漢書·王嘉傳》

（八）介詞　與也。　◎晉欲得叔詹爲僇，鄭文公恐，不敢謂叔詹言。《史記·鄭世家》

未（ㄨㄟˋ）

(一)否定副詞，不也。◎仲子所食之粟，伯夷之所樹與？抑亦盜跖之所樹與？是**未**可知也。《孟子·滕文公下》◎人固不易知，知人亦**未**易也。《史記·范雎傳》

(二)否定副詞　不曾也。與今言「還沒有」同。◎小人有母，皆嘗小人之食矣；**未**嘗君之羹，請以遺之。《左傳》隱元年　◎趙旃求卿，**未**得。又宣十二年　◎使伯氏司里。火所**未**至，徹小屋，塗大屋。又襄九年　◎以國之多難，**未**女恤也。又哀二十七年

(三)否定副詞　未字所狀之字往往省略而與助詞「也」連用。以形言，恍若形容詞矣，而實非也。◎我怠秦奮，倍猶**未**也。《左傳》僖十五年　◎子魚曰：禍猶**未**也。又二十一年　◎子上曰：君之齒**未**也。又文元年

(四)否定副詞　與「否」字用同，恆在句末。◎君除吏已盡**未**？吾亦欲除吏。《史記·武安侯傳》◎留侯子張辟彊爲侍中，年十五，謂丞相陳平曰：太后獨有帝，今哭而不悲，君知其解**未**？《漢書·外戚·呂后傳》◎帝因怒詰讓等曰：汝曹常言黨人欲爲不軌，皆令禁錮，或有伏誅。今黨人更爲國用，汝曹反與張角通，爲可斬**未**？《後漢書·宦者·張讓傳》◎因謂亮曰：今日上不至天，下不至地；言出子口，入於吾耳。可以言**未**？《蜀志·諸葛亮傳》◎卿昔不顧吾，今可爲交**未**？《世說方正篇注》引《楚國先賢傳》

宛(ㄨㄢ)

(一)表態副詞　《廣韻》云：宛然也。◎遡游從之，**宛**在水中央。《詩·秦風·蒹葭》◎遡游從之，**宛**在水中坻。又　◎**宛**其死矣，他人入室。又《唐風·山有樞》

罔(ㄨㄤ)

(一)同動詞　無也。◎**罔**有攸赦。《書·湯誓》

(二)否定副詞　不也。◎**罔**罪爾衆。《書·盤庚》◎**罔**知天之斷命。又　◎乃**罔**畏畏。又《微子》　◎**罔**敷求先王，克共明刑。《詩·大雅·抑》

(三)禁戒副詞　毋也。◎**罔**違道以干百姓之譽。《書·大禹謨》

妄(ㄨㄤ)

(一)表態副詞　猶今言「胡亂」。◎秦始皇帝東游會稽，梁與籍俱觀。籍曰：彼可取而代也！梁掩其口曰：無**妄**言！族矣！《史記·項羽紀》◎陛下**妄**得一胡兒，卽貴重之。《漢書·金日磾傳》◎漢置丞相，非用賢也。**妄**一男子上書，卽得之矣。又《車千秋傳》　按「妄一男子上書」，猶云「一男子妄上書」。◎丹卽卻頓首曰：愚臣妄聞，罪當死。又《史丹傳》◎今歌唫之聲未絕，傷痍者甫起，而噲欲搖動天下，妄言以十萬衆橫行，是面謾也。又《匈奴傳》◎今左右羣豎惡傷黨類，妄相交搆，致此刑譴。《後漢書·陳蕃傳》

(二)選擇連詞　與「亡」第六條同。◎道固然乎？妄其欺不穀邪？《越語》◎先生老悖與？妄其楚國妖與？《新序·雜事》

卷九

於(ㄩ·)

(一)內動詞　在也。◎於外曰公，於其國曰君。《禮記·曲禮》　◎邊鄙殘，國固守，鼓鐸之聲於耳，而乃用臣斯之計，晚矣！《韓非子·存韓》　◎麗靡爛漫於前，靡曼美色於後。《漢書·司馬相如傳》　按校勘家往往謂「於」上有脫字，非也。

(二)介詞　表動作之對象。◎君子之於天下也，無適也，無莫也；義之與比。《論語·里仁》　◎始吾於人也，聽其言而信其行；今吾於人也，聽其言而觀其行。於予與改是。又《公冶長》　◎賜也達，於從政乎何有？又《雍也》　◎公伯寮愬子路於季孫。又《憲問》　◎我於辭命，則不能也。《孟子·公孫丑上》　◎於禽獸又何難焉？又《離婁下》　◎於答是也何有。又《告子下》　◎王如施仁政於民，省刑罰，薄稅斂，深耕易耨，壯者以暇日脩其孝悌忠信，入以事其父兄，出以事其長上，可使制梃以撻秦楚之堅甲利兵矣。又《梁惠王上》　◎上由此怨望於梁王。《史記·梁孝王世家》　◎吾於天下賢士，可謂亡負矣。《漢書·高帝紀》　◎於官屬掾史務掩過揚善。又《丙吉傳》

(三)介詞　表動作之關係。　◎人無**於**水監，當**於**民監。《書·酒誥》　◎夫談有悖**於**目，拂**於**耳，謬**於**心而便**於**身者。《漢書·東方朔傳》

(四)介詞　表動作之所從。可譯爲「從」。　◎今燕虐其民，王往而征之，民以爲將拯己**於**水火之中也。《孟子·梁惠王下》　◎子噲不得與人燕，子之不得受燕**於**子噲。又《公孫丑下》　◎今也，小國師大國而恥受命焉，是由弟子而恥受命**於**先師也。又《離婁上》　◎逢蒙學射**於**羿。又《離婁下》　◎鄭莊以任俠自喜，脫張羽**於**戹，聲聞梁楚之間。《史記·鄭當時傳》　◎司馬長卿竊貲**於**卓氏。《漢書·揚雄傳》

(五)介詞　表動作之所在。可譯爲「在」。　◎子擊磬**於**衛。《論語·憲問》　◎**於**傳有之。《孟子·梁惠王下》　◎梁王伏斧質**於**闕下謝罪。《史記·梁孝王世家》　◎意所欲，**於**何所王之？又《三王世家》　◎武王竟至周而卒**於**周。又《甘茂傳》　◎趙王乃齋戒五日，使臣奉璧，拜送書**於**庭。又《藺相如傳》　◎曹丘至，即揖季布曰：「楚人諺曰：「得黃金百，不如得季布一諾。」足下何以得此聲**於**梁楚間哉？又《季布傳》　◎齊人或言：聶政，勇敢士也；避仇，隱**於**屠者之間。又《聶政傳》　◎荊軻嗜酒，日與狗屠及高漸離飲**於**燕市。又《荊軻傳》　◎頃之，襄子當出，豫讓伏**於**所當過之橋下。又《豫讓傳》　◎褒**於**道病死，上閔惜之。《漢書·王褒傳》　◎宰相不親小事，非所當**於**道路問也。又《丙吉傳》　◎藺生收功**於**章臺，四皓采榮**於**南山。又《揚雄傳》

(六)介詞　表動作之所歸趨。◎使狐偃將上軍，讓於狐毛而佐之。《左傳》僖二十七年　◎閏月者，附月之餘日也，積分而成於月者也。《穀梁傳》文六年　◎如此而成於孝子也。《大戴禮·曾子本孝》　◎上與梁王燕飲，嘗從容言曰：千秋萬歲後，傳於王。《史記·梁孝王世家》　◎平原君已定從而歸，歸至於趙。又《平原君傳》　◎東方朔割炙於細君。《漢書·揚雄傳》

(七)介詞　表所爲。◎齊使管仲平戎於周。《史記·齊太公世家》

(八)介詞　與今語「根據」「依照」意同。◎於諸侯之約，大王當王關中。《史記·韓信傳》

(九)介詞　表「在……中」之義。◎燕於姬姓獨後亡。《史記·燕世家》　◎儒者所謂中國者，於天下乃八十分居其一分耳。又《孟荀傳》　◎京兆典京師，長安中浩穰，於三輔尤爲劇。《漢書·張敞傳》

(10)介詞　表所在之地位。亦可譯爲「在」。惟此地位乃抽象的地位，與第五條實指地方者不同，故別出之。◎宋，先代之後也，於周爲客。《左傳》僖二十四年　◎吾三分四軍與諸侯之銳以逆來者，於我未病，楚不能矣。又襄九年　◎且矯魏王令奪晉鄙兵以救趙，於趙則有功矣，於魏則未爲忠臣也。《史記·信陵君傳》　◎廣川惠王於朕爲兄。《漢書·廣川惠王傳》

(一一)介詞　表時間。◎子於是日哭，則不歌。《論語·述而》　◎冢宰制國用，必於歲之杪。《禮記·王制》　◎於今面折廷爭，臣不如君。《史記·呂后紀》　◎於威宣之際，孟子荀卿之列咸遵夫子

之業而潤色之。又《儒林傳序》

(一二)介詞　表被動文中之原主動作者。◎勞心者治人，勞力者治於人。治於人者食人，治人者食於人；天下之通義也。《孟子·滕文公上》　◎彌子瑕見愛於衛君。《韓非子·説難》　◎然而兵破於陳涉，地奪於劉氏。《漢書·賈誼傳》

(一三)介詞　表形容詞之對象。◎吾何快於是！《孟子·梁惠王上》　◎吾甚慚於孟子。又《公孫丑下》　◎舜明於庶物，察於人倫。又《離婁下》

(一四)介詞　表形容詞之比較級。◎季氏富於周公。《論語·先進》　◎子貢賢於仲尼。又《子張》　◎苛政猛於虎也。《禮記·檀弓》　◎王如知此，則無望民之多於鄰國也。《孟子·梁惠王上》　◎此所謂枝大於本，脛大於股，不折必披。《史記·灌夫傳》

(一五)介詞　與以同義。◎慈，於戰則勝，以守則固。《韓非子·解老》　按《老子》「於」作「以」。◎薊丘之植，植於汶篁。《史記·樂毅傳》　◎地柱折，天故毋椽，又奈何責人於全？又《龜策傳》　◎居則習民於射法，出則教民於應敵。《漢書·晁錯傳》

(一六)介詞　表人之意旨，亦可譯爲在。◎人皆以楚爲強而君用之弱，其於英不然。《史記·春申君傳》　◎今吳楚反，於公何如？對曰：不足憂也。又《吳王濞傳》　按「於英」，「於英意」也。「於公」，「於公意」也。

(一七)介詞　表兩方之關係。　◎麒麟之**於**走獸，鳳凰之**於**飛鳥，泰山之**於**丘垤，河海之**於**行潦，類也；聖人之**於**民，亦類也。《孟子·公孫丑上》　◎伯夷伊尹**於**孔子，若是班乎？曰：否。自有生民以來，未有孔子也。又　◎且今時趙之**於**秦，猶郡縣也。《史記·張儀傳》

(一八)語首助詞　無義。　◎**於**稽其類，其衰世之意耶？《易·繫辭》　◎黎民**於**變時雍。《書·堯典》　◎**於**予擊石拊石。又　◎**於**牣魚躍。《詩·大雅·靈臺》　◎**於**論鼓鐘，**於**樂辟雝。又　◎**於**萬斯年。又《下武》　◎**於**薦廣牡。又《周頌·雝》　按右例舊讀有讀如「烏」，以爲歎美之詞者，王引之皆讀如字。

(一九)句中助詞　無義，倒裝時用之。　◎亡**於**不暇，又何能濟？《左傳》昭四年　◎王貪而無信，唯蔡**於**憾。又昭十年　◎其一二父兄私族**於**謀而立長親。又昭十九年

(二〇)歎詞　讀與「烏」同。　◎僉曰：**於**！鯀哉！《書·堯典》

于(ㄩˊ)

(一)介詞　表方所，在也。與「於」第五條同。　◎**于**以采蘩？**于**沼**于**沚；**于**以采藻？**于**彼行潦。《詩·召南·采蘩》　◎及餓死**于**申亥之家，爲天下笑。《史記·楚世家》　◎乃斫大樹，白而書之曰：龐涓死**于**此樹之下。又《孫子傳》　◎齊桓公許與魯會**于**柯而盟。又《曹沫傳》　◎謹斬

樊於期之頭，及獻燕督亢之地圖，函封，燕王拜送**于**庭，使使以聞。又《荊軻傳》◎廉頗卒死**于**壽春。又《廉頗傳》◎高帝曰：提三尺劍取天下者，朕也。故太上皇終不得制事，居**于**櫟陽。又《韓長孺傳》

(二)介詞　用同「以」。與「於」第十五條同。◎舜讓**于**德，弗嗣。《書·堯典》◎歷告爾百姓**于**朕志。又《盤庚》◎予告汝**于**難，若射之有志。又 ◎今我既羞告爾**于**朕志。又 ◎惟予茲不**于**我政人得罪。又《康誥》◎聽朕教汝**于**棐民彝。又《洛誥》◎楚自克庸以來，其君無日不討國人而訓之**于**民生之不易，禍至之無日，戒懼之不可以怠；在軍，無日不討軍實而申儆之**于**勝之不可保，紂之百克而卒無後，訓之以若敖蚡冒篳路藍縷以啓山林。《左傳》宣十二年 ◎迺眷南顧，授漢**于**京。章孟《諷諫詩》

(三)介詞　用同「爲」。與「於」第七條同。◎惟茲臣屬，汝其**于**予治！《孟子·萬章上》　按介詞「於」「于」二字用法全同。「於」字所有介詞諸義，「于」字大率皆有之。茲僅舉最通用及最罕用者三條，餘以「於」字例推可也。

(四)等列連詞　與也。◎子弗祗服厥父事，大傷厥考心；**于**父不能字厥子，乃疾厥子；**于**弟弗念天顯，乃弗克恭厥兄；兄亦不念鞠子哀，大不友于弟。《書·康誥》◎告女德之說**于**罰之行。又 ◎四方迪亂未定，**于**宗禮亦未克敉，公功迪將其後。又《洛誥》　按此例從王引之

讀。◎時惟爾初，不克敬**于**和，則無我怨。又《多方》　◎號泣于旻天**于**父母。《孟子·萬章上》

◎大告道諸侯王三公列侯**于**汝卿大夫元士御事。《漢書·翟義傳》

(五)語首助詞　無義。　◎**于**疆**于**理。《詩·大雅·江漢》

(六)語中助詞　倒裝用，與「是」字同。　◎赫赫南仲，玁狁**于**襄。《詩·小雅·出車》　◎赫赫南仲，玁狁**于**夷。又　◎四國**于**蕃，四方**于**宣。又《大雅·崧高》

(七)語中助詞　無義。　◎黃鳥**于**飛。《詩·周南·葛覃》　◎穀旦**于**差，南方之原。又《陳風·東門之枌》　◎穀旦**于**逝，越以鬷邁。又　◎王**于**興師，修我戈矛，與子同仇。又《秦風·無衣》　◎王**于**出征，以佐天子。又《小雅·六月》

(八)語末助詞　表疑問，用同「乎」。　◎不籍而贍國，爲之有道**于**？《管子·山國軌》　◎然則先生聖**于**？《呂氏春秋·審應》

餘(ㄩˊ)

(一)他指指示代名詞　◎其**餘**，后父據《春秋》褒紀之義，帝舅緣《大雅》申伯之意，寖廣博矣。《漢書·外戚恩澤侯表》　◎削梁王五縣，梁**餘**尚有八城。又《文三王傳》

(二)數量形容詞　表餘數之不定者。　◎式脫身出分，獨取畜羊百**餘**。《史記·平準書》　◎往往而聚者百有**餘**戎。又《匈奴傳》◎封國八百，同姓五十有**餘**。《漢書·諸侯王表》◎河間獻王采禮樂古事，稍稍增輯至五百**餘**事。又《禮樂志》

俞（ㄩ·）

（一）表態副詞　與「愈」同。◎清之而**俞**濁者，口也；豢之而**俞**瘠者，交也。《荀子·榮辱》

（二）應對副詞　然也。◎師錫帝曰：有鰥在下，曰虞舜。帝曰：**俞**！予聞，如何？《書·堯典》◎舜曰：咨！四岳！有能奮庸熙帝之載，使宅百揆，亮采惠疇。僉曰：伯禹作司空。帝曰：**俞**！咨禹！汝平水土！惟時懋哉！又　◎禹曰：都！帝！慎乃在位！帝曰：**俞**！又《皋陶謨》◎於是天子沛然改容曰：**俞**乎！朕其試哉！《漢書·司馬相如傳》◎揚子曰：**俞**！若夫閎言崇議幽微之塗，蓋難與覽者同也。又《揚雄傳》

與（·ㄩ）

（一）名詞　共事之人，或黨與也。◎一曰征，二曰象，三曰**與**，四曰謀。《周禮·太卜》◎陶誕比周以爭**與**。《荀子·強國》◎不欺其**與**。又《王霸》◎羣臣連與成朋，非毀宗室。《漢書·燕刺王傳》

(二)外動詞　許也。◎子謂子貢曰：女與回也孰愈？對曰：賜也何敢望回。回也聞一以知十，賜也聞一以知二。子曰：弗如也，吾**與**汝，弗如也。《論語·公冶長》◎人潔己以進，**與**其潔也，不保其往也；**與**其進也，不**與**其退也。又《述而》

(三)不完全外動詞　謂也。◎獺獸祭魚，其必**與**之獸，何也？曰：非其類也。《大戴禮·夏小正》◎來降燕乃睇室。其**與**之室，何也？操泥而就家，入人內也。又　◎夫禮，大之由也，不**與**小之自也。又《曾子事父母》◎是故代相陳豨從車千乘，而吳濞淮南皆招賓客以千數，外戚大臣魏其武安之屬競逐於京師，布衣游俠劇孟郭解之徒馳騖於閭閻，橫行州域，力折公侯；衆庶榮其名迹，覬而慕之，雖其陷於刑辟，自**與**殺身成名若季路仇牧，死而不悔也。《漢書·游俠傳序》

(四)外動詞　敵也，當也。◎閭邱嬰與申鮮虞乘而出，行及弇中，將舍。嬰曰：崔慶其追我！鮮虞曰：一**與**一，誰能懼我！《左傳》襄二十五年　◎宋方吉，不可**與**也。又哀九年　◎彼來從我，固守勿**與**。《越語》　◎事必**與**食，食必**與**位，無相越踰。《大戴禮·四代》　◎以此**與**天下，天下不足兼而有也。《秦策》　◎善勝敵者不**與**。《老子》　◎龐煖易**與**耳。《史記·燕世家》　◎今以君之下駟**與**彼之上駟，取君上駟**與**彼中駟，取君中駟**與**彼下駟。又《孫子傳》　◎秦之所惡，獨畏馬服子趙括將耳。廉頗易**與**，且降矣。又《白起傳》　◎君生平知韓信爲人易**與**耳。

又《淮陰侯傳》◎大之**與**小，強之**與**弱也，猶石之投卵，虎之啗豚。《淮南子·人間訓》◎問豨將，皆故賈人。上曰：吾知所以**與**之矣。《漢書·高帝紀》◎單于自度戰不能**與**漢兵。又《匈奴傳》◎戰益急，恐不能**與**。又《朝鮮傳》

（五）內動詞　今言參與。讀去聲。◎秦伯納女五人，懷嬴**與**焉。《左傳》僖二十三年　◎朝不坐，燕不**與**，殺三人，亦足以反命矣。《禮記·檀弓》◎此又**與**於不仁之甚者也。《孟子·告子上》◎秦始皇令嬴比封君，以時**與**列臣朝請。《漢書·貨殖傳》

（六）副詞　假作「舉」用，皆也。◎王霸安存危殆滅亡，制**與**在我，亡乎人。《荀子·王制》◎天下之君子**與**謂之不祥。《墨子·天志》

（七）介詞　與口語「和」字相當。◎帝者**與**師處，王者**與**友處，霸者**與**臣處，亡國**與**役處。《燕策》◎諸君子皆**與**驩言，孟子獨不**與**驩言，是簡驩也。《孟子·離婁下》◎使日夜無郤而**與**物爲春。《莊子·德充符》◎此迫矣！臣請入，**與**之同命。《史記·項羽紀》◎足下**與**項王有故，何不反漢**與**楚連和？又《淮陰侯傳》◎上官大夫**與**之同列爭寵。又《屈原傳》◎方今公孫丞相兒大夫董仲舒夏侯始昌司馬相如吾邱壽王主父偃朱買臣嚴助汲黯膠倉終軍嚴安徐樂司馬遷之倫，皆辨知閎達，溢于文辭。先生自視何**與**比哉？《漢書·東方朔傳》◎陛下雖賢，誰**與**領此？又《賈誼傳》

(八)介詞　爲也。◎我使掌與女乘。《孟子·滕文公下》◎所欲，與之聚之；所惡，勿施爾也。又《離婁上》◎或與中期說秦王。《秦策》◎秦王令芈戎告楚曰：毋與齊東國，吾與子出兵矣。《楚策》◎主怒曰：劉氏孤弱，王氏擅朝，排擠宗室，且嫂何與取妹披抉其閨門而殺之？《漢書·薛宣傳》◎漢王與義帝發喪。《漢紀·高祖紀》◎匡衡勤學，邑人文不識家多書，衡乃與其傭作而不求償。《西京雜記》

(九)介詞　爲也。表被動時用，故與前條異。◎吳王夫差棲越於會稽，勝齊於艾陵，遂與勾踐禽，死於干隧。《秦策》五　◎秦與天下罷，則令不橫行於周矣。《西周策》　按今本作「秦與天下俱罷」，誤。辨見《讀書雜志》。

(一〇)介詞　隨也。◎蛤蟹珠龜，與月盛衰。《淮南子·地形訓》

(一一)介詞　用同「以」。◎殷人殯於兩楹之間，則與賓主夾之也。《禮記·檀弓》◎大夫有所往，必與公士爲賓也。又《玉藻》

(一二)介詞　與口語「向」字同。◎諸遷虜少有餘財，爭與吏求近處。《漢書·貨殖傳》◎縱軀委命，不私與己。

(一三)介詞　用同「於」。◎雖無德與女，式歌且舞。《詩·小雅·車舝》◎縱軀委命，不私與己。賈誼《服鳥賦》◎要離與慶忌之吳渡江，中江，要離力微坐與上風。《吳越春秋·闔閭傳》

(一四)介詞　與《於》第十七條同。◎吳有越，腹心之疾；齊與吳，疥瘲也。《史記·越世家》◎秦

之**與**魏，譬若人有腹心之疾。又《商君傳》 ◎今秦之**與**齊也，猶齊之**與**魯也。又《張儀傳》

（一五）連詞 《禮記·檀弓》注云：與，及也。與今語「和」字相當。與第四條介詞異者，此連結平列之詞，彼則帶其賓語以修飾動詞也。 ◎夫子之言性**與**天道，不可得而聞也。《論語·公治長》 ◎子謂顏淵曰：用之則行，舍之則藏，唯我**與**爾，有是夫！又《述而》 ◎子罕言利**與**命**與**仁。又《子罕》 ◎昔自夏后氏之衰也，有二神龍止於夏帝庭而言曰：「余，褒之二君。」夏帝卜殺之**與**去之**與**止之，莫吉。《史記·周本紀》 ◎凡有爵者**與**七十者**與**未齔者，皆不爲奴。《漢書·刑法志》

（一六）連詞 比較二事時用之，故必與「不如」「不若」「豈若」「寧」等詞關聯用之。又或作「與其」，義同。 ◎**與**我處畎畝之中，由是以樂堯舜之道，吾豈若使是君爲堯舜之君哉！吾豈若使是民爲堯舜之民哉！《孟子·萬章上》 ◎**與**吾得革車千乘，不如聞行人燭過之一言也。《韓非子·難上》 ◎燕將見魯連書，喟然嘆曰：**與**人刃我，寧自刃。乃自殺。《史記·魯仲連傳》 ◎吾**與**富貴而詘於人，寧貧賤而輕世肆志焉。又 ◎**與其**殺不辜，寧失不經。《書·大禹謨》 ◎不如逃之，無使罪至，爲吳太伯，不亦可乎！猶有令名，**與其**及也。《左傳》閔元年 ◎喪禮，**與其**哀不足而禮有餘也，不若禮不足而哀有餘也；祭禮，**與其**敬不足而禮有餘也，不若禮不足而敬有餘也。《禮記·檀弓》 ◎**與其**媚於奧，寧媚於竈。《論語·八佾》 ◎禮，**與其**奢

也，寧儉；喪，與其易也，寧戚。又 ◎與其生而無義，固不如烹。《史記·田單傳》

(一七)句中助詞　無義。◎夫有大功而無貴仕，其人能靖者，與有幾？《左傳》僖二十三年 ◎是盟也，其與幾何？又襄二十九年 ◎其居火也久矣！其與不然乎！又昭十七年 ◎若壅其口，其與能幾何？《周語》 ◎余一人其流辟於裔土，何辭之與有？又 ◎諸臣之委室而徒退者，將與幾人？《晉語》 ◎苗棼皇曰：郤子勇而不知禮，矜其伐而恥國君，其與幾何？又 ◎亡人苟入，掃除宗廟，定社稷，亡人何國之與，有？又《二》 ◎如寡人者，安與知恥？《越語》 ◎兵不得休八年，萬民與苦甚。《漢書·高帝紀》

(一八)語末助詞　表疑問，或作歟。◎誰與哭者？《禮記·檀弓》 ◎子禽問於子貢曰：夫子之至於是邦也，必聞其政。求之與？抑與之與？《論語·學而》 ◎子貢問：師與商也孰賢？子曰：師也過，商也不及。曰：然則師愈與？子曰：過猶不及。又《先進》 ◎不識舜不知象之將殺己與？曰：奚而不知也！象憂亦憂，象喜亦喜。然則舜僞喜者與？曰：否。《孟子·萬章上》 ◎且以文王之德，百年而後崩，猶未洽於天下。武王周公繼之，然後大行。今言王若易然，則文王不足法與？又《公孫丑上》 ◎惠帝怪相國不治事，以爲「豈少朕與？」《史記·曹參世家》 ◎商君曰：子不說吾治秦與？又《商君傳》 ◎夫人生百體堅強，手足便利，耳目聰明，而心聖智，豈非士之願與？應侯曰：然。又《蔡澤傳》 ◎此人暴虐吾國相，王縣購其

名姓千金，夫人不聞與？又《聶政傳》◎甘羅曰：卿明知其不如文信侯專與？又《甘茂傳》

◎王聞燕太子丹入質秦歟？曰：聞之。又◎子非三閭大夫歟？何故而至此？又《屈原傳》

（一九）語末助詞　表感歎，或作歟。◎猗與漆沮！《詩·周頌·潛》◎猗與！那與！又《商頌·那》

◎舜其大孝也與！《禮記·中庸》◎孝弟也者，其爲仁之本與！《論語·學而》◎臧文仲其竊位者與！知柳下惠之賢而不與立也。又《衛靈公》◎政姊榮聞人有刺殺韓相者，賊不得，國不知其姓名，暴其尸而縣之千金。乃於邑曰：其是吾弟與！又《聶政傳》

（二〇）語末助詞　表反問。◎化隆者閎博，治淺者褊狹，可不勉與！《史記·禮書》◎志小天下，及餓死于中家，爲天下笑，操行之不得，悲夫！勢之於人也，可不愼與！又《楚世家》

愈（·ㄩ）　逾

（一）表度副詞　彌也，益也。較前加甚之辭。◎大將軍青旣益尊，姊爲皇后；然黯與亢禮。人或說黯曰：自天子欲羣臣下大將軍，大將軍尊重益貴，君不可以不拜。黯曰：夫以大將軍有揖客，反不重邪？大將軍聞，愈賢黯。《史記·汲黯傳》◎少年聞之，愈益慕解之行。又《郭解傳》◎景帝遂案誅大行，而廢太子爲臨江王。栗姬愈恚恨。不得見，以憂死。又《外戚世家》◎丞相奏事，因言：錯擅鑿廟垣爲門，請下廷尉誅。上曰：「此非廟垣，乃壖中垣；

不致於法。」丞相謝。罷朝，怒謂長史曰：「吾當先斬以聞，乃先請，爲兒所賣，固誤。」丞相遂發病死，錯以此愈貴。又《晁錯傳》◎武安侯雖不任職，以王太后故親幸；數言事，皆效。天下士吏趨勢利者皆去魏其歸武安。建元六年，竇太后崩，以武安侯爲丞相，天下士郡國諸侯愈益附武安。又《武安侯傳》◎灌夫爲人剛直使酒，不好面諛，貴戚諸有勢在己之右，不欲加禮，必陵之；諸士在己之左，愈貧賤，尤益敬與鈞。又《灌夫傳》◎人聞其能使物及不死，更饋遺之，常餘金錢衣食。人皆以爲不治生業而饒給，又不知其何所人，愈信，爭事之。又《封禪書》◎王心以爲上無太子，天下有變，諸侯並爭，愈益治器械攻戰具。又《淮南王傳》◎遵既免歸長安，賓客愈盛。《漢書·陳遵傳》◎不能爲君者，傷形費神，愁心勞意；然國逾危，身逾辱。《墨子·所辱》◎故其樂逾繁者，其治逾寡。又《三辯》

豫（·ㄩ）

（一）時間副詞　未至其時而先爲之曰「豫」。今言「豫先」。◎議者見前江迺始無應敵之數，知勇俱困，以致恥辱，卽豫爲臣憂。《漢書·陳湯傳》◎武庫禁兵上方珍寶，其選物上弟，盡在董氏；而乘輿所服，乃其副也。及至東園祕器，珠襦玉柙，豫以賜賢，無不備具。又《董賢傳》◎忠以詔書既開諫爭，慮言事者必多激切，或致不能容，乃上書豫通帝意。《後漢書·陳忠傳》

◎五月一日，當有大水，其變已至，不可防救。宜令吏人豫爲其備。又《方術·任文公傳》

欲（ㄩˋ）

（一）外動詞　願也。◎卽欲與神通，宮室被服非象神，神物不至。《史記·封禪書》◎是故其智不足與權變，勇不足以決斷，仁不能以取予，彊不能有所守，雖欲學吾術，終不告之矣。又《貨殖傳》◎張負歸，謂其子仲曰：吾欲以女孫予陳平。又《陳平世家》◎寡人欲相甘茂，可乎？又《甘茂傳》◎子曰：我欲載之空言，不如見之於行事之深切著明也。又《自序》

（二）時間副詞　將也。言未來之事用之。◎初，四人俱拜於前，小史竊言。武帝問：「言何？」對曰：爲侯者得東歸不？上曰：女欲不貴矣。《漢書·田廣明傳》◎我與隗囂事欲不諧。使來，見殺；得賜，道亡。《後漢書·隗囂傳》◎廣陵太守陳登忽患匈中煩懣面赤不食，佗脈之曰：府君胃中有蟲，欲成內疽，腥物所爲也。又《華佗傳》◎想弟必有過理，得暫寫懷。若此不果，後期欲難冀。王羲之《帖》

聿（ㄩˋ）

（一）語首助詞　《文選·江賦注》引《韓詩薛君章句》云：聿，辭也。《幽通賦注》云：聿，惟也。

按實無義。◎聿求元聖。《書·湯誥》 ◎聿追來孝。《禮記》引《詩》 按今《詩》「聿」作「遹」。◎聿修厥德。《詩·大雅·文王》 ◎聿來胥宇。又《緜》 ◎聿懷多福。又《大明》 ◎聿中龢爲庶幾兮。班固《幽通賦》

(二)語中助詞　無義。◎蟋蟀在堂，歲聿其莫。《詩·唐風·蟋蟀》 ◎借曰未知，亦聿既耄。又《大雅·抑》 ◎雨雪瀌瀌，宴然聿消。《荀子·非相》篇引《詩·小雅·角弓》

遹(ㄩˋ)

(一)語首助詞　無義。◎文王有聲，遹駿有聲。遹求厥寧，遹觀厥成。文王烝哉！《詩·大雅·文王有聲》 ◎匪棘其欲，遹追來孝。又

粤(ㄩㄝˋ)

(一)語首助詞　無義。◎粤詹雒伊，毋遠天室。《史記·周本紀》 ◎粤若來二月。《漢書·律曆志》引《書武成》

(二)語中助詞　無義。◎尙粤其幾淪神域兮。《漢書·敘傳》

越(ㄩㄝˋ)

(一)介詞　用同「於」。◎肆予曷敢不**越**卬敉寧王大命？《書·大誥》　按《漢書·翟義傳》莽《誥》作「害敢不於身撫祖宗之所受大命」。◎濟濟多士，秉文之德；對**越**在天，駿奔走在廟。《詩·周頌·清廟》

(二)介詞　踰也，過也。◎臣以外屬**越**次備位，未能奉稱。《漢書·王莽傳上》◎會友人上郡太守王旻喪還，規縞素**越**界到下亭迎之。《後漢書·皇甫規傳》◎前變未遠，臣誠戚之，是以**越**職盡其區區。又

(三)等列連詞　與也。◎大誥猷爾多邦**越**爾御事。《書·大誥》◎肆予我友邦君**越**尹氏庶士御事。又　◎爾庶邦君**越**庶士御事。又　◎義爾邦君**越**爾多士尹氏御事。又　◎肆哉爾庶邦君**越**爾御事。又

(四)語首助詞　無義。◎高宗肜日，**越**有雊雉。《書·高宗肜日》◎不服田畝，**越**其罔有黍稷。又《盤庚》◎殷遂喪，**越**至於今。又《微子》◎**越**予小子考翼，不可征，王害不違卜？又《大誥》◎**越**予冲人，不卬自恤。又　◎**越**若來三月惟丙午朏。又《召誥》◎**越**翼日戊午，乃社於新邑。又　◎穀旦於逝，**越**以鬷邁。《詩·陳風·東門之枌》◎**越**有小旱。《大戴禮·夏小正》

曰(ㄩㄝ·)

(一)不完全內動詞　爲也。　◎一**曰**水，二**曰**火，三**曰**木，四**曰**金，五**曰**土。《書·洪範》　◎水**曰**潤下，火**曰**炎上，木**曰**曲直，金**曰**從革，土爰稼穡。又　◎八庶徵：**曰**雨，**曰**暘，**曰**燠，**曰**寒，**曰**風，**曰**時。五者來備，各以其敍，庶草蕃廡。又　◎一**曰**乾豆，二**曰**賓客，三**曰**充君之庖。《公羊傳》桓四年　◎國無九年之蓄**曰**不足，無六年之蓄**曰**急。《禮記·王制》　按以上例「曰」字獨用。　◎是其生也，與吾同物。命之**曰**同。《左傳》桓六年　◎命**曰**勞酒。《禮記·月令》　◎命之**曰**暢月。又　◎百官族人可謂**曰**智。《孟子·滕文公上》　按以上例用於外動詞「命」「謂」等字之下。

(二)外動詞　《廣雅·釋詁》云：曰，言也。　◎子**曰**：學而時習之，不亦說乎？《論語·學而》

(三)外動詞　亦言義。　惟用以解釋上文，故與前條用法異。在今語與「他的意思是說」相同。　◎哀公問社於宰我，宰我對曰：夏后氏以松，殷人以柏，周人以栗。**曰**：「使民戰栗。」《論語·八佾》　按宰我推想周人用栗爲社之意，曰：「是欲使民戰栗，故用栗也。」　◎且《志》曰：喪祭從先祖。**曰**：吾有所受之也。《孟子·滕文公上》　◎咸丘蒙問曰：《詩》云：普天之下，莫非王土；率土之濱，莫非王臣。而舜既爲天子矣，敢問瞽瞍之非臣，如何？曰：是

《詩》也，非是之謂也。勞於王事而不得養父母也。**曰**：此莫非王事，我獨賢勞也。又《萬章上》

（四）語首助詞　無義。◎我送舅氏，**曰**至渭陽。《詩・秦風・渭陽》◎**曰**爲改歲，**曰**殺羔羊。又《豳風・七月》◎**曰**歸**曰**歸。又《小雅・采薇》◎其未醉止，威儀反反；**曰**既醉止，威儀幡幡。又《賓之初筵》◎摯仲氏任，自彼殷商，來嫁于周，**曰**嬪于京。又《大雅・大明》◎**曰**止**曰**時，築室於茲。又《緜》◎天方艱難，**曰**喪厥國。又《抑》◎載見辟王，**曰**求厥章。又《周頌・載見》◎仲尼曰：叔向，古之遺直也。治國制刑，不隱於親；三數叔魚之惡，不爲末減。**曰**義也夫！可謂直矣！《左傳》昭十四年

（五）語中助詞　無義。◎我東**曰**歸，我心西悲。《詩・豳風・東山》◎其湛**曰**樂，合奏爾能。又《小雅・賓之初筵》◎雨雪瀌瀌，見晛**曰**消。又《角弓》◎昊天**曰**明，及爾出王；昊天**曰**旦，及爾游衍。又《大雅・板》

爰（ㄩㄢˊ）

（一）不完全內動詞　爲也。◎水曰潤下，火曰炎上，木曰曲直，金曰從革，土**爰**稼穡。《書・洪範》

（二）介詞　用同「於」。◎盤庚既遷，奠厥攸居，乃正厥位，綏**爰**有衆。《書・盤庚》◎推誠永究，

爰何不臧？《漢書·外戚·許后傳》 ◎伊考自邃古，乃降戾爰兹。班固《典引》

(三)介詞 與也。 ◎大保命仲桓南宫毛俾爰齊侯呂伋以二干戈虎賁百人逆子釗於南門之外。《書·顧命》

(四)語首助詞 無義。《集韻》云：爰，引詞也。 ◎爰居爰處，爰喪其馬。《詩·邶風·擊鼓》 ◎爰有寒泉，在浚之下。又《凱風》 ◎樹之榛栗，椅桐梓漆，爰伐琴瑟。又《鄘風·定之方中》 ◎逝將去女，適彼樂土。樂土樂土，爰得我所。又《魏風·碩鼠》 ◎爰居爰處，爰笑爰語。又《小雅·斯干》 ◎爰及矜人。哀此鰥寡。又《鴻雁》 ◎樂彼之園，爰有樹檀。又《鶴鳴》 ◎亂離瘼矣，爰其適歸。又《四月》 ◎干戈戚揚，爰方啓行。又《大雅·公劉》 ◎止基迺理，爰衆爰有。又 ◎爰始爰謀，爰契我龜。又《緜》 ◎爰及姜女，聿來胥宇。又 ◎文王改制，爰周郅隆。《史記·司馬相如傳》 ◎雷電寮，復白麟，爰五止，顯黄德。《漢書·禮樂志》

(五)語中助詞 無義。 ◎我王來，既爰宅於兹。《書·盤庚》 ◎載馳載驅，周爰諮諏。《詩·小雅·皇皇者華》

緣（ㄩㄢˊ）

(一)介詞 因也。 ◎曷爲爲季子諱殺？季子之遏惡也，不以爲國獄，緣季子之心而爲之諱。

《公羊傳》莊三十二年 ◎趙穿**緣**民衆不説，起弑靈公。又宣六年 ◎成帝卽位，**緣**先帝意，厚遇異於他王。《漢書·宣元六王傳》 ◎前賢已再封，晏商再易邑，業**緣**私横求，恩已過厚。又《王嘉傳》 ◎武帝崩，大將軍霍光**緣**上雅意，以李夫人配食。又《外戚·李夫人傳》

(二)介詞 隨也。◎其居位，爵祿賂遺所得，亦**緣**手盡。《漢書·樓護傳》 ◎彤聞世祖自薊還失軍，欲至信都，乃先使張萬尹綏選精騎二千餘匹**緣**路迎世祖軍。《後漢書·邳彤傳》

云(ㄩㄣ)

(一)外動詞 與「曰」同。◎牢曰：子**云**：吾不試，故藝。《論語·子罕》

(二)外動詞 爲也。◎臣聞鄒衍曰：政教文質者，所以**云**救也。《漢書·嚴安傳》 ◎所以優游而不征者，重勤師衆，勞將率，故隱忍而未有所**云**也。漢《封甘延壽詔》 ◎雖**云**匹夫，霸王可也。《後漢書·袁術傳》

(三)外動詞 有也。◎大旱之日短而**云**災，故以災書；此不雨之日長而無災，故以異書也。《公羊傳》文二年 ◎故人無師無法而知，則必爲盜；勇則必爲賊；**云**能則必爲亂。人有師有法而知，則速通；勇則速威；**云**能則速成。《荀子·儒效》 ◎曾子曰：《詩》曰：轂已破碎，乃大其輻；事已敗矣，乃重太息：其**云**益乎？又《法行》 ◎巨塗則讓，小塗則殆。雖欲不謹，若云不使。又《榮辱》 ◎云能而害無能，則亂也。又《非十二子篇註》引《愼子》 ◎將欲觀殊議異策，虛心傾耳以聽，庶幾云得。《鹽鐵論·利議》 ◎陛下夙夜以求賢，此亦堯舜之用心也。然而未云獲者，士素不厲也。《漢書·董仲舒傳》 ◎天下存亡，誠云命也。《後漢書·馮衍傳》 ◎臣累世受恩，榮祚豐衍。竊不自揆，貪少云補。又《應劭傳》 皇綱云緒，帝紀乃設。又《崔駰傳》

(四)指示代名詞　如此也。◎介葛盧聞牛鳴，曰：是生三犧，皆用之矣。其音云。《左傳》僖二十九年 ◎子之言云，又焉用盟！又襄二十八年 ◎上曰：吾欲云云。《漢書·汲黯傳》 按師古曰：「云云」猶言「如此如此」也。 ◎文學儒吏時有奏記稱說云云。又《朱博傳》 ◎或曰：善爲政者欲除煩去苛，并官省職，爲之以無爲，事之以無事，何子之言云云也？《後漢書·仲長統傳》

(五)假設連詞　如也，若也。◎管夷吾有病，小白問之曰：仲父之病疾矣，不可諱。云至於大病，則寡人惡乎屬國而可？《列子·力命》

(六)語首助詞　無義。◎我僕痡矣，云何吁矣？《詩·周南·卷耳》 ◎云誰之思？西方美人。又《邶風·簡兮》 ◎子之不淑，云如之何？又《鄘風·君子偕老》 ◎既見君子，云胡不夷？又《鄭風·風雨》 ◎始者不如今，云不我可。又《小雅·何人斯》 ◎靡所止疑，云徂何往？又《大雅·桑柔》 ◎赫赫炎炎，云我無所。又《雲漢》 ◎瞻卬昊天，云如何里。又

（七）語中助詞　賓語倒置時用之，用法與「是」第五條同。　◎有皇上帝，伊誰云憎？《詩·小雅·正月》　◎伊誰云從？維暴之云。　又《何人斯》　◎無曰不顯，莫予云覯！　又《大雅·抑》

（八）語中助詞　無義。　◎道之云遠，曷云能來！《詩·邶風·雄雉》　◎我日構禍，曷云能穀！　又《小雅·四月》　◎昔我往矣，日月方除；曷云其還，歲聿云莫。　又《小明》　◎人之云亡，邦國殄瘁。　又《大雅·瞻卬》　◎民有肅心，荓云不逮。　又《桑柔》　◎爲民不利，如云不克。　又　◎歲云秋矣。《左傳》僖十五年　◎日云莫矣。　又成十二年　◎帥大讎以待小國，其誰云待之？《魯語》　◎內外無親，其誰云救之？《晉語二》　◎鳥魚可謂愚矣！禹湯猶云因焉。《墨子·公孟》　◎通保傅，傳《孝經》《論語》《尚書》，未云有明。《漢書·昭帝紀》　◎使臣殺身以安國，蒙誅以顯君，臣誠願之。　獨恐未有云補。　又《諸葛豐傳》　◎雖歿軀體，無所云補。《後漢書·陳龜傳》

（九）語末助詞　無義。　◎蓋記時也云。《大戴禮·夏小正》　◎故聖人曰禮樂云。《禮記·樂記》　◎太史公曰：余登箕山，其上蓋有許由冢云。《史記·伯夷列傳》　◎故其儀闕然堙滅，其詳不可得而記聞云。　又《封禪書》　◎牲用騮駒黃牛羝羊各一云。　又　◎成山斗入海，最居齊東北隅，以迎日出云。　又　◎其用如經祠云。　又　◎聞其言，不見其人云。　又　◎地貴陽，祭之必於澤中圜丘云。　又　◎及到，三神山反居水下；臨之，風輒引去，終莫能至云。　又　◎少翁以方，蓋夜致王夫人及竈鬼之貌云。　又　◎其後裝治行，東入海，求其師云。　又

◎從官在山下，聞若有言萬歲**云**。又 ◎有麃上自射之，因以祭**云**。又 ◎陛下建漢家封禪，天其報德星**云**。又 ◎數日無所見，見大人跡**云**。又 ◎天下騷動，大將得之，若一敵國**云**。《漢書・劇孟傳》 ◎又召賢女弟以爲昭儀，位次皇后，更名其舍爲椒風以配椒房**云**。又《董賢傳》 ◎自淳維以至頭曼，千有餘歲，時大時小，別散分離，尙矣；其世傳不可得而次。然至冒頓而匈奴最強大；其世姓官號，可得而記**云**。又《匈奴傳》

員（ㄩㄣ）

（一）語首助詞　無義。◎君子**員**獵**員**遊。《石鼓文》

（二）語中助詞　與「云」第八條同，無義。◎日月逾邁，若弗**員**來。《書・秦誓》

（三）語末助詞　表決定。◎縞衣綦巾，聊樂我**員**。《詩・鄭風・出其東門》

允（·ㄩㄣ）

（一）表態副詞　信也。◎《軍志》曰：**允**當則歸。《左傳》僖二十八年 ◎**允**所謂遭仁遇神，眞所宜傳而著之。《後漢書・文苑・趙壹傳》

（二）語首助詞　無義。◎**允**釐百工。《書・堯典》 ◎臯陶曰：**允**迪厥德。又《臯陶謨》 ◎嗚乎！

允蠢鰥寡。又《大誥》 ◎**允**執其中。《論語·堯曰》篇引堯語 ◎**允**出茲在茲。《左傳》襄二十一年引《夏書》 ◎**允**王維后。《詩·周頌·時邁》 ◎**允**王保之。又 ◎於皇武王，無競惟烈，**允**文文王，克開厥後。又《武》 ◎**允**文**允**武。又《魯頌·泮水》 ◎時文思索，**允**臻其極。《周禮·考工記》

(三)語中助詞　無義。◎庶尹**允**諧。《書·皋陶謨》 ◎豳居**允**荒。《詩·大雅·公劉》

庸(ㄩㄥ)

(一)助動詞　無庸猶今言「不必」「不用」。◎既而大叔命西鄙北鄙貳於己。公子呂曰：國不堪貳，君將若之何？欲與大叔，臣請事之；若弗與，則請除之。公曰：無**庸**，將自及。《左傳》隱元年　按「無庸」謂「無庸除之」，動詞省略耳。故「庸」爲助動詞。◎竊爲君計者，莫若安民無事，且無**庸**有事於民也！《史記·蘇秦傳》

(二)表態副詞　殆也。◎且吾聞唐叔之封也，箕子曰：其後必大。晉其**庸**可冀乎！《左傳》僖十四年 ◎城濮之兆，其報在邲。今此行也，其**庸**有報志。又昭五年 ◎南蒯子仲之憂，其**庸**可棄乎！又昭十三年

(三)反詰副詞　豈也。◎子儀在位，十四年矣；而謀召君者，**庸**非貳乎？《左傳》莊十四年 ◎其君能下人，必能信用其民矣，**庸**可幾乎？又宣十二年 ◎晏平仲端委立於虎門之外。四族召

之，無所往。其徒曰：助陳鮑乎？曰：何善焉？助欒高乎？曰：**庸**愈乎？又昭十年 ◎吾**庸**知天之不授晉，且以勸荆乎？《晉語六》◎縱夫子驁祿爵，吾**庸**敢驁霸王乎？《呂氏春秋·下賢》◎此天所置，**庸**可殺乎！《史記·晉世家》◎今移禍，**庸**去是身乎？又《楚世家》◎雖王之國，**庸**獨利乎？《漢書·南越王傳》

（四）承接連詞　與「乃」同。◎帝**庸**作歌。《書·皋陶謨》◎昔虞閼父為周陶正以服事我先王。我先王賴其利器用也與其神明之後也，**庸**以元女大姬配胡公而封諸陳。《左傳》襄二十五年

容（ㄩㄥˊ）

（一）助動詞　當也。◎然則建巳之月為純陽，不**容**都無復陰也。董仲舒《雨雹對》◎公軍八月至潼關，閏月北渡河，則其年閏八月也。至此，**容**可大寒邪？《魏志·太祖紀注》◎雖千古茫昧，理世玄遠；遺文逸句，**容**或可尋。《水經注》

（二）助動詞　可也。◎先王之樂，所以節百事也；故有五節，遲速本末以相及，中聲以降，五降之後，不**容**彈矣。《左傳》昭元年 ◎固狂夫下愚，不達大體，竊慼古人一飯之報，況受顧遇而**容**不盡乎？《後漢書·李固傳》◎父在無**容**稱廟，父歿何**容**輒呼？《顏氏家訓》

（三）助動詞　或也。與今言「許」同。◎諸王子在京，**容**有非常，宜亟發遣，各還本國。《後漢

書·楊厚傳》 ◎求之密邇，**容**或未盡。又《朱浮傳》

(四)反詰副詞 與「庸」同。豈也。◎蓋鄭詹來而國亂，四佞放而衆服：以此觀之，**容**可近乎？《後漢書·楊秉傳》 ◎苟時未可，**容**得已乎？《魏志·辛毗傳》

永(·ㄩㄥ)

(一)時間副詞 長也，久也。◎不壹勞者不久佚，不蹔費者不**永**寧。《漢書·匈奴傳》

用(·ㄩㄥ)

(一)外動詞。◎其羽可**用**爲儀。《易·漸》 ◎如有**用**我者，吾其爲東周乎！《論語·陽貨》 ◎不**用**賢則亡。《孟子·告子下》 ◎慶封令慶舍**用**政。《史記·齊世家》

(二)介詞 與「以」同。按：《一切經音義》七引《倉頡篇》云：「用，以也。」以用一聲之轉，故義同。◎衞青霍去病亦以外戚貴，然頗**用**材能自進。《史記·佞幸傳》 ◎永始元延之間，日蝕地震尤數；吏民多上書言災異之應，譏切王氏專政所致。上懼變異數見，意頗然之，未有以明見。迺車駕至禹第，辟左右，親問禹以天變，因**用**吏民所言王氏事示禹。《漢書·張禹傳》 ◎是故身率妻子，戮力耕桑，灌園治産以給公上。不意當復**用**此爲譏議也！又《楊惲傳》

傳》◎單于既得翕侯，以爲自次王，**用**其姊妻之。又《匈奴傳》◎魯人皆以儒教，而朱家**用**俠聞。又《朱家傳》◎淸，寡婦，能守其業，**用**財自衞。又《貨殖傳》◎先生奚**用**相濟？《後漢書·馬援傳》

(三)介詞　由也，因也。◎好生之德，洽於民心，茲**用**不犯於有司。《書·大禹謨》◎伯夷叔齊不念舊惡，怨是**用**希。《論語·公冶長》◎故謀**用**是作而兵由此起。《禮記·禮運》◎王前欲伐齊，員彊諫；已而有功，**用**是反怨。《史記·越世家》◎廣**用**善射虜多爲郞騎常侍。又《李廣傳》◎其射，見敵非在數十步之內，度不中，不發，發卽應弦而倒。**用**此，其將兵數困辱。又◎光武戲曰：何**用**知非僕也？《後漢書·鄧晨傳》

(四)介詞　爲也。◎不忮不求，何**用**不臧？《詩·邶風·雄雉》◎國既卒斬，何**用**不監？又《小雅·節南山》◎身將隱，焉**用**文之？《左傳》僖二十四年◎鄰之厚，君之薄也。焉**用**亡鄭以倍鄰？又三十年◎何**用**見其未易災之餘而嘗也。《穀梁傳》桓十五年◎何用弗受也？爲以王命絕之矣。又莊六年

(五)介詞　表所用之名義。◎秦詔書購求兩人，兩人亦反**用**門者以令里中。《史記·張耳陳餘傳》

(六)介詞　表領率之義。◎郁成窺知申生軍日少，晨，**用**三千人攻戮申生等。《史記·大宛傳》

卷十

阿(ㄚ)

(一)語首助詞，必置於名詞及代名詞之上。◎吾謂大弟但有武略耳。至於今者，學識英博。肅拊蒙背曰：非復吳下**阿**蒙！《吳志·呂蒙傳注》◎與卿語，不如與**阿**戎語。《世說注》◎主吏仲東**阿**東。《成湯靈臺碑陰》◎禰衡游許下，自公卿國士以下，衡初不稱其官，皆名之曰**阿**某。《抱朴子》◎堂上啓**阿**母。《焦仲卿妻》詩 ◎**阿**母謂**阿**女。又 ◎道逢鄉里人，家中有**阿**誰？《古詩》◎先主謂曰：向者之論，**阿**誰爲失？《蜀志·龐統傳》◎敦作色曰：小人**阿**誰是也？《晉書·沈充傳》

唉(ㄞ)

(一)嘆詞，無義。◎狂屈曰：**唉**！予知之。《莊子·知北遊》◎亞父受玉斗，置之地，拔劍撞而破之。曰：**唉**！豎子不足與謀！《史記·項羽紀》

安（ㄢ）

（一）疑問代名詞　代事物。◎泰山其頹，則吾將**安**仰？梁木其壞，哲人其萎，則吾將**安**放？《禮記·檀弓》　◎賢人深謀於廊廟，論議朝廷；守信死節隱居巖穴之士，設爲名高者，**安**歸乎？歸於富厚也。《史記·貨殖傳》

（二）疑問代名詞　代處所，何處也。◎**安**戰也？戰衞。《穀梁傳》莊二十八年　◎王室多故，予**安**逃死乎？《史記·鄭世家》　◎騫曰：臣在大夏時，見邛竹杖蜀布，問曰：**安**得此？大夏國人曰：吾賈人往市之身毒。又《大宛傳》　◎有其書無有？皆**安**受學。又《倉公傳》　◎又問臣意：師慶**安**受之？又　◎姬侍王，從容語次譽赫長者也。王怒曰：女**安**從知之？《漢書·黥布傳》

（三）疑問形容詞　何也。率用於名詞「所」字之上。◎見其家織布好，而疾出其家婦，云：欲令農士工女**安**所讎其貨乎？《史記·公儀休傳》　◎今小國以窮困來告急天子，天子弗振，彼當**安**所告愬？又何以子萬國乎！又《東越傳》　◎子當爲王，欲**安**所置之？又《滑稽傳補》　◎武帝大笑曰：於呼！安得長者之語而稱之？**安**所受之？又　◎以古準今，壹何不相遠之遠也！**安**所繆盭而陵夷若是？《漢書·董仲舒傳》　◎駙馬都尉**安**所受此語？又《師丹傳》　◎**安**所求子死？桓東少年場。又《尹賞傳》

（四）疑問副詞　何也。◎暴而不戢，**安**能保大？《左傳》宣十二年　◎參免冠謝曰：陛下自察聖武孰與高皇帝？上曰：朕乃**安**敢望先帝乎！《史記·曹相國世家》◎平曰：非魏無知，臣**安**得進？又《陳平世家》◎今上欲易太子，君**安**得高枕而臥乎？又《留侯世家》◎彼敗吾一軍，餘皆走，**安**能相救？又《黥布傳》◎吾亦欲東耳，**安**能鬱鬱久居此乎？又《淮陰侯傳》◎今君處毋望之世，事毋望之主，**安**可以無毋望之人乎！又《春申君傳》◎迺公居馬上得之，**安**事《詩》《書》！《漢書·陸賈傳》

（五）承接連詞　乃也。◎王**安**挺志，一日惕一日留以安步王志。《吳語》◎王**安**厚取名而去之。又　◎精存自生，其外**安**榮。《管子·內業》◎民衣食而繇，下**安**無怨咎。又《山國軌》◎其山之淺有蘢與斥，羣木**安**逐。又《地圓》◎羣藥**安**生。又　◎若飢則得食，寒則得衣，亂則得治，此**安**生生。《墨子·尚賢》◎然則當爲之撞巨鐘，擊鳴鼓，彈琴瑟，吹竽笙而揚干戚，衣食之財將**安**可得而具乎？卽我以爲未必然也。又《非樂》◎上不能好其人，下不能隆禮，**安**特將學雜識志順詩書而已耳！《荀子·勸學》◎委然成文以示之天下，而暴國**安**自化矣。又《仲尼》◎文王誅四，武王誅二，周公卒業；至於成王，則**安**無誅矣。又　◎身不能，不知恐懼而求能者，**安**唯便僻左右親比己者之用。又《王霸》◎故先王聖人**安**爲之立中制節。又《正論》◎今日置質爲臣，其主**安**重；今日釋璽辭官，其主**安**輕。《呂氏春秋·執一》◎

犀首得見齊王，因久坐，**安**從容談。《魏策》

（六）語末助詞　與「焉」同，爲形容詞或副詞之語尾。◎俄則屈**安**窮矣。《荀子·榮辱》

案（ㄢ）　按

（一）承接連詞　乃也，於是也。◎約期於牧，**案**用師旅。《逸周書·武寤》◎秦與韓爲上交，秦禍**案**移於梁矣；秦與梁爲上交，秦禍**案**攘於趙矣。《趙策》◎故先王**案**爲之制禮義以分之。《荀子·榮辱》◎權謀傾覆之人退，則賢良知聖之士**案**自進矣。又《王制》◎故先王**案**爲之立文。又《禮論》◎凡攻人者，非以爲名，則**案**以爲利也。又《富國》

（二）承接連詞　則也。◎是**案**曰是，非**案**曰非。《荀子·臣道》◎秦使左**案**左，使右**案**右。又《富國》◎今子宋子**案**不然。又《正論》◎人皆失喪之，我**按**起而治之。又《富國》◎學者以聖王爲師，**案**以聖王之制爲法。又《解蔽》

而（ㄦ）

（一）名詞　《說文》云：而，須也。◎深其爪，出其目，作其鱗之**而**。《周禮·考工記·梓人》

（二）人稱代名詞　對稱用，汝也。讀上聲。◎且**而**與其從避人之士也，豈若從避世之士哉！

《論語·微子》 ◎余，**而**所嫁婦人之父也。《左傳》成二年 ◎**而**先皆季氏之良也。又定八年 ◎漢王曰：吾與項羽俱北面受命懷王曰：約爲兄弟。吾翁卽若翁。必欲烹**而**翁，則幸分我一杯羹。《史記·項羽紀》 ◎呂后眞**而**主矣！又《留侯世家》 ◎若歸，試私從容問**而**父。又《曹相國世家》

(三)助動詞　假作「能」字用。◎故古者聖王唯**而**審以尙同以爲正長，是故上下情通。《墨子·尙同》 ◎天下之所以治者，何也？唯**而**以尙同一義爲政故也。又 ◎不**而**矯其耳目之欲。又《非命》 ◎君以此思哀，則哀將焉**而**不至矣！《荀子·哀公》 ◎不逢湯武與桓繆兮，世孰云**而**知之？《楚辭·九章》 ◎管燕謂其左右曰：子孰**而**與我赴諸侯乎？《齊策》 ◎秦始皇使遺君王后玉連環，曰：齊多知，**而**解此環不？又　按《莊子·逍遙遊》篇云：「知效一官，行比一鄉，德合一君，而徵一國。」亦假「而」爲「能」，作名詞用。

(四)副詞　猶也，且也。◎千乘之君，求與之友**而**不可得也，而況可召與？《孟子·萬章下》 ◎夫禽獸之愚，**而**不可妄致也。而況於火食之民乎！《尸子·明堂》 ◎左右曰：秦西巴有罪於君，今以爲子傅，何也？孟孫曰：夫一麑**而**不忍，又何況於人乎？《淮南子·人間訓》

(五)副詞　與乃同，始也。◎如此**而**成於孝子也。《大戴記·曾子本孝》 ◎孔子過泰山側，有婦人哭於墓者而哀。夫子式而聽之，使子路問之，曰：子之哭也，壹似重有憂者？**而**曰：然。

《禮記·檀弓》◎有四德者，隨**而**无咎。《左傳》襄九年 ◎吾今取此然後**而**歸爾。《公羊傳》宣十五年

(六)等立連詞 與也。◎故君爲社稷死，則死之；爲社稷亡，則亡之。若爲己死**而**爲己亡，非其私暱，誰敢任之？《左傳》襄二十五年 ◎二三子計乎有禦楚之術**而**有守國之備乎？《魯語》 ◎聞善**而**不善，皆以告其上。《墨子·尚同》 ◎學，譬之，猶礪也。夫昆吾之金，**而**銖父之錫，使干越之工鑄之以爲劍而弗加砥礪，則以刺不入，以擊不斷。《尸子·勸學》 ◎以管子之聖**而**隰朋之智，至其所不知，不難師於老馬與蟻；今人不知以其愚心而師聖人之智，不亦過乎！《韓非子·說林上》 ◎其患在豎牛之餓叔孫**而**江乙之說荆俗也。又《內儲說》 ◎夫憂患之來攖人心也，非直蜂蠆之螫**而**蚊蝱之慘怛也。《淮南子·俶眞訓》

(七)承接連詞 《論語皇疏》云：而者，因仍也。◎學**而**時習之，不亦說乎！《論語·學而》 ◎予既烹**而**食之。《孟子·萬章上》 ◎不足，又顧**而**之他。又《離婁下》 ◎玉在山**而**草木潤，淵生珠**而**崖不枯。《荀子·勸學》

(八)承接連詞 則也。 君子見幾**而**作，不俟終日。《易·繫辭》 ◎諸侯方睦於晉，臣請嘗之。若可，君**而**繼之；不可，收師而退，可以無害。《左傳》襄十八年 ◎若防大川焉，潰，**而**所犯必大矣。《楚語》 ◎君親無將，將**而**誅焉。《公羊傳》莊二十三年 ◎文公學讀書於臼季，三日；曰：吾不能行咫，聞則多矣。對曰：然**而**多聞以待能者，不猶愈也？《晉語》 ◎士妾有子，

而爲之緦；無子則已。《禮記·喪服小記》 ◎非父則母，非兄而姒也。《墨子·明鬼》 ◎與楚則漢破，與漢而楚破。《史記·欒布傳》 ◎然而王何不使布衣之人以窮齊之說說秦？《燕策》 ◎然而計議不得，雖諸賁不能安其位亦明矣。《漢書·鄒陽傳》

（九）轉接連詞　可譯爲「然」及今語之「卻」，惟意較輕耳。　◎數之以不用僖負羈而乘軒者三百人也。《左傳》僖二十八年　◎賈而欲贏，而惡囂乎？ 又昭元年　◎不有祝鮀之佞，而有宋朝之美，難乎免於今之世矣。《論語·雍也》　◎子溫而厲，威而不猛，恭而安。 又《述而》　◎季氏富於周公，而求也爲之聚斂而附益之。 又《先進》　◎夫子焉不學，而亦何常師之有？ 又《子張》　◎君子之道，淡而不厭，簡而文，溫而理。《禮記·中庸》　◎何哉，君所爲輕身以先於匹夫者？以爲賢乎？禮義由賢者出。而孟子之後喪踰前喪。君無見焉！《孟子·梁惠王下》　◎其妻問所與飲食者，則盡富貴也；而未嘗有顯者來。 又《離婁下》　◎拱把之桐梓，人苟欲生之，皆知所以養之者；至於身，而不知所以養之者。 又《告子上》　◎吾念之，欲如是，而羣臣誰可者？《史記·張蒼傳》　◎自是之後，俠者極衆，而無足數者。《漢書·郭解傳》

（一〇）陪從連詞　連續副詞與其所修飾之動詞。　◎啓呱呱而泣。《書·皋陶謨》　◎子路率爾而對。《論語·先進》　◎嘑爾而與之，行道之人弗受；蹴爾而與之，乞人不屑也。《孟子·告子上》

（一一）陪從連詞　接續介詞與動詞。　◎我欲中國而授孟子室。《孟子·公孫丑下》　◎中天下而立。

又《盡心上》◎吉於是中西域而立莫府。《漢書·鄭吉傳》按諸例「中」字皆介詞。

(二)陪從連詞　下接「上」「下」「往」「來」等字，與「以」字第廿一條用法同。◎形而上者謂之道，形而下者謂之器。《易·繫辭》◎而今而後，吾知免夫。《論語·泰伯》◎由孔子而來，至於今百有餘歲。《孟子·盡心下》◎故自四五萬而往者強。《荀子·強國》

(三)陪從連詞　與「之」字用同。◎君子恥其言而過其行。《論語·憲問》◎德之流行，速於置郵而傳命。《孟子·公孫丑上》◎君子恥其言而不見從，恥其行而不見隨。《詩·周頌譜疏》引《尚書大傳》

(四)假設連詞　用同如。◎且先君而有知也，毋寧夫人，而焉用老臣？《左傳》襄二十九年　◎子產而死，誰其嗣之？又襄三十年　◎晏子曰：後世若少惰，陳氏而不亡，則國其國也已。又昭二十六年　◎將盟，齊人加於載書曰：齊師出竟，而不以甲車三百乘從我者，有如此盟。孔丘使茲無還揖對曰：而不反我汶陽之田，吾以共命者，亦如之。又定十年　◎堯崩，三年之喪畢，舜避堯之子於南河之南。天下諸侯朝覲者不之堯之子而之舜，訟獄者不之堯之子而之舜，謳歌者不謳歌堯之子而謳歌舜。故曰天也。夫然後之中國，踐天子位焉。而居堯之宮，逼堯之子，是篡也。《孟子·萬章上》◎孔子進以禮，退以義，得之不得曰有命。而主癰疽與侍人瘠環，是無義無命也。又《萬章下》◎意而安之，願假冠以見；意如不安，願無變國俗！《說苑·奉使》

（一五）比較連詞　表直比。《詩·小雅·都人士箋》云：而亦如也。◎君子以涖衆用晦**而**明。《易·明夷》◎垂帶**而**厲。《詩·小雅·都人士》◎滿**而**不滿，實如虛，過之如不及。《大戴禮·衞將軍文子》◎文王視民如傷，望道**而**未之見。《孟子·離婁下》◎能**而**稷乎？能**而**麥乎？《管子·樞言》◎財利至，則言善**而**不及也。《荀子·仲尼》◎黯然**而**雷擊之，如牆厭之。又《彊國》◎與生與長，**而**言之與響。《呂氏春秋·順說》◎白頭**而**新，傾蓋**而**故。《新序·雜事》◎一面而別，雖死**而**生。《吳越春秋·王僚傳》

（一六）語末助詞　爲形容詞副詞之語尾，無義。◎突**而**弁兮。《詩·齊風·甫田》◎頎**而**長兮。又《猗嗟》◎鋌**而**走險。《左傳》文十七年◎忽**而**自失。《史記·日者傳》

（一七）語末助詞　助句。《漢書·韋賢傳注》云：而者，句絕之辭。◎俟我於著乎**而**！充耳以素乎**而**！尙之以瓊華乎**而**！《詩·齊風·著》◎唐棣之華，偏其反**而**！《論語·子罕》篇引《詩》◎已**而**！已**而**！今之從政者殆**而**！又《微子》◎若敖氏之鬼，不其餒**而**！《左傳》宣四年◎不其亂**而**！《逸周書·芮良夫》◎我雖鄙耇，心其好**而**；我徒侃爾，樂亦在**而**。《漢書·韋賢傳》

爾（儿）

（一）人稱代名詞　汝也。音變爲今語「你」字。◎**爾**無我詐，我無**爾**虞！《左傳》成元年◎**爾**來何遲也？《禮記·檀弓》◎子貢欲去告朔之餼羊。子曰：**爾**愛其羊，我愛其禮。《論語·八佾》◎以吾一日長乎**爾**，毋吾以也！如或知**爾**，則何以哉？又《先進》◎其至，**爾**力也；其中，非**爾**力也。《孟子·萬章下》

（二）指示代名詞　此也。◎公會諸侯盟於薄，釋宋公。傳曰：執未有言釋之者，此其言釋之何？公與爲**爾**也。公與爲**爾**奈何？公與議**爾**也。《公羊傳》僖二十一年　按王引之云：「與爲爾」，「與爲此」也；「與議爾」，「與議此」也。◎孔子在衛，有送葬者，而夫子觀之，曰：善哉爲喪乎！足以爲法矣！子貢曰：夫子何善**爾**也？《禮記·檀弓》◎今二君勤勤，援引漢高河山之誓，孤用恧然。雖德非其疇，猶欲庶幾。事亦如**爾**，故未順旨。《吳志·周瑜傳》◎君不得爲**爾**。《世說》

（三）指示代名詞　如此也。《六書故》云：爾者，如是之合言。◎宦於大夫者之爲之服也，自管仲始也；有君命焉**爾**也。《禮記·雜記》　按王引之云：「焉」猶乃也。「爾」，如此也。言有君命乃如此也。◎相曰：王自使人償之。不**爾**，是王爲惡而相爲善也。《漢書·田叔傳》◎我功當爲王。但**爾**者。陛下忘我邪？《後漢書·彭寵傳》◎汝乃我家出，亦敢**爾**邪？又《鄧禹傳》◎蜀卓氏寡女亡奔司馬相如，貴土風俗何以乃**爾**乎？《蜀志·張裔傳》◎諸葛亮見顧有本末，終不**爾**也。又《費詩傳》◎臣不意永昌風俗敦直乃**爾**。又《呂凱傳》◎人與相逢及屬城長吏接待隆厚者，乃與交歡；不爾，卽放所將奪其資貨。《吳志·甘寧傳》 ◎飛免分裂之禍，受更生之恩，逐之尙必不走，豈當圖亡哉？若爾，寧頭當代入函。又《注》引《吳書》 ◎解人不當爾邪！又《孫霸傳》 ◎不爾以往，無所成也。又《周魴傳》 ◎正始之音，正當爾耳。《世說》

（四）指示形容詞　此也。 ◎既作爾歌，惟以告哀。《詩·大雅·桑柔》 ◎許掾嘗詣簡文，爾夜風恬月朗。《世說》 ◎謝仁祖年八歲，謝豫章將送客，爾時已神悟，自參上流。又

（五）代名副詞　如此也。 ◎富歲，子弟多賴；凶歲，子弟多暴。非天之降才爾殊也，其所以陷溺其心者然也。《孟子·告子上》

（六）語末助詞　《玉篇》云：爾，詞之畢也。爲形容詞或副詞之語尾。爲副詞之語尾者，其助動詞時，必帶連詞而字。 ◎如有所立，卓爾。雖欲從之，末由也已。《論語·子罕》 ◎其在宗廟朝廷，便便言，唯謹爾。又《鄉黨》 ◎鼓瑟希，鏗爾。又《先進》 ◎南宮縚之妻之姑之喪，夫子誨之髽，曰：爾毋從從爾！爾毋扈扈爾！《禮記·檀弓》 ◎居處言語飮食衎衎爾。又　按以上例爲形容詞之語尾。 ◎子路率爾而對。《論語·先進》 ◎夫子莞爾而笑。又《陽貨》 ◎嘑爾而與之，行道之人弗受；蹴爾而與之，乞人不屑也。《孟子·告子上》　按以上爲副詞之語尾。

（七）語末助詞　與「而已」同。 ◎不以食道，用美焉爾。《禮記·檀弓》 ◎唯祭祀之禮，主人自

盡焉**爾**。豈知神之所饗，於彼乎，於此乎！又　按《郊特牲》云：「豈知神之所饗也，主人自盡其敬而已矣。」「爾」字作「而已」，是其證也。　◎不崇朝而徧雨乎天下者，唯太山**爾**。《公羊傳》僖三十一年　◎是其爲相縣也，幾直夫芻豢稻粱之縣糟糠**爾**哉？《荀子·榮辱》　◎其以強爲弱，以存爲亡，一朝**爾**也。《鹽鐵論·論功》

(八)語末助詞　《說文》八部云：爾，詞之必然也。按表決定之意。即今語「呢」字。　◎其國亡矣，徒葬於齊**爾**。《公羊傳》莊四年　◎器之與人，非有即**爾**。又桓二年　◎君若用臣之謀，則今日取郭而明日取虞**爾**。又僖二年　◎莊王圍宋，軍有七日之糧**爾**。盡此不勝，將去而歸**爾**。又宣十五年　◎鬱陶思君**爾**。《孟子·萬章上》

(九)語末助詞　表疑問。　◎然則何言**爾**？《公羊傳》隱元年　◎何譏**爾**？又二年　◎何危**爾**？又三年　◎則中國曷爲獨言齊宋至**爾**？又僖二年

耳(ㄦˇ)

(一)語末助詞　表限止。與「而已」同。《魏志·崔琰傳》云：「楊訓發表稱贊功伐。琰與訓書曰：『省表，事佳耳。』太祖怒曰：諺言『生女耳』，『耳』非佳語。」按「耳」爲僅可而未足之詞，故曹公謂非佳語也。　◎子曰：二三子！偃之言是也！前言戲之**耳**。《論語·陽貨》　◎故春

事，二十五日之內**耳**也。《管子·臣乘馬》 ◎晏子食脫粟之食，炙三弋五卵苔菜**耳**矣。《晏子·雜篇》 ◎然則非自殺之也，一閒**耳**。《孟子·盡心下》 ◎人之易其言也，無責**耳**矣。又《離婁上》 ◎口耳之間，則四寸**耳**。《荀子·勸學》 ◎凡人倫，以十際爲安者也。釋十際，則與麋鹿虎狼無以異；多勇者則爲制**耳**矣。《呂氏春秋·壹行》 ◎若乃得去不肖者而爲賢者狗，豈特攫其腓而噬之**耳**哉！《齊策》 ◎是直聖人之糟粕**耳**。《淮南子·道應訓》 ◎曩者霸上棘門軍若兒戲**耳**。《史記·周勃世家》 ◎趙王田獵**耳**，非爲寇也。又《魏公子傳》 ◎身爲漁父而釣於渭濱**耳**！又《范雎傳》 ◎於期每念之，常痛於骨髓，顧計不知所出**耳**！又《荆軻傳》 ◎馮先生甚貧，猶有一劍**耳**。又《孟嘗君傳》 ◎儒者所謂中國者，於天下乃八十一分居其一分**耳**。又《鄒衍傳》 ◎至如說丞相弘，如發蒙振落**耳**。又《汲黯傳》 ◎此不北走胡，卽南走越**耳**。又《季布傳》 ◎此其屬意非止此也，特畏高帝呂太后威**耳**。又《文帝紀》 ◎王曰：男子之所死者，一言**耳**。又《淮南王傳》 ◎淮南王有三子，唯在陛下**耳**。又《袁盎傳》 ◎吏爭以苛察相高，然其敝徒文具**耳**。又《張釋之傳》 ◎酒酣，武安起爲壽，坐皆避席伏。已，魏其侯爲壽，獨故人避席**耳**。又《灌夫傳》 ◎上自魏其時不直武安，特爲太后故**耳**。又 ◎長沙迺在二萬五千戶**耳**。《漢書·賈誼傳》 ◎逐利不**耳**！慮非顧行也。又 ◎漢存，特幸**耳**。又

(二)語末助詞 表決定。 ◎嗜酤酒，好謳歌，巷游而鄉居者乎！吾無望也**耳**。《大戴禮·曾子立

事》 ◎胎生者不殰，而卵生者不殈，則樂之道歸焉**耳**。《禮記·樂記》 ◎女得人焉**耳**乎？《論語·雍也》 ◎如雲而起**耳**。《賈子·孽產子》 ◎昔甘茂之孫甘羅，年少**耳**。然名家之子孫。《史記·甘茂傳》 ◎士方其危苦之時，易德**耳**！又 ◎臣乃今日請處囊中**耳**。又《信陵君傳》 ◎且吾所爲者極難**耳**。又《豫讓傳》

(三)語末助詞　與「邪」「乎」用法同。 ◎楚王大怒曰：寡人雖不德**耳**，奈何以朱公之子故而施惠乎？《史記·越世家》 ◎後與南郡習授同載，見曹公出，授曰：父子如此，何其快**耳**！《魏志·崔琰傳注》

索 引

Z